BESSER GITARRE SPIELEN: 10 MINUTEN TÄGLICH

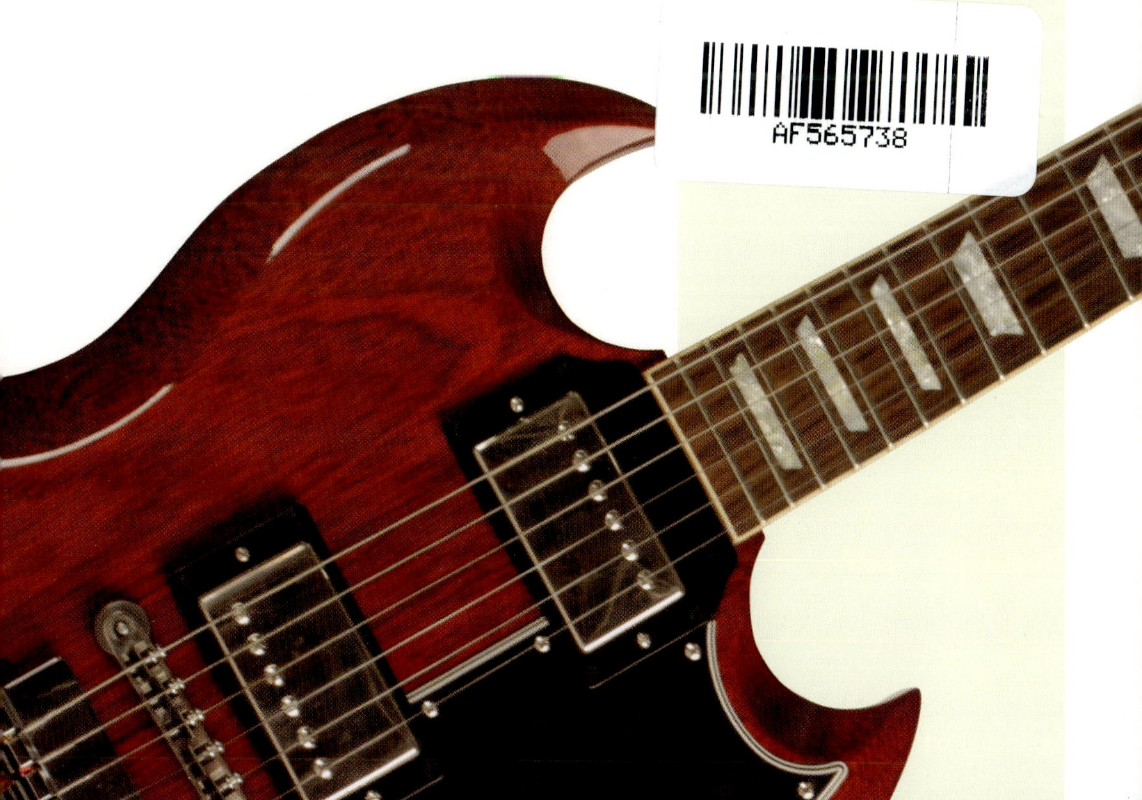

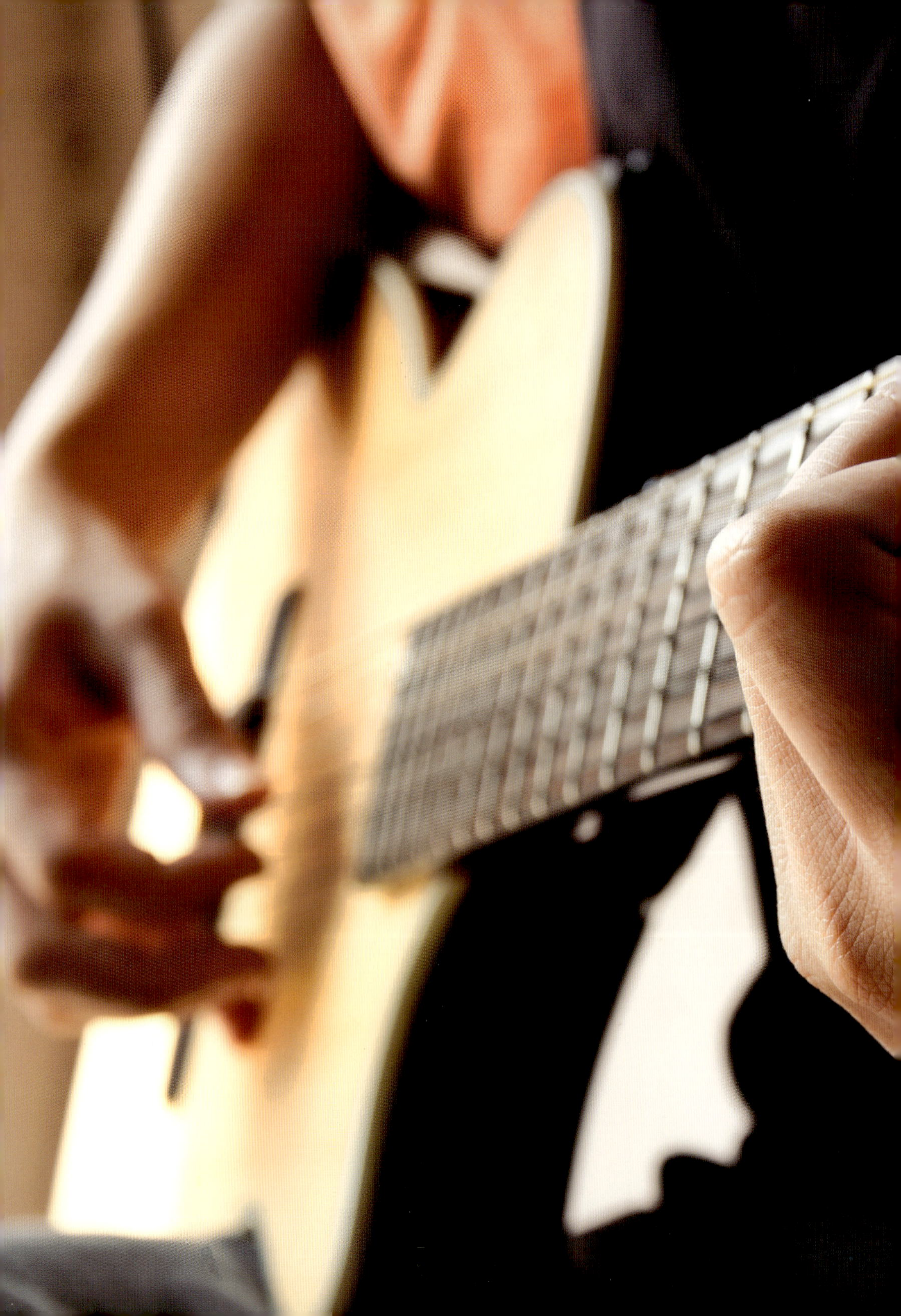

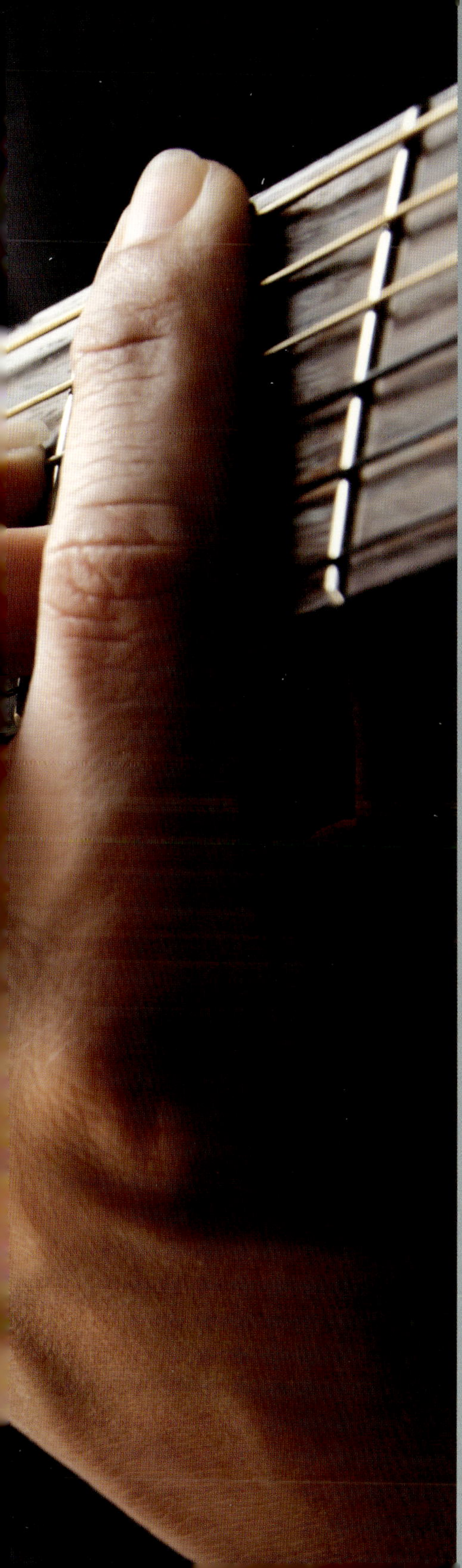

BESSER GITARRE SPIELEN: 10 MINUTEN TÄGLICH

PHIL CAPONE

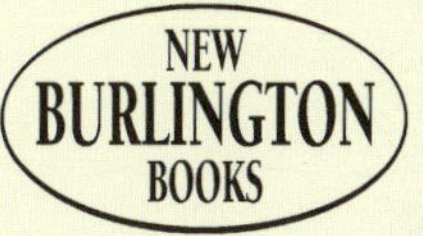

A QUARTO BOOK

Conceived, designed and produced by
Quarto Publishing plc
The Old Brewery
6 Blundell Street
London N7 9BH

Project editor: Lily de Gatacre
Designer: Elizabeth Healey
Design assistant: Kate Bramley
Photographer: Martin Norris
Proofreader: Claudia Martin
Indexer: Helen Snaith
Art director: Caroline Guest

Creative director: Moira Clinch
Publisher: Paul Carslake

Colour separation in Hong Kong by
Cypress Colours (HK) Ltd.
Printed in China

Deutsche Lizenzausgabe
© 2015 Voggenreiter Verlag OHG
Wittfelder Stich 1, 53343 Wachtberg
www.voggenreiter.de
Tel.: 0228.93 575-0
ISBN: 978-3-8024-1053-6

Auflage 2018

Deutsche Übersetzung: B&O

Inhalt

Hinweis: In diesem Buch wird die internationale Schreibweise für Tonnamen, Akkorde etc. verwendet.
Das deutsche „h“ wird als „B“ bezeichnet, das deutsche „b“ als B♭ (B flat).

KAPITEL 2: DIE WORKOUTS 88

KAPITEL 3: GRIFFTABELLE 114

KAPITEL 4: TONLEITERN 150

Über dieses Buch

Übungen (Seite 14–87)

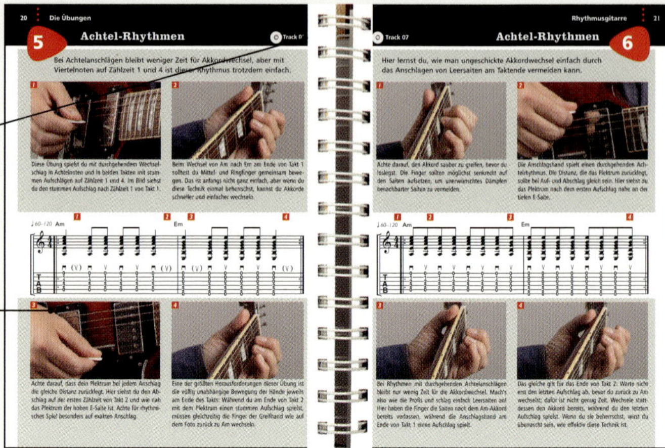

Hier findest du die Track-Nummer des jeweiligen Beispiels auf der CD.

Die Schritt-für-Schritt-Fotos beziehen sich auf bestimmte Stellen der Notation. Sie zeigen dir die genaue Position von Greif- oder Anschlagshand und weisen auf besondere spieltechnische Probleme oder schwierige Passagen hin.

Den Anfang des Buches bilden 63 in sich abgeschlossene Übungen, die sich mit allen Hauptaspekten der Gitarrentechnik befassen. Mit der Kombination von Fotos, Erklärungen und Notation spielst du bereits nach kurzer Zeit wie ein Profi.

Die Workouts (Seite 88–113)

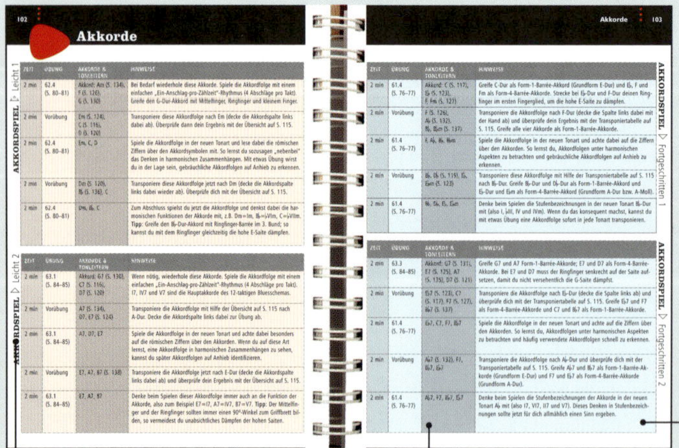

Diesen Abschnitt des Buches bilden 48 konzentrierte und zielgerichtete Workouts, mit denen du die Übungszeit optimal nutzen und deine Spieltechnik weiterentwickeln kannst. Jedes Workout konzentriert sich auf einen bestimmten Aspekt der Spieltechnik und besteht aus mehreren kurzen Einzelübungen mit zusammen etwa 10 Minuten Übungszeit.

Hinweise des Autors führen dich durch die Übung und unterstützen dich mit wichtigen Erläuterungen und Tipps.

Die Workouts sind in die Schwierigkeitsgrade „leicht", „fortgeschritten" und „Profi" eingeteilt. So kannst du den Schwierigkeitsgrad an deine Fortschritte anpassen.

Hier sind die Akkorde und Tonleitern für die jeweilige Übung angegeben – die entsprechenden Übersichten findest du auf Seite 114–223.

Grifftabelle (Seite 114–149)

Diese unverzichtbare Sammlung von Dur-, Moll und Septakkorden, halbverminderten und verminderten Akkorden erweitert dein Akkord-Vokabular.
Weitere Informationen und die nützliche Akkordtabelle findest du auf Seite 114/115.

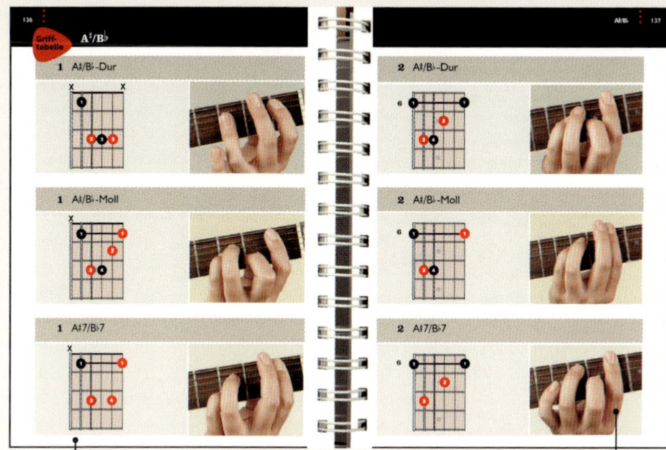

Das Diagramm zeigt dir alles Wichtige (z. B. Grundton und Fingersatz) auf einen Blick.

Mit Hilfe der Fotos kannst du deinen Fingersatz und deine Grifftechnik überprüfen.

Tonleiter-Übersicht (Seite 150–223)

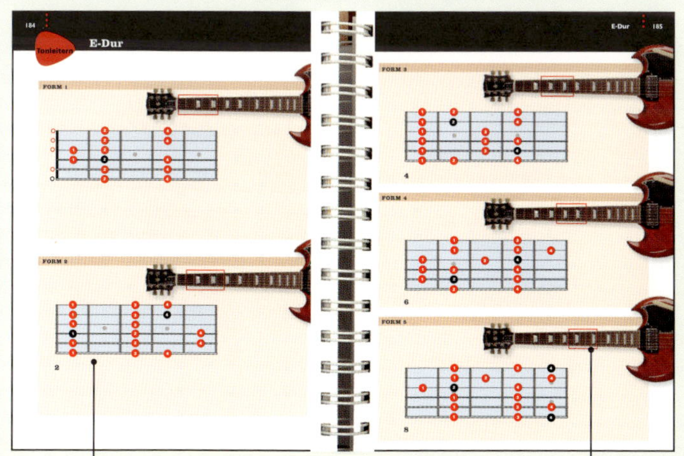

Dieser Abschnitt des Buches ist mit seiner umfangreichen Übersicht von Dur- und Molltonleitern, pentatonischen Tonleitern und der harmonischen Molltonleiter ein wichtiges Hilfsmittel für jeden Gitarrist. Auf Seite 115 findest du die Erklärung der Diagramme und eine Übersicht über die Modi.

Durch die farbigen Diagramme ist der Grundton der Tonleiter einfach zu finden und der Fingersatz leicht verständlich.

Die rote „Standort-Markierung" gibt die genaue Lage der jeweiligen Tonleiter-Form auf dem Griffbrett an.

Das Griffbrett

Die Töne auf dem Griffbrett zu finden ist nicht ganz einfach. Selbst erfahrene Gitarristen haben hier manchmal Nachholbedarf, vor allem, wenn sie hauptsächlich „nach dem Gehör" gelernt haben. Mit dieser Übersicht findest du jeden beliebigen Ton einfach und schnell. Ab dem 12. Bund wiederholen sich die Töne auf dem Griffbrett eine Oktave höher.

1. BUND
6 – F
5 – A♯/B♭
4 – D♯/E♭
3 – G♯/A♭
2 – C
1 – F

2. BUND
6 – F♯/G♭
5 – B
4 – E
3 – A
2 – C♯
1 – F♯/G♭

7. BUND
6 – B
5 – E
4 – A
3 – D
2 – F♯
1 – B

8. BUND
6 – C
5 – F
4 – A♯/B♭
3 – D♯/E♭
2 – G
1 – C

Wiederholung auf dem Griffbrett

Ab dem 12. Bund wiederholen sich die Töne, d.h. der Ton im 12. Bund ist der gleiche wie die Leersaite, aber eine Oktave höher. Entsprechend ist der Ton im 13. Bund der gleiche wie der Ton im 1. Bund, nur eine Oktave höher.

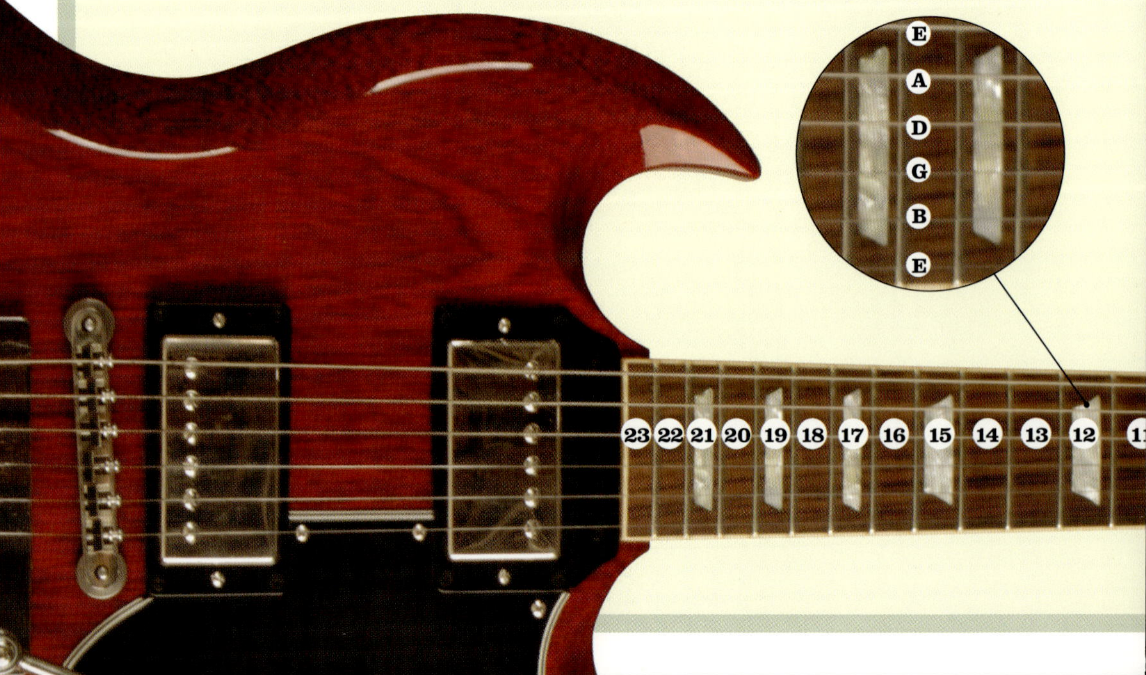

3. BUND	4. BUND	5. BUND	6. BUND
6 – G	6 – G♯/A♭	6 – A	6 – A♯/B♭
5 – C	5 – C♯/D♭	5 – D	5 – D♯/E♭
4 – F	4 – F♯/G♭	4 – G	4 – G♯/A♭
3 – A♯/B♭	3 – B	3 – C	3 – C♯/D♭
2 – D	2 – D♯/E♭	2 – E	2 – F
1 – G	1 – G♯/A♭	1 – A	1 – A♯/B♭

9. BUND	10. BUND	11. BUND	12. BUND
6 – C♯/D♭	6 – D	6 – D♯/E♭	6 – E
5 – F♯/G♭	5 – G	5 – G♯/A♭	5 – A
4 – B	4 – C	4 – C♯/D♭	4 – D
3 – E	3 – F	3 – F♯/G♭	3 – G
2 – G♯/A♭	2 – A	2 – A♯/B♭	2 – B
1 – C♯/D♭	1 – D	1 – D♯/E♭	1 – E

Leersaiten und Barrée-Akkorde

Leersaiten (Saiten, die nicht gegriffen werden, aber klingen sollen) sind in den Akkorddiagrammen mit einem „O" bezeichnet; Saiten, die nicht klingen dürfen, mit einem „X". Zwei mit einem schwarzen Balken verbundene Töne bezeichnen einen sogenannten Barrée-Akkord (bei dem ein Finger mehrere Saiten greift, s. auch S. 114).

Hinweis: In diesem Buch wird die internationale Schreibweise für Tonnamen, Akkorde etc. verwendet.
Das deutsche „h" wird als „B" bezeichnet, das deutsche „b" als B♭ (B flat).

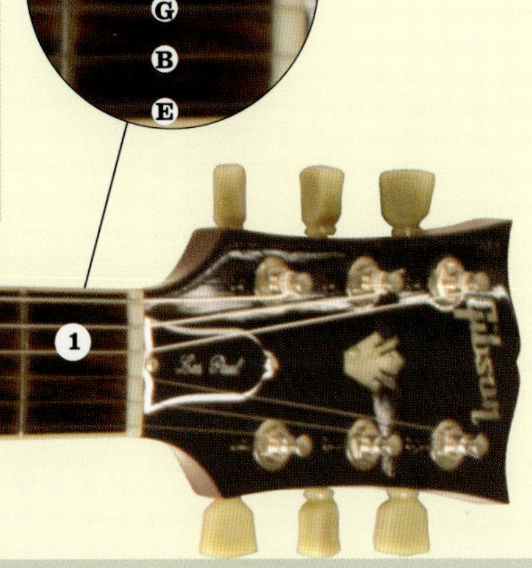

Notenlesen

Alle Übungen in diesem Buch sind in traditioneller Notation und in TAB (Tabulatur) notiert.

Den meisten Gitarristen ist diese Notationsform geläufig, also wahrscheinlich auch dir. Falls nicht, ist das auch kein Problem: In dieser kurzen Lektion wird alles erklärt, was du wissen musst. Und auch wenn diese Fähigkeit für die Arbeit mit diesem Buch nicht unbedingt benötigt wird, wirst du es bestimmt nicht bereuen, dich mit den Grundlagen des Notenlesens vertraut zu machen. Die Notenschrift ist nämlich vor allem in zwei Bereichen äußerst nützlich: 1) bei der Notation von Rhythmen und 2) bei der Angabe von Fingersätzen. Beides kann mit der Tabulatur allein nicht genau notiert werden.

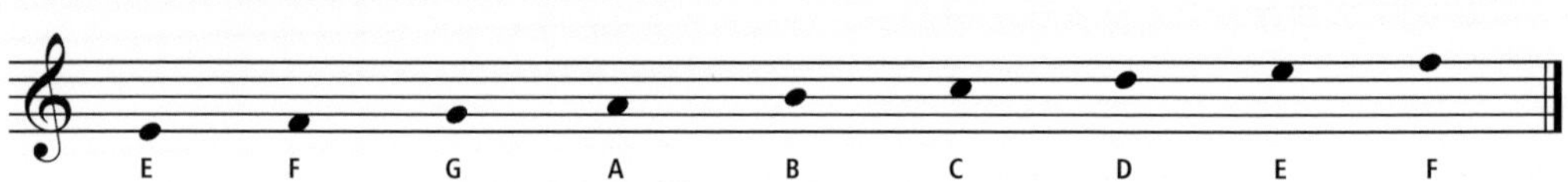

Das traditionelle Notensystem mit fünf Notenlinien und Violinschlüssel wird für die meisten Instrumente verwendet (einige Instrumente werden mit anderen Notenschlüssen notiert). In diesem System repräsentiert jede Linie und jeder Zwischenraum einen bestimmten Ton, der einen bestimmten Namen trägt.

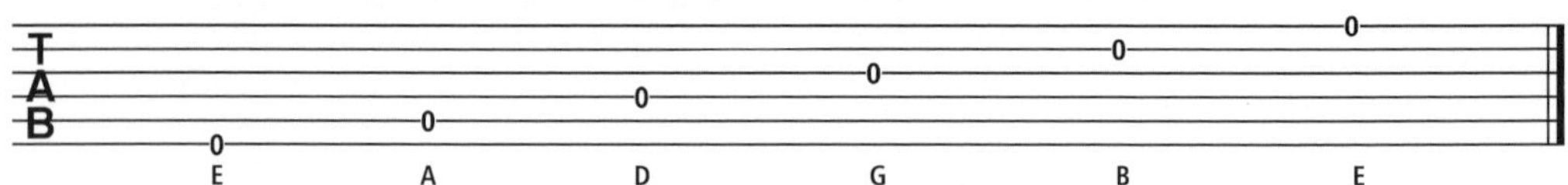

Hier siehst du eine Tabulatur. Die sechs Linien entsprechen den Saiten der Gitarre, die tiefe E-Saite ist die unterste Linie. Um nach Tabulatur zu spielen, musst du nur den als Zahl angegebenen Bund auf der entsprechenden Saite greifen – das ist schon alles!

Hier wurde ein Notensystem mit einer Tabulaturzeile kombiniert.
Du siehst, wie einfach man durch die zusätzliche Tabulaturzeile die Töne auf dem Griffbrett findet.

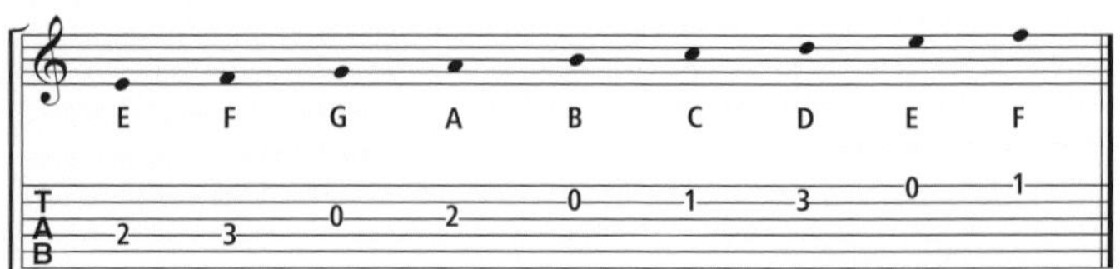

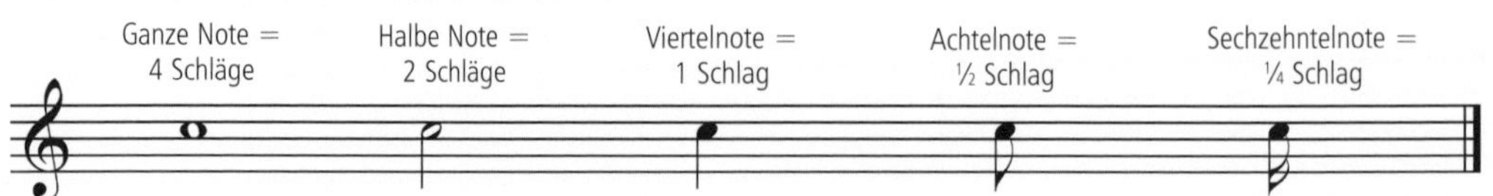

Hier siehst du, wie man in traditioneller Notation nicht nur die Tonhöhe, sondern auch die Tondauer (d. h. den Rhythmus) notieren kann. Mit etwas Übung wirst du schon bald Rhythmen lesen können.

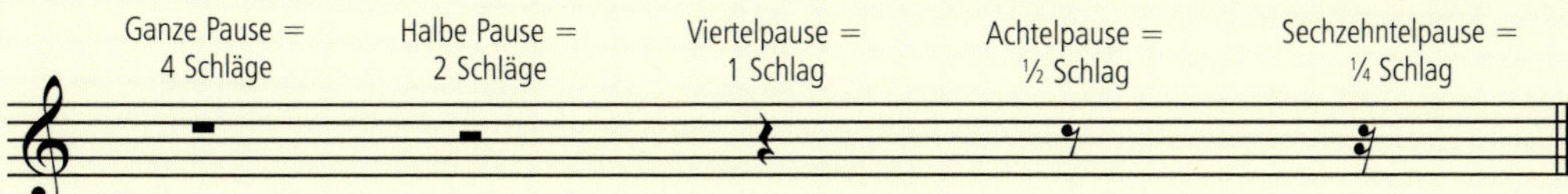

Zu jedem Notenwert gibt es eine gleichlange Pause. Und denk immer daran: es ist nicht wichtig, was du spielst, sondern was du weglässt.

Das Stimmen

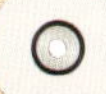

__Track 1__ Hier findest du die Stimmtöne – beginnend mit der ersten Saite (hohe E-Saite) wird jede Saite dreimal angespielt.

Mit einer verstimmten Gitarre klingst du immer schrecklich – effizientes Stimmen zu lernen, ist die Mühe also wert.

Gerade Anfänger vernachlässigen das Stimmen häufig. Mit der falschen Stimmung klingt deine Gitarre scheußlich, sie behindert die Entwicklung des Gehörs (und ein „gutes Ohr" ist für einen guten Musiker unverzichtbar) und sie kann deine Gitarre sogar beschädigen. Gitarrensaiten stehen unter hoher Spannung, deshalb verstimmt sich auch eine Spitzengitarre schnell. Überprüfe die Stimmung also jedesmal, wenn du die Gitarre in die Hand nimmst.

Stimmen nach dem Gehör

Diese Methode heißt „relative" Stimmung, weil die Gitarre nur in sich gestimmt ist (im Gegensatz zur absoluten Stimmung). Unten siehst du, wie du die Saiten paarweise stimmen kannst. Die Tonhöhen (über der TAB angegeben) jedes Saitenpaares sollen gleich sein. Schlage die Saiten gleichzeitig an. Wenn die Saiten annähernd gleich gestimmt sind, kannst du wegen der leichten Tönhöhendifferenz ein deutliches „Pulsieren" oder „Schlagen" hören. Je mehr die beiden Tonhöhen sich annähern, desto langsamer wird dieses Schlagen; es verschwindet völlig, wenn die Saiten dieselbe Tonhöhe haben.

Elektronische Stimmgeräte

Mit dem Stimmgerät ist deine Gitarre immer nach dem Kammerton gestimmt (absolute Stimmung). Das ist für das Zusammenspiel mit anderen Instrumenten wichtig und verhindert zu hohe (oder zu niedrige) Saitenspannung, die den Hals verformen kann. Das Stimmgerät zeigt an, ob die Saite zu tief, zu hoch oder richtig gestimmt ist, du musst also nur noch an der Mechanik drehen. Falls deine Gitarre sehr stark verstimmt ist, kann das Stimmgerät die gespielte Saite eventuell nicht erkennen. Bitte in diesem Fall deinen Musikalienhändler um Hilfe.

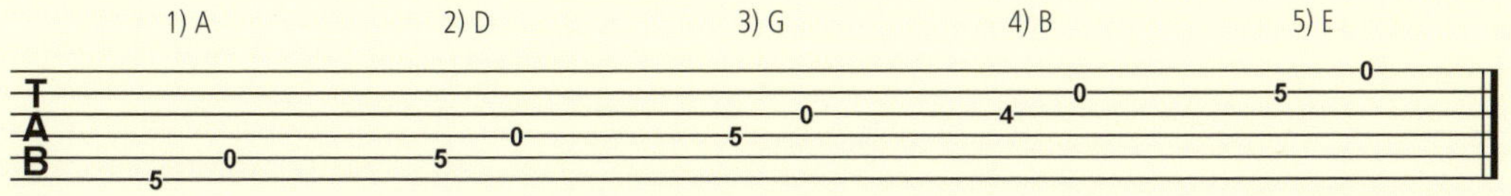

Die Anschlagshand

Das Grundproblem aller modernen Spieltechniken: Es gibt kein „richtig“ oder „falsch“.

Beim modernen Gitarrenspiel geht es vor allem um Individualität und deinen ganz eigenen Sound. Viele der großen Gitarrenpioniere waren Autodidakten und oft ist es gerade ihr unorthodoxer Ansatz, der sie so einzigartig macht. Leider sind viele Lehrer ziemlich dogmatisch, wenn es um Anschlagstechnik geht. Das ist deshalb falsch, weil ihr System zwar vielleicht bei ihnen selbst funktioniert, aber nicht unbedingt auch bei dir. Warum solltest du auch ewig an der perfekten Shred-Metal-Technik arbeiten, wenn du lieber Blues spielen willst? Im Folgenden zeige ich dir ein paar grundlegende Techniken, die sich in allen Stilrichtungen einsetzen lassen und mit denen du deine Fähigkeiten ungehindert entwickeln kannst, ohne schlechte Angewohnheiten zu entwickeln.

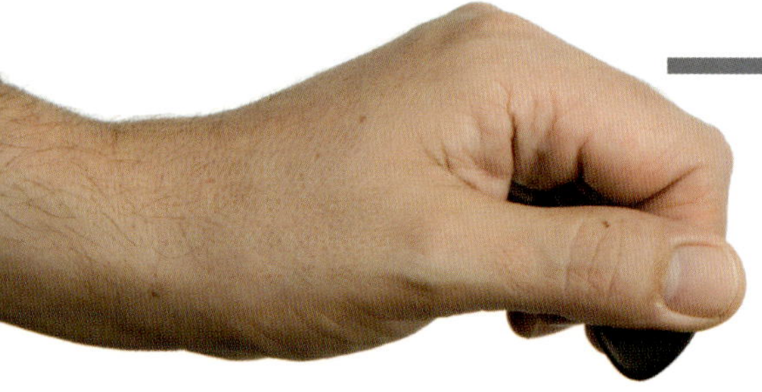

So hältst du das Plektrum
Halte das Plektrum zwischen Daumen und Zeigefinger. Nur die Spitze sollte (rechtwinklig zum Daumen) aus der Hand herausragen – das Plektrum ist umso besser zu kontrollieren, je mehr davon du in der Hand hältst.

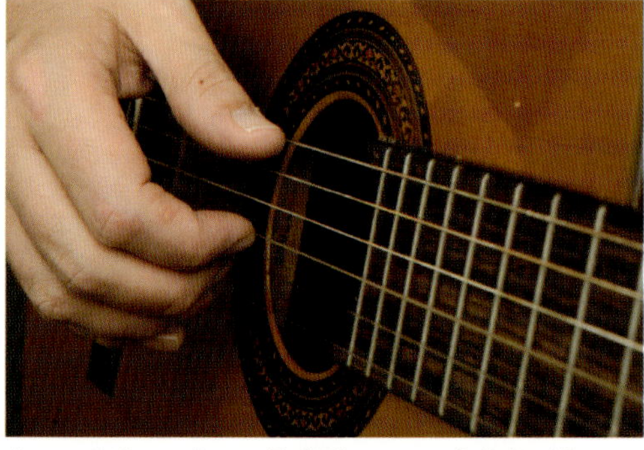

Anschlagshand (Fingerpicking)
Beim Fingerpicking sollte die Hand ohne Kontakt zur Decke der Gitarre über den Saiten schweben; der Daumen liegt parallel zu den Bass-Saiten. Die Finger hältst du am besten leicht gekrümmt, so kannst du die Saiten anschlagen, ohne die Hand zu bewegen.

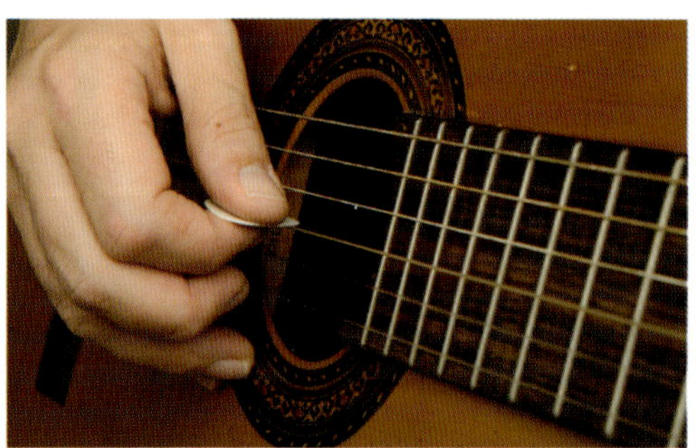

Anschlagshand (Plektrumspiel)
Ringfinger und kleiner Finger stützen sich leicht auf der Decke der Gitarre ab und „verankern" so die Hand. Die Finger bleiben dabei locker, so dass die Hand sich möglichst ungehindert bewegen kann.

__Tipp__: Probiere verschiedene Plektrumtypen und -stärken aus – wahrscheinlich kannst du mit einigen besser spielen als mit anderen. Wenn du Fingerstyle spielst, probiere einmal ein Daumenpick (Daumenplektrum) aus.

Die Greifhand

Eine gute Technik der Greifhand soll dir ermöglichen, mit minimalem Kraftaufwand und möglichst wenig Bewegung zu spielen.

Moderne Gitarristen können eine Menge von ihren klassisch ausgebildeten Kollegen lernen, deren Kunst sich über einen langen Zeitraum entwickelt hat. Die klassische Spieltechnik ist über Jahrhunderte perfektioniert worden. Und eines ist sicher – wenn du nicht ganz bewusst eine gute Grifftechnik erlernst, wirst du zu den tausenden von Gitarristen gehören, die das irgendwann noch einmal von vorne lernen mussten, um weitere Fortschritte machen zu können. Bei einem Profi sieht das Gitarrenspiel ganz einfach und anstrengungslos aus; das ist keine spezielle Gabe, sondern er hat Jahre an seiner Technik gearbeitet.

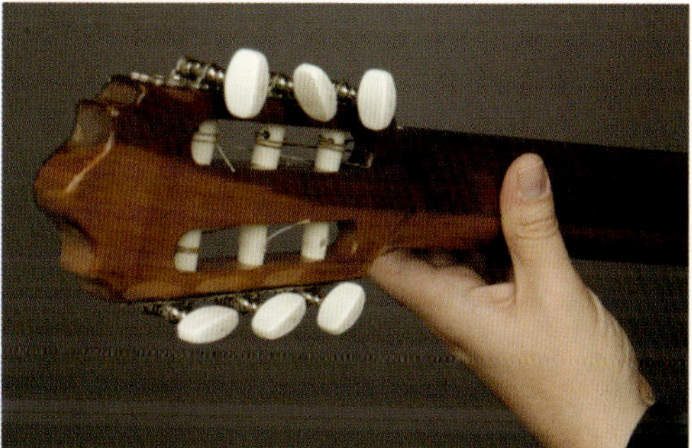

Der Daumen der Greifhand

Der Daumen sollte im Normalfall immer auf der Halsrückseite bleiben. Manche Gitarristen greifen zwar gelegentlich mit dem Daumen auf der tiefen E-Saite, aber ihn ständig in dieser Position zu belassen, belastet die Greifhand unnötig.

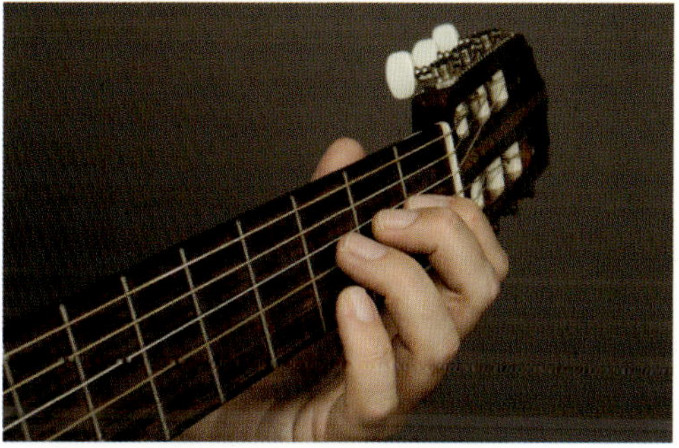

Immer nahe am Griffbrett

Die Finger bleiben immer direkt über dem Griffbrett „in der Schwebe". So kannst du mit minimaler Bewegung die Töne schnell und sicher greifen (das wird beim kleinen Finger anfangs nicht ganz einfach sein).

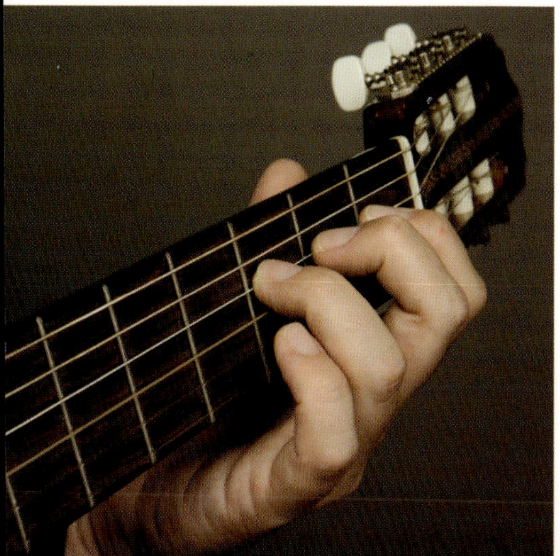

Der Fingerwinkel

Du solltest die Fingerspitzen in einem 90°-Winkel auf dem Griffbrett aufsetzen, um das versehentliche Abdämpfen von Nachbarsaiten zu vermeiden.
Greife immer möglichst nahe am Bundstäbchen, so vermeidest du unsaubere Töne und Nebengeräusche.

***Tipp**: Der Daumen der Greifhand sollte auf der Halsrückseite stets nach oben zeigen; die Finger schweben möglichst nahe über den Saiten.*

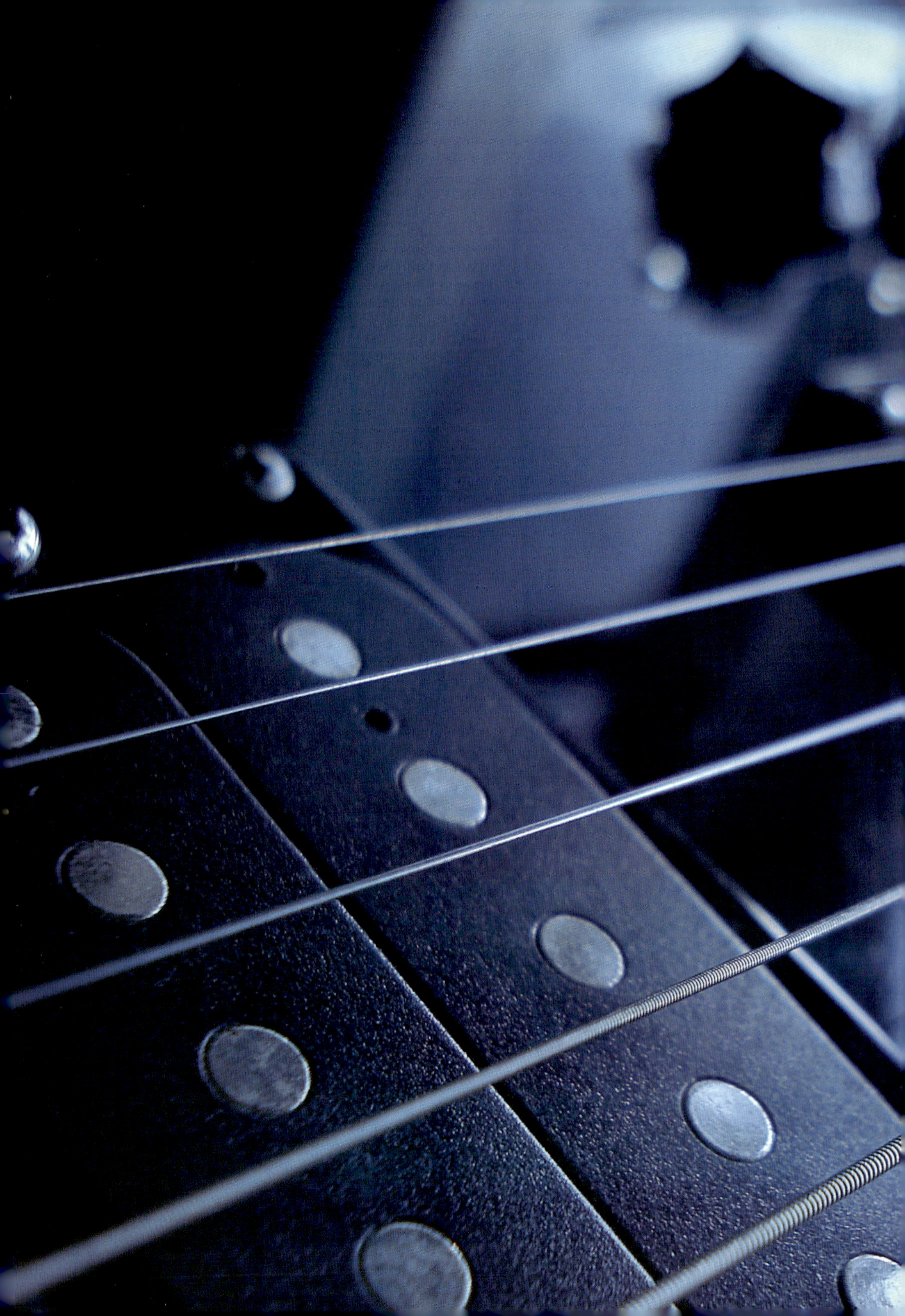

Kapitel 1

Übungen

Anschlags-Symbole

Über der Tabulaturzeile stehen Symbole für die Anschlagsrichtung.
Das rechteckige Symbol ⊓ bezeichnet einen Abschlag, das Symbol V einen Aufschlag.
Die Symbole sind für Einzeltöne und für komplette Akkordanschläge identisch.

⊓ Abschlag (engl. down-strum)

V Aufschlag (engl. up-strum)

Fingerbezeichnungen

Die Finger der Anschlagshand werden mit den Abkürzungen ihrer traditionellen spanischen Namen bezeichnet; weil die Verwendung von Zahlen zu Verwechslungen mit den Fingersätzen für die Greifhand führen könnte.

p (pulgar) = Daumen
i (indice) = Zeigefinger
m (medio) = Mittelfinger
a (anillo) = Ringfinger

1 Grundrhythmen

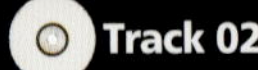

Der Schlüssel zu jeder soliden Rhythmusarbeit ist das präzise und rhythmisch gleichmäßige Spiel einfacher Grundrhythmen.

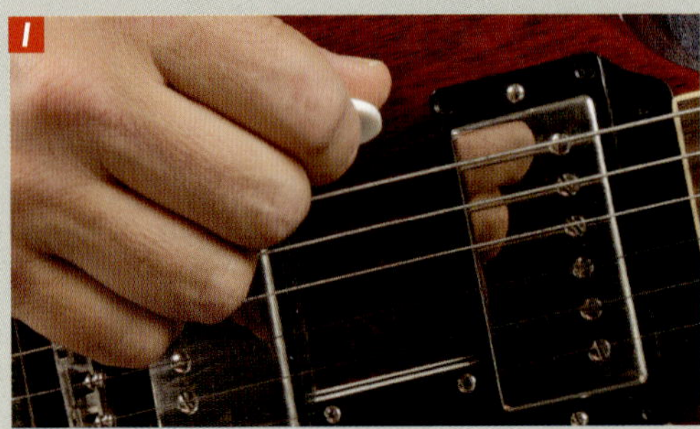

Damit die Saiten alle möglichst gleichmäßig angeschlagen werden, sind bei dieser Übung schöne weite Anschläge wichtig. Hier beginnt der Abschlag etwa 10mm von der tiefen E-Saite entfernt.

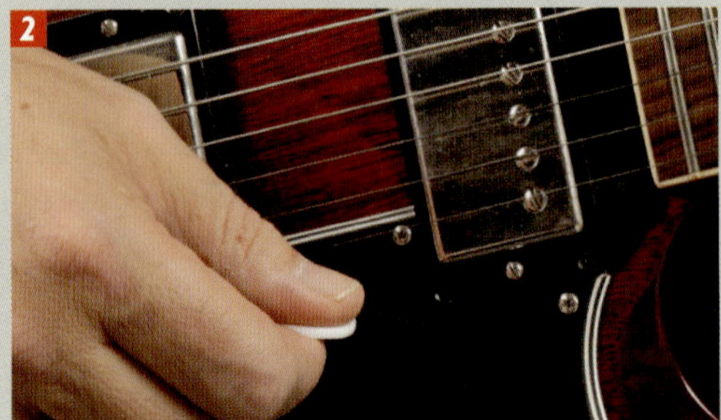

Deine Anschläge sollten ungefähr gleich weit von den Saiten beginnen und enden. Hier endet der Abschlag etwa 10mm hinter der hohen E-Saite, bevor das Plektrum zur Ausgangsposition oberhalb der tiefen E-Saite zurückkehrt.

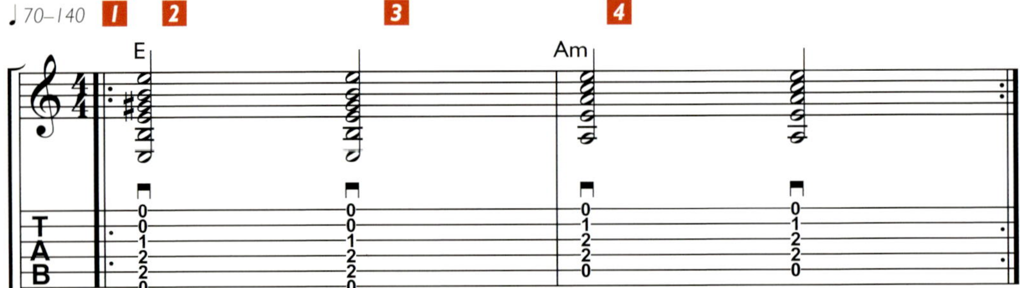

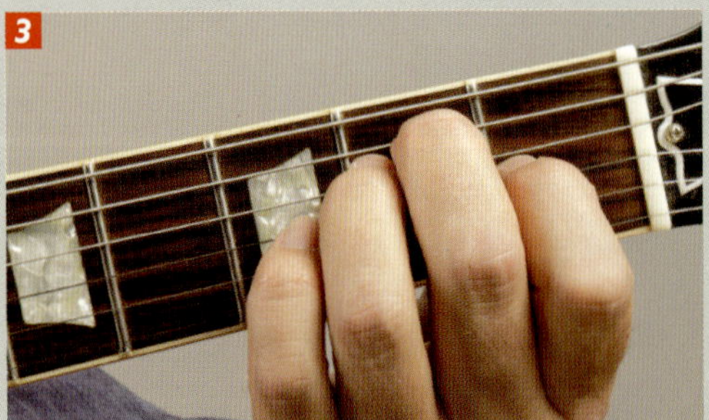

Die Akkorde E-Dur und A-Moll werden mit identischer Handstellung gegriffen, allerdings auf verschiedenen Saitengruppen. Achte darauf, diese Handstellung beim Lösen der Greifhand vom Griffbrett beizubehalten.

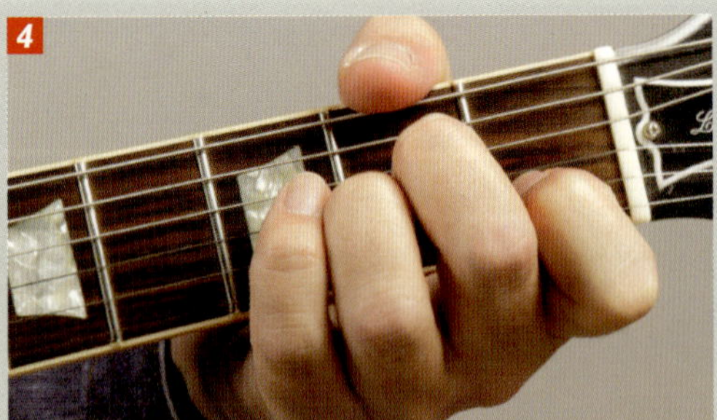

Bei Am sollte die tiefe E-Saite im Idealfall abgedämpft werden. Das kannst du mit der Daumenspitze tun wie im Foto, oder – falls sich das merkwürdig anfühlt – überspringe die tiefe E-Saite beim Anschlag mit dem Plektrum, so dass sie nicht klingt (vgl. Übung 2).

Track 03

Grundrhythmen

2

Wenn du das Pattern in halben Noten beherrschst, kommt ein Anschlag auf Zählzeit 2 hinzu, um den Rhythmus interessanter zu machen.

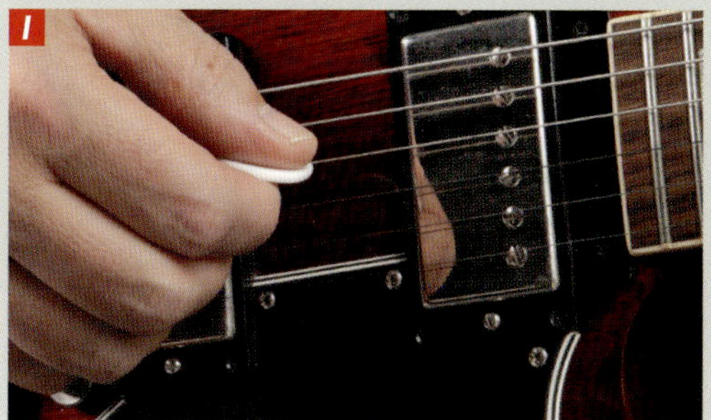

1 Nach dem dritten Abschlag spielst du auf der Zählzeit 4 einen sogenannten „Luftschlag" (ghost strum), indem du das Plektrum unmittelbar über den Saiten durch die Luft führst. So bleibt dein Anschlagspattern gleichmäßig und groovend.

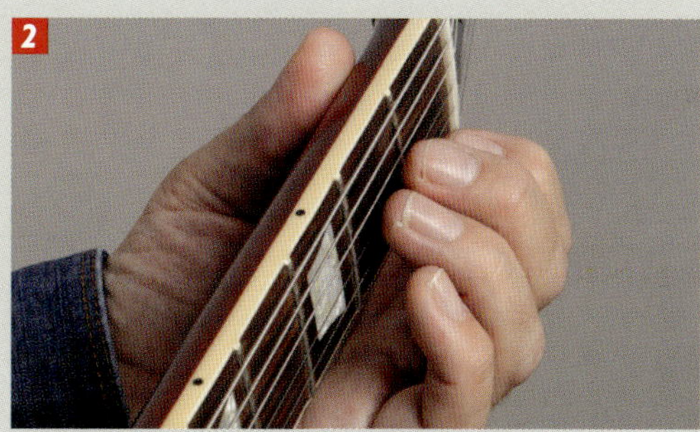

2 Um hässliche Rhythmus-„Löcher" zu vermeiden, halte die Finger beim Griffwechsel möglichst nahe am Griffbrett. Im Bild siehst du deutlich, wie ökonomisch man dadurch Griffwechsel gestalten kann.

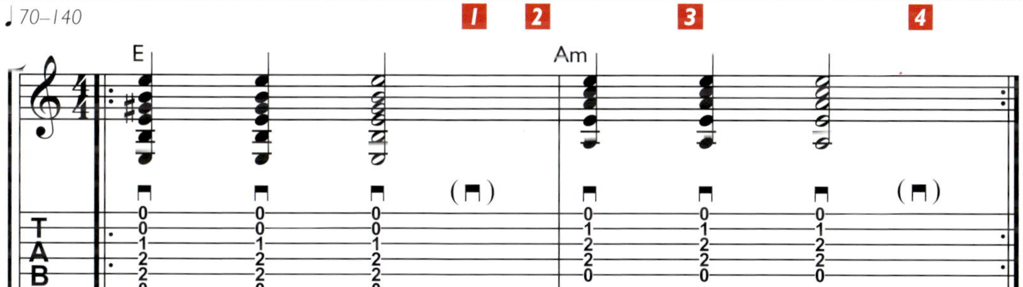

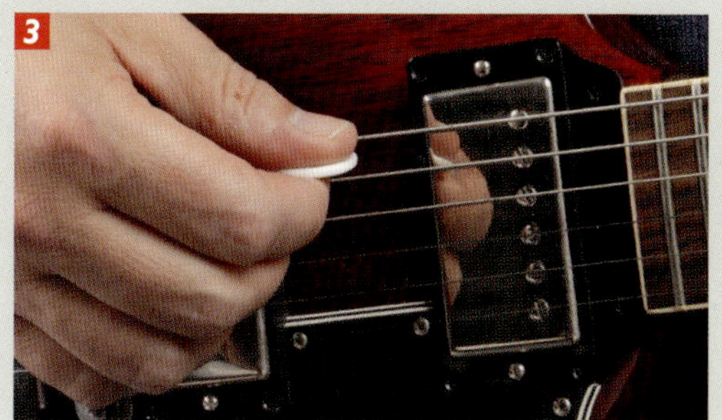

3 Zusätzlich zum Dämpfen der tiefen E-Saite kannst du beim Am-Akkord (wie im Foto) das Plektrum auch über diese Saite hinwegführen; das klingt etwas straffer und fokussierter. Der Ausgangspunkt deines Abschlags ändert sich dabei aber nicht: etwa 10mm von der tiefen E-Saite entfernt.

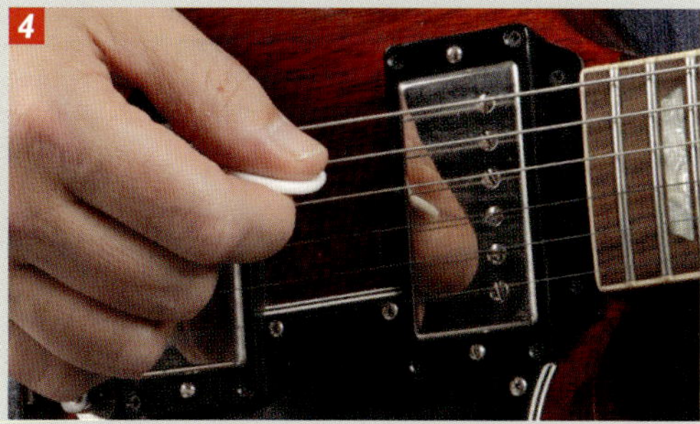

4 Den Abschlag auf der 4. Zählzeit in Takt 2 spielst du wieder als „Ghost stroke" wie im ersten Takt. So kannst du ein konstantes Viertelnoten-Pattern beibehalten (stelle dir deinen Arm als Pendel einer Uhr vor, das sich ruhig und gleichmäßig bewegt).

3 Grundrhythmen

Track 04

In dieser Übung lernst du, Akkorde schnell, genau und ohne hässliche „Löcher" im Rhythmus zu wechseln.

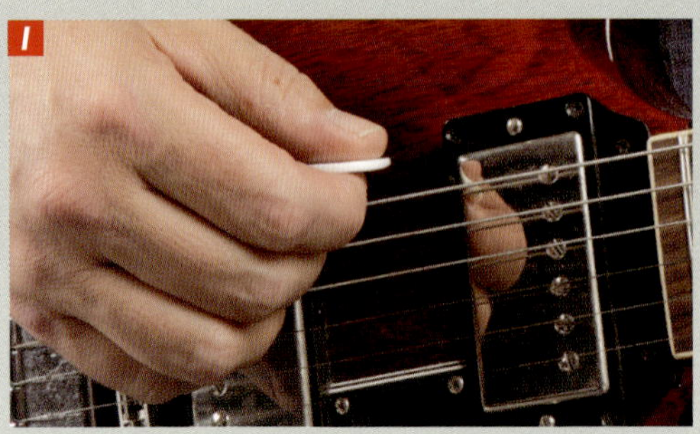

Bei den „stillen" Aufschlägen, mit denen das Plektrum zwischen den Abschlägen zurückgeführt wird, sollte die Bewegung genauso groß sein wie bei den Abschlägen. Hier siehst du den ersten Aufschlag (Zählzeit 1und) am Endpunkt, 10mm vor der tiefen E-Saite.

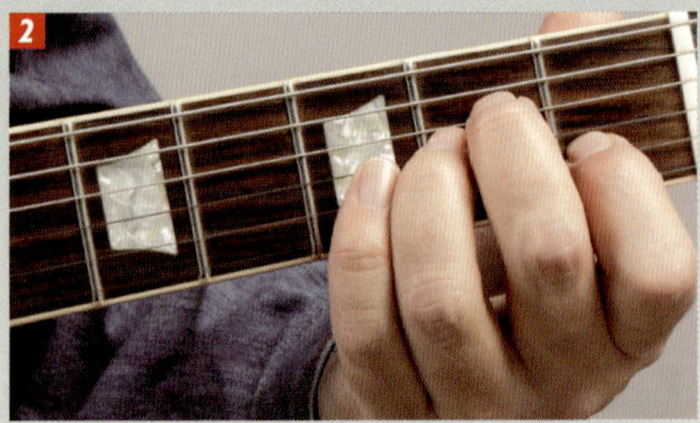

Denke daran, die Handstellung beim Wechsel von E zu Am beizubehalten (sie ist bei beiden Akkorden gleich). So wechselst du die Akkorde unmerklich, effizient und vor allem ohne unmusikalische „Löcher".

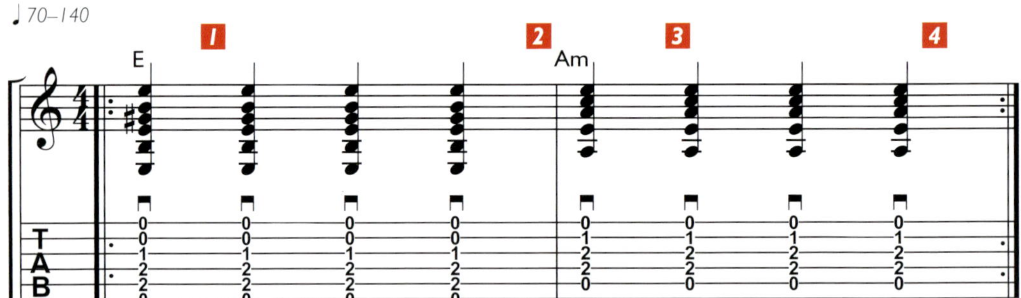

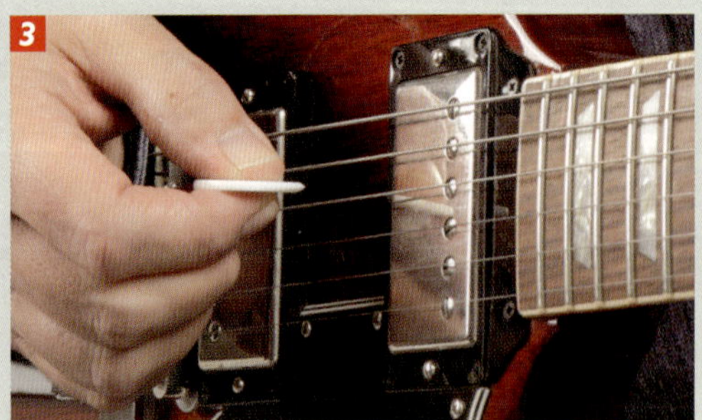

Halte sowohl beim Auf- als auch beim Abschlag das Plektrum in einem 90°-Winkel zu den Saiten (es ist wichtig, dass du nicht anfängst, in Anschlagsrichtung mit dem Plektrum zu „malen"). So bleibt dein Rhythmusspiel immer knackig und exakt.

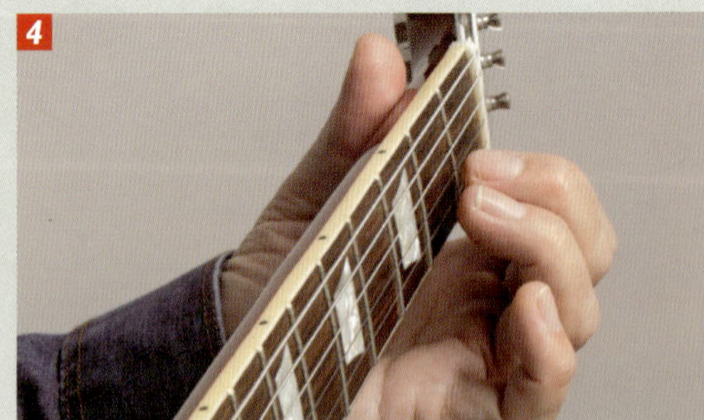

In dieser Übung musst du nicht nur schnell von E nach Am wechseln, sondern bei der Wiederholung auch genauso schnell zurück von Am nach E. Hier siehst du, wie die Finger beim Akkordwechsel so nah wie irgend möglich bei den Saiten bleiben.

Track 05

Grundrhythmen

4

Bei dieser letzten Anschlagsübung hat die Greifhand mit zwei Akkorden pro Takt und halben Noten und Viertelnoten genug zu tun.

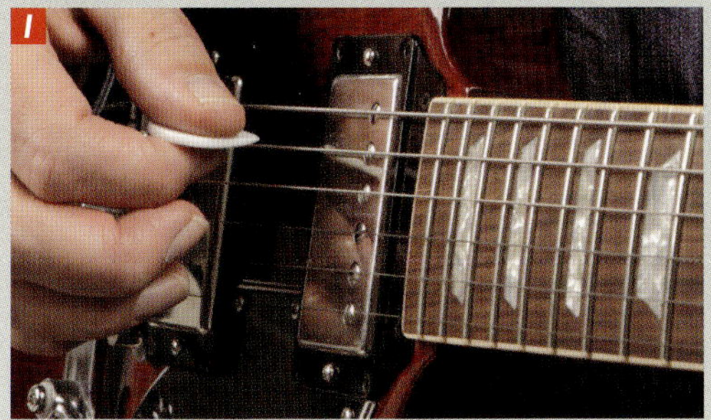

Der erste Takt enthält nur zwei Abschläge (halbe Noten), aber ein konstantes Anschlagspattern trägt zu rhythmischer Konsistenz bei. Diesen Takt spielst du deshalb mit einem Viertelnoten-Pattern (d.h. vier Abschläge pro Takt, zwei davon als „Ghost strokes").

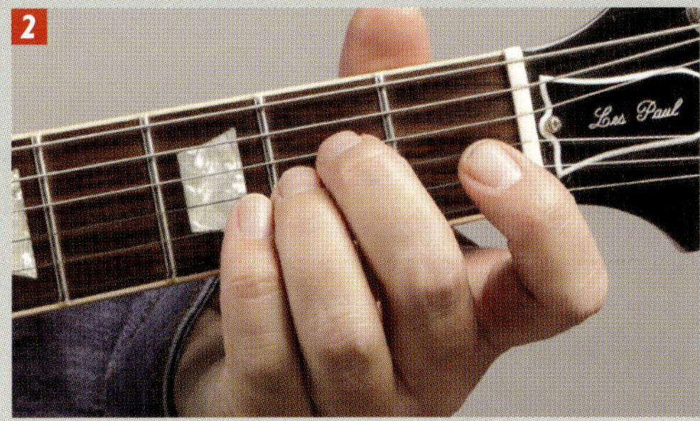

Versuche die Haltung von Mittel- und Ringfinger beim Wechsel von Em nach Am beizubehalten. Dann musst du beim Wechsel nur noch den Am-Akkord mit dem Zeigefinger komplettieren.

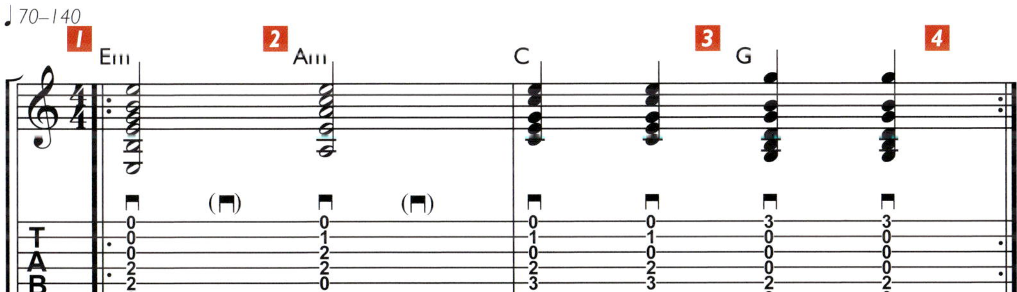

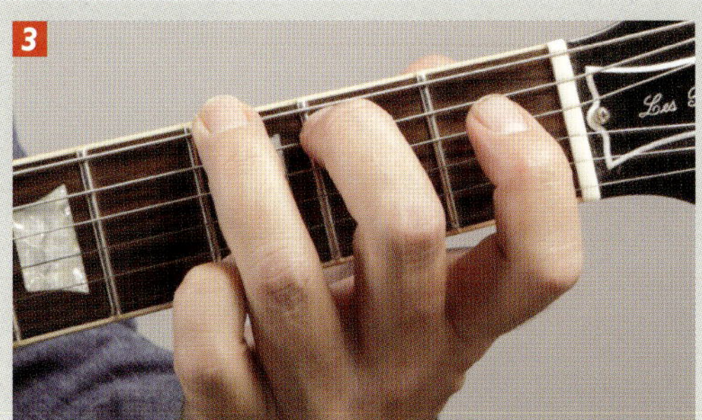

Am Ende der 2. Zählzeit in Takt 2 musst du schnell von C nach G wechseln. Mit dem hier gezeigten Fingersatz für G (Mittelfinger, Ringfinger und kleiner Finger) ist der Wechsel von G nach C (und zurück) wesentlich einfacher.

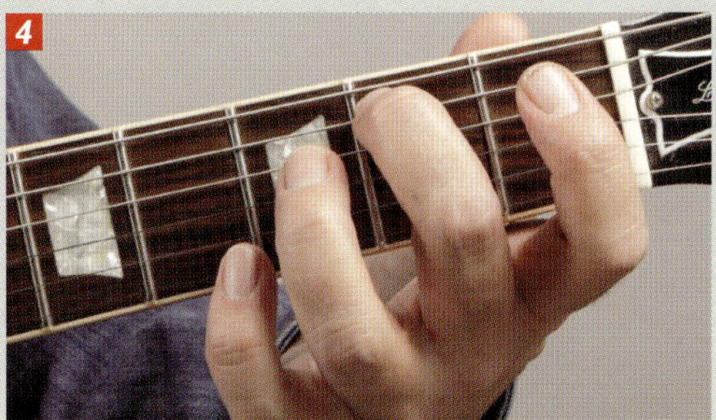

Wenn du den letzten G-Dur-Akkord in Takt 2 gespielt hast, lässt du den Mittelfinger in seiner Position auf dem 2. Bund der A-Saite liegen. Denke beim Akkordwechsel immer daran, alle Finger in Position zu lassen, die nicht bewegt werden müssen.

5 Achtel-Rhythmen

Track 06

Bei Achtelanschlägen bleibt weniger Zeit für Akkordwechsel, aber mit Viertelnoten auf Zählzeit 1 und 4 ist dieser Rhythmus trotzdem einfach.

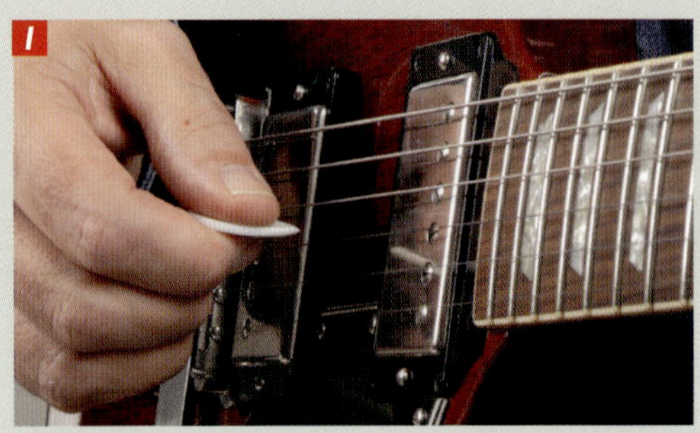

Diese Übung spielst du mit durchgehendem Wechselschlag in Achtelnoten und in beiden Takten mit stummen Aufschlägen auf Zählzeit 1 und 4. Im Bild siehst du den stummen Aufschlag nach Zählzeit 1 von Takt 1.

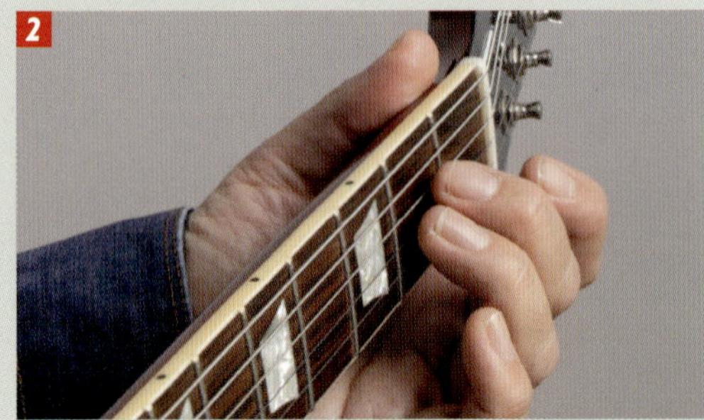

Beim Wechsel von Am nach Em am Ende von Takt 1 solltest du Mittel- und Ringfinger gemeinsam bewegen. Das ist anfangs nicht ganz einfach, aber wenn du diese Technik einmal beherrschst, kannst du Akkorde schneller und einfacher wechseln.

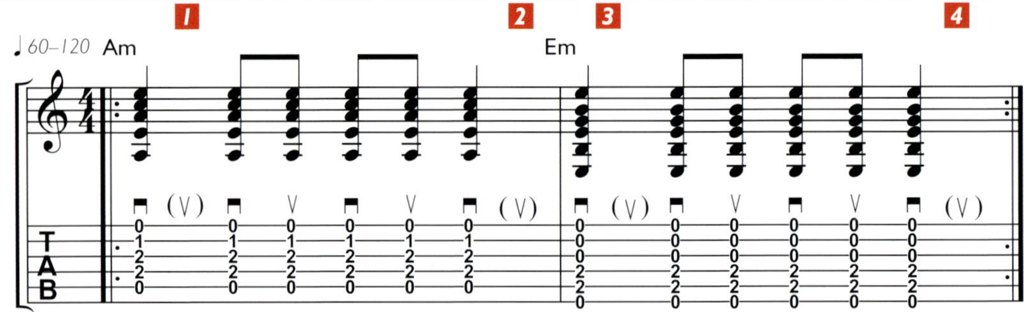

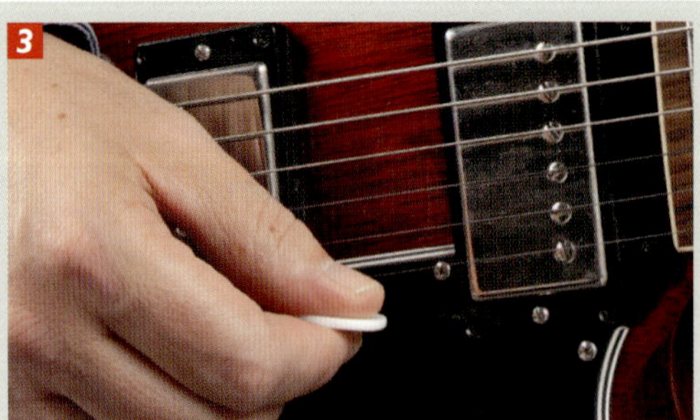

Achte darauf, dass dein Plektrum bei jedem Anschlag die gleiche Distanz zurücklegt. Hier siehst du den Abschlag auf der ersten Zählzeit von Takt 2 und wie nah das Plektrum der hohen E-Saite ist. Achte für rhythmisches Spiel besonders auf exakten Anschlag.

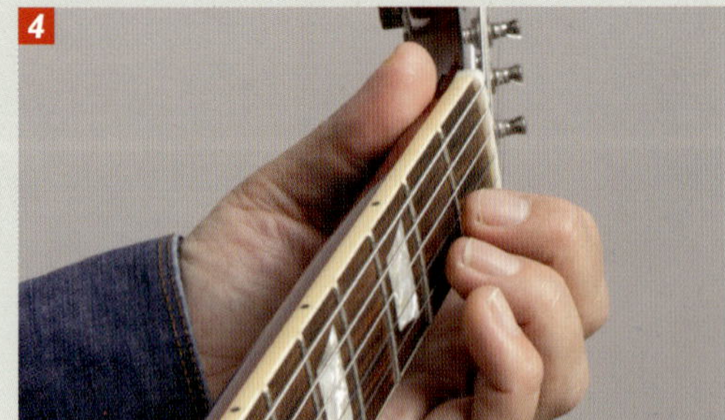

Eine der größten Herausforderungen dieser Übung ist die völlig unabhängige Bewegung der Hände jeweils am Ende des Takts: Während du am Ende von Takt 2 mit dem Plektrum einen stummen Aufschlag spielst, müssen gleichzeitig die Finger der Greifhand wie auf dem Foto zurück zu Am wechseln.

Track 07

Achtel-Rhythmen

6

Hier lernst du, wie man ungeschickte Akkordwechsel einfach durch das Anschlagen von Leersaiten am Taktende vermeiden kann.

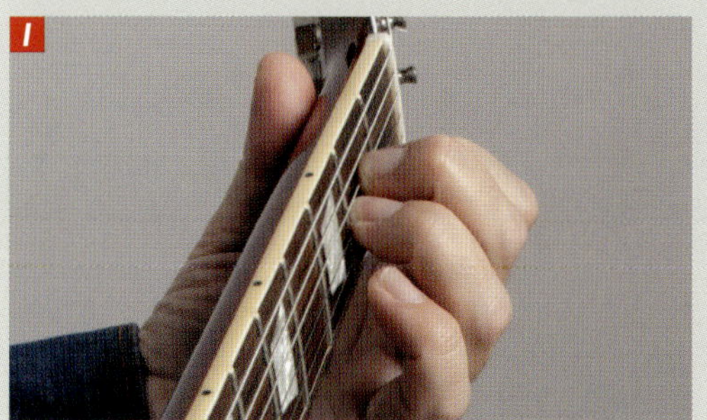

Achte darauf, den Akkord sauber zu greifen, bevor du loslegst. Die Finger sollten möglichst senkrecht auf den Saiten aufsetzen, um unerwünschtes Dämpfen benachbarter Saiten zu vermeiden.

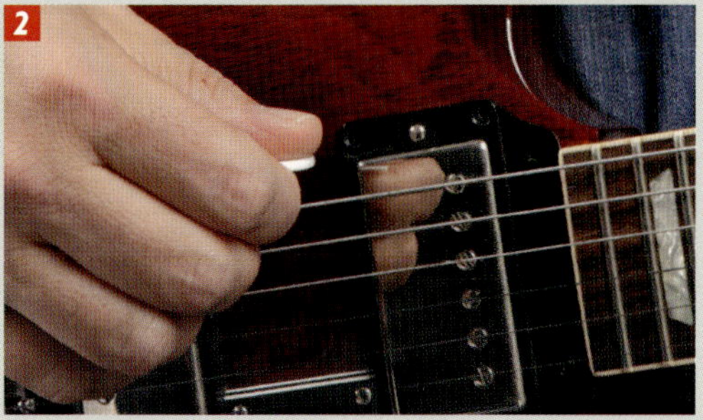

Die Anschlagshand spielt einen durchgehenden Achtelrhythmus. Die Distanz, die das Plektrum zurücklegt, sollte bei Auf- und Abschlag gleich sein. Hier siehst du das Plektrum nach dem ersten Aufschlag nahe an der tiefen E-Saite.

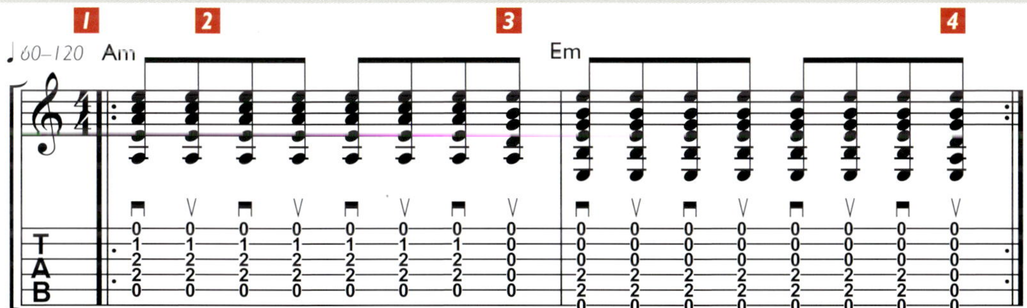

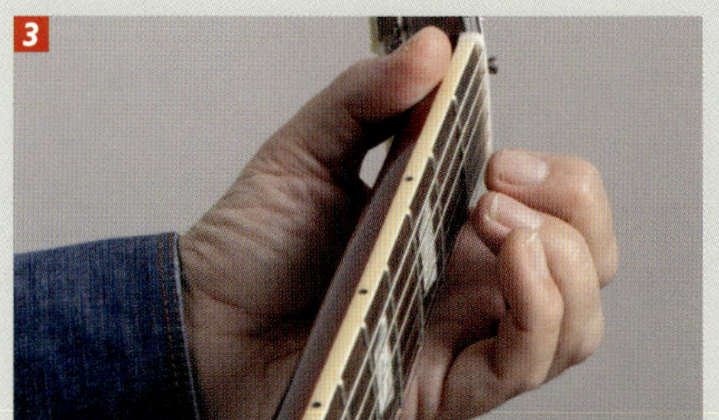

Bei Rhythmen mit durchgehenden Achtelanschlägen bleibt nur wenig Zeit für die Akkordwechsel. Mach's also wie die Profis und schlag einfach Leersaiten an! Hier haben die Finger die Saiten nach dem Am-Akkord bereits verlassen, während die Anschlagshand am Ende von Takt 1 einen Aufschlag spielt.

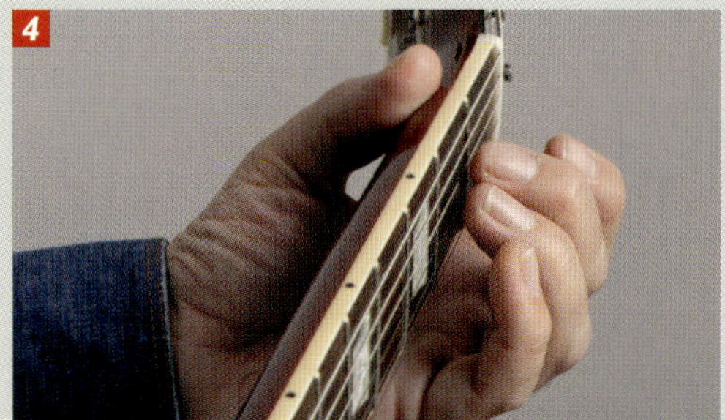

Das gleiche gilt für das Ende von Takt 2: Warte nicht erst den letzten Aufschlag ab, bevor du zurück zu Am wechselst; dafür ist nicht genug Zeit. Wechsele stattdessen den Akkord bereits, während du den letzten Aufschlag spielst. Wenn du sie beherrschst, wirst du überrascht sein, wie effektiv diese Technik ist.

7 Achtel-Rhythmen

Track 08

Durch Haltebögen erzeugte Synkopen (Betonungsverschiebungen) machen dein Rhythmusspiel interessanter.

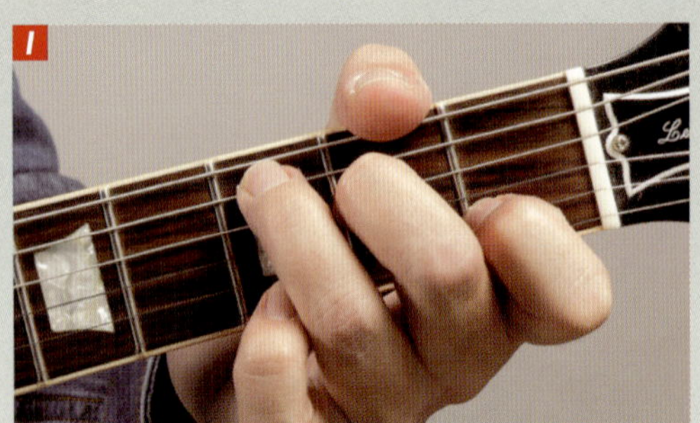

Damit der C-Dur-Akkord nicht „matschig" klingt, dämpfe die tiefe E-Saite. Eine Möglichkeit ist das Dämpfen mit dem Daumen wie hier im Foto zu sehen.

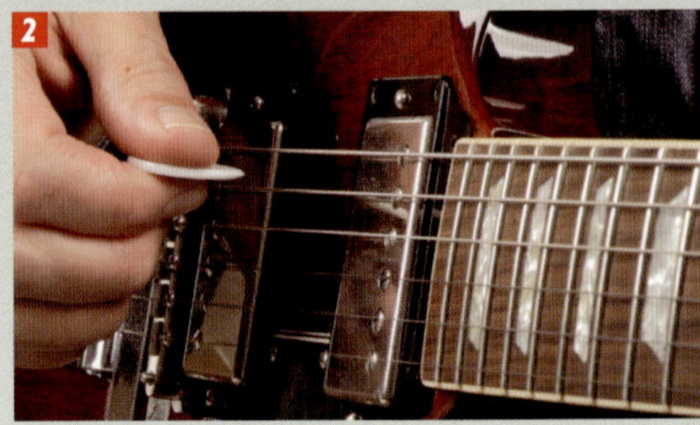

Bei dieser Übung kommt ein zusätzlicher stummer Abschlag auf Zählzeit 3 hinzu. Stumme Abschläge sind deutlich schwerer zu spielen als stumme Aufschläge; übe deshalb anfangs langsam und zähle im Kopf mit.

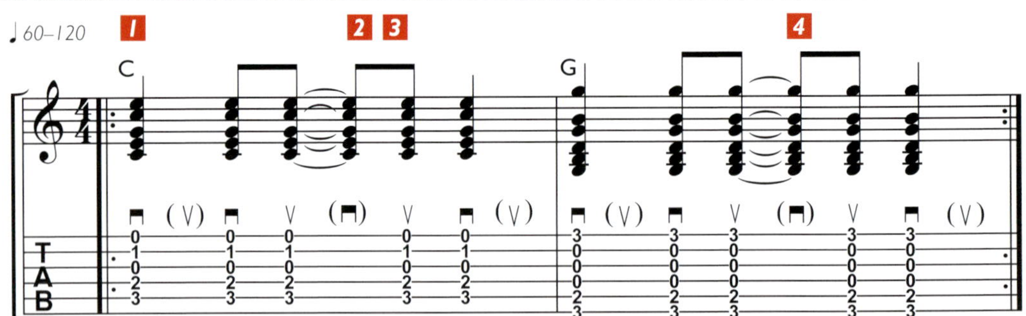

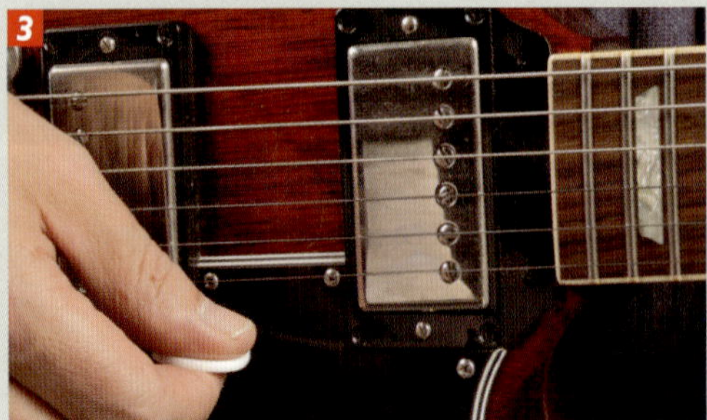

Deine Anschlagshand bewegt sich bei dieser Übung durchgehend im Achtelrhythmus, also auch, wenn du den stummen Abschlag auf Zählzeit 3 spielst. Im Bild ist das Plektrum einsatzbereit für den unmittelbar folgenden Aufschlag.

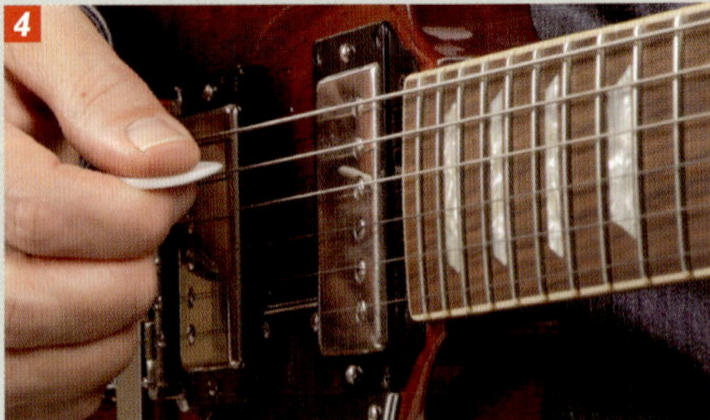

In Takt 2 spielst du (genau wie in Takt 1) einen stummen Abschlag auf Zählzeit 3 und vermeidest dadurch eine Unterbrechung der pendelnden Bewegung der Anschlagshand. So bleibt dein Rhythmusspiel knackig und genau.

Track 09

Achtel-Rhythmen

8

Der geschmeidige synkopierte Rhythmus dieser Übung ist ein großartiges Begleit-Pattern für E-Gitarre und Akustikgitarre.

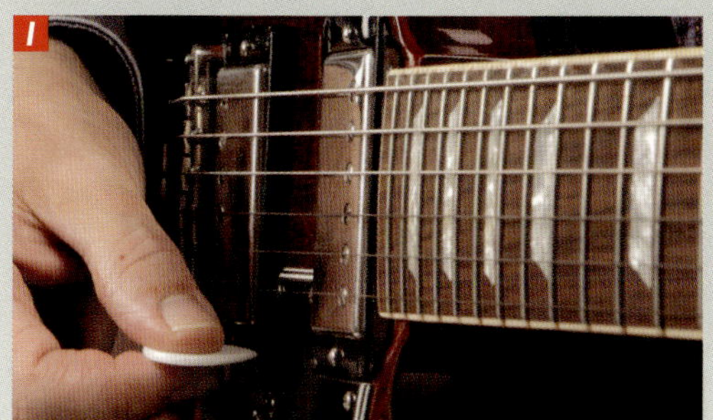

1 So wie hier sollte das Plektrum unmittelbar vor dem ersten Aufschlag aussehen. Das Plektrum wird immer im 90°-Winkel zu den Saiten gehalten und streicht sanft über sie hinweg, ohne zu tief „einzutauchen".

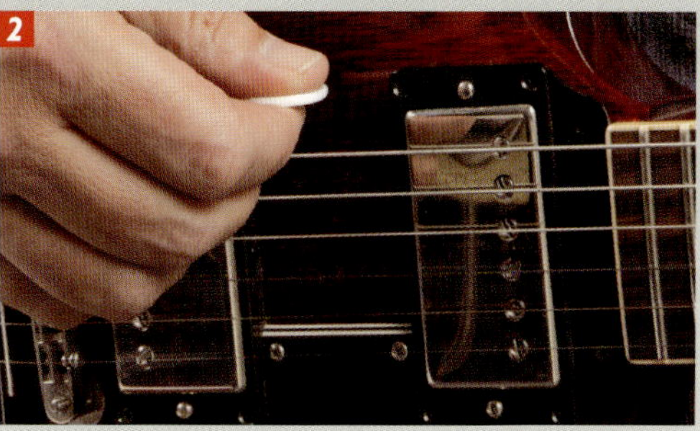

2 Nach jedem Aufschlag beginnt das Plektrum sofort den nächsten Abschlag. Achte dabei darauf, dass sich das Plektrum höchstens 10mm von den äußeren Saiten entfernt. Präzises Rhythmusspiel ist mit knappen präzisen Anschlägen wesentlich einfacher.

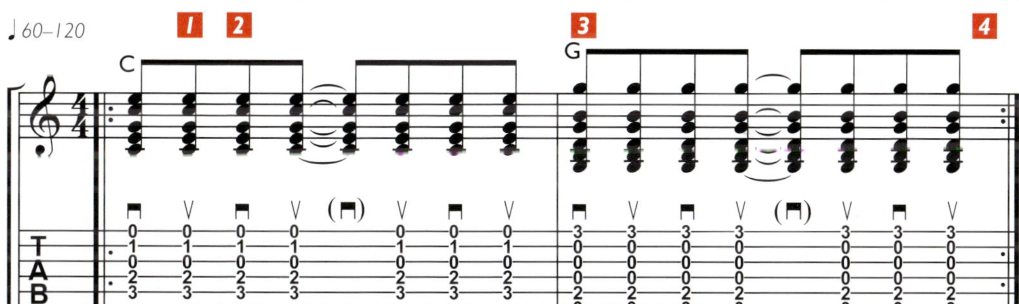

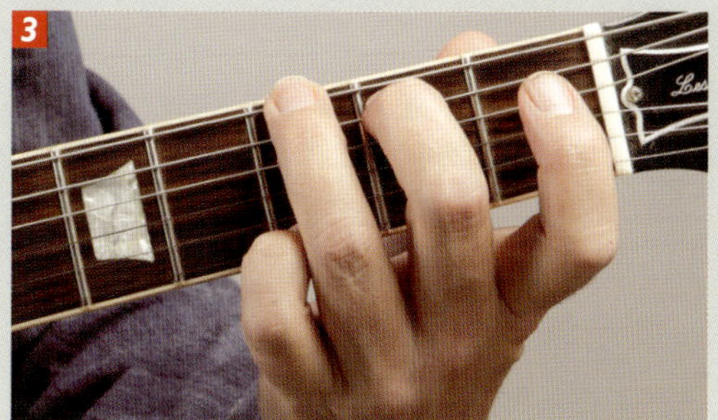

3 Bei diesem konstanten Achtel-Pattern kommen Aufschläge auf Zählzeit 1 und 4 dazu – das bedeutet, es bleibt wenig Zeit für Akkordwechsel! Greife G-Dur wie im Bild mit Mittel- und Ringfinger auf den tiefen Saiten, um schnelle Akkordwechsel zu ermöglichen.

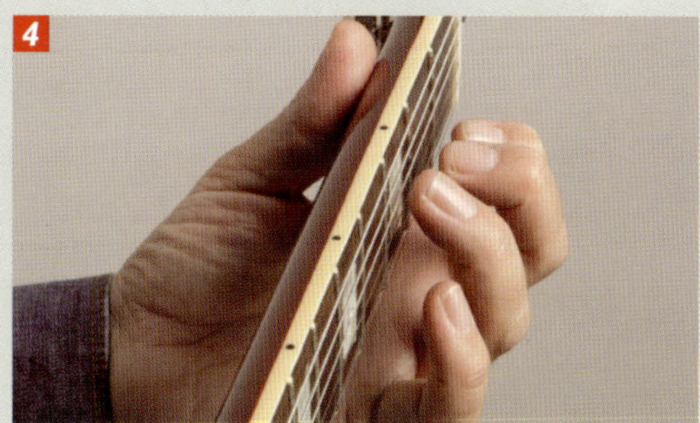

4 Denke daran, dass du bei der Wiederholung schnell wieder zurück zu C-Dur wechseln musst. Das Bild zeigt, wie die Finger beim Wechsel möglichst nahe bei den Saiten bleiben und wie Mittel- und Ringfinger beim Wechsel die Griff-Form beibehalten.

9 Sechzehntel-Rhythmen

Track 10

Synkopierte Sechzehntel-Rhythmen klingen nicht nur in Reggae-Songs gut, sondern auch in vielen anderen Stilrichtungen.

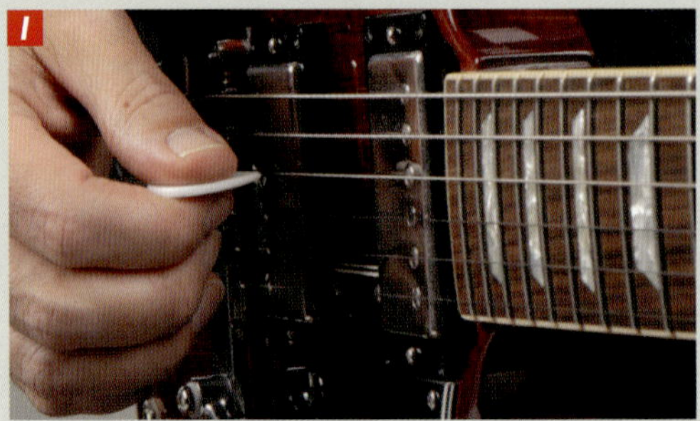

Die goldene Regel des Rhythmusspiels: „Spiele immer durchgehende Auf- und Abschläge im kleinsten vorkommenden Notenwert"; hier also in Sechzehnteln. Hier spielt das Plektrum gerade einen stummen Abschlag auf der Zählzeit 1 im ersten Takt.

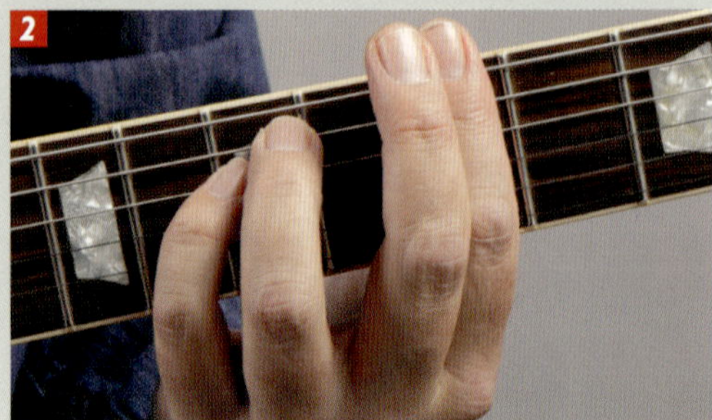

Greife Am als vollen Barrée-Akkord, auch wenn in der Tabulatur nur die drei höchsten Saiten notiert sind. Zwischen den Anschlägen verringerst du wie im Bild den Druck der Greiffhand, so dass die Saiten gedämpft werden.

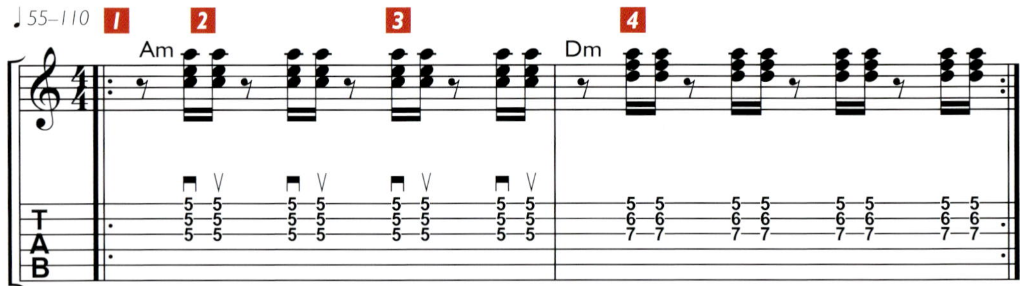

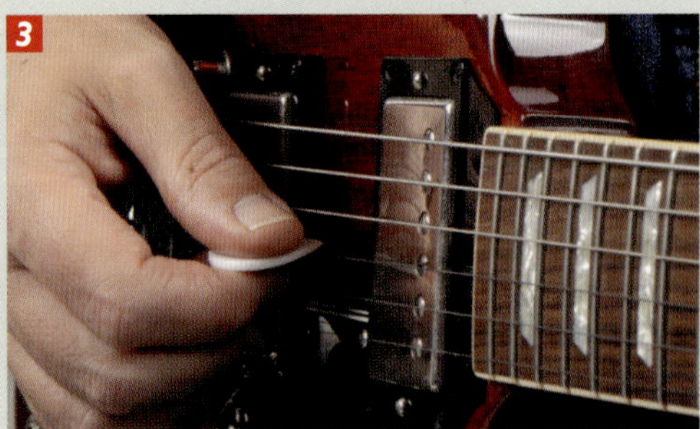

Damit bei jedem Akkord nur die höchsten drei Saiten klingen, hältst du das Plektrum ganz leicht geneigt, so dass es beim Anschlag nur diese Saiten berührt.

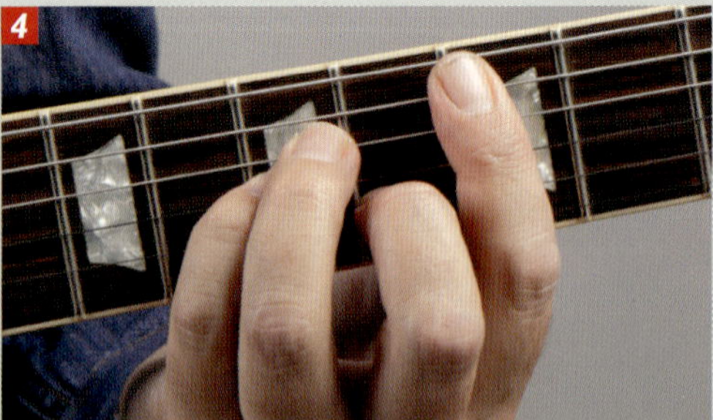

Den Dm in Takt 2 greifst du ebenfalls als vollen Barrée-Akkord im 5. Bund. Genauso wie in Takt 1 verringerst du auch hier in den Pausen zwischen den Akkorden einfach den Greifdruck.

Track 11

Sechzehntel-Rhythmen

10

Der Heavy-Metal-Groove dieser Übung wird scherzhaft als „Iron-Maiden-Galopp" bezeichnet – du findest ihn bei vielen Bands.

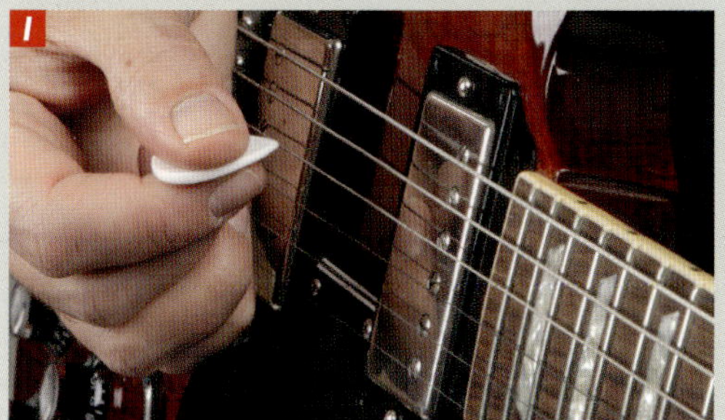

Der D5 Power Chord muss durchgehend abgedämpft werden; das geht ganz einfach, wenn du den Handballen in Stegnähe leicht auf die D- und A-Saite auflegst wie hier im Bild.

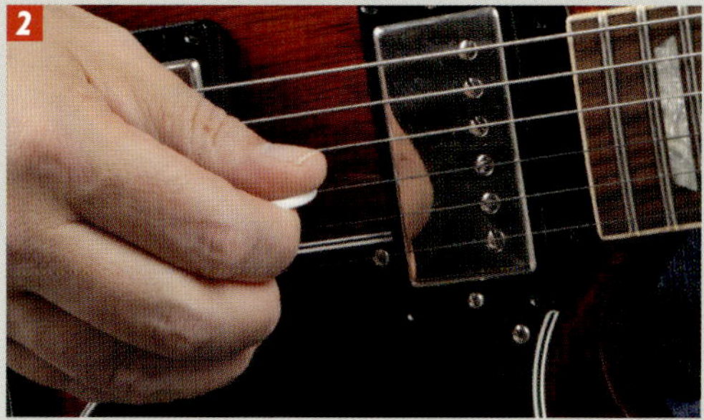

Du spielst hier nur Power Chords mit zwei Tönen, musst also nicht alle sechs Saiten anschlagen. Im Bild siehst du, wie das Plektrum nach dem ersten Abschlag in Takt 1 schon kurz vor der G-Saite wieder stoppt.

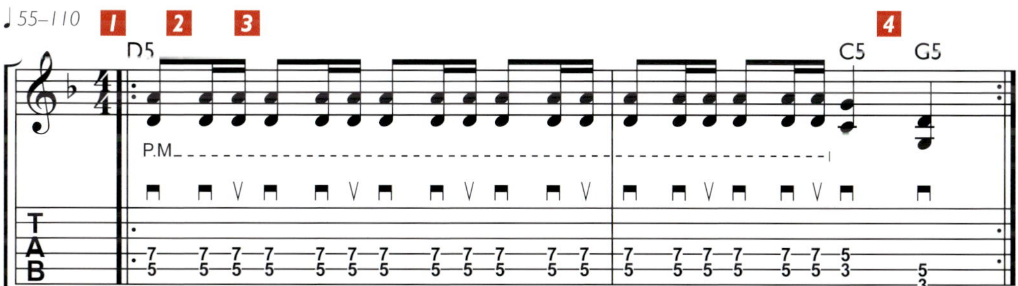

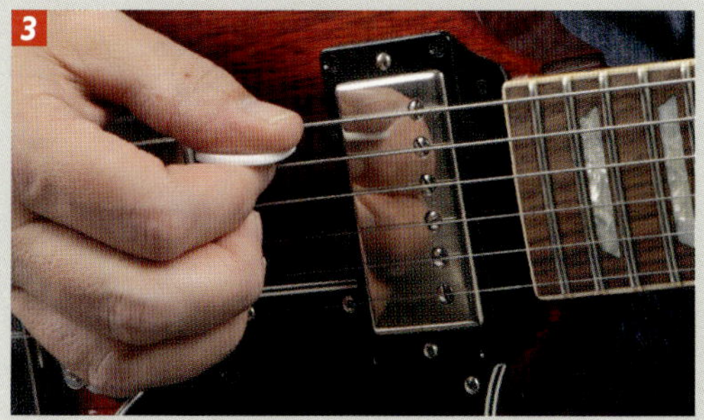

Das Plektrum sollte hier auch beim Aufschlag kurz hinter der Saite zur Ruhe kommen. Im Bild stoppt es beim letzten Aufschlag von Zählzeit 1, kurz bevor es die tiefe E-Saite erreicht. Das Plektrum sollte in dieser Übung nur eine möglichst kurze Strecke zurücklegen.

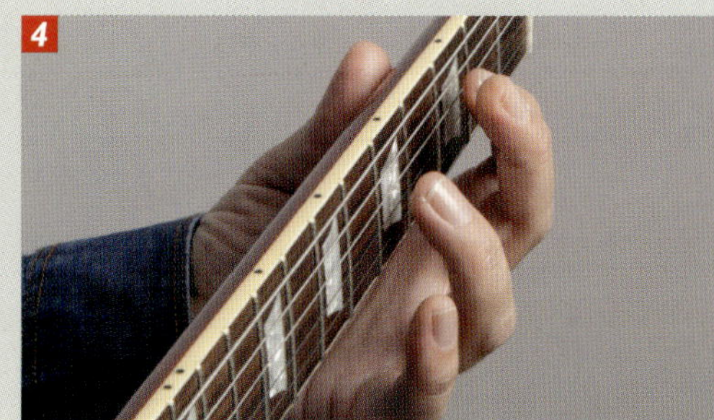

Beim Wechsel von C5 to G5 hebst du Zeige- und Mittelfinger von den Saiten ab, greifst den Akkord aber weiterhin (sozusagen „in der Luft"). Wenn du einzelne Finger bewegst oder die Griff-Form auflöst, dauert der Akkordwechsel länger und die einzelnen Akkorde können nicht für ihre vollständige Länge klingen.

11 Sechzehntel-Rhythmen

Track 12

Der „Bo-Diddley-Rhythmus" ergibt sofortige Rock-'n'-Roll-Stimmung. Von George Michael bis Prince hat jeder ihn verwendet – jetzt bist du dran!

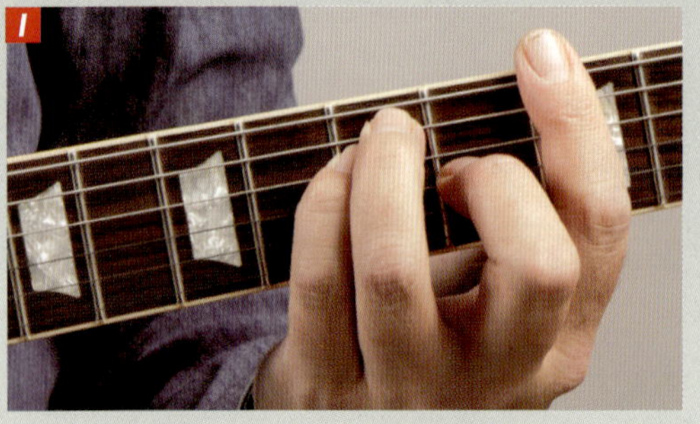

1 Der G-Dur sollte wie hier als Barrée-Akkord gegriffen werden. Akkorde mit Leersaiten passen nicht gut zu diesem Rhythmus, weil man die Leersaiten schlecht für perkussive Akkorde dämpfen kann.

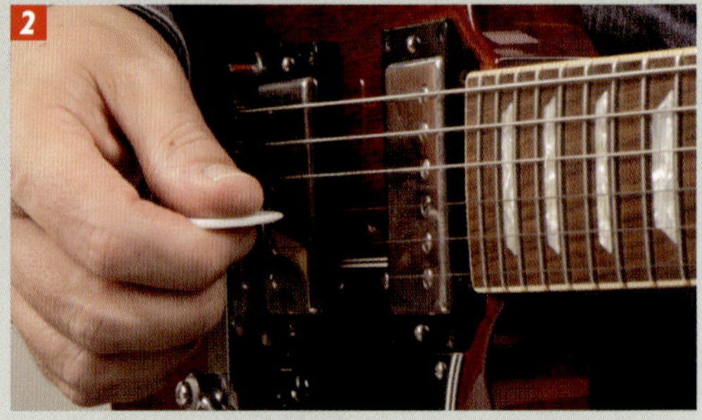

2 Spiele durchgehend Wechselschläge in Sechzehnteln. Hier folgt der erste stumme Aufschlag unmittelbar auf den G-Dur auf Zählzeit 1.

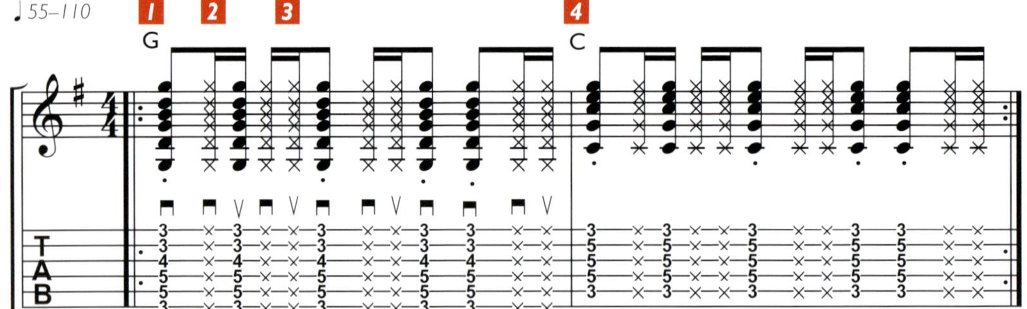

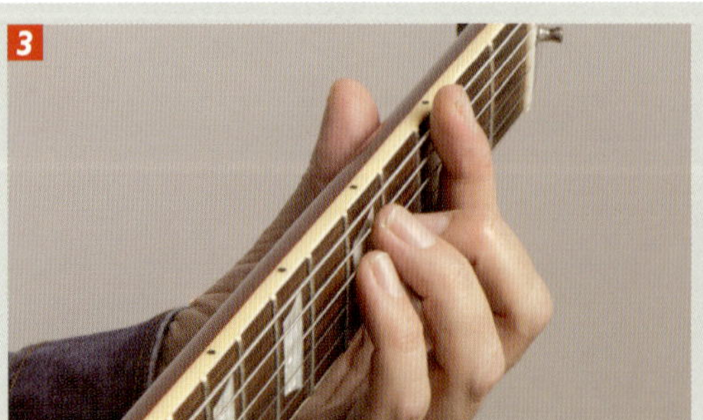

3 Akkorde mit Kreuzen statt des Notenkopfs sollen hörbar gedämpft werden. Du schlägst statt eines stummen (Luft-) Anschlags die Saiten wie gewohnt an. Mit einer Verringerung des Greifdrucks ohne Abheben der Finger vom Griffbrett (wie im Foto) erzeugst du funkige, perkussive, gedämpfte Akkorde.

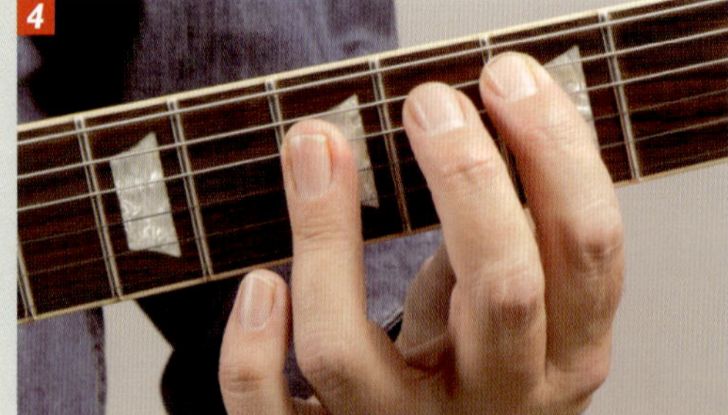

4 Für einen schnellen Wechsel zu C verwende den im Bild gezeigten Fingersatz. Der Zeigefinger greift nur die A-Saite, das Barrée wird mit dem Ringfinger gegriffen. Knicke den Ringfinger leicht im ersten Gelenk ab, um ein versehentliches Berühren der hohen E-Saite zu verhindern.

Track 13

Sechzehntel-Rhythmen

12

Diesen coolen, synkopierten Funk-Rhythmus solltest du unbedingt lernen, denn er kommt in vielen „Klassikern“ vor.

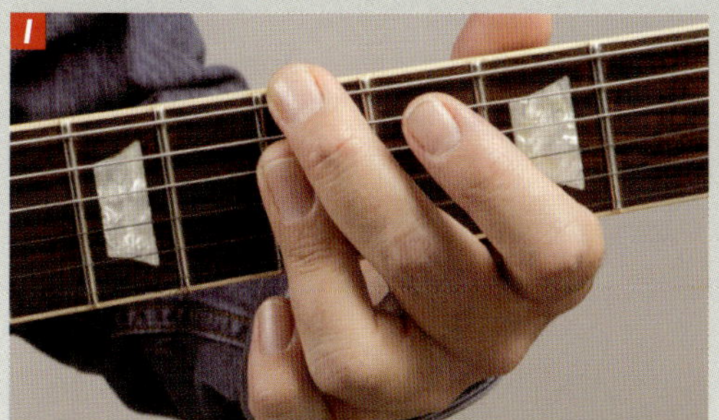

1 Greife den Am7 mit einem Halb-Barrée des Ringfingers auf den vier höchsten Saiten. Den Mittelfinger legst du beim Greifen auf der tiefen E-Saite gleichzeitig leicht auf die A-Saite auf, so dass du sie dämpfen kannst.

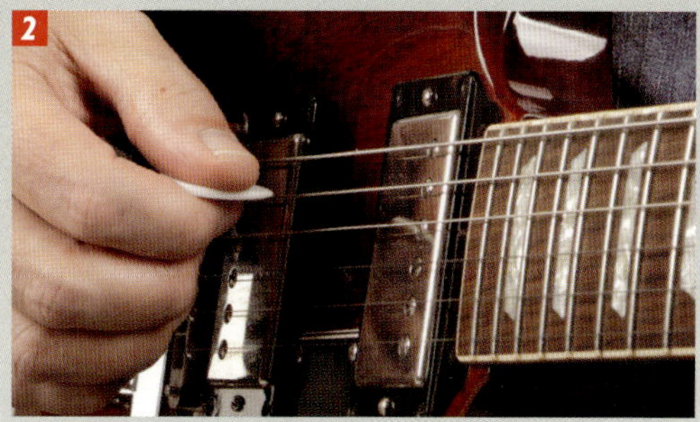

2 Das Geheimnis eines groovigen Funkrhythmus sind durchgehende Wechselschläge der Anschlagshand in Sechzehnteln. Hier spielt das Plektrum gerade den stummen Abschlag auf dem Offbeat von Zählzeit 1 (die Sechzehntelpause).

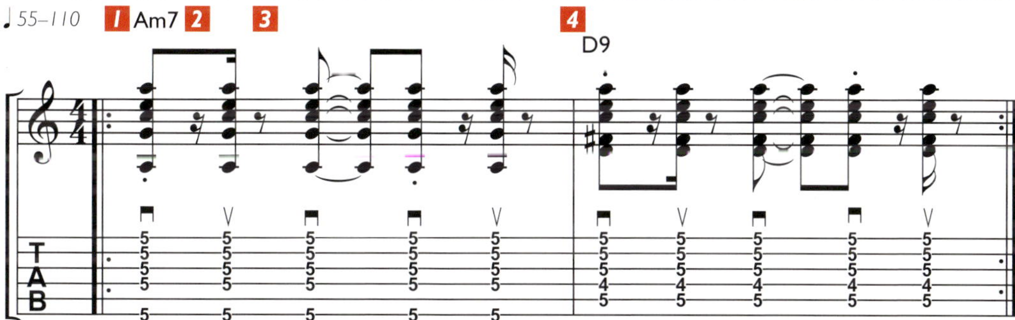

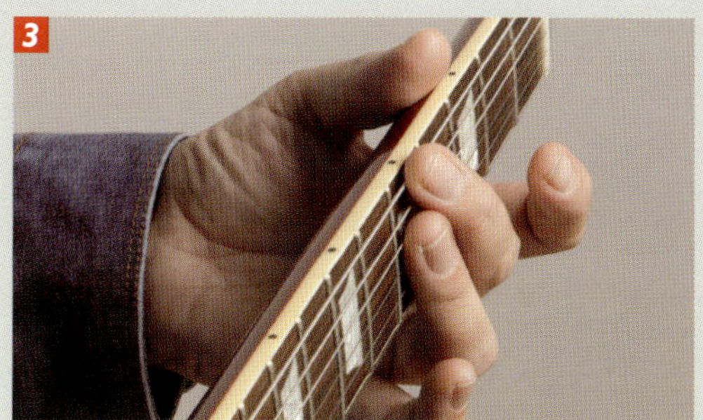

3 Um die Saiten zu dämpfen verringerst du einfach den Druck der Greifhand, aber ohne den Kontakt der Finger zu den Saiten zu unterbrechen. Im Gegensatz zu Rockgitarristen dämpfen Funkgitarristen nahezu ausschließlich mit der Greifhand.

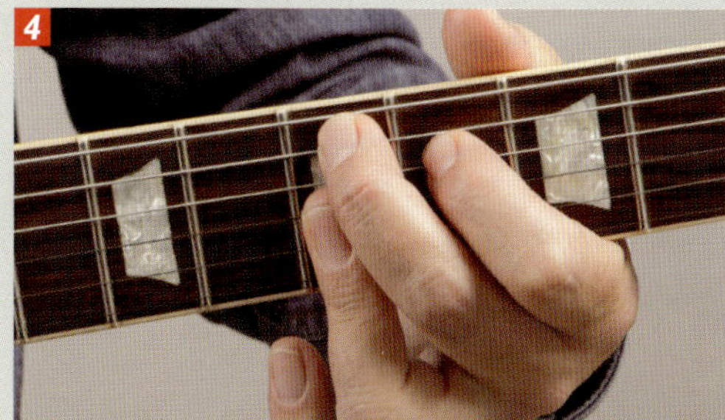

4 Beim Wechsel zu D9 verringerst du den Greifdruck und verschiebst die komplette Am7-Griff-Form um eine Saite nach oben (d.h. der Mittelfinger greift jetzt auf der A-Saite). Dann greifst du einfach noch zusätzlich mit dem Zeigefinger auf der D-Saite wie im Bild.

13 Basis-Pattern

Track 14

Mit dieser-Übung gewöhnst du dich die Grundlage soliden Fingerpickings: den gleichzeitigen Daumen- und Finger-Anschlag (Pinching).

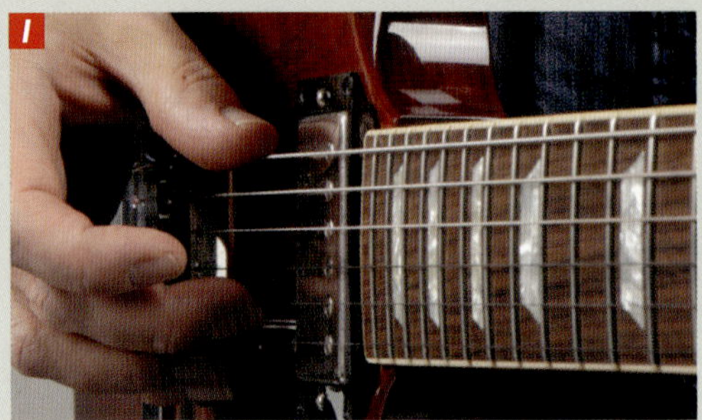

Schlage gleichzeitig die tiefe E-Saite mit dem Daumen (*p*) und die B-Saite mit dem Mittelfinger (*m*) an. Diese Technik wird aufgrund der Anschlagsbewegung der Finger auch als „Pinching" (schnappen, kneifen) bezeichnet.

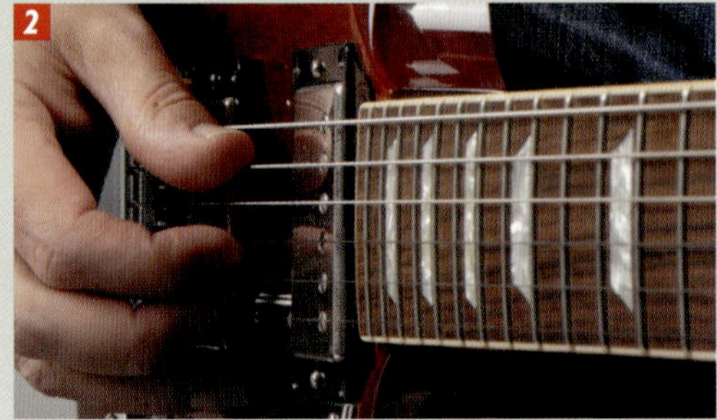

Beim zweiten Pinch schlägst du mit dem Daumen (*p*) die A-Saite und mit dem Zeigefinger (*i*) die G-Saite an. Der Mittelfinger (*m*) bleibt über der B-Saite in Position – die Finger bleiben generell über der jeweiligen Saite, auch wenn sie nicht anschlagen.

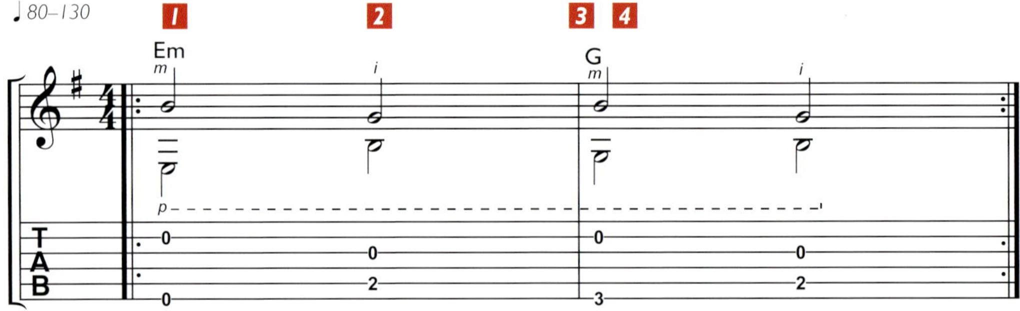

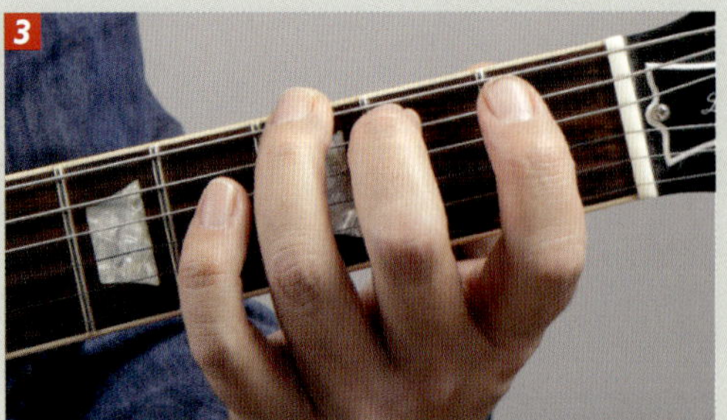

Beim Fingerstyle-Spiel musst du nicht immer den vollständigen Akkord greifen: Hier werden nur die tiefen Töne von G-Dur gegriffen, weil die hohe E-Saite nicht angeschlagen wird.

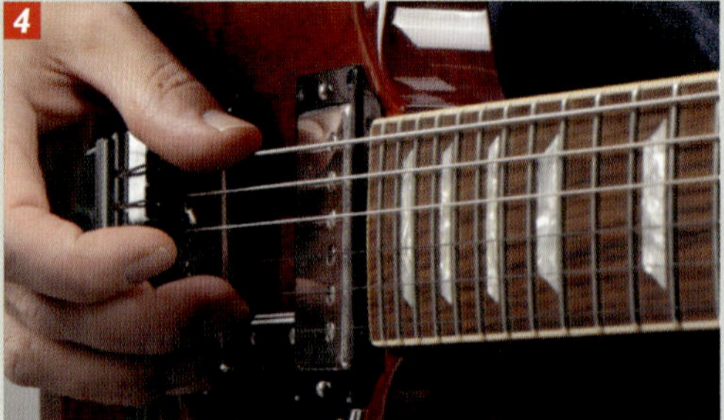

Am Anfang von Takt 2 kehrt der Daumen wieder zur tiefen E-Saite zurück, während der Mittelfinger (*m*) gleichzeitig die B-Saite anschlägt. Achte darauf, den Akkord (G) gegriffen zu haben, bevor du anschlägst!

Track 15

Basis-Pattern

14

Hier lernst du, gleichzeitig eine Basslinie mit dem Daumen und die Melodie dazu mit dem Zeigefinger zu spielen.

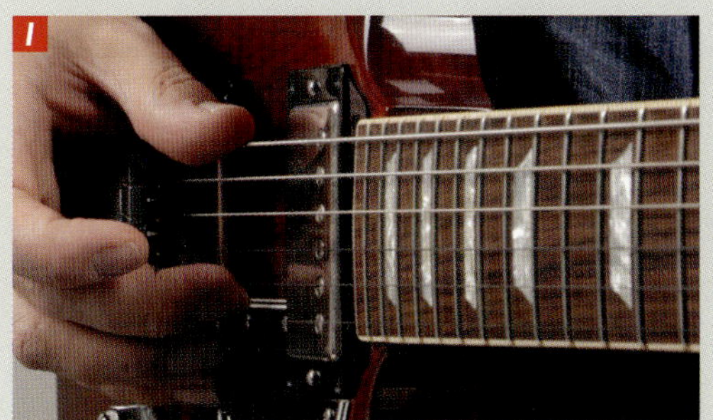

1 Bringe die Anschlagshand sorgfältig in Position, ehe du loslegst. Du schlägst die tiefe E-Saite mit dem Daumen (*p*) und die B-Saite mit dem Mittelfinger (*m*) an, sie sollten also wie im Bild positioniert sein.

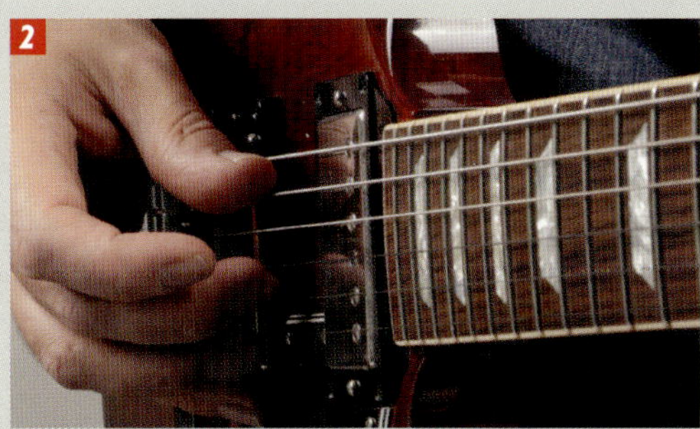

2 Die beiden ersten Töne spielst du als „Pinch": der Daumen schlägt die tiefe E-Saite nach unten an, der Mittelfinger die B-Saite aufwärts. Die Fingerbewegungen sollten dabei möglichst gering sein, damit du die Handposition nicht ändern musst.

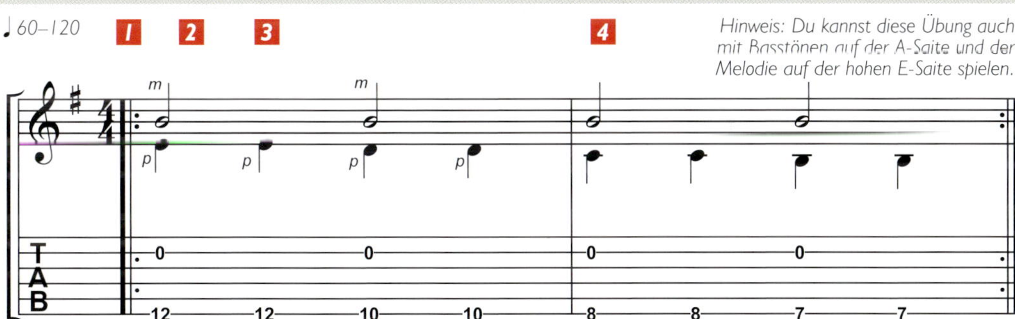

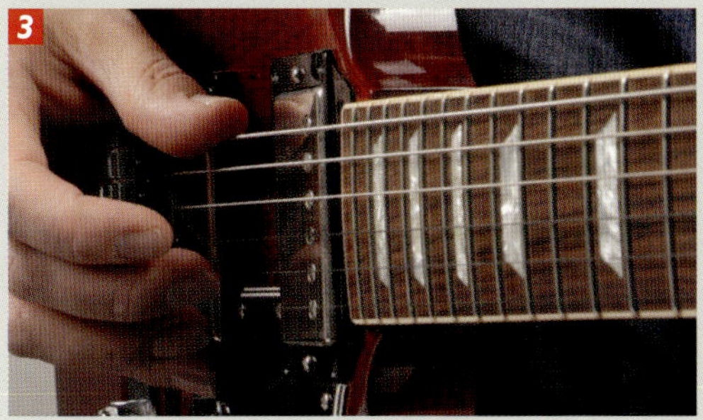

3 Auf der Zählzeit 2 klingt nur der Basston. Auch wenn es verlockend sein mag, den Mittelfinger dabei auf der B-Saite abzulegen, solltst du das vermeiden, denn dann kann der Melodieton nicht für seine volle Länge (eine halbe Note) klingen.

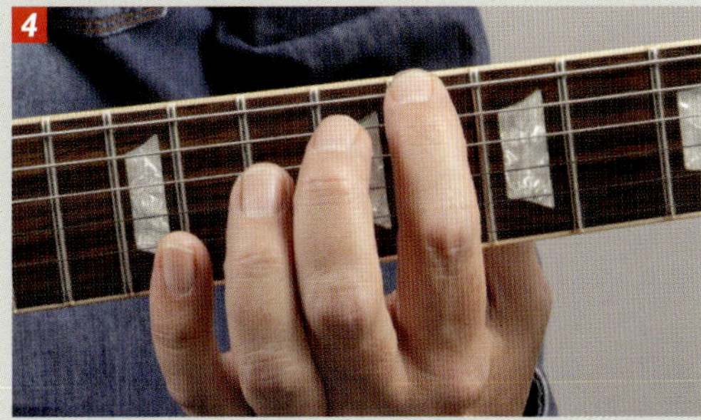

4 Greife den Basston C in Takt 2 mit dem Zeigefinger wie im Foto. Für das B kannst du dann einfach einen Bund abwärtsrutschen. Bei der Wiederholung springst du dann wieder mit dem Ringfinger in den 12. Bund.

15 Basis-Pattern

Track 16

Wenn du den Dreh mit der unabhängigen Daumen-Basslinie raus hast, kannst du diese Technik auch auf Akkorde anwenden.

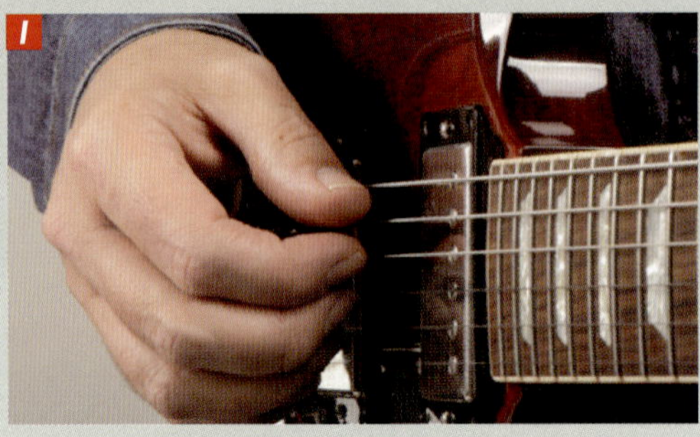

Positioniere die Anschlagshand wie im Foto, bevor du den ersten Ton anschlägst. Achte auf den Winkel des Daumens und die „Klauenhaltung" der Hand. Zeigefinger (*i*), Mittelfinger (*m*) und Ringfinger (*a*) schweben über der D-, G- und B-Saite.

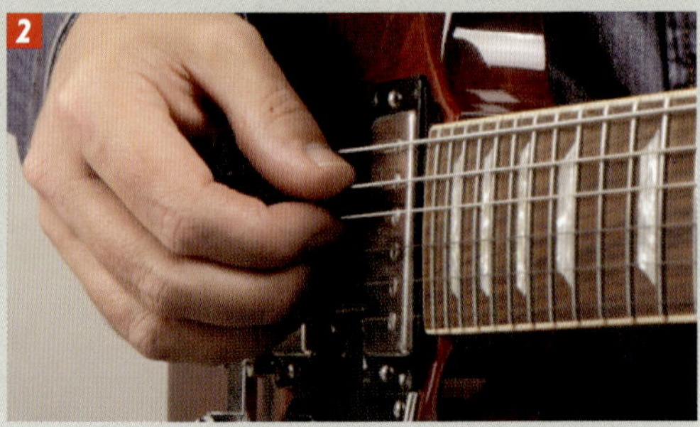

Schlage alle vier Saiten gleichzeitig an. Denke daran, auch vier gleichzeitig gespielte Töne mit der gleichen „Pinch"-Bewegung wie in Übung 13 anzuschlagen.

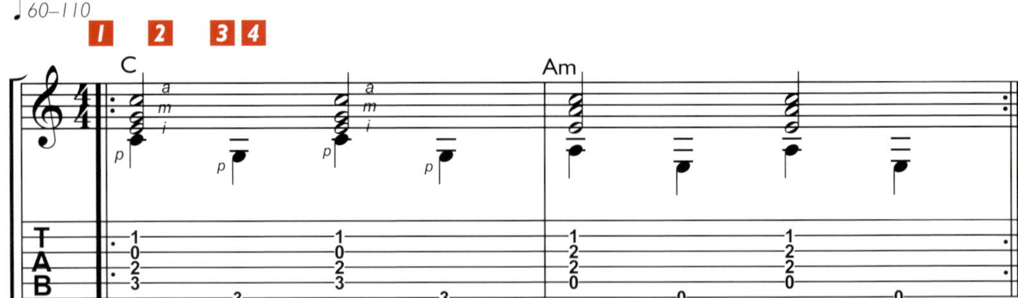

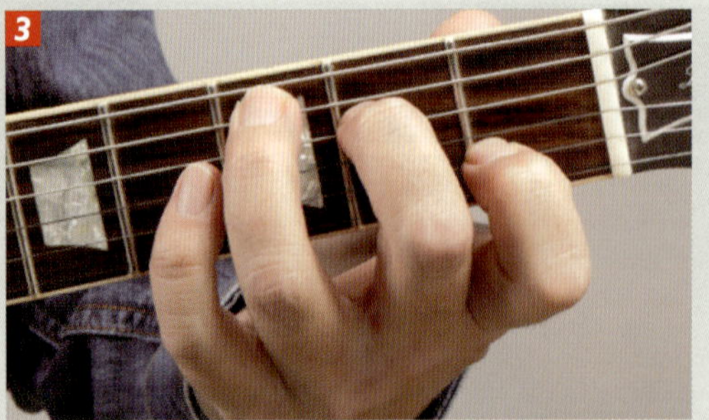

Behalte den Akkordgriff auch auf Zählzeit 2 bei, wenn du den Basston auf der tiefen E-Saite anschlägst. So kann der Akkord bis zur Zählzeit 3 weiterklingen, was eine besonders geschmeidige und konsistente Begleitung ergibt.

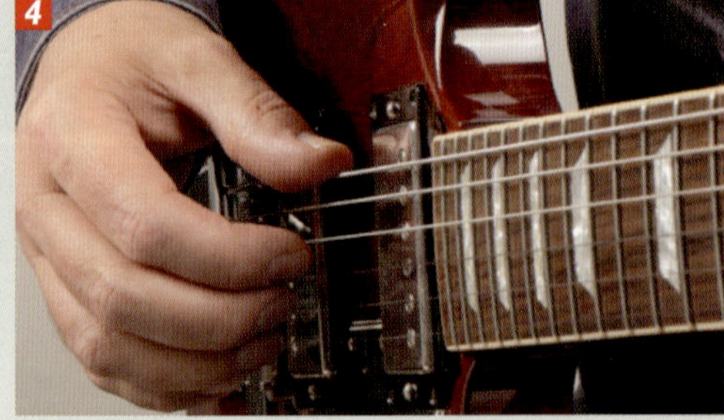

Beim Anschlag des Basstons auf der tiefen E-Saite sollte sich nur der Daumen bewegen. Die Anschlagshand bleibt ruhig und die Finger behalten ihre Position über der jeweiligen Saite bei.

Track 17

Basis-Pattern

16

Wenn du die vorige Übung beherrschst, spiele die Akkorde als synkopierte Begleitung auf den Offbeats (unbetonten Zählzeiten).

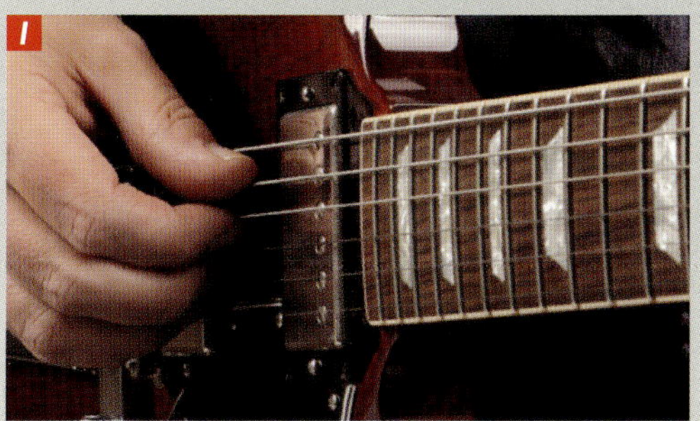

Beim Daumenanschlag des ersten Basstons liegen Zeigefinger (*i*), Mittelfinger (*m*) und kleiner Finger (*a*) auf ihren Saiten. Weil die Akkorde von Pausen unterbrochen werden, verwendest du hier die Anschlagsfinger zum Anschlagen und Dämpfen.

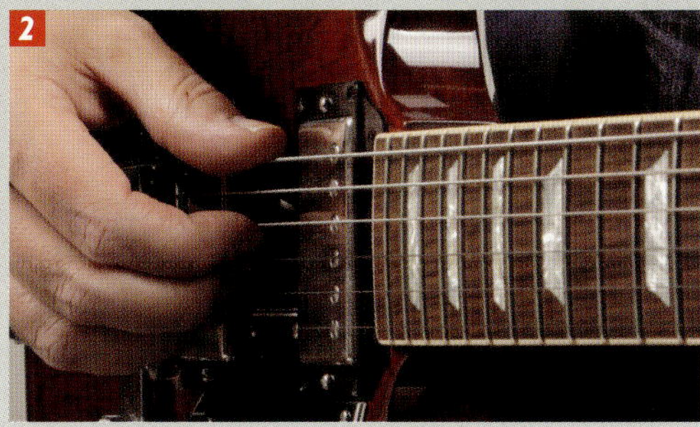

Gleichzeitig mit dem ersten Akkordanschlag auf dem Offbeat von Zählzeit 1 wandert der Daumen für den Anschlag des nächsten Basstons zur tiefen E-Saite. Achte immer auf eine ruhige Anschlagshand, wenn sich der Daumen zur tiefen E-Saite bewegt.

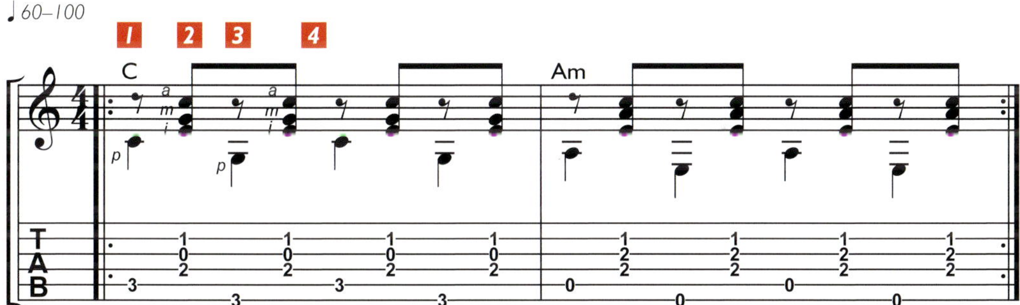

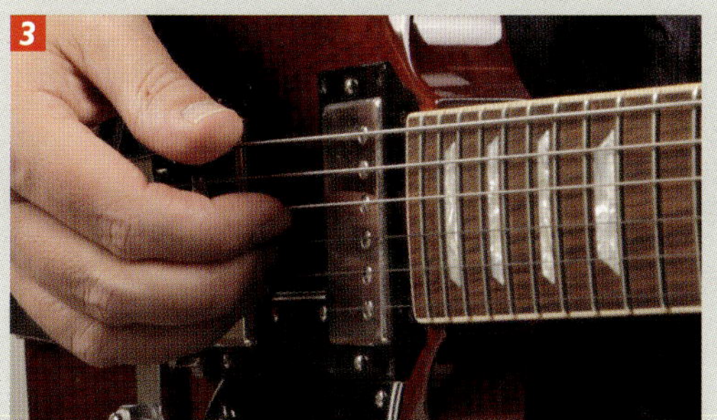

Führe die Finger unmittelbar nach dem Anschlag des ersten Akkords zu ihren Saiten zurück wie im Bild. So klingt der Akkord nur kurz, so wie es die Achtelpause auf Zählzeit 2 (über dem Basston) erfordert.

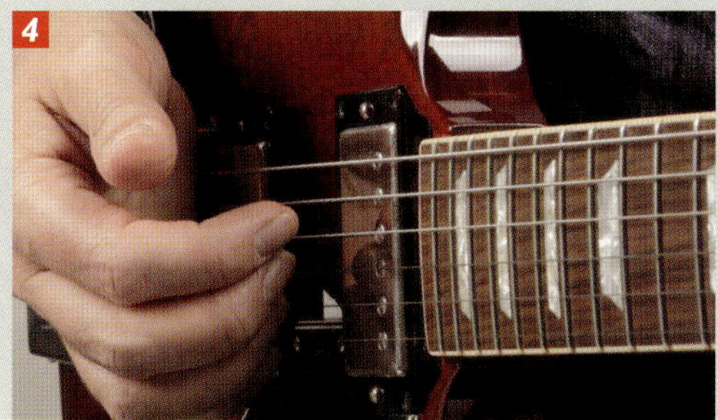

Die Basslinie klingt besonders knackig und präsent, wenn du den Handballen leicht auf die beiden tiefsten Saiten auflegst. Diese Technik nennt man „Dämpfen mit dem Handballen" (Palm muting). Fingerstyle-Gitarristen setzen sie unter anderem ein, um ein Ineinanderklingen der Basstöne zu vermeiden.

17 Achtel-Pattern

Track 18

Dieses unverzichtbare 6/8-Pattern kann von Balladen bis zu mittelschnellen Stücken in den unterschiedlichsten Stilrichtungen eingesetzt werden.

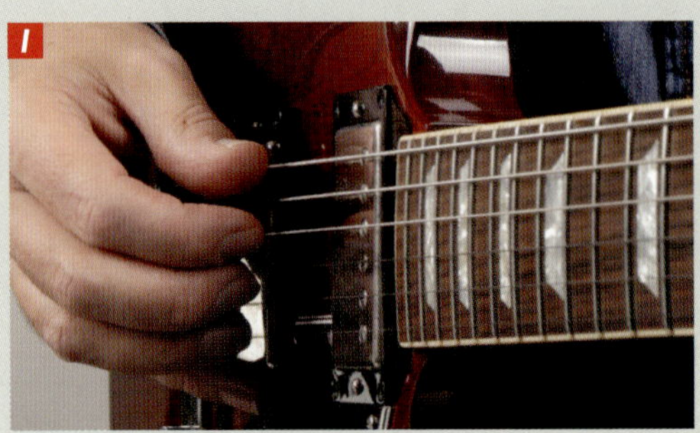

„Let ring" (klingen lassen) bedeutet, dass du den Akkord für den ganzen Takt greifst und jeden Ton länger als notiert ausklingen lässt. Bringe deine Anschlagshand in Position (jeder Finger über der entsprechenden Saite), bevor du anfängst.

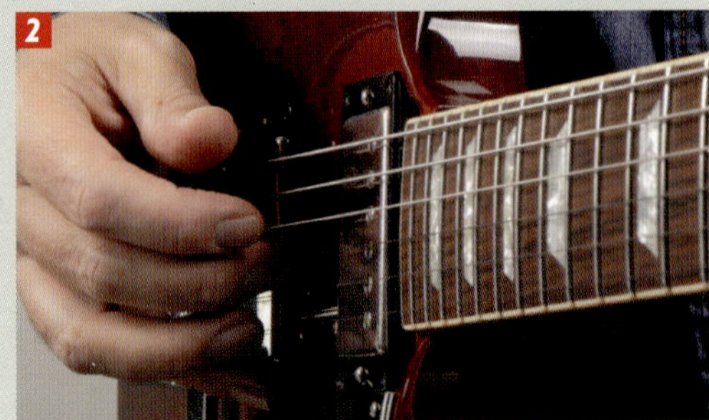

In dieser Übung gibt es keine „Pinchs" – jeder Ton wird einzeln angeschlagen. Halte die Anschlagshand ruhig und bewege nur den anschlagenden Finger. Vermeide unabsichtliches Dämpfen, indem du alle nicht anschlagenden Finger von den Saiten fernhälst.

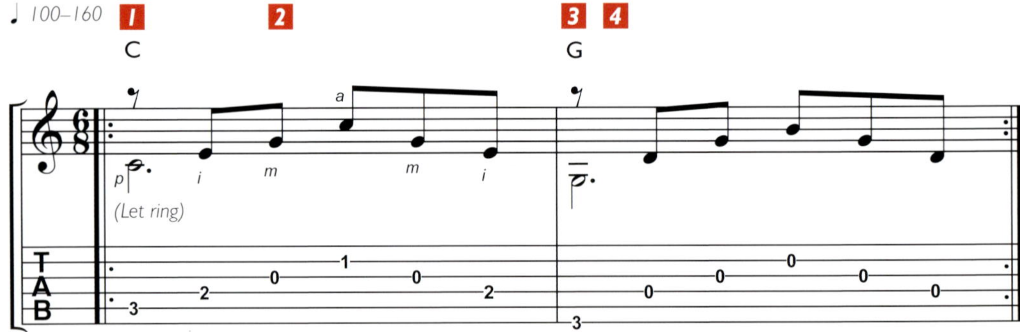

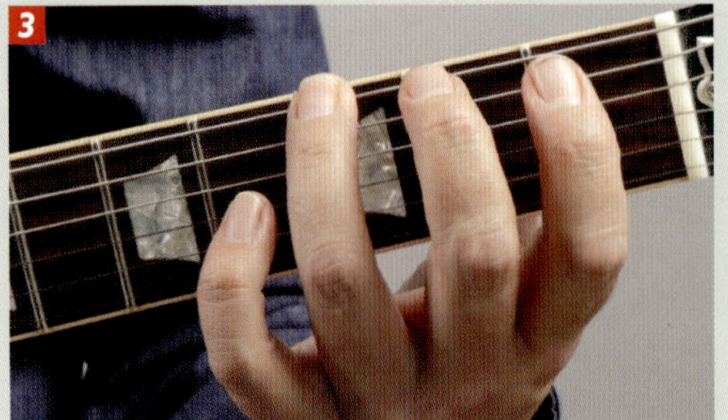

Greife Akkorde stets nur mit den mindestens nötigen Fingern, das macht Akkordwechsel schneller und flüssiger. Hier muss beispielsweise für den G-Dur-Akkord nur die tiefe E-Saite gegriffen werden.

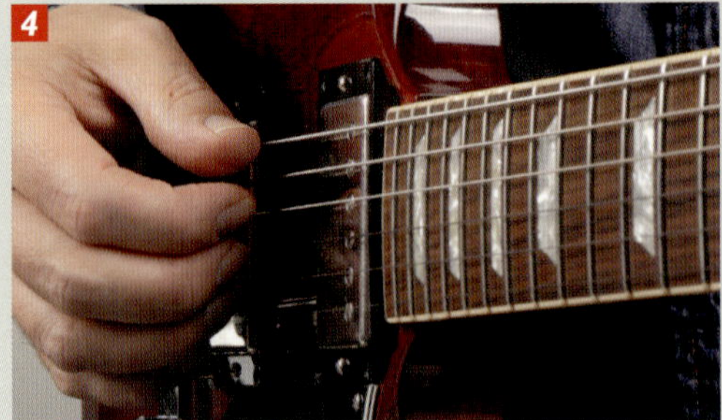

Die Anschlagshand behält ihre „Klauenform" immer bei; der Anschlag erfolgt nur mit der Fingerspitze bzw. dem Fingernagel. Der Daumen schlägt abwärts an, die Finger aufwärts. Die Anschlagsbewegung ähnelt ein wenig einem „Zwicken" oder „Kneifen".

Track 19

Achtel-Pattern

18

Dies ist ein typisches Singer/Songwriter-Begleitpattern im Folkstil der 60er Jahre und außerdem eine hervorragende Aufwärm-Übung.

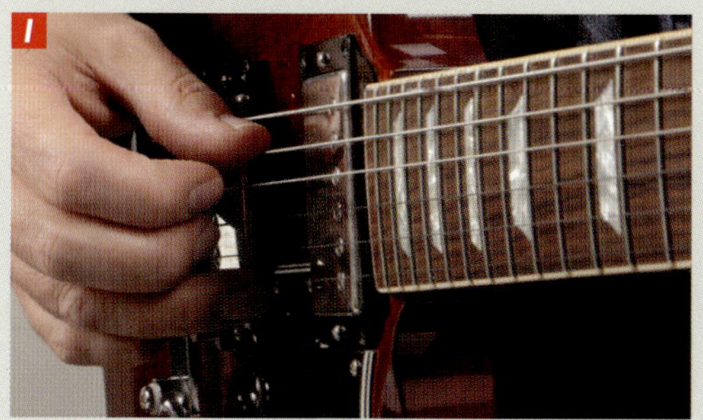

Diese Übung beginnt mit einem „Pinch" auf hoher E-Saite und A-Saite: Du schlägst den Basston mit dem Daumen an während du gleichzeitig die hohe E-Saite mit dem Ringfinger (*a*) anschlägst.

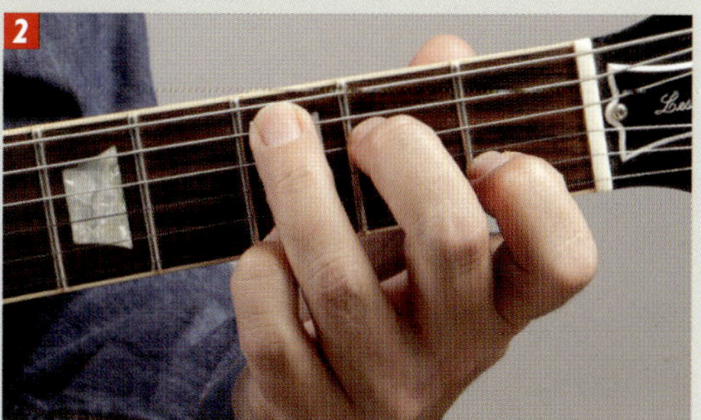

Dir wird auffallen, dass die hier verwendete Variante von C-Dur zusätzlich ein G auf der hohen E-Saite enthält. Greife diesen Ton mit dem kleinen Finger und lass den Finger bis zur Zählzeit 3 liegen, damit der Ton klingen kann.

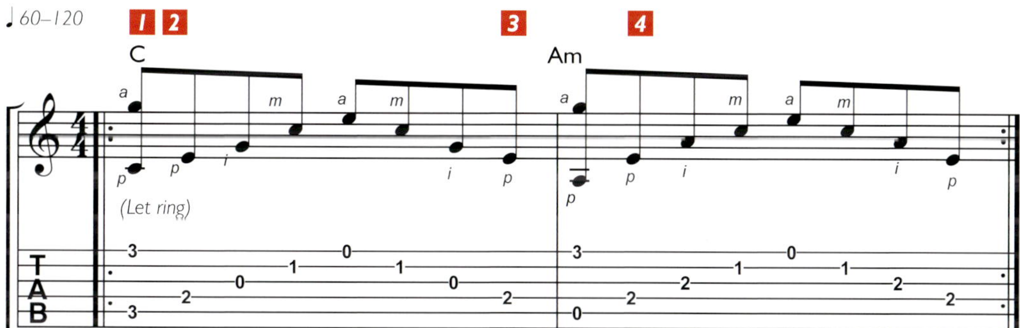

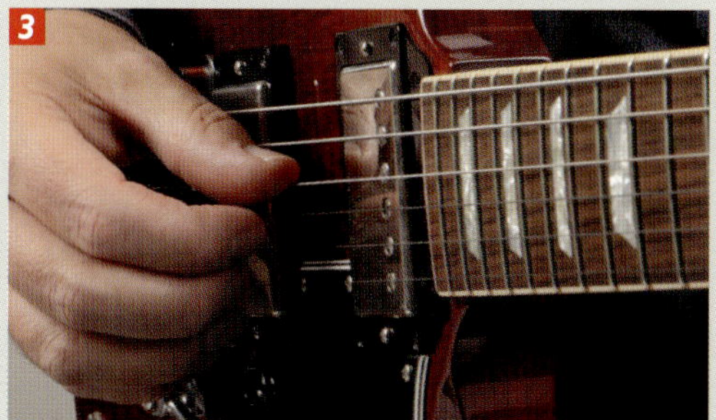

In dieser Übung spielt der Daumen alle Basstöne auf der D- und der A-Saite. Im Bild schlägt er gerade den letzten Ton von Takt 1 an (E).

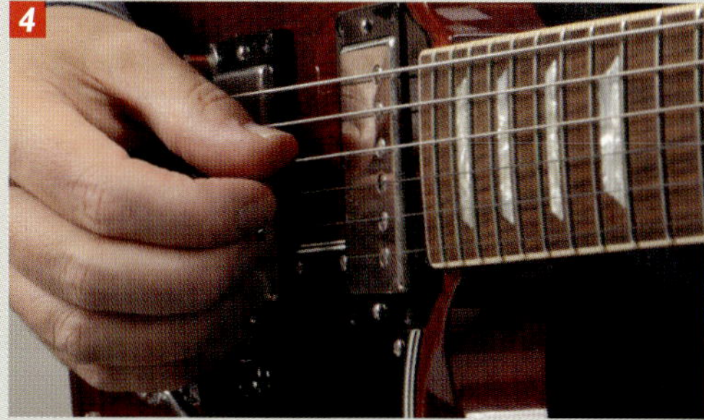

Für dieses Pattern werden drei Finger der Anschlagshand benötigt; achte deshalb durchgehend auf ihre optimale Position. Hier schweben die Finger (*i*, *m* und *a*) über den drei hohen Saiten, während der Daumen das E in Takt 2 anschlägt.

19 Achtel-Pattern

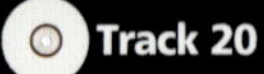

Mit dem einfachen Wechsel zwischen Daumen und Fingern der Anschlagshand kannst du schöne, fließende Pickingpattern erzeugen.

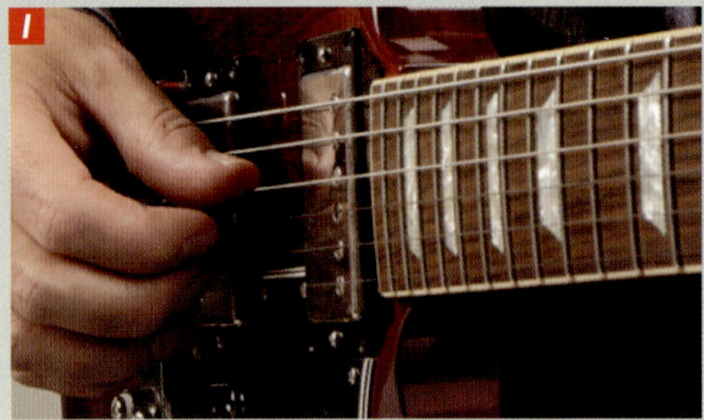

Es kann nicht schaden, die Bass-Stimme zuerst einzeln zu üben. Die Melodietöne (aufwärts gehalst und mit den Fingern gespielt) fügst du anschließend nacheinander hinzu. Hier ist der Daumen kurz vor dem Anschlag des zweiten Basstons auf der D-Saite (E).

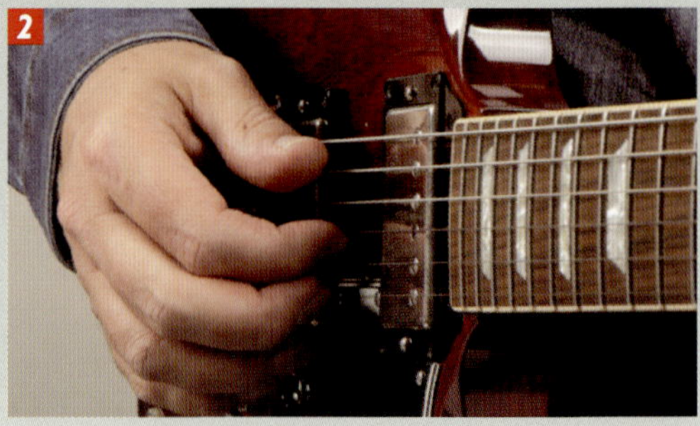

Wenn du die Bass-Stimme im Schlaf beherrschst, kommen die Melodietöne hinzu. Sie sind synkopiert, werden also auf den Offbeats der Bass-Stimme gespielt. Hier schlägt der Zeigefinger die G-Saite unmittelbar nach dem Basston des Daumens auf der A-Saite an.

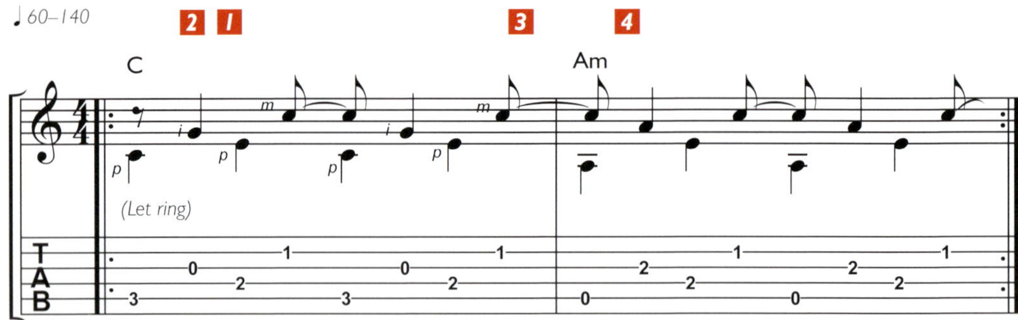

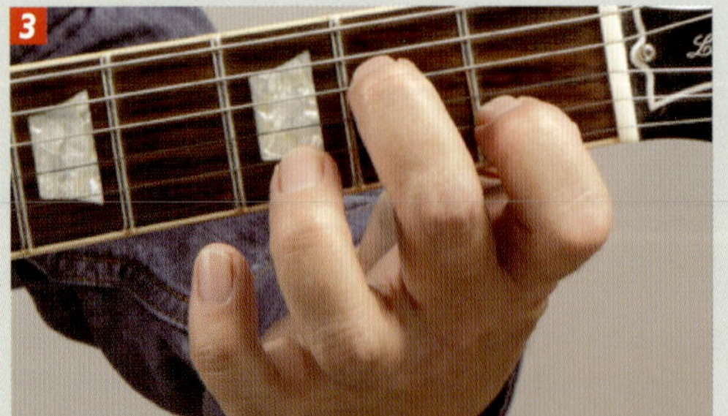

Am Ende von Takt 1 lässt du beim Wechsel zu Am den Zeige- und den Mittelfinger liegen, so dass das C bis in den zweiten Takt klingt. Beim Wechsel von C zu Am (und umgekehrt) musst du nur den Ringfinger bewegen.

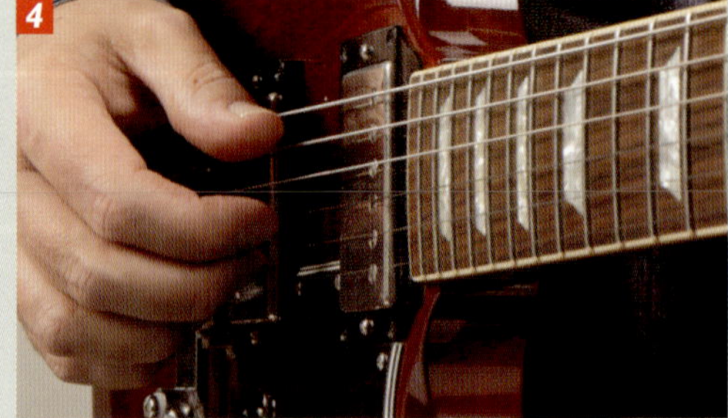

Damit du nicht ständig auf deine Anschlagshand sehen musst, achte immer auf ihre optimale Position. Dann sind die Finger stets einsatzbereit und an der richtigen Stelle, das erhöht die Sicherheit deines Spiels enorm.

Track 21

Achtel-Pattern

20

Diese einfach aussehende Übung kombiniert Pinches, Synkopierung und einen Stride-Style-Bass zu einem aufregenden Pickingpattern.

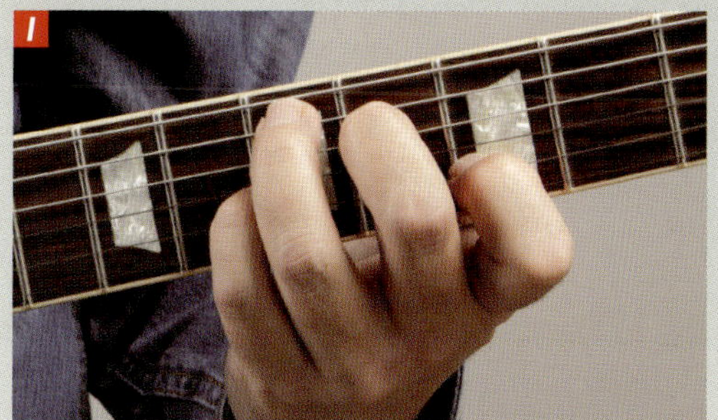

1 Der D7 ist die verschiebbare Version des C7-Akkords mit Leersaiten. Dafür greifst du einfach einen „normalen" C7 und verschiebst ihn zwei Bünde aufwärts, so dass der tiefste Ton jetzt (wie im Bild) auf dem 5. Bund der A-Saite gegriffen wird.

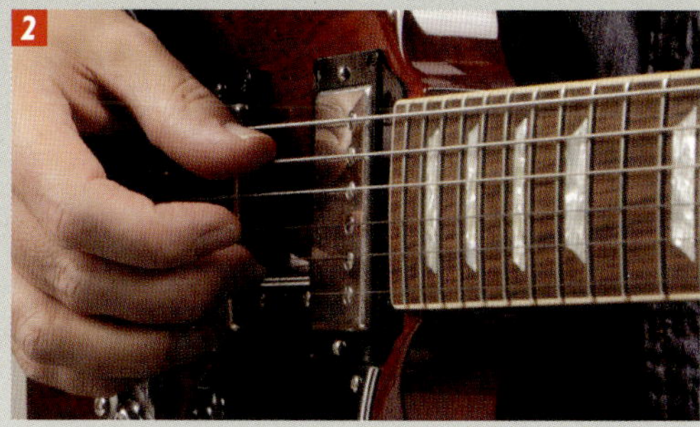

2 Hier schlägt der Daumen den Basston (D) an, während gleichzeitig der Mittelfinger die B-Saite anschlägt. Führe den Daumen nicht zurück: Hier bleibt er über der D-Saite in der Schwebe, bereit für den nächsten Basston.

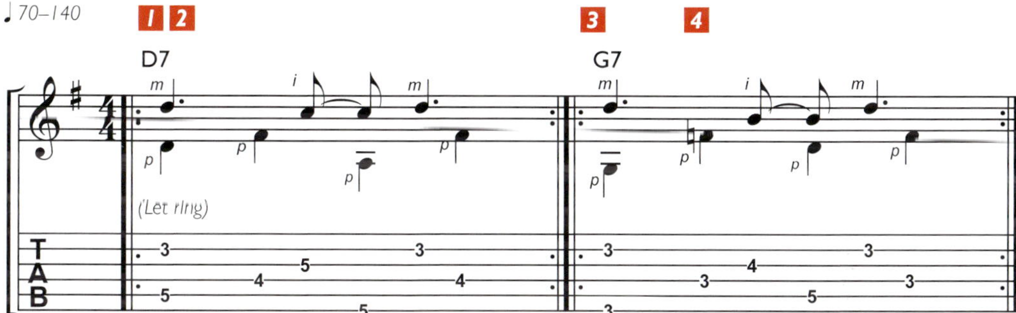

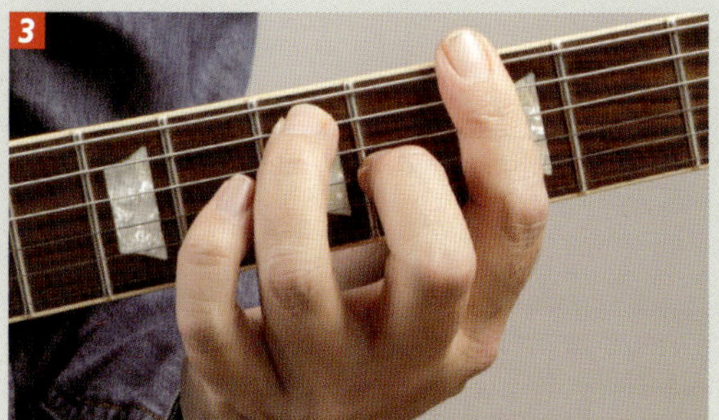

3 Du greifst den G7-Akkord in dieser Übung als vollen Barrée-Akkord, allerdings ohne den kleinen Finger auf der B-Saite. Achte dabei besonders darauf, dass der Ringfinger im 90°-Winkel auf dem Griffbrett steht, damit er nicht versehentlich die D-Saite dämpft.

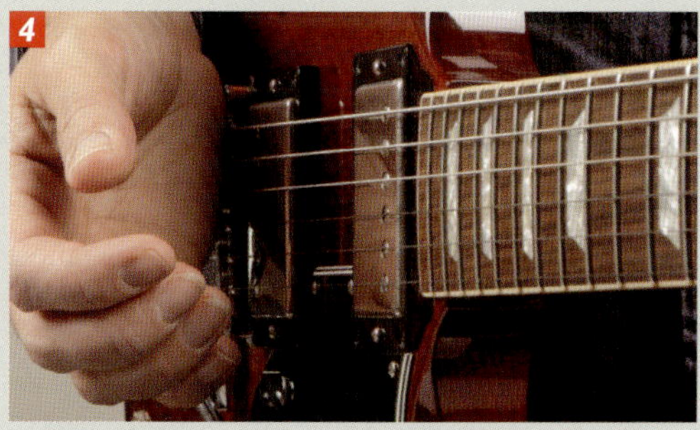

4 Damit die Bass-Stimme diffenziert und klar klingt (vor allem bei höherem Tempo), kannst du den Ballen der Anschlagshand zur Dämpfung leicht auf die Bass-Saiten auflegen. So verhinderst du ein Ineinanderklingen der Töne und der Bass bleibt klar und knackig.

21 Sechzehntel-Pattern

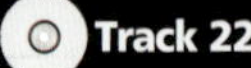

Dieses synkopierte Sechzehntel-Pattern sieht zwar kompliziert aus, ist aber mit Daumen, Zeige- und Mittelfinger einfach zu spielen.

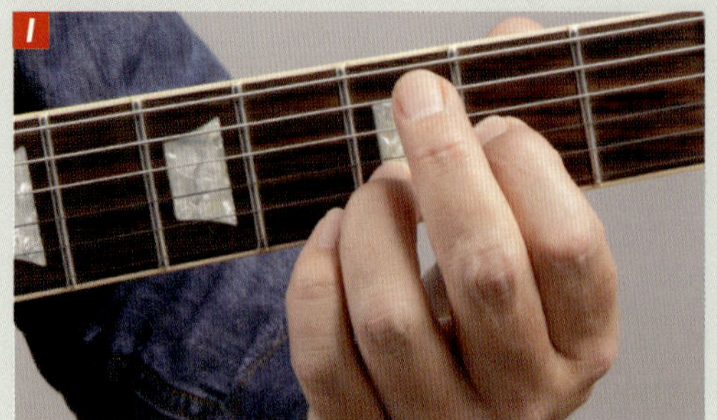

Greife den D5-Akkord wie im Bild mit dem Zeigefinger und dem Ringfinger. Das fühlt sich anfangs eventuell etwas merkwürdig an, macht aber den Wechsel zu D5/C wesentlich einfacher, weil der Mittelfinger für das Greifen des Basstons C frei bleibt.

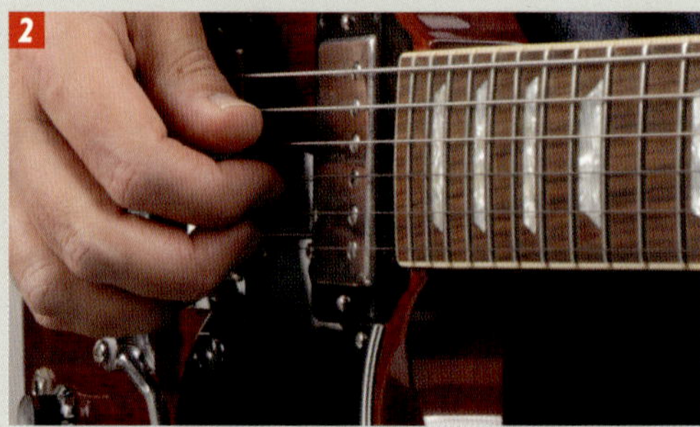

Für diese Übung benötigst du nur Daumen, Zeige- und Mittelfinger der Anschlagshand. Hier schlägt der Zeigefinger gerade die G-Saite an; der Mittelfinger ist über der B-Saite für den nächsten Ton in Position.

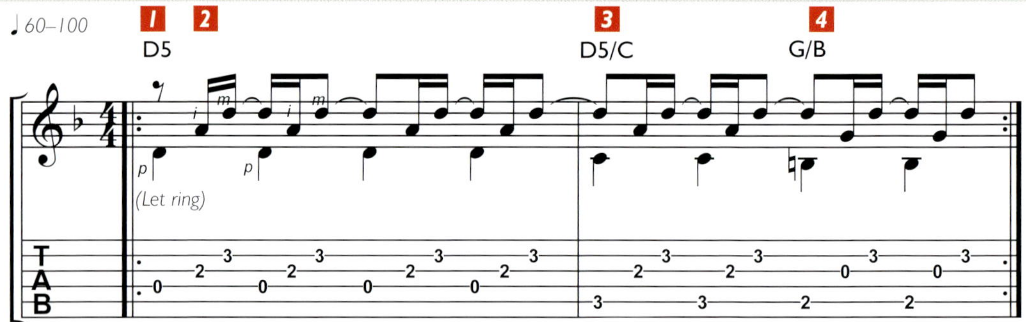

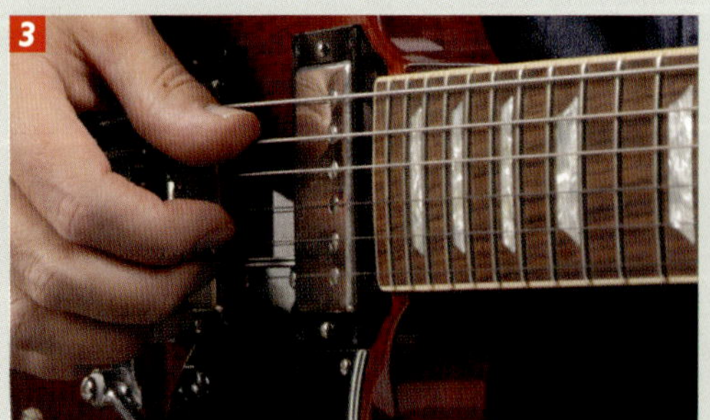

Im zweiten Takt wandert der Daumen für die Basstöne zur D-Saite. Achte darauf, wirklich nur den Daumen zu bewegen. Die Hand verändert ihre Position nicht, so dass der Zeige- und der Mittelfinger weiterhin über der G-Saite bzw. der B-Saite in ihrer Position bleiben.

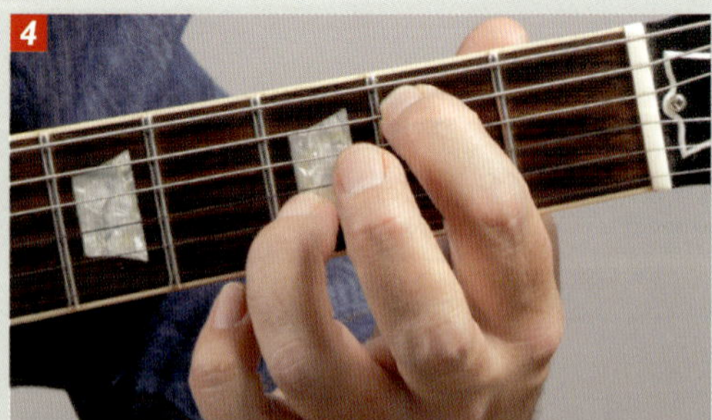

Um den G/B-Akkord zu greifen, verschiebst du einfach den Zeigefinger auf die A-Saite und lässt den Ringfinger in seiner Position. Die leere G-Saite soll weiterklingen; achte darauf, sie nicht versehentlich zu dämpfen.

Track 23

Sechzehntel-Pattern

22

Das Folgende ist nicht nur ein cool klingendes Pickingpattern, es ist außerdem eine gute Aufwärmübung für alle Finger der Anschlagshand.

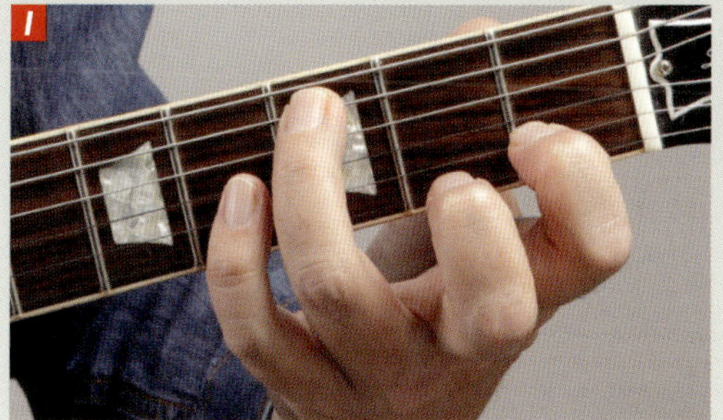

Behalte im Hinterkopf, dass du beim Fingerpicking nicht gespielte Saiten nicht greifen musst. In dieser Übung wird die D-Saite nicht gespielt, muss also nicht gegriffen werden. Deshalb wird hier der C-Dur-Akkord nur mit Zeige- und Mittelfinger gegriffen.

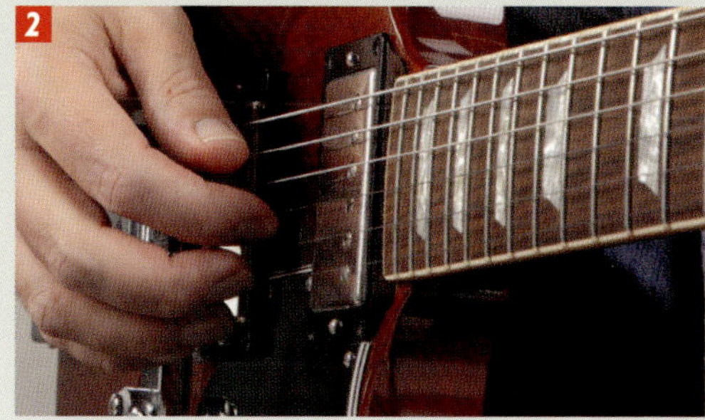

Für dieses schnelle Sechzehntel-Pattern müssen die Finger immer über den jeweiligen Saiten in Position sein. Im Bild schlägt der Zeigefinger die G-Saite an und Mittel- und Ringfinger sind bereits über ihren Saiten in Position.

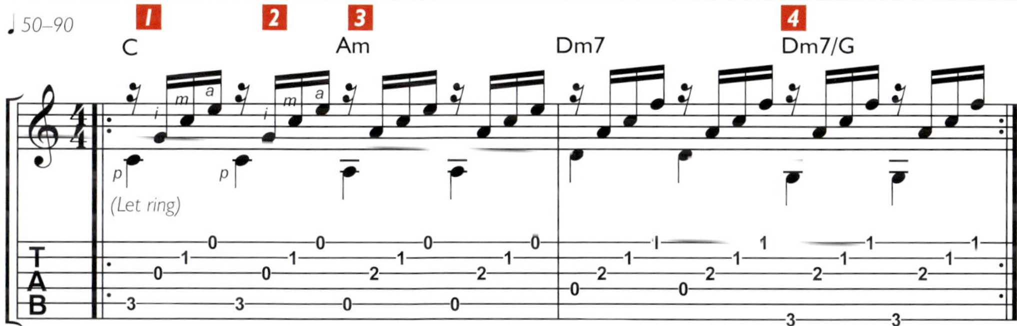

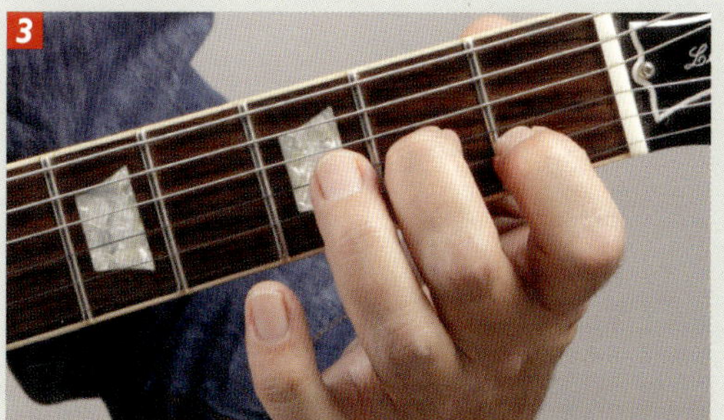

Weil die D-Saite nicht gespielt wird, kannst du hier den Am (wie im Bild) nur mit dem Zeige- und Mittelfinger greifen. Das erleichtert zusätzlich den Wechsel zu Dm7 im zweiten Takt.

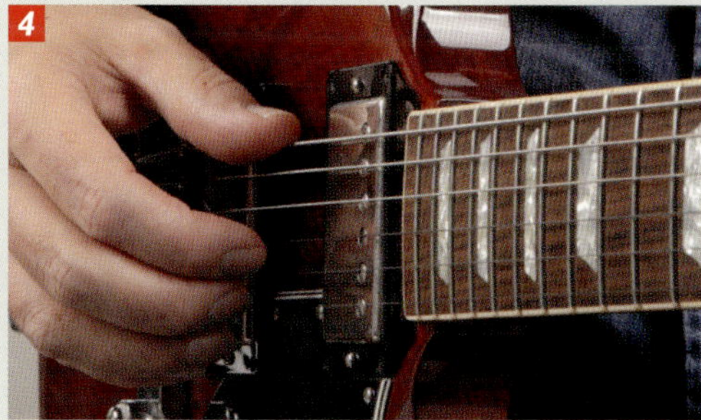

Wenn sich der Daumen für den Basston des Dm7/G-Akkords zur tiefen E-Saite bewegt, müssen die anderen Finger der Anschlagshand unbedingt über den jeweiligen Saiten in Position bleiben. So vermeidest du Fehler beim Anschlag und kannst spielen, ohne dabei ständig auf deine Anschlagshand sehen zu müssen.

23 Sechzehntel-Pattern

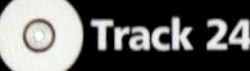

Ein 6/8-Takt kann mit einem Sechzehntel-Pickingpattern wundervolle, beinahe hypnotische Begleitungen hervorbringen, wie in dieser Übung.

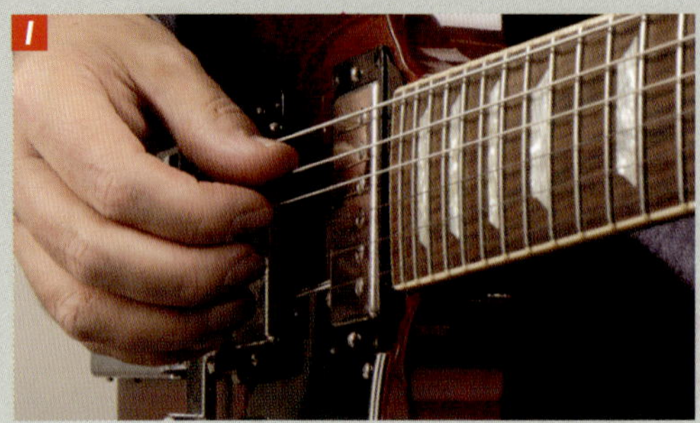

Die Finger der Anschlagshand bleiben während der gesamten Übung in ihrer Position. Hier siehst du den Daumen kurz vor dem Anschlag der A-Saite; Zeigefinger, Mittelfinger und Ringfinger schweben über der D-, G- und B-Saite.

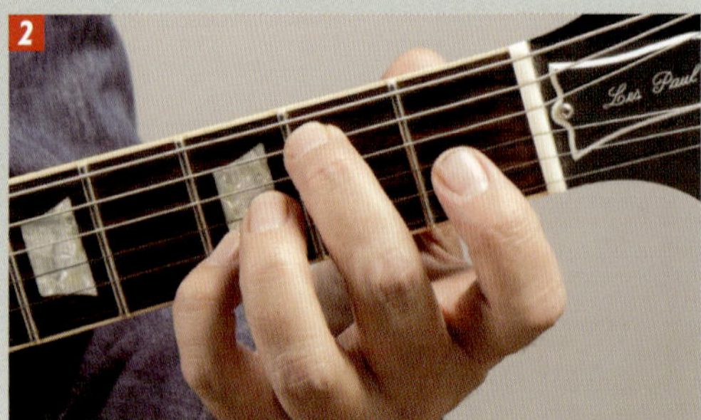

Man könnte den G/B-Akkord von einem vollständigen G-Dur ableiten (mit zusätzlichem D auf der B-Saite), aber es ist effizienter, nur die tatsächlich gespielten Töne zu greifen – also das tiefe B mit dem Mittelfinger und das hohe D mit dem kleinen Finger wie im Foto.

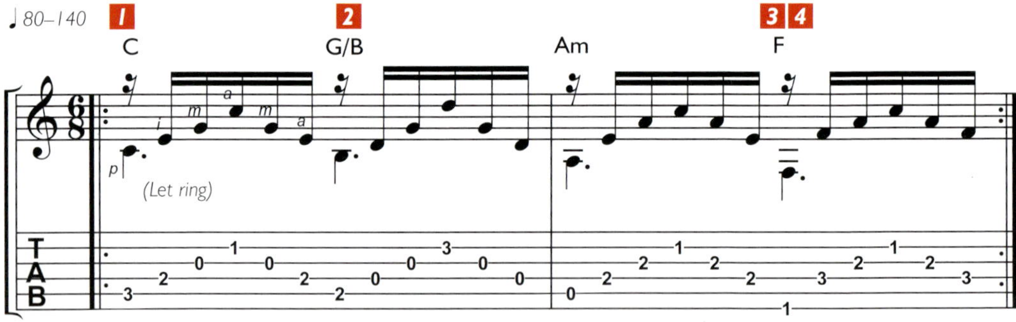

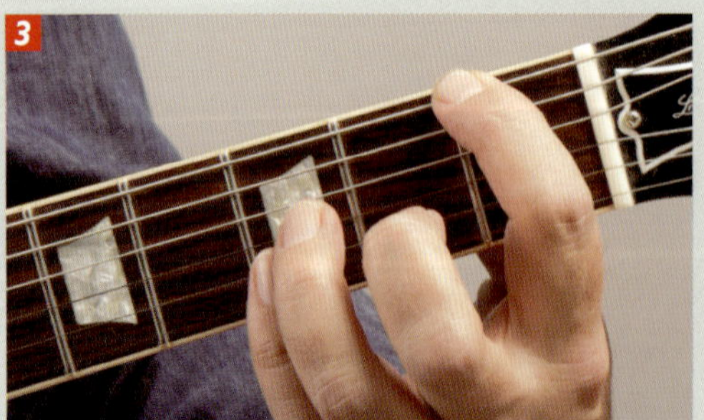

Greife die Basstöne immer zuerst, so vermeidest du unmusikalische „Lücken", speziell bei höherem Tempo. Der Basston des F-Dur-Akkords muss als einziger sofort mit vollem Druck gegriffen werden, die anderen Töne kannst du erst drucklos auf dem Griffbrett formen und anschließend den Greifdruck erhöhen.

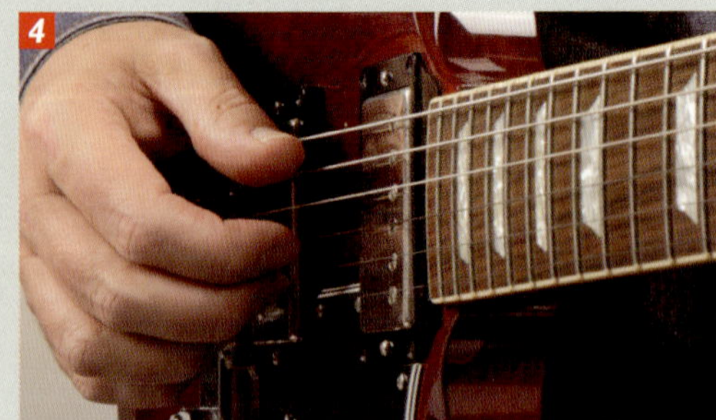

Der Daumen bewegt sich für den Basston des F-Dur-Akkords (in Takt 2) zur tiefen E-Saite, ohne dass die anderen Finger dabei ihre Position verändern. Denke immer daran, dass alle Finger während der gesamten Übung in Position über ihrer jeweiligen Saite bleiben.

Track 25

Sechzehntel-Pattern

24

In dieser Übung erzeugst du durch einen Wechselbass in Achtelnoten und eine synkopierte Melodie einen spannenden „Double time"-Rhythmus.

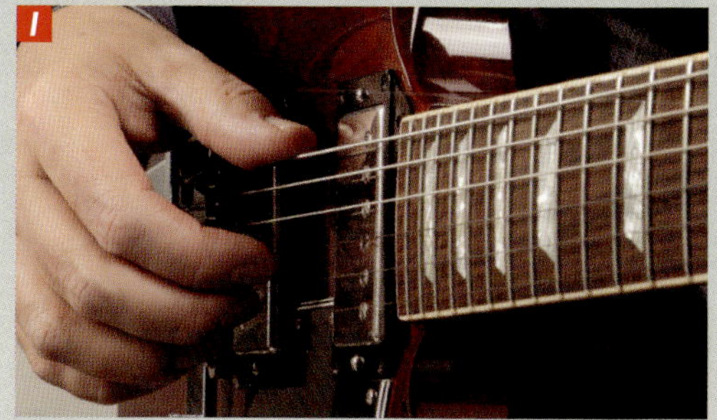

1

Beim Spiel von Wechselbässen ist es besonders wichtig, dass die Anschlagshand völlig ruhig bleibt. Im Bild siehst du die ideale Handhaltung: Der Daumen schlägt die tiefe E-Saite an und Zeige- und Mittelfinger schweben einsatzbereit über der G- und der B-Saite.

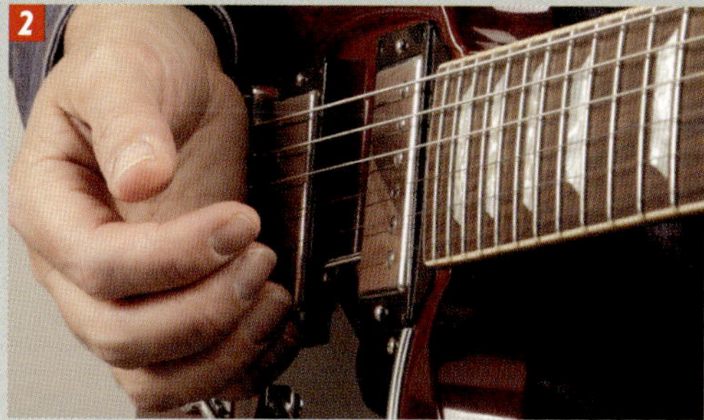

2

Wenn du den Handballen in Stegnähe leicht auf die Bass-Saiten auflegst, behältst du nicht nur die richtige Handposition bei, sondern dämpfst auch die Basstöne leicht und erhöhst damit die Klarheit und Definition der Basslinie.

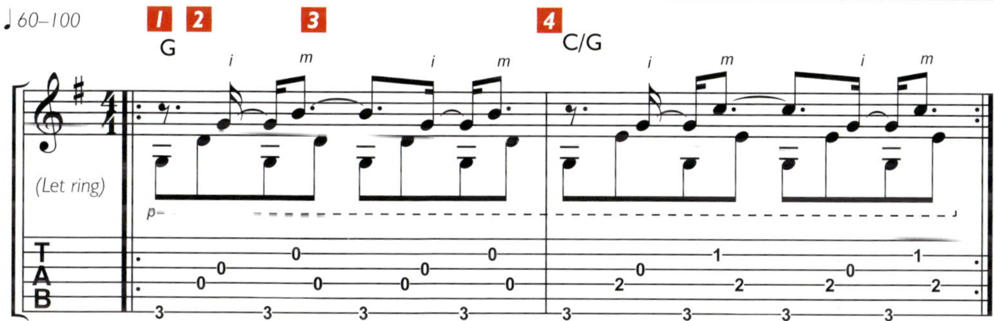

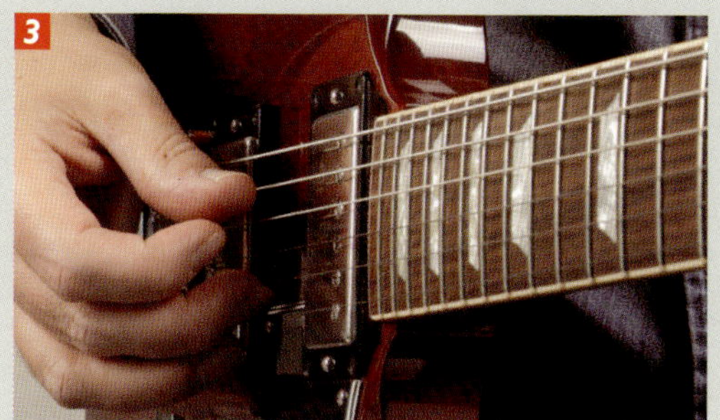

3

Die Melodietöne sollten niemals zusammen mit einem Basston angeschlagen werden, das würde den synkopierten Rhythmus dieses Pattern zerstören. Hier schlägt der Mittelfinger (*m*) gerade die B-Saite an, während sich gleichzeitig der Daumen auf den Weg zum Anschlag der D-Saite macht.

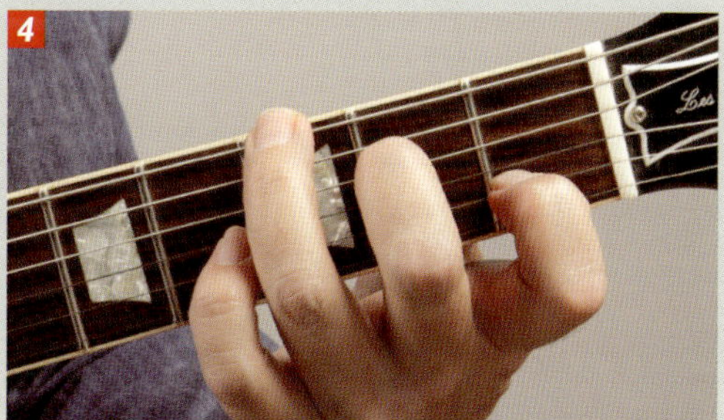

4

Für den C/G-Akkord lässt du den Ringfinger und den kleinen Finger (des G-Dur-Griffs) auf den Saiten liegen und greifst zusätzlich mit Zeige- und Mittelfinger. Halte den kompletten Akkord, so dass die einzelnen Töne eineinanderklingen können. Im Bild siehst du den korrekten Fingersatz.

25 Achtelnoten

Track 26

In dieser Übung kommen alle Finger zum Einsatz, deshalb ist sie zugleich eine gute Aufwärmübung für die Greifhand.

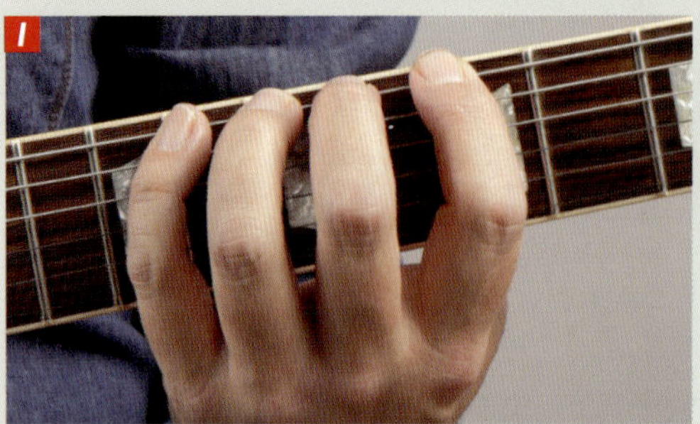

Positioniere wie im Foto alle Finger auf dem Griffbrett, bevor du loslegst. Hebe die Finger beim Spielen so wenig wie möglich von den Saiten ab; eine effiziente Spieltechnik wirkt deshalb so mühelos, weil keine Bewegung überflüssig ist.

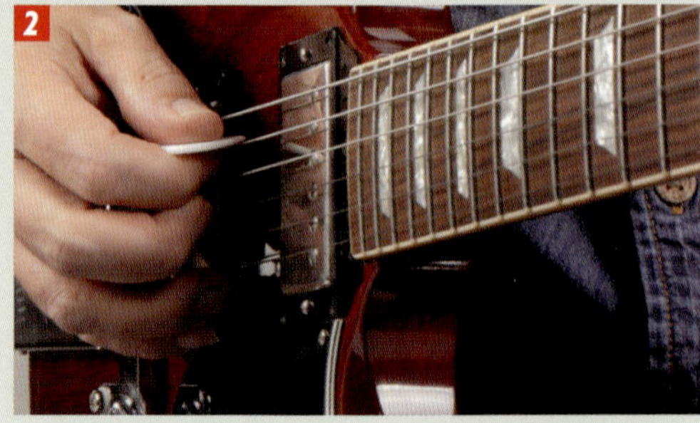

Achte besonders auf kurze Strecken des Plektrums und vermeide beim Anschlag jede überflüssige Handbewegung. Hier ist das Plektrum unmittelbar nach dem Anschlag des ersten Tons (A, mit Abschlag gespielt) zu sehen.

♩ 70–120

Hinweis: Spiele diese Übung auch auf den anderen Saiten.

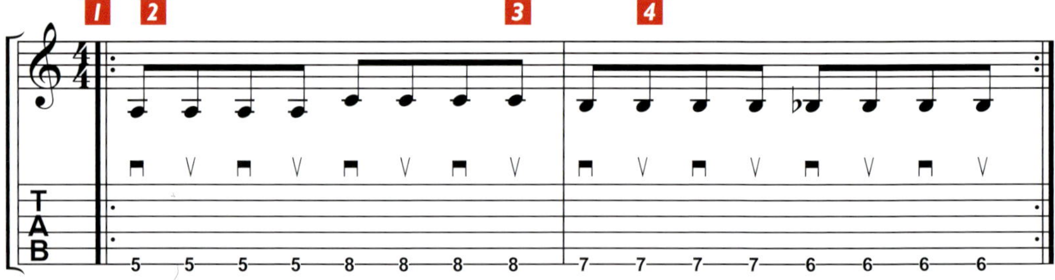

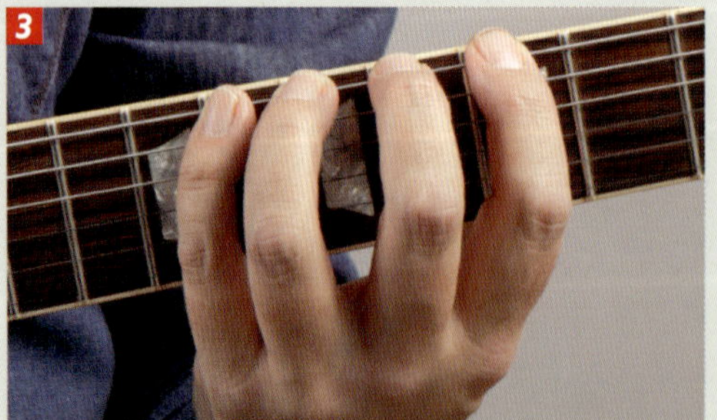

Verschwende keine Energie damit, die Finger von den Saiten abzuheben, sondern belasse sie in ihrer Position (so musst du im zweiten Takt auch nicht jeden Ton erneut greifen). Hier greift der kleine Finger das C am Ende von Takt 1; alle anderen Finger sind weiterhin in Position auf dem jeweiligen Bund.

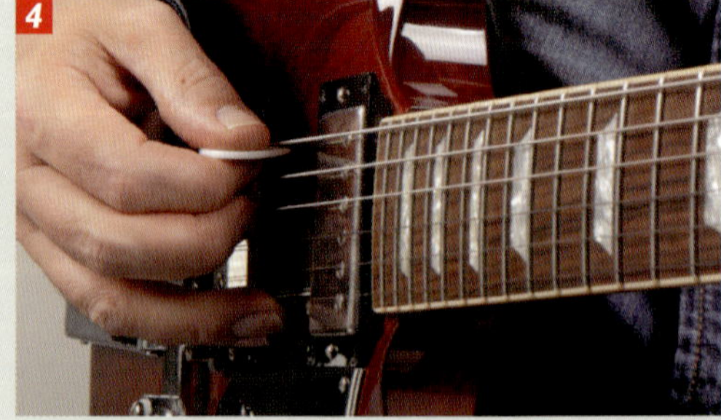

Alle Aufschläge werden auf dem Offbeat gespielt. Hier spielt das Plektrum einen Aufschlag auf dem Offbeat von Zählzeit 1 in Takt 2. Es ist für die Entwicklung einer rhythmisch präzisen Wechselschlagtechnik ungemein wichtig, das Pattern „Abschlag auf der Zählzeit, Aufschlag auf dem Offbeat" beizubehalten.

Track 27

Achtelnoten 26

In dieser Übung befassen wir uns mit dem Wechselschlag auf der tiefen E-Saite und der A-Saite.

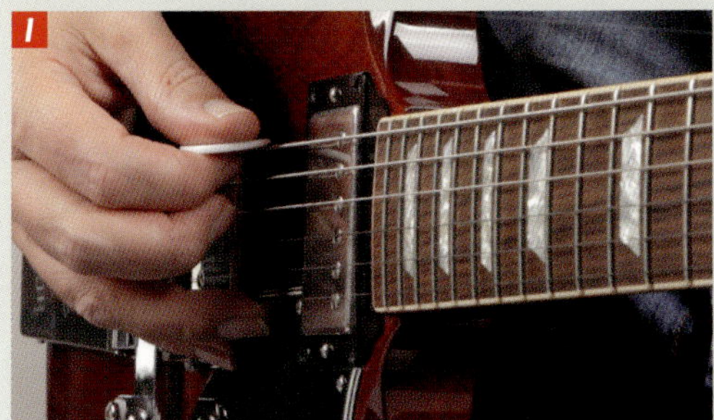

1 Der erste Ton wird mit einem Abschlag gepielt. Versuche, nicht auf deine Anschlagshand zu sehen, wenn das Plektrum die Saite wechselt und übe langsam: Es ist immer besser, langsam zu üben als sich auf die Schnelle schlechte Gewohnheiten anzutrainieren.

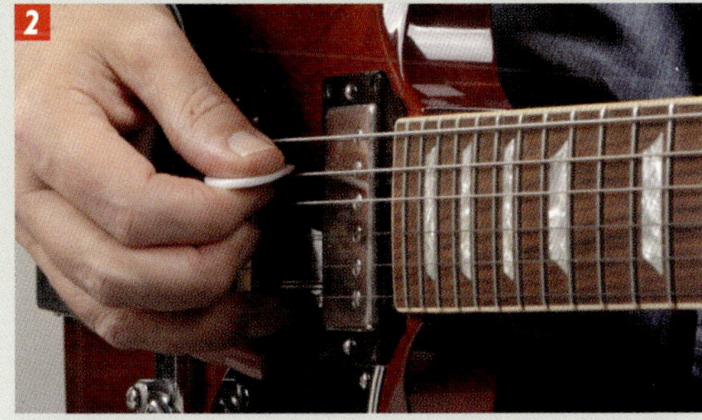

2 Nach dem vierten A in Takt 1 (mit einem Aufschlag gespielt) muss das Plektrum für das D auf der A-Saite (Zählzeit 3, Abschlag) über die tiefe E-Saite zurückgeführt werden.

♩ 70–120

Hinweis: Spiele diese Übung auch auf anderen Saitenpaaren.

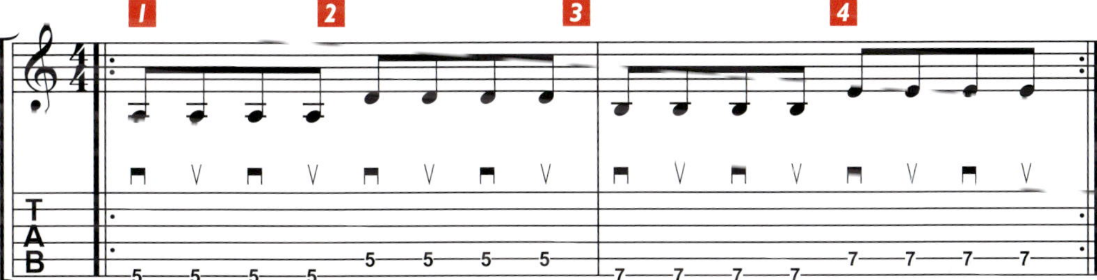

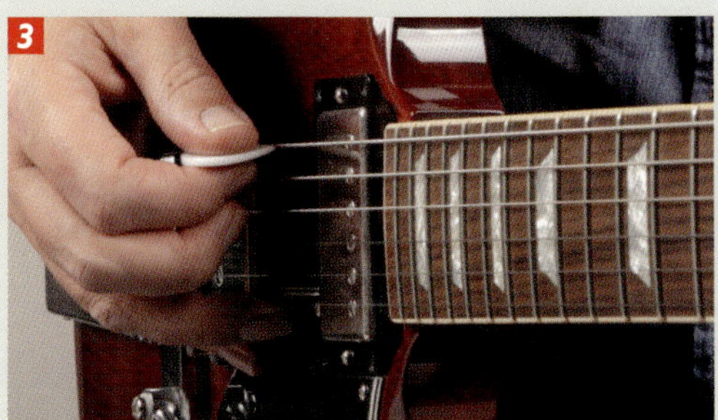

3 Genauso wird das Plektrum am Ende von Takt 1 über die tiefe E-Saite zurückgeführt, damit du das B (Takt 2) mit einem Abschlag spielen kannst. Diese Bewegung ist anfangs verwirrend, aber man gewöhnt sich schnell daran und muss beim Saitenwechsel mit dem Plektrum dann nicht mehr ständig auf den Anschlag achten.

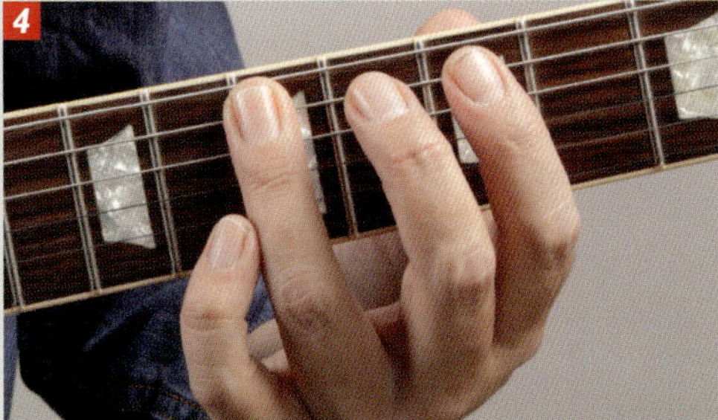

4 Auf Zählzeit 3 in Takt 2 drückst du (für den Ton E) das erste Fingerglied des Ringfingers durch, anstatt ihn von der tiefen E-Saite abzuheben und im 7. Bund der A-Saite wieder aufzusetzen. Diese Spieltechnik nennt man „Finger rolling" und sie ist äußerst nützlich für Töne im selben Bund auf benachbarten Saiten.

27 Achtelnoten

Track 28

Die Moll-Pentatonik ist aufgrund ihrer Bekanntheit bei Gitarristen der naheliegende Kandidat für die ersten Wechselschlag-Übungen.

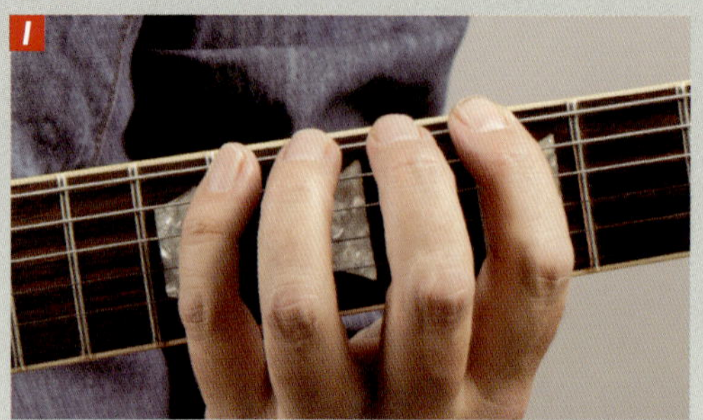

Auch wenn viele Bluesgitarristen diese Tonleiter nur mit Zeige- und Ringfinger spielen, solltest du dir angewöhnen, die Töne auf dem 8. Bund mit dem kleinen Finger zu greifen. So wird dieser Finger kräftiger und unabhängiger von den anderen.

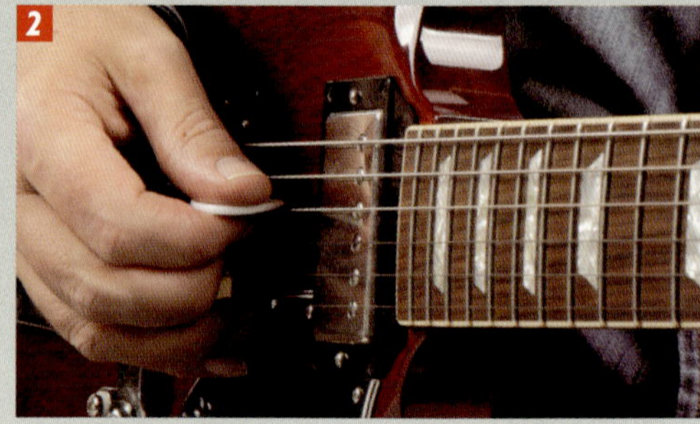

Beim Aufwärtsspiel der Tonleiter in Takt 1 spielst du immer den ersten Ton auf jeder Saite mit einem Abschlag. Im Bild schlägt das Plektrum gerade den Ton G auf der D-Saite (Zählzeit 3) mit einem Abschlag an.

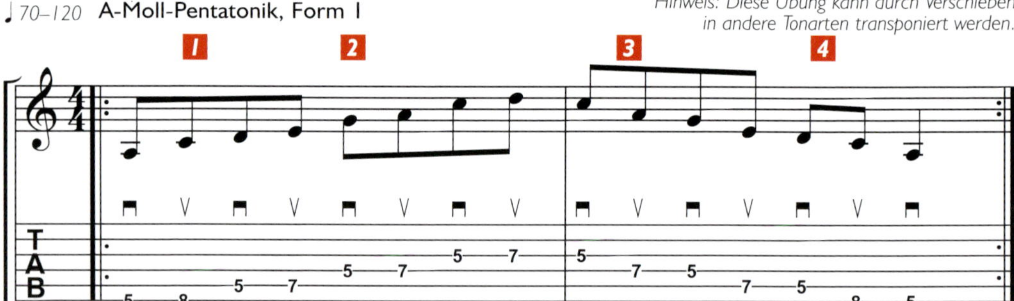

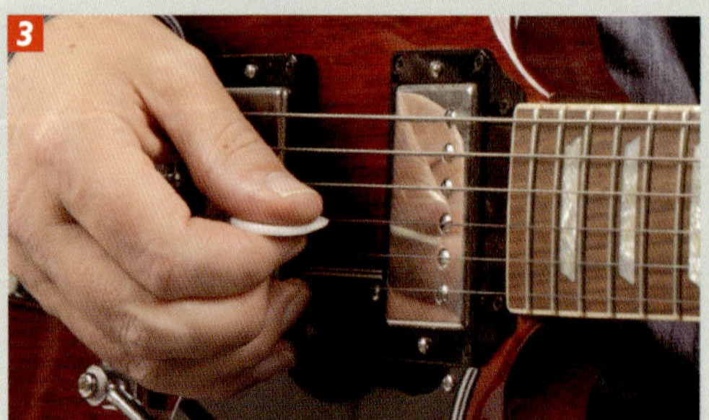

In Takt 2 ist das Anschlagspattern etwas komplizierter, weil Auf- und Abschlag nicht auf derselben Saite liegen. Das Plektrum muss also nach dem Abschlag für den nächsten Aufschlag über die gerade gespielte Saite zurückgeführt werden. Hier überspringt es die G-Saite für den ersten Aufschlag in Takt 2 (Ton A).

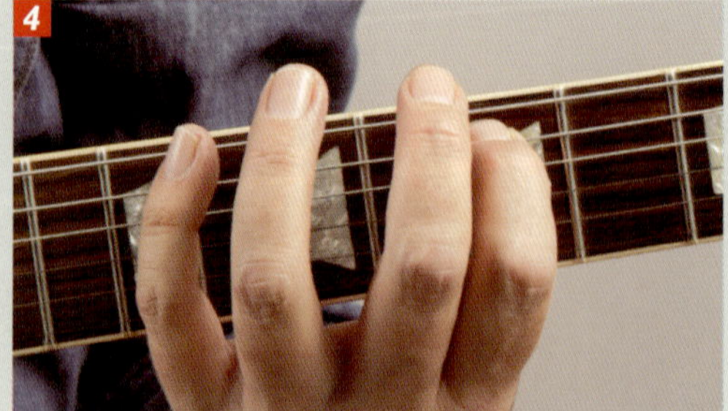

Bewege die Finger der Greifhand so wenig wie möglich. Je weiter die Finger von den Saiten weg sind, desto länger dauert das Greifen. Hier greift der Zeigefinger im 5. Bund der A-Saite; der kleine Finger ist bereits in Position für das C im 8. Bund.

Track 29

Achtelnoten

28

Die Pattern der Durtonleiter enthalten sowohl zwei als auch drei Töne pro Saite, deshalb sind sie schwieriger mit Wechselschlag zu spielen.

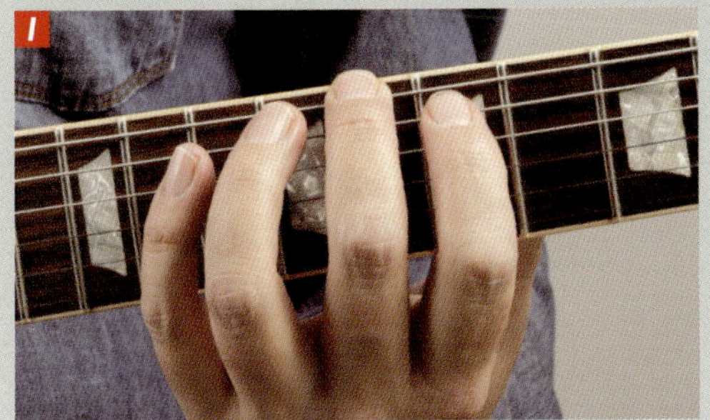

Achte wie immer auf die richtige Position der Greifhand, bevor du loslegst: Der erste Tonleiterton wird wie im Bild mit dem Mittelfinger gegriffen. Du siehst hier auch, dass die übrigen Finger bereits über den entsprechenden Bünden in Position sind.

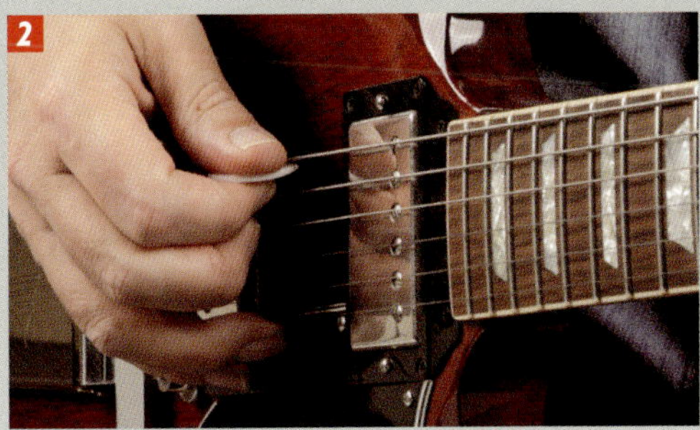

Vergiss nicht, dass beim Wechselschlag Töne auf den Zählzeiten immer mit Abschlag, Töne auf den Offbeats mit Aufschlag gespielt werden. Im Bild siehst du den zweiten Ton (D), korrekt mit Aufschlag gespielt.

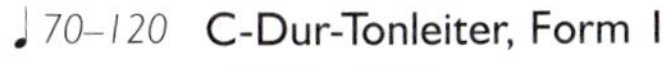

Hinweis: Diese Übung kann durch Verschieben in andere Tonarten transponiert werden.

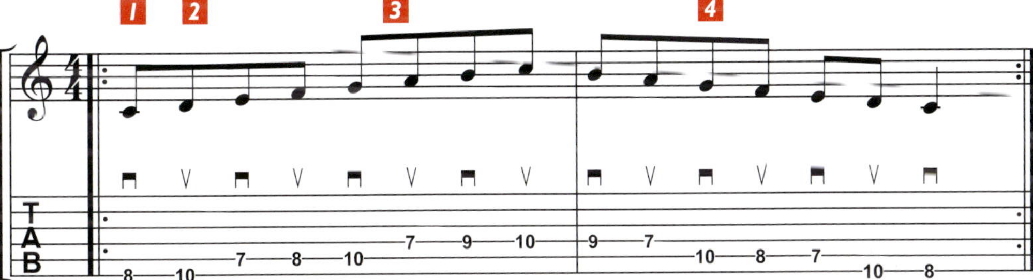

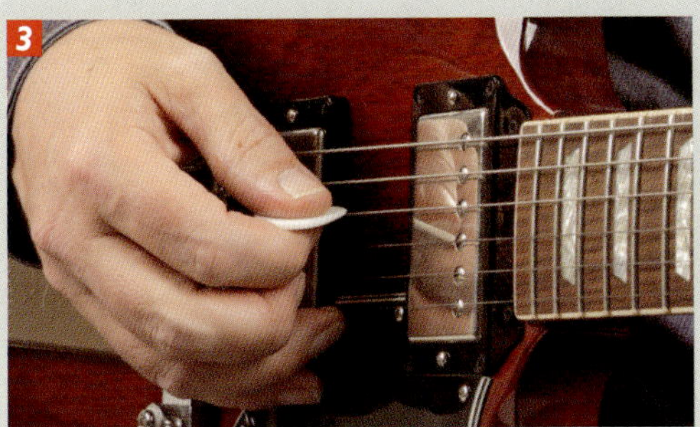

Auf der 3. Zählzeit von Takt 1 liegen Auf- und Abschlag nicht länger auf derselben Saite. Nach dem ersten Ton (G) muss der Abschlag also über die D-Saite fortgesetzt werden, damit das Plektrum für den nächsten Ton (A) in der richtigen Position für einen Aufschlag ist.

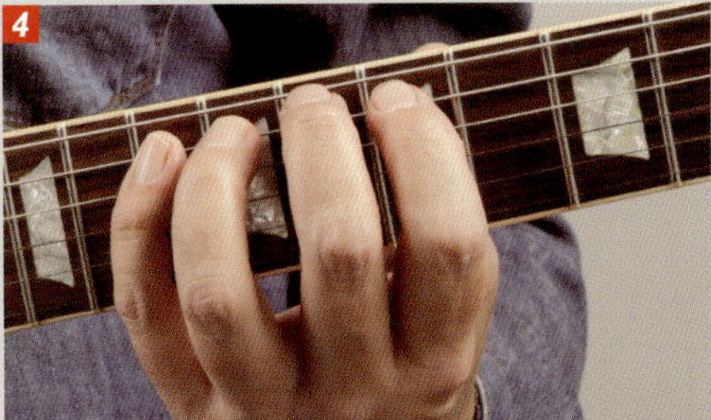

Vernachlässige beim Tonleiterspiel die Greifhand nicht! Den Ton G auf Zählzeit 2 im zweiten Takt greifst du mit dem kleinen Finger; der Zeige- und der Mittelfinger sind währenddessen über den entsprechenden Bünden einsatzbereit für die folgenden Töne F und E.

29 Triolen

Track 30

Beim Triolenspiel mit Wechselschlag ändert sich das Anschlagspattern bei jeder zweiten Zählzeit. Mit dieser Übung gewöhnst du dich daran.

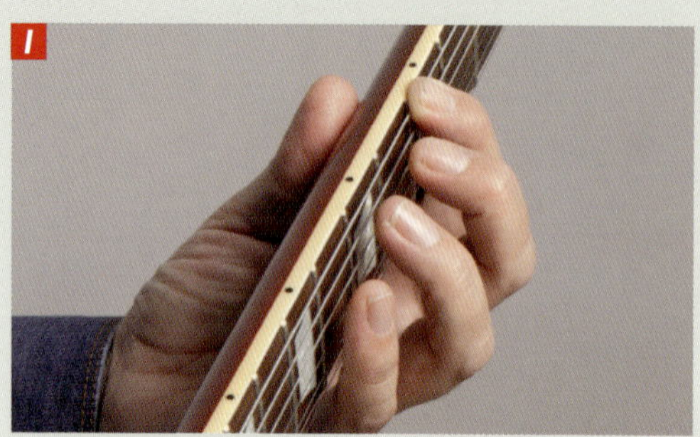

1 Für die optimale Haltung der Greifhand müssen alle Finger wie im Bild zu sehen in Position sein. Behalte die Finger beim Greifen so nahe an den Saiten wie möglich; je weiter du sie abhebst, desto größer ist die Strecke, die sie beim Greifen zurücklegen müssen.

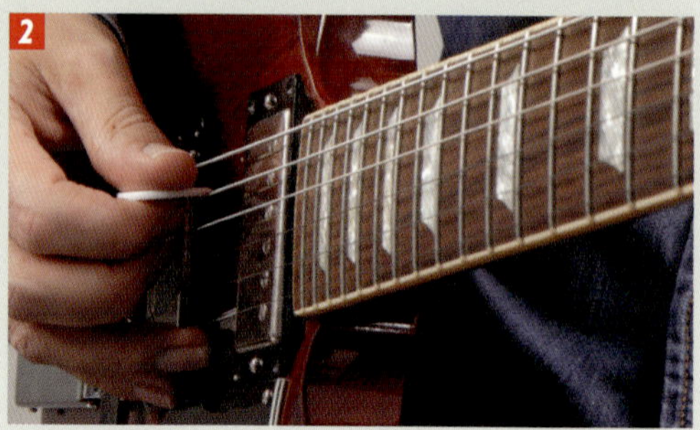

2 Um deine Bewegungen möglichst ökonomisch zu halten, sollte das Plektrum möglichst kurze Strecken zurücklegen. Im Bild siehst du es nach dem ersten Abschlag, dem Ton G auf Zählzeit 1 von Takt 1.

♩ 60–110

Hinweis: Diese Übung kannst du auf jeder Saite spielen.

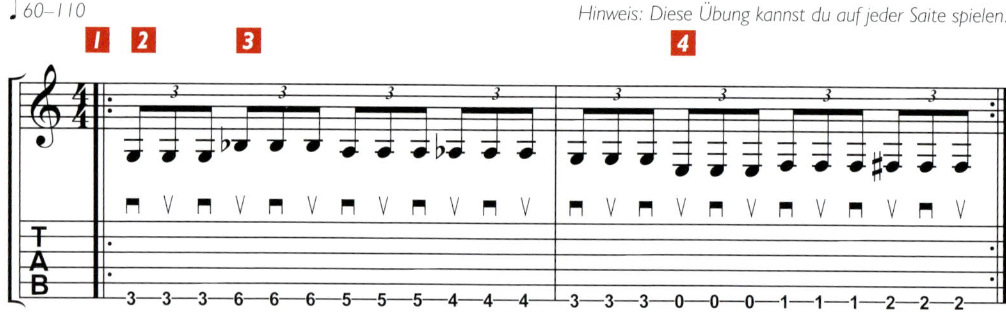

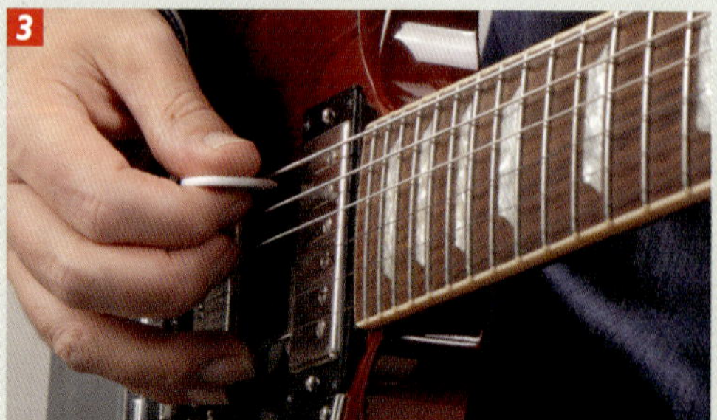

3 Auf Zählzeit 2 wechselt das Anschlagspattern von Ab/Auf/Ab zu Auf/Ab/Auf. Das ist nötig, um aufeinanderfolgende Abschläge zu vermeiden. Wenn du das ohne Probleme beherrschst, betone den ersten Anschlag jeder Zählzeit.

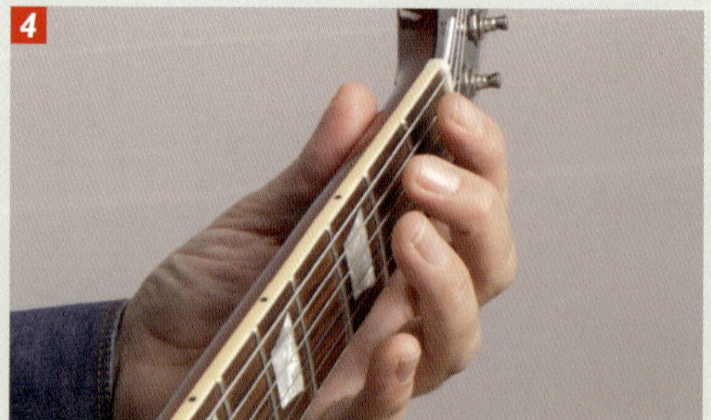

4 Wenn du auf Zählzeit 2 des zweiten Takts das E (Leersaite) anschlägst, bringe deine Greifhand wie hier mit Zeigefinger und Mittelfinger über dem ersten und dem zweiten Bund in Position. Bei der Wiederholung greifst du den ersten Ton von Takt 1 (G) mit dem Zeigefinger und führst so die Hand zurück in den 3. Bund.

Track 31

Triolen 30

Dieses „klassische" triolische Pentatonik-Pattern kennst du von vielen Blues- und Rock-Soli. Es ist eine gute Übung für Triolen mit Wechselschlag.

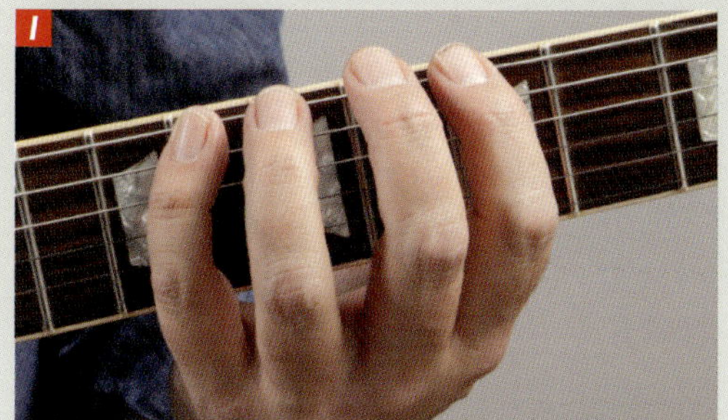

Auch wenn viele Blues- und Rockgitarristen die Moll-Pentatonik nur mit Zeige- und Ringfinger greifen, solltest du (wie im Bild), im 8. Bund mit dem kleinen Finger greifen, um deine Spieltechnik zu entwickeln.

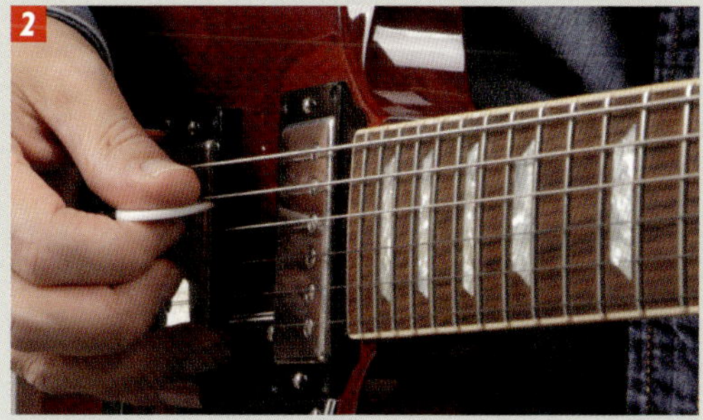

Nach dem letzten C auf Zählzeit 1 (Abschlag) wird das Plektrum wie im Bild über die A-Saite hinweggeführt. So ist es in der richtigen Position für das D auf Zählzeit 2, das mit Aufschlag gespielt werden soll.

♩ 60–110 A-Moll-Pentatonik, Form I

Hinweis: Diese Übung kann durch Verschieben in andere Tonarten transponiert werden.

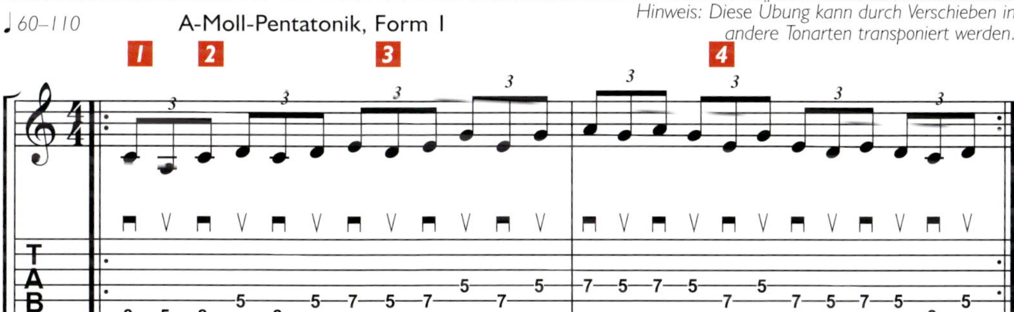

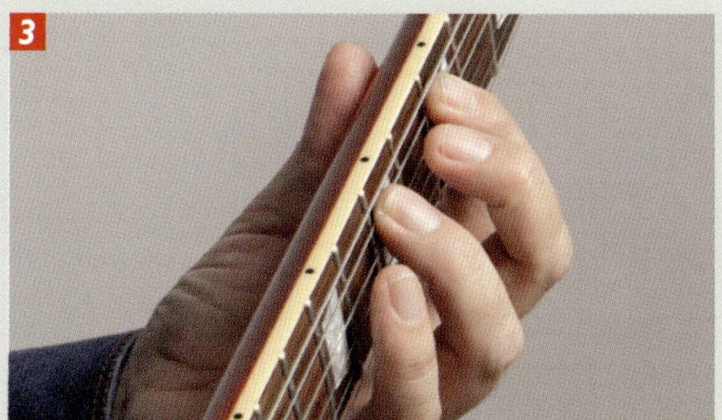

Für eine möglichst effektive Greiftechnik sollten deine Finger immer möglichst nahe bei den Saiten bleiben, auch wenn sie gerade nicht greifen. Hier greifen Zeige- und Ringfinger gerade die Töne auf Zählzeit 3, während Mittelfinger und kleiner Finger einsatzbereit direkt über den Saiten schweben.

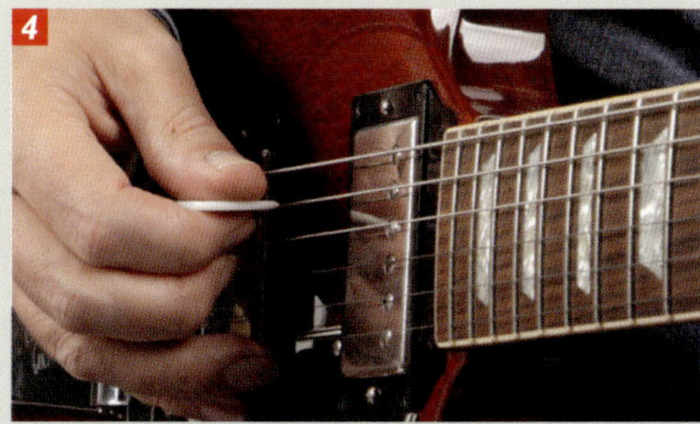

Nach dem ersten Aufschlag auf Zählzeit 2 im zweiten Takt (Ton G) wird das Plektrum über die A-Saite weitergeführt wie im Bild. So ist es in der richtigen Position, für den nächsten Ton (E, mit Abschlag gespielt).

31 Triolen

Track 32

Diese Übung mit der A-Moll-Pentatonik umfasst zwei volle Oktaven und hilft dir dabei, dein Triolenspiel auf Tempo zu bringen.

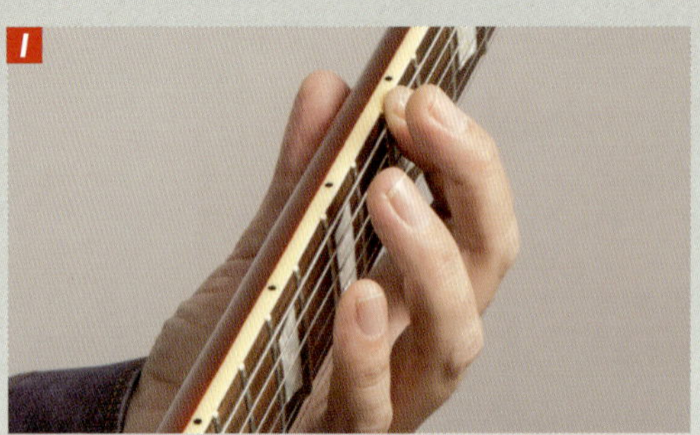

Denke an die goldene Regel: Die Greifhand in Position bringen, bevor du anfängst! Den ersten Ton (A) greifst du hier mit dem Zeigefinger. Sieh dir im Bild an, wie der kleine Finger bereits über dem 8. Bund bereitsteht für den zweiten Ton.

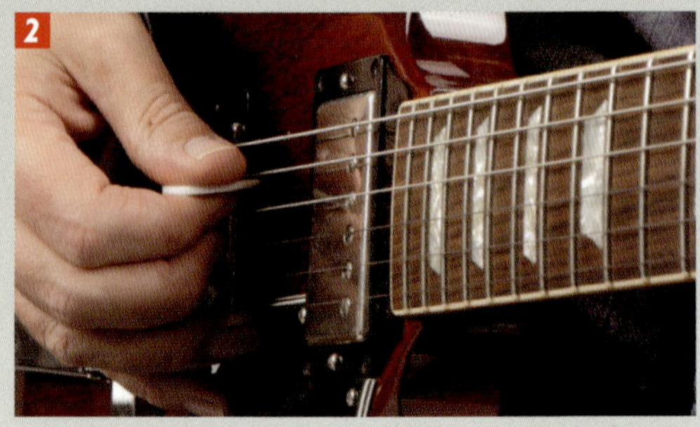

Beim Wechsel des Plektrums auf eine höhere Saite sollte der erste Anschlag ein Abschlag sein. Vermeide eine Betonung dieser Töne, betone stattdessen den ersten Ton jeder Zählzeit. Im Bild wird die A-Saite auf Zählzeit 2 mit einem (betonten) Aufschlag gespielt.

♩ 60–110 A-Moll-Pentatonik, Form I

Hinweis: Diese Übung kann durch Verschieben in andere Tonarten transponiert werden.

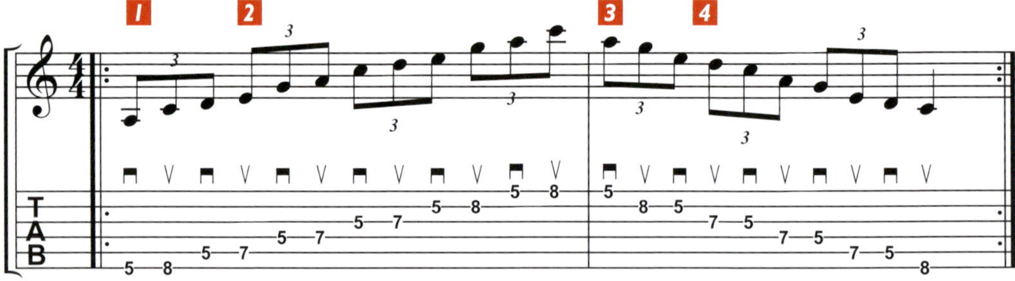

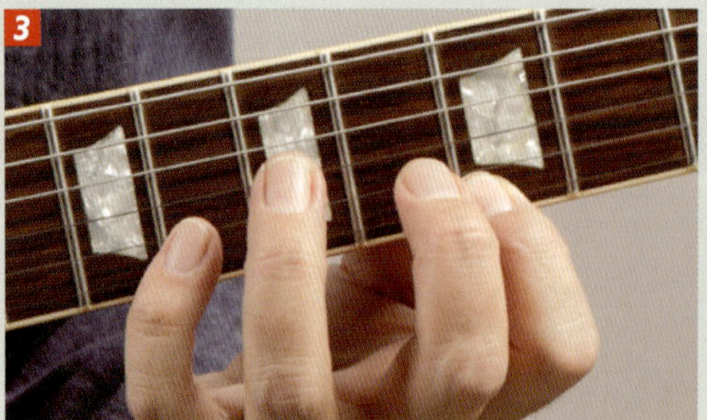

Um diese Pattern schnell und effizient spielen zu können, müssen deine Finger sozusagen zum jeweils nächsten Ton „vorausdenken". Hier wird der erste Ton von Takt 2 mit dem Zeigefinger gegriffen; der kleine Finger bewegt sich gleichzeitig schon in Position für den nächsten Ton (G) auf der B-Saite.

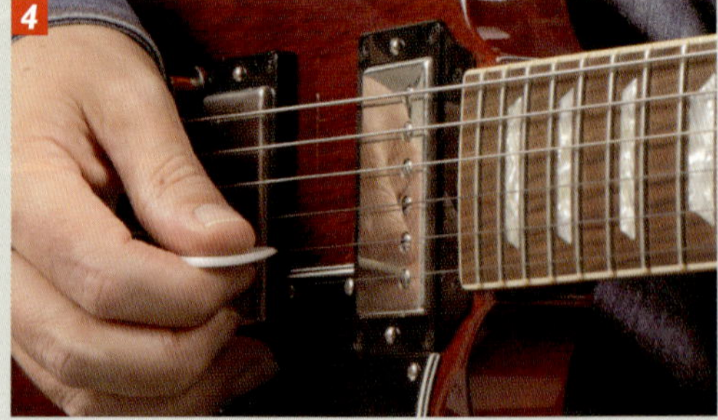

Damit du den Ton D (auf Zählzeit 2 von Takt 2) mit einem Aufschlag ansschlagen kannst wie im Bild, muss der vorhergehende Abschlag (Ton E) über die B-Saite zurückgeführt werden. Diese Bewegung fühlt sich zu Anfang vielleicht etwas linkisch an, aber mit etwas Übung wird sie zur zweiten Natur.

Track 33

Triolen 32

Mit dieser Form 1 der C-Dur-Tonleiter kannst du dein frisch erlerntes Triolen-Picking auf Herz und Nieren testen.

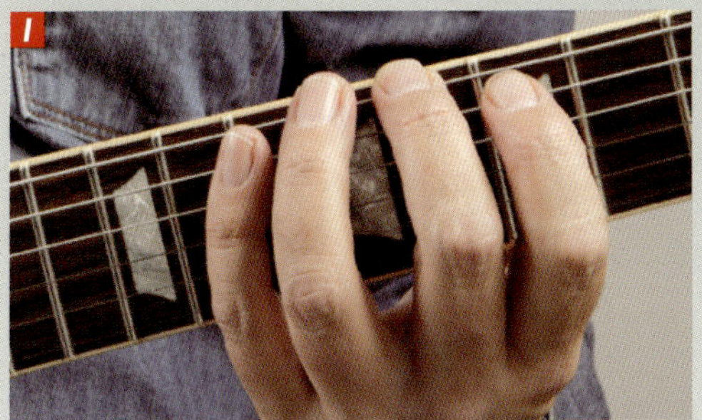

Den ersten Tonleiterton greifst du wie hier mit dem Mittelfinger. Die übrigen Finger sind bereits über ihren Bünden in Position: das ist die einzige Art, Geschwindigkeit und Genauigkeit zu erreichen.

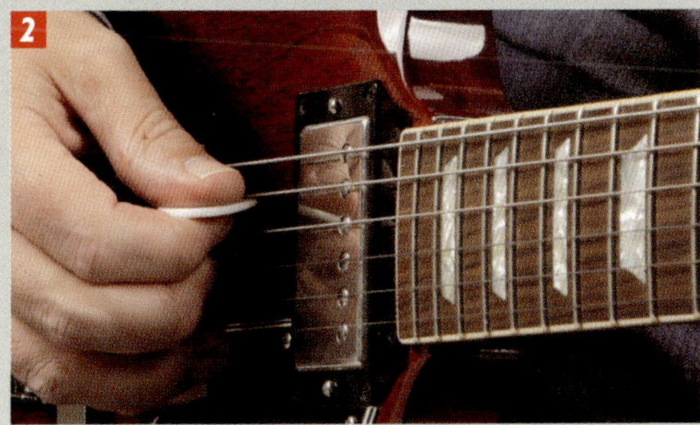

Auf Zählzeit 2 kehrt sich das Anschlagspattern von Ab/Auf/Ab zu Auf/Ab/Auf um. Abschläge beim Saitenwechsel werden nicht betont (z.B. am Ende von Zählzeit 1), stattdessen aber der ersten Ton jeder Zählzeit. Hier ist der betonte Aufschlag auf Zählzeit 2 zu sehen.

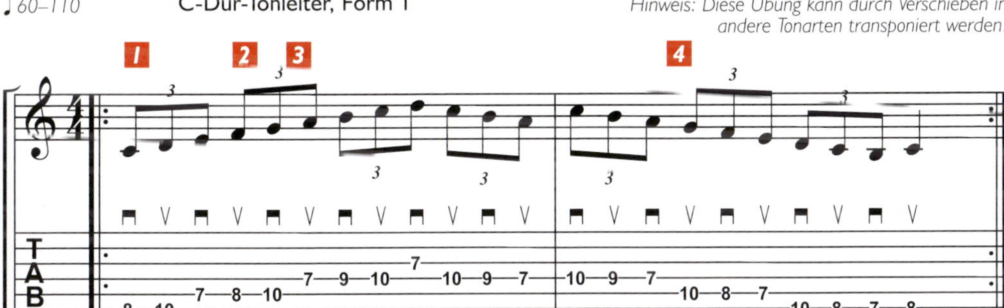

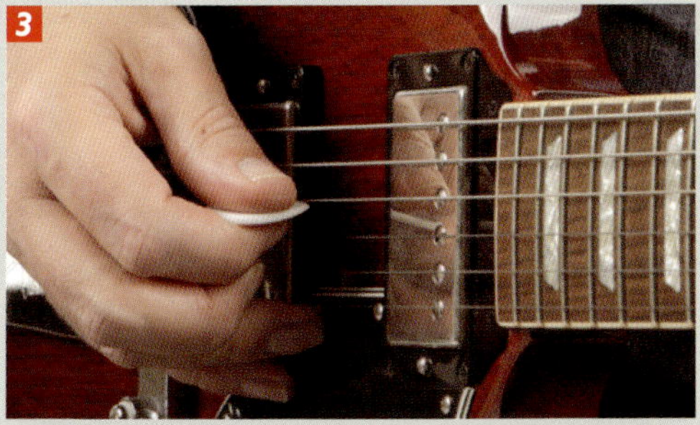

Auf Zählzeit 2 von Takt 1 liegen Abschlag und Aufschlag nicht mehr auf derselben Saite (die Töne G und A). Nach dem mit Abschlag gespielten Ton G muss das Plektrum deshalb über die G-Saite weitergeführt werden, so dass du den nächsten Ton (A) mit Aufschlag spielen kannst.

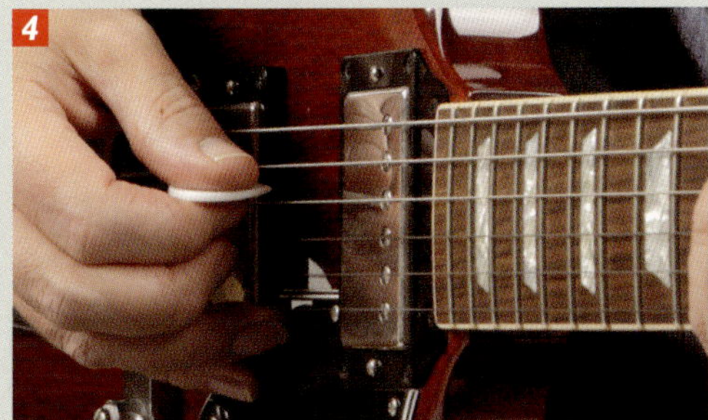

Beim Abwärtsspiel der Tonleiter in Takt 2 ist es sinngemäß umgekehrt. Nach dem mit Abschlag gespielten Ton A am Ende von Zählzeit 1 muss das Plektrum über die D-Saite zurückgeführt werden, damit der folgende Ton G mit einem Aufschlag gespielt werden kann.

33 Sechzehntelnoten

Track 34

Diese Sechzehntelübung wird auf einer einzigen Saite gespielt, deshalb ist sie ideal zum Aufwärmen der Anschlagshand geeignet.

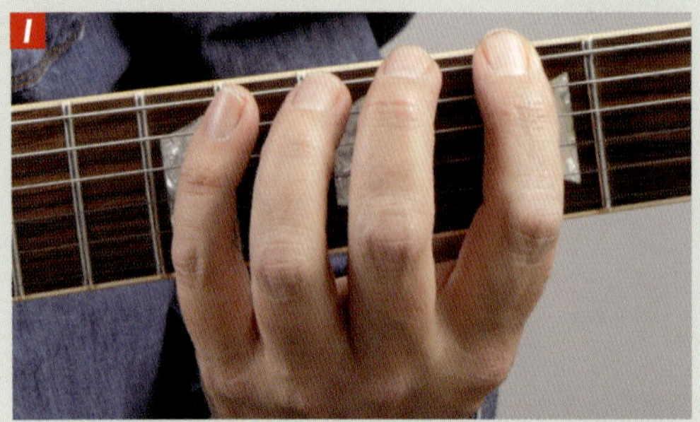

Bringe zuerst deine Greifhand wie im Foto in Position. Der Zeigefinger greift den ersten Ton (A) und die übrigen Finger sind unmittelbar über den entsprechenden Bünden in Position.

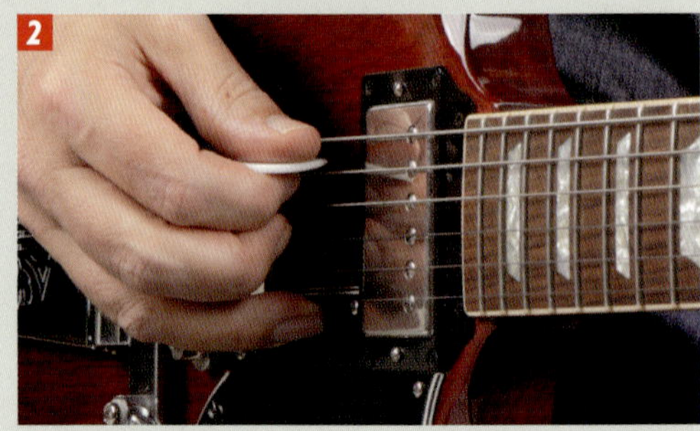

Achte beim Sechzehntel-Wechselschlag ganz besonders auf geringstmögliche Bewegung des Plektrums. Im Bild siehst du das Plektrum nach dem ersten Abschlag, d.h. unmittelbar nach ersten Ton von Zählzeit 1 (A).

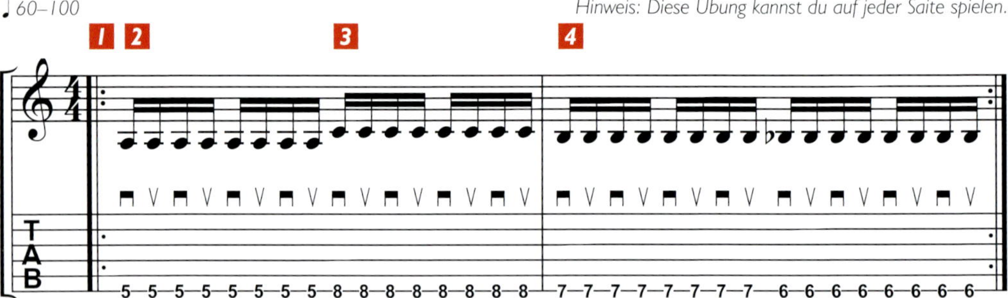

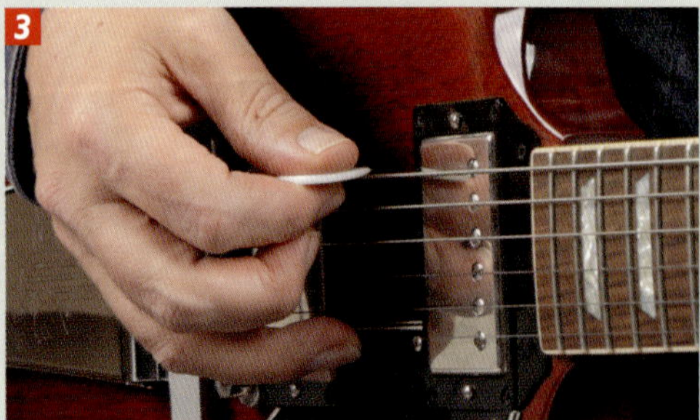

Jede Vierergruppe von Tönen sollte mit einem Abschlag beginnen. Hier siehst du den ersten Ton der Zählzeit 3 (C), korrekt mit einem Abschlag gespielt. Beim Sechzehntel-Wechselschlag sollten nur der zweite und vierte Ton jeder Vierergruppe (die Offbeats) mit Aufschlag angeschlagen werden.

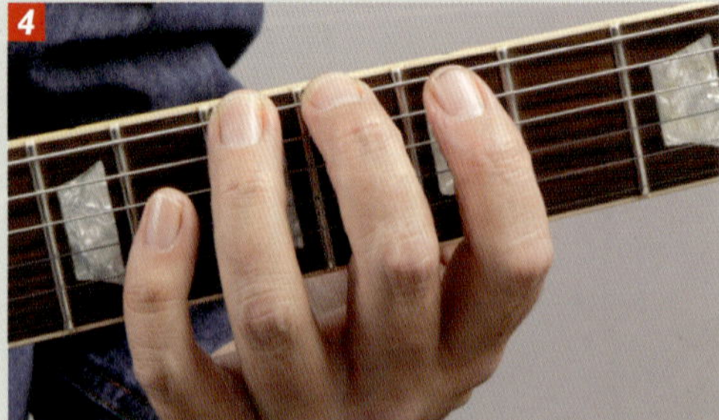

Wenn du den ersten Ton (B) in Takt 2 mit dem Ringfinger greifst, kannst du gleichzeitig das B♭ (Zählzeit 3) mit dem Mittelfinger im 6. Bund greifen. So vermeidest du unmusikalisches Zögern und ungewünschte Pausen zwischen den beiden Tönen.

Track 35

Sechzehntelnoten

34

Chromatische Tonleiter-Pattern in Sechzehntelnoten sind perfekte Aufwärmübungen, baue sie deshalb in dein tägliches Training ein.

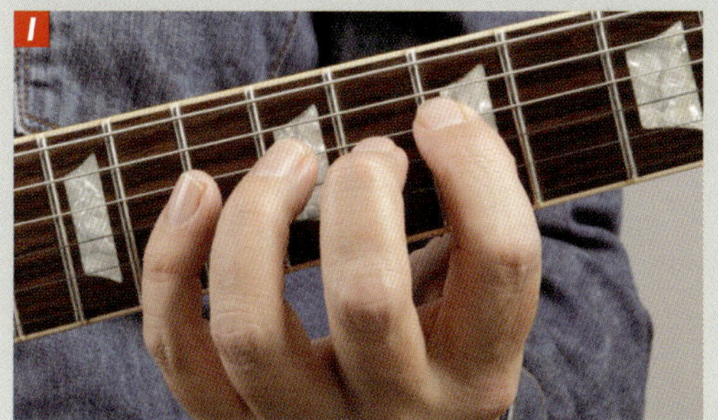

In dieser Übung kommen wieder alle Finger der Greifhand zum Einsatz, achte deshalb besonders auf die optimale Handposition. Im Bild greift der Zeigefinger den ersten Ton (A), die anderen Finger sind über den folgenden drei Bünden bereit für die folgenden Töne.

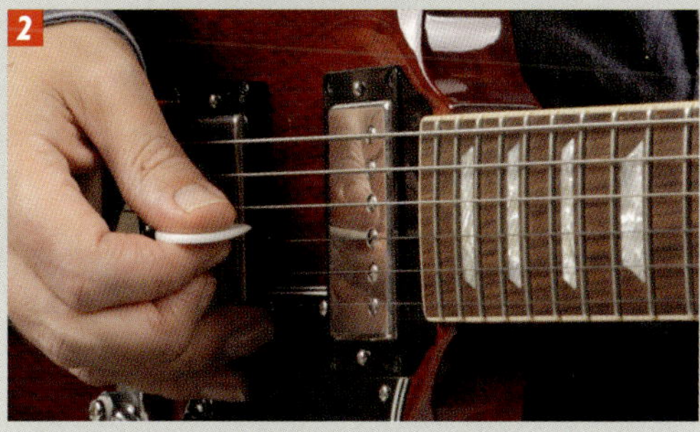

Beim Aufwärtsspiel der Tonleiter wird dir auffallen, das der letzte Anschlag auf jeder Saite ein Aufschlag ist. Hier wird das Plektrum nach dem Aufschlag auf der D-Saite (C) für den folgenden Abschlag auf der G-Saite (Zählzeit 2, Ton C♯) über die D-Saite zurückgeführt.

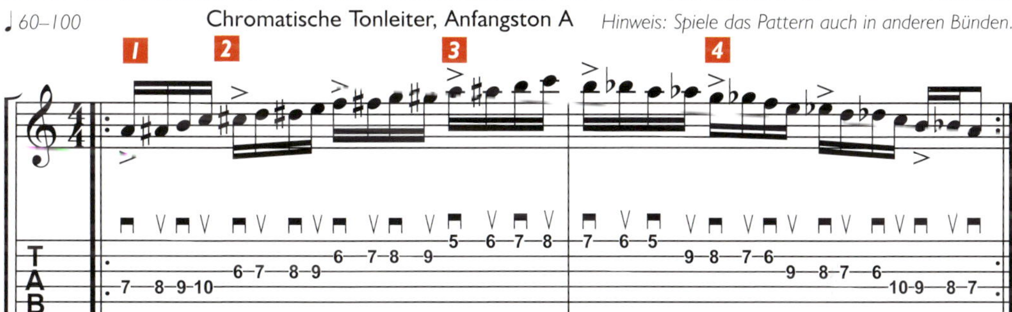

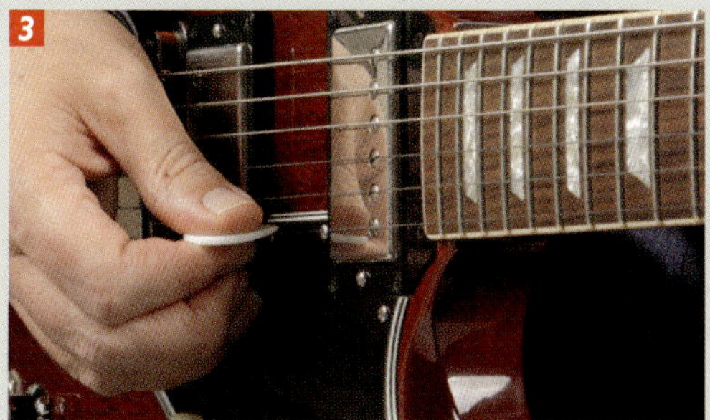

Im ersten Takt fallen die Akzente von ganz allein auf die Zählzeiten. Im Bild wird der Ton A auf der Zählzeit 4 mit einem (betonten) Abschlag gespielt.

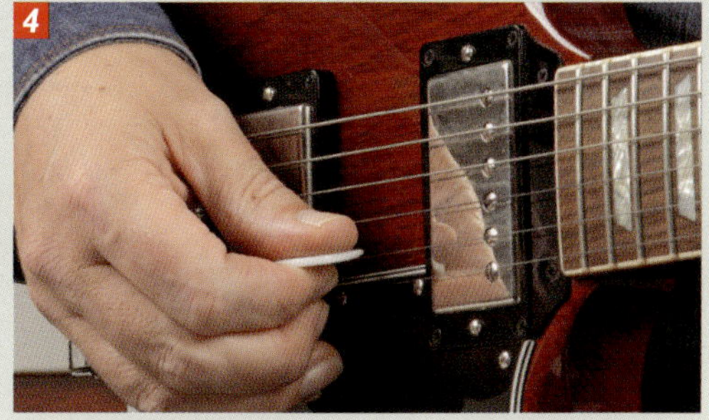

Beim Abwärtsspiel der Tonleiter wird das Pattern von vier Tönen pro Saite unterbrochen. Du musst besonders auf die Betonungen achten; sie fallen nicht mehr mit dem Saitenwechsel zusammen. Hier wird der erste Ton von Zählzeit 2 (G) mit einem betonten Abschlag gespielt, obwohl es der zweite Ton auf der B-Saite ist.

35 Sechzehntelnoten

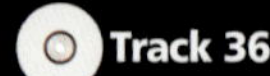

Der Sechzehntel-Wechselschlag ermöglicht schnelles und genaues Spiel dieser zweioktavigen A-Moll-Pentatonik.

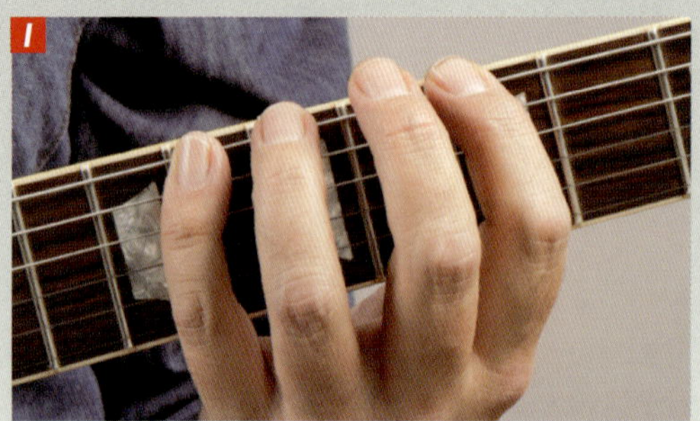

Dieses bekannte Pattern wird oft fälschlicherweise nur mit Zeigefinger und Ringfinger gespielt. Das ist zwar einfach zu greifen, aber du vernachlässigst dabei den kleinen Finger (der hier den zweiten Ton im 8. Bund greift) und trainierst dir schlechte Gewohnheiten an.

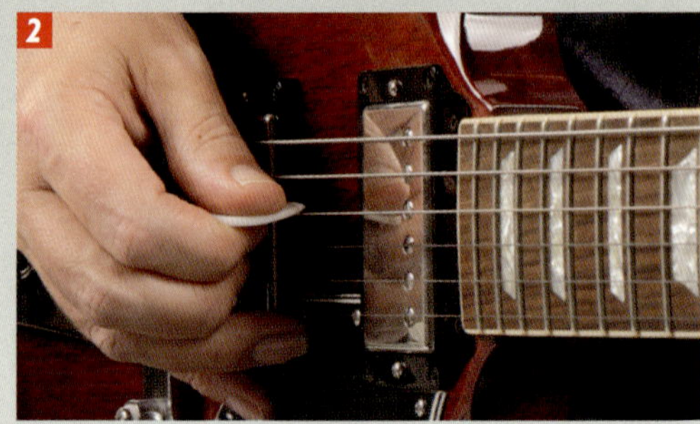

Beim Wechsel zu einer höheren Saite spielst du den ersten Ton als Abschlag, ohne ihn zu betonen. Betont wird immer der erste Ton der Zählzeit. Im Bild wird die D-Saite auf Zählzeit 2 richtig mit einem (betonten) Abschlag angeschlagen.

♩ 60–100

A-Moll-Pentatonik, Form I

Hinweis: Diese Übung kann durch Verschieben in andere Tonarten transponiert werden.

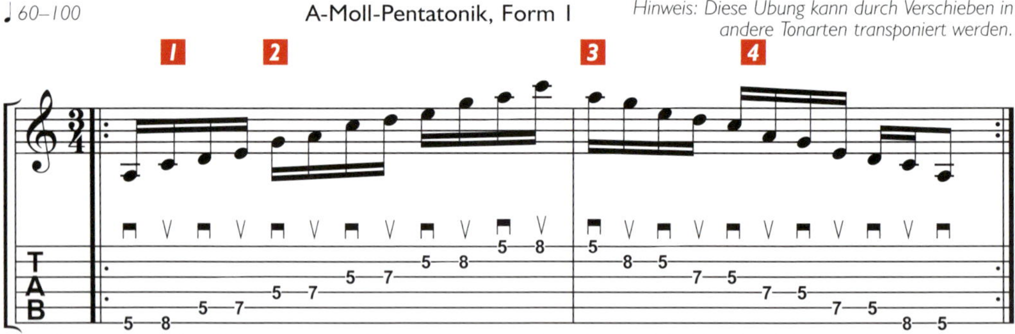

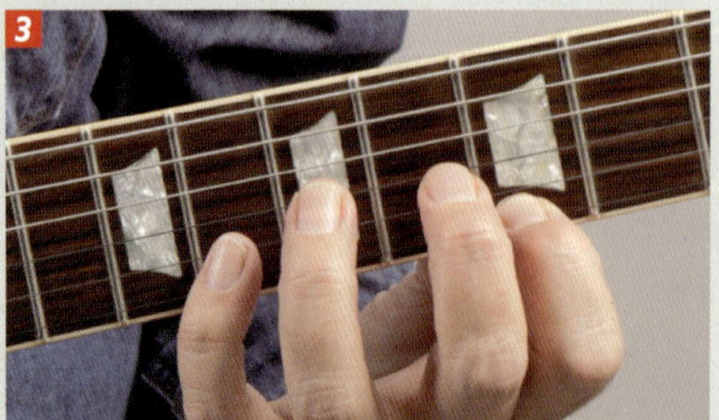

Denke beim Spielen von Tonleiterpattern in Sechzehnteln daran, dass deine Finger immer einen Schritt voraus sein müssen. Im Bild greift der Zeigefinger gerade den ersten Ton von Takt 2, während der kleine Finger sich für den nächsten Ton auf der B-Saite in Position bringt.

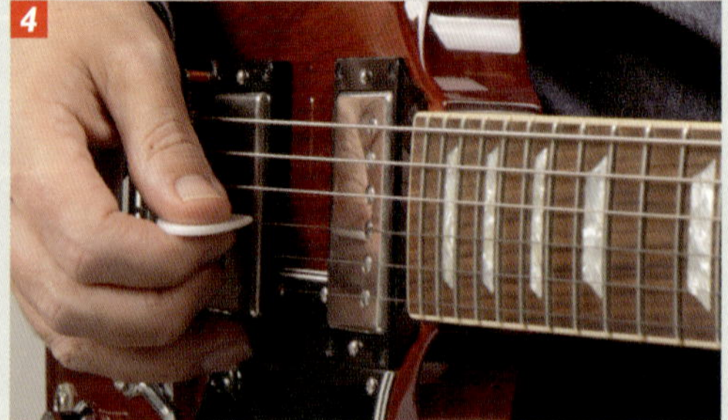

Nach dem Abschlag auf der Zählzeit 2 von Takt 2 muss das Plektrum für den nächsten Ton (A, mit Aufschlag gespielt) über die G-Saite zurückgeführt werden. Spiele die ganze Übung, ohne dabei auf deine Anschlagshand zu sehen, auch wenn du dadurch anfangs Fehler machen solltest.

Track 37

Sechzehntelnoten

36

Mit ihrem Mix aus Zwei- und Drei-Ton-Pattern auf einer Saite ist die Dur-Tonleiter die perfekte Wechselschlag-Übung!

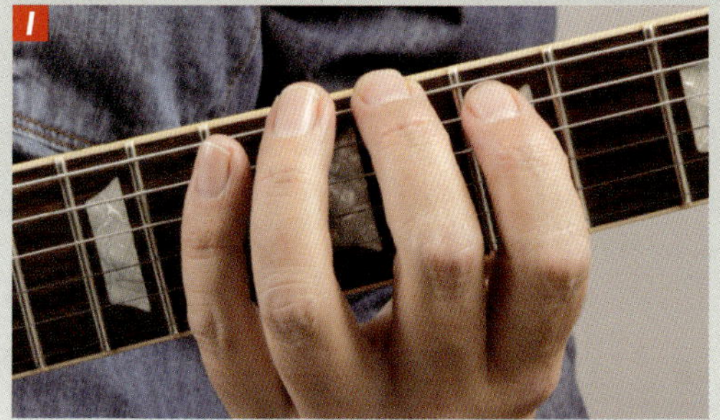

Den ersten Tonleiterton solltest du wie im Bild mit dem Mittelfinger greifen. Beachte, wie die anderen Finger hier einsatzbereit über den entsprechenden Bünden schweben; das ist der einzige Weg zu genauem und schnellem Spiel.

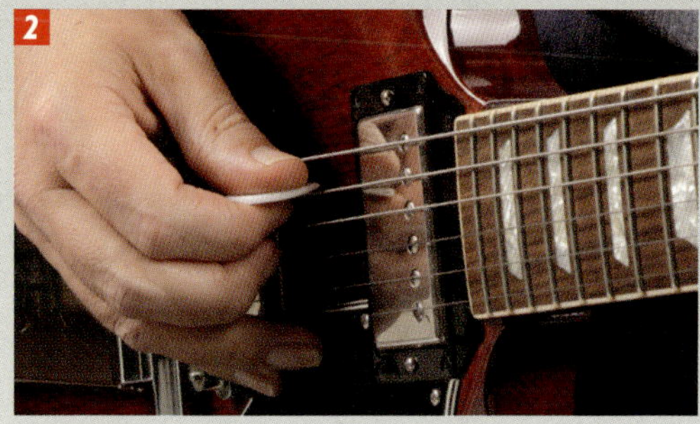

Für den dritten Ton (E) wechselst du auf die A-Saite. Eine Betonung dieses Tons wird sich natürlich anfühlen, aber vermeide sie unbedingt. Betone stattdessen den ersten Ton der Zählzeit 2 (der wie im Bild mit Abschlag gespielt werden sollte).

♩ 60–100 C-Dur-Tonleiter, Form I

Hinweis: Diese Übung kann durch Verschieben in andere Tonarten transponiert werden.

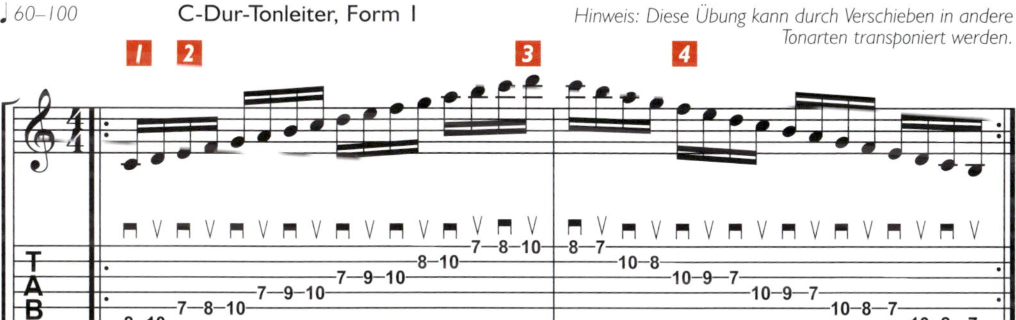

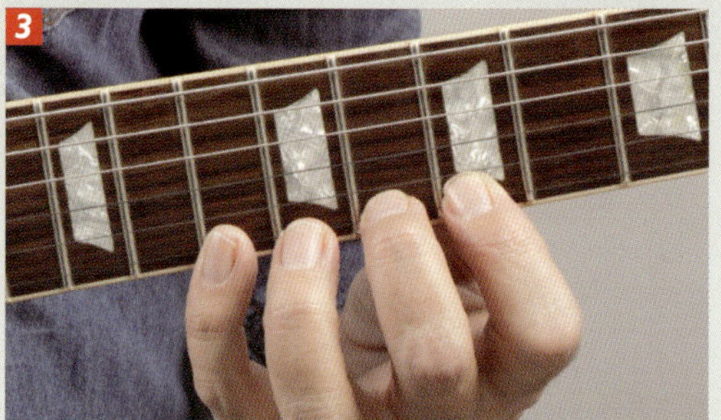

Hier greift der kleine Finger den letzten Ton von Takt 1 (D). Achte darauf, wie Zeige- und Mittelfinger die vorhergehenden Töne (B und C) weiterhin greifen. So sparst du das erneute Greifen dieser Töne beim Abwärtsspiel der Tonleiter in Takt 2.

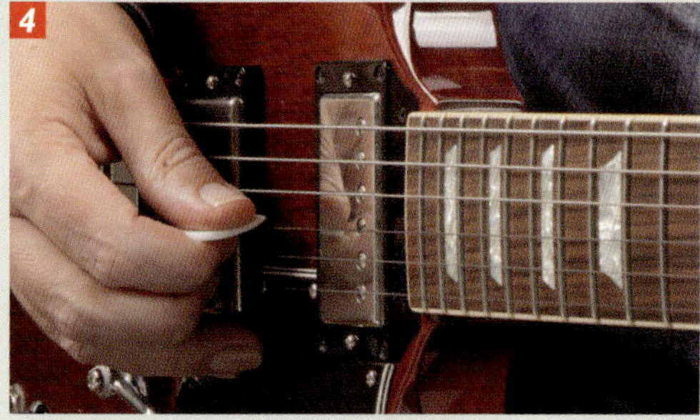

Hier fallen Saitenwechsel und betonter Abschlag nur auf der zweiten Zählzeit zusammen. Deshalb musst du besonders auf die Betonungen achten: Betont wird immer der erste Ton jeder Zählzeit.

37 Hammer-On-Übungen

Track 38

In dieser Moll-Pentatonik-Übung trainierst du mit den chromatischen Vorhaltstönen vor allem Zeige- und Mittelfinger.

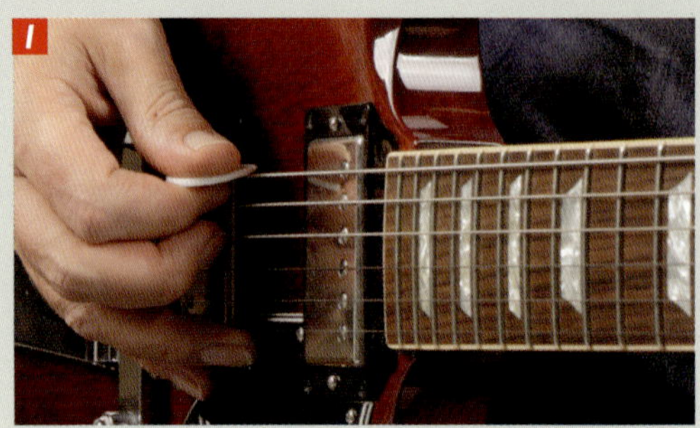

1 Beim Hammer-On wird nur der erste Ton angeschlagen. Der zweite Ton wird ausschließlich durch das „Aufhämmern" des Fingers auf das Griffbrett erzeugt, von dem diese Spieltechnik ihren Namen hat.

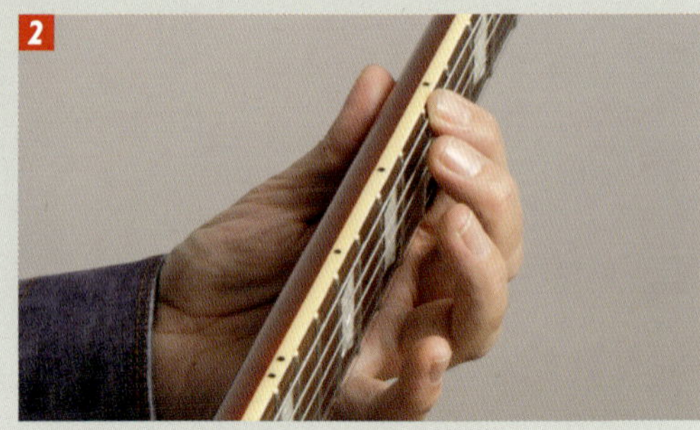

2 Beim Anschlag des ersten Tons sollte der Mittelfinger für das Hammer-On zum zweiten Ton bereits über dem 6. Bund in Position sein. Achte darauf, mit dem Zeigefinger möglichst nahe am Bundstäbchen zu greifen.

♩ 60–150

G-Moll-Pentatonik, Form I

Hinweis: Diese Übung kann durch Verschieben in andere Tonarten transponiert werden.

1 2 3 4

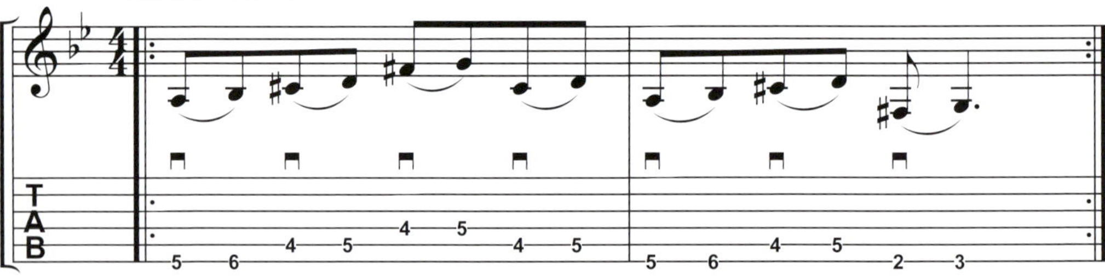

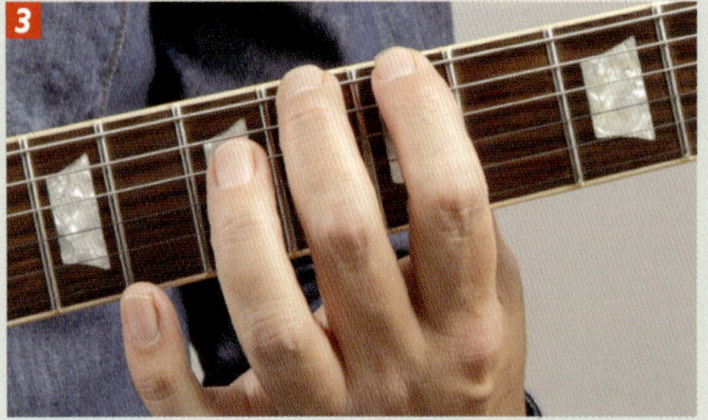

3 Beim Hammer-On muss der Finger (hier der Mittelfinger) die Saite schnell und genau treffen. Wie beim normalen Greifen sollte auch beim Hammer-On der Finger möglichst nahe am Bundstäbchen greifen.

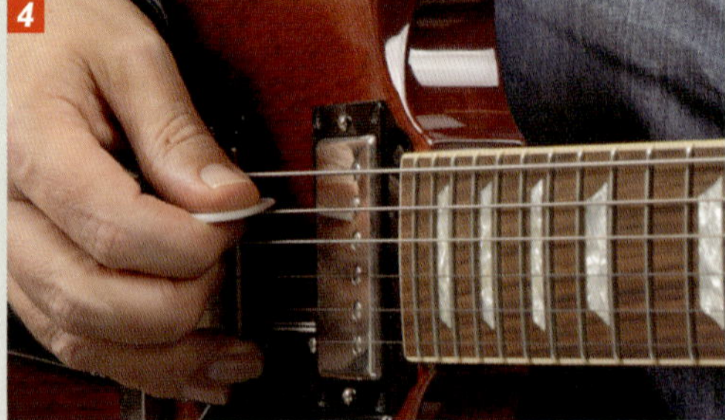

4 Es ist eine gute Idee, diese Übung auch einmal mit Aufschlägen zu spielen. Die saubersten Bindungen erreichst du aber mit durchgehendem Abschlag.

Track 39

Hammer-On-Übungen

38

Diese Übung mit der Moll-Pentatonik trainiert vor allem den Ringfinger und den kleinen Finger der Greifhand gründlich.

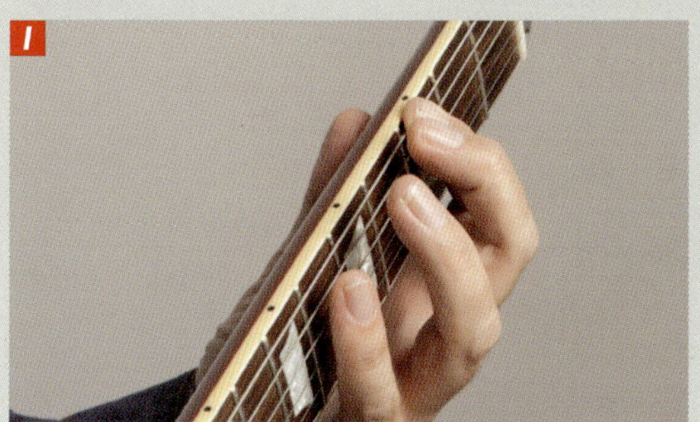

1 Positioniere als erstes deine Greifhand korrekt so wie hier im Foto: der Zeigefinger greift unmittelbar hinter dem Bundstäbchen des 3. Bundes und der kleine Finger schwebt über dem 6. Bund.

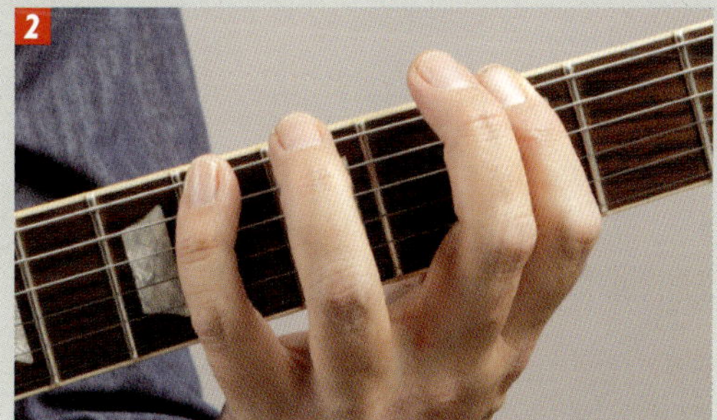

2 Du solltest für einen klaren Ton den kleinen Finger so nahe am Bundstäbchen „aufhämmern" wie möglich. Dabei muss der Zeigefinger in Position bleiben (und weiterhin greifen), weil sonst die Saite gedämpft wird und das Hammer-On nicht klingen kann.

♩ 60–150

G-Moll-Pentatonik, Form I

Hinweis: Diese Übung kann durch Verschieben in andere Tonarten transponiert werden.

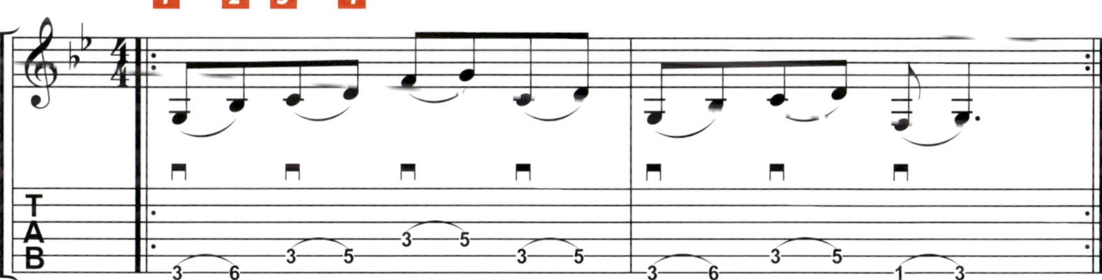

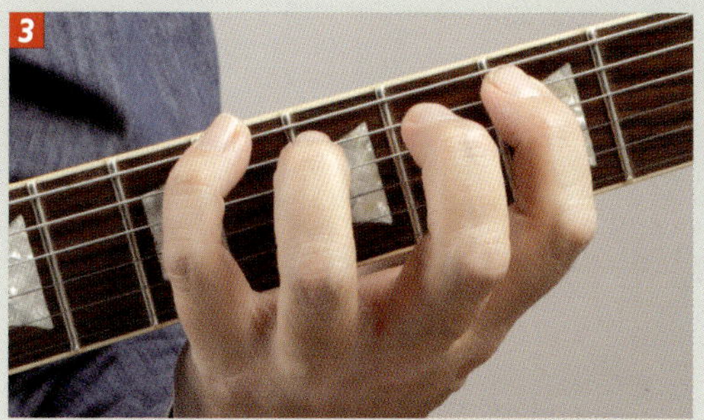

3 Sobald du das Hammer-On gespielt hast, bewegt der Zeigefinger sich zur nächsten Saite; erst dann löst du den kleinen Finger von der tiefen E-Saite.

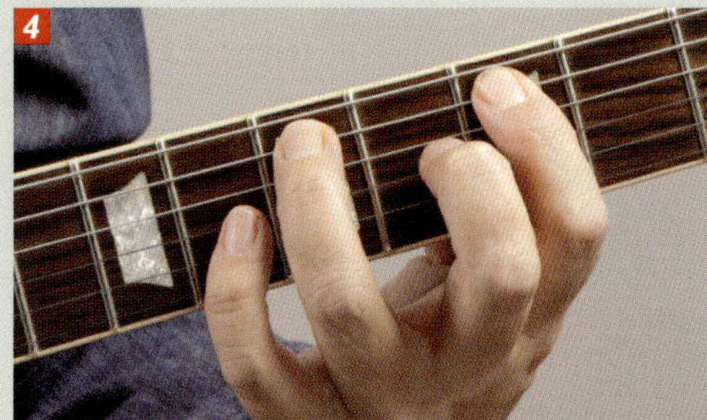

4 Achte darauf, den Ringfinger beim Hammer-On so nahe wie möglich am Bundstäbchen des 5. Bunds aufzusetzen. Das Ziel dabei ist es, dass der gebundene Ton (das Hammer-On) genauso laut ist wie der angeschlagene.

39 Hammer-On-Übungen

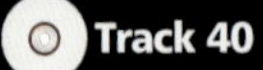

Für das Legatospiel der Durtonleiter werden „doppelte" Hammer-Ons benötigt (drei Töne, von denen nur der erste angeschlagen wird).

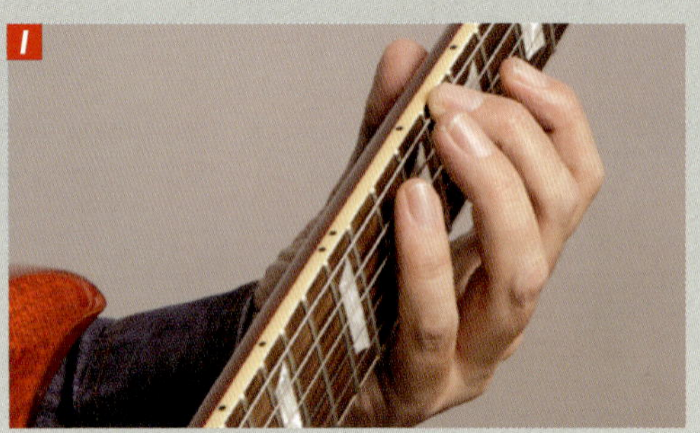

Den ersten Tonleiterton greifst du hier mit dem Mittelfinger. Der kleine Finger ist bereits über dem 10. Bund in Position. Für Hammer-Ons gilt als Grundregel: Der Finger, mit dem das Hammer-On gespielt wird, sollte in Position sein, bevor du den ersten Ton anschlägst.

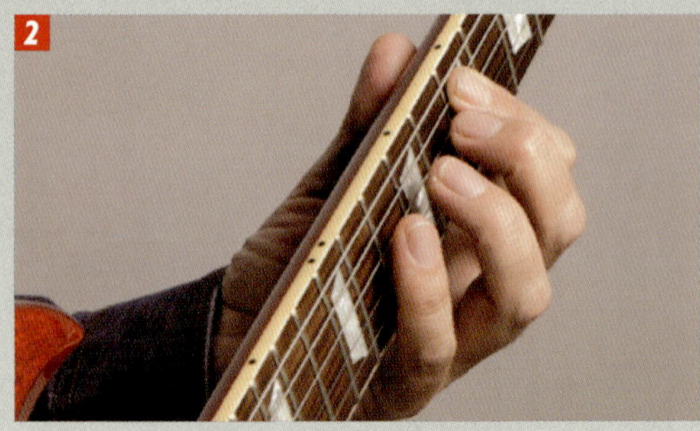

Auf Zählzeit 2 spielst du den ersten Ton eines dreitönigen Hammer-Ons auf der A-Saite. Achte dabei besonders auf die richtige Position aller Finger der Greifhand wie im Bild zu sehen.

♩ 60–150

C-Dur-Tonleiter, Form I

1 2 3 4

Hinweis: Die Übung kann durch Verschieben in andere Tonarten transponiert werden.

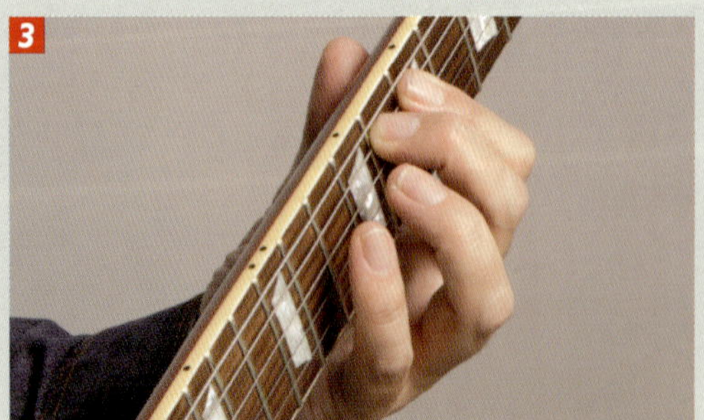

Beim Spiel von Hammer-Ons greifen die Finger der bereits gespielten Töne weiterhin, damit die Saite klingen kann. Im Bild greifen Zeige- und Mittelfinger die A-Saite, während der kleine Finger zum Hammer-On des dritten Tons (G) ansetzt.

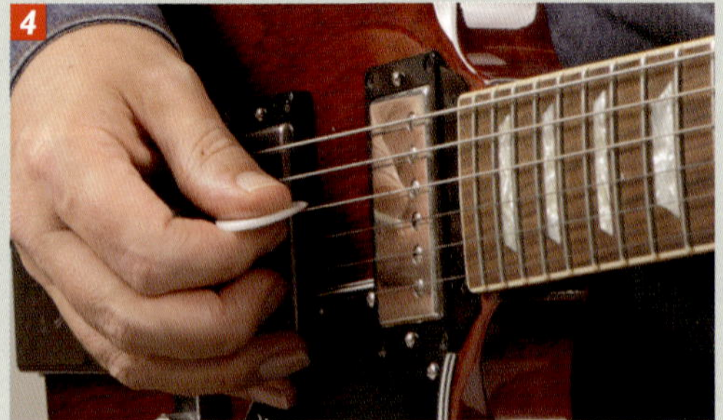

Schlage wie in den vorigen Hammer-On-Übungen durchgehend mit kräftigen Abschlägen an. Das gilt besonders für mehrere aufeinanderfolgende Hammer-Ons.

Track 41

Hammer-On-Übungen

40

Die chromatische Tonleiter ist perfekt für Hammer-On-Übungen, weil bei ihr vier Töne auf jeder Saite liegen.

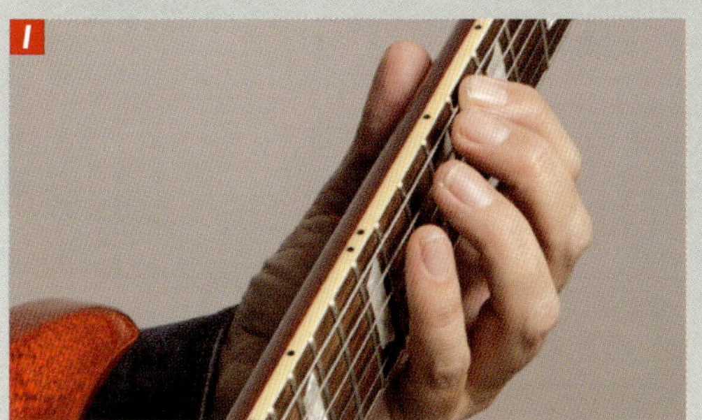

1

Der ersten Tonleiterton (C) greifst du wie im Bild mit dem Zeigefinger. Für ein fehlerfreies und flüssiges Spiel mehrerer aufeinanderfolgender Hammer-Ons müssen alle beteiligten Finger vorher in Position sein.

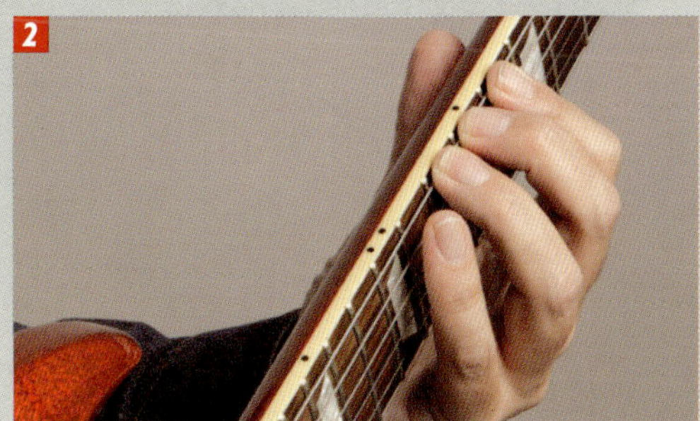

2

Greife bereits gespielte Töne weiter, damit die Saite weiterklingt. Hier greifen Zeige-, Mittel- und Ringfinger die tiefe E-Saite, während der kleine Finger zum Hammer-On des vierten Tons (D♯) ansetzt.

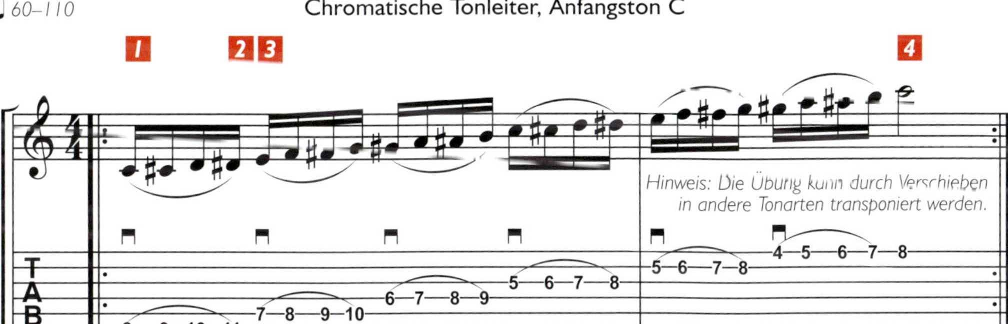

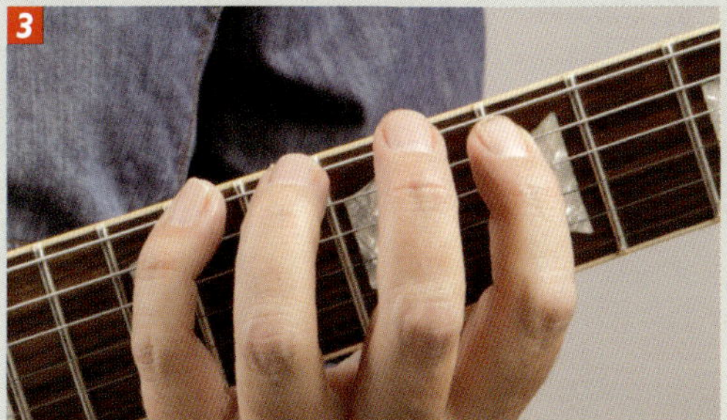

3

Sobald der kleine Finger das Hammer-On gespielt hat, hebst du den Zeigefinger von der tiefen E-Saite ab und verschiebst ihn auf die A-Saite und einen Bund abwärts, damit er für den Beginn der nächsten Hammer-On-Folge einsatzbereit ist.

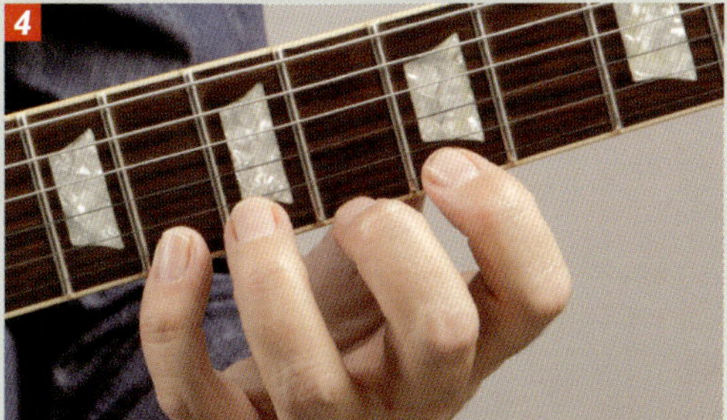

4

Für das letzte C in Takt 2 lockerst du den Druck der Greifhand und verschiebst die Hand um einen Bund nach oben. Der kleine Finger greift jetzt wie hier im Bild auf dem 8. Bund.

41 Pull-Off-Übungen

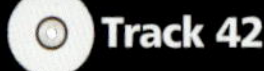
Track 42

Die folgende Übung konzentriert sich ganz auf Zeige- und Mittelfinger, damit du deine Legatotechnik weiter verbessern kannst.

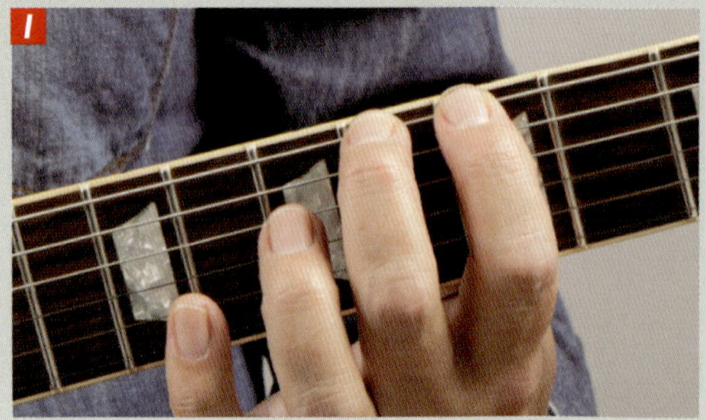

Beim Pull-Off müssen beide Töne gegriffen werden, bevor du die Saite anschlägst. Im Bild siehst du Zeige- und Mittelfinger unmittelbar vor dem ersten Pull-Off in Takt 1 in Position.

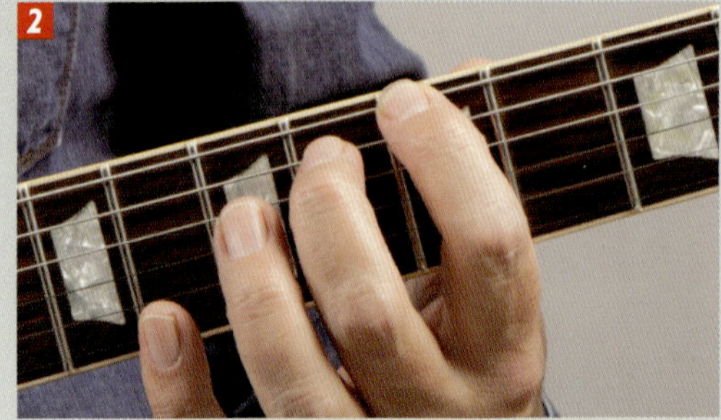

Hier siehst du den Mittelfinger unmittelbar nach dem Pull-Off zum zweiten Ton (A). Der Finger schwebt über der A-Saite, weil Pull-Offs mit einem seitlichen „Wegschnippen" des Fingers gespielt werden.

♩ *60–150*

G-Moll-Pentatonik, Form I

Hinweis: Diese Übung kann durch Verschieben in andere Tonarten transponiert werden.

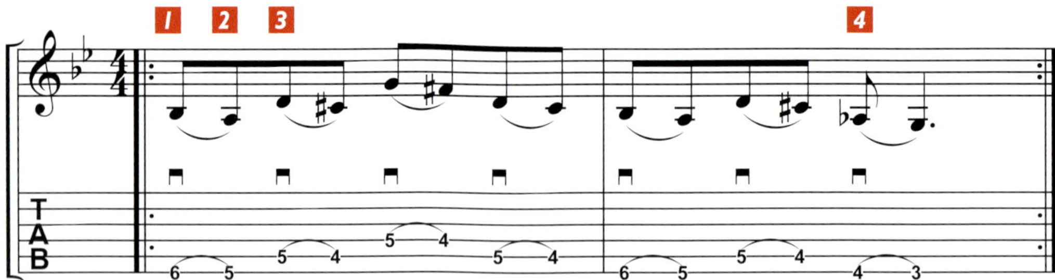

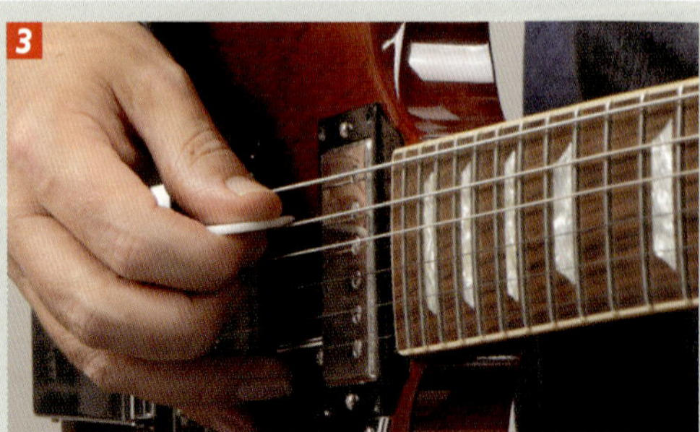

Schlage immer nur den ersten Ton eines Tonpaares an; der zweite wird als Pull-Off gespielt. Hier wird gerade die A-Saite auf Zählzeit 2 mit einem Abschlag angeschlagen.

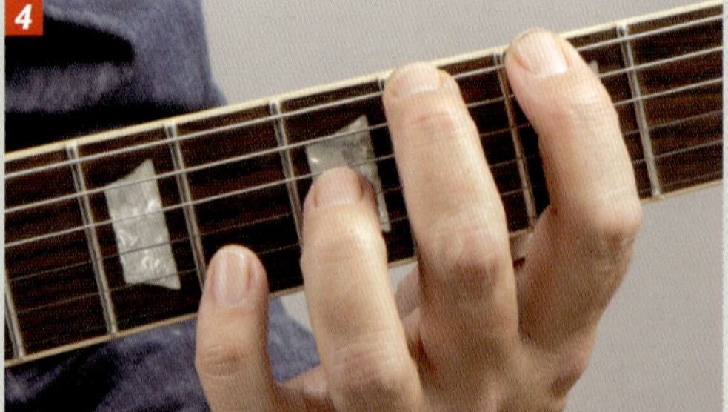

Für die letzten beiden Töne muss die Greifhand abwärts in den 3. Bund verschoben werden, damit der Mittelfinger im 4. Bund greifen kann. Achte im Bild auch auf den Zeigefinger, der für das Pull-Off schon im 3. Bund greift.

Track 43

Pull-Off-Übungen

42

Mit dieser Moll-Pentatonik-Übung trainierst du Pull-Offs mit Ringfinger und kleinem Finger der Greifhand.

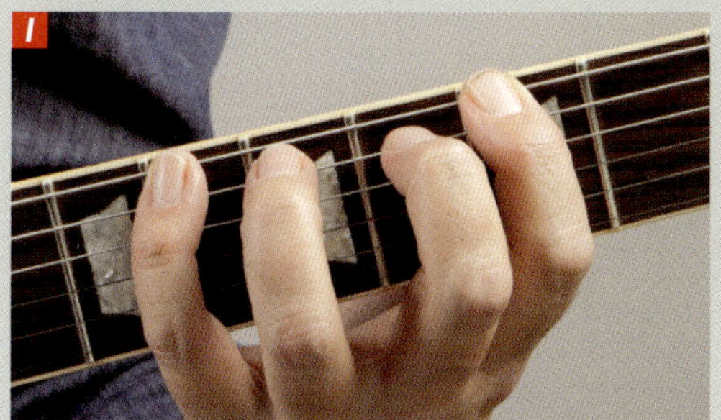

Achte vor dem Anschlag der Saite immer darauf, dass alle Finger sich an der richtigen Position befinden und mit ausreichend Druck direkt hinter dem jeweiligen Bundstäbchen greifen.

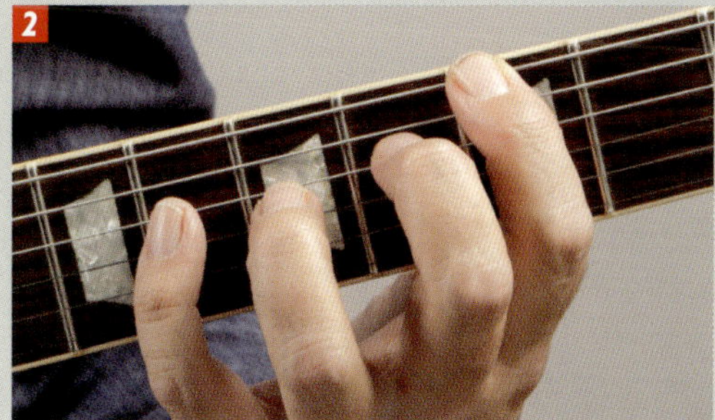

Für das erste Pull-Off wird der kleine Finger leicht seitlich von der Saite abgezogen. Ein einfaches senkrechtes Abheben des Fingers von der Saite erzeugt keinen kraftvollen zweiten Ton.

♩ 60–150

G-Moll-Pentatonik, Form I

Hinweis: Diese Übung kann durch Verschieben in andere Tonarten transponiert werden.

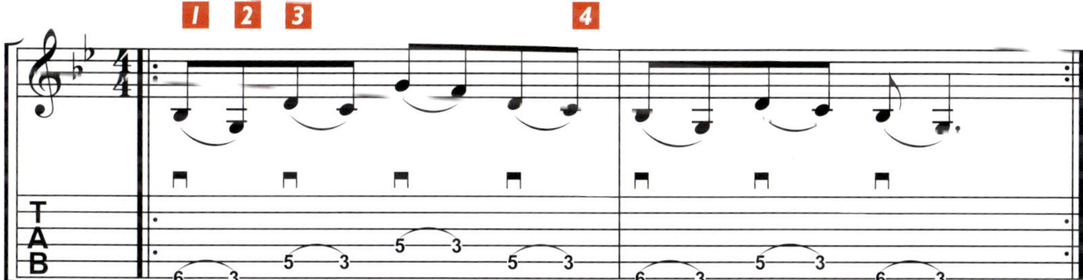

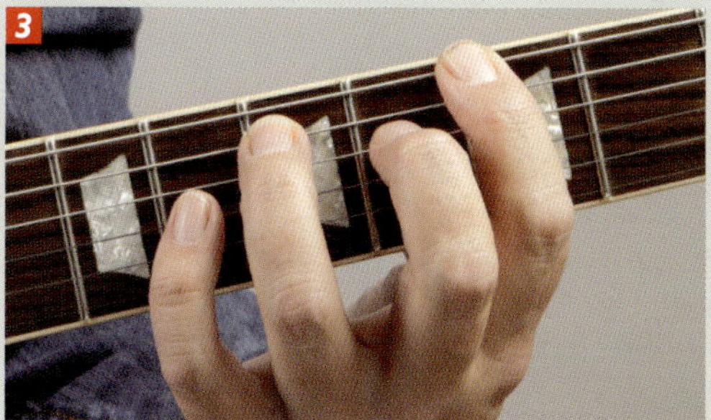

Sobald du das Pull-Off gespielt hast, verschiebst du die Finger auf die nächste Saite. Hier klingt der Ton G (Zählzeit 1) noch, während der Mittelfinger bereits zur A-Saite wandert.

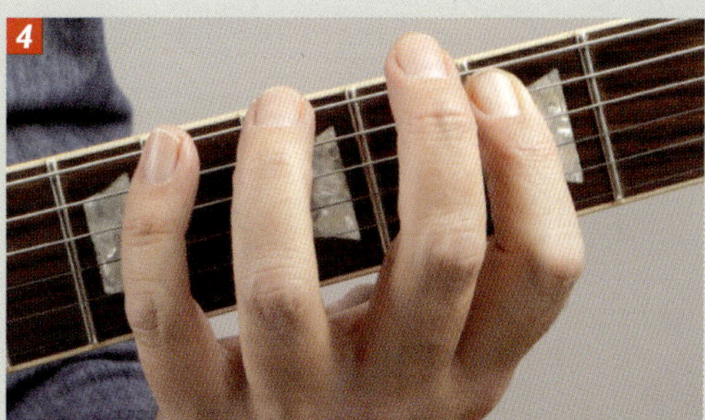

Am Ende von Takt 1 musst du den kleinen Finger etwas strecken, um den nächsten Ton (B♭) auf der tiefen E-Saite zu erreichen. Dabei sollte sich nur der Finger bewegen; die Hand bleibt möglichst ruhig in ihrer Position.

43 Pull-Off-Übungen

Track 44

Diese abwärts gespielte Übung mit einigen schwierigen Pull-Offs mit drei Tönen pro Saite ist ein gutes Training für eine kraftvolle Legatotechnik.

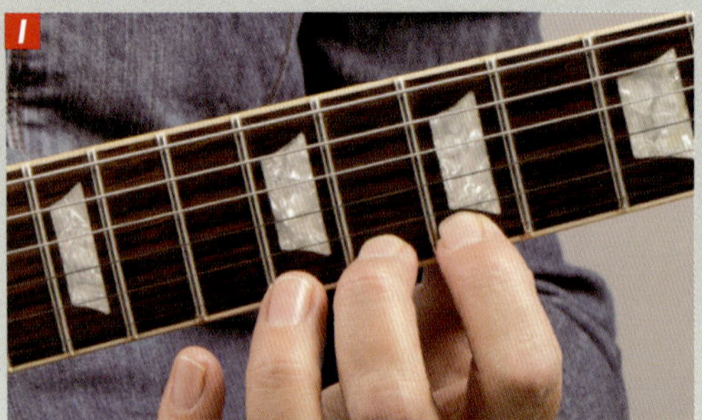

Den ersten Tonleiterton greifst du wie im Bild mit dem Mittelfinger. Der Zeigefinger greift hier schon im 7. Bund; achte vor dem Anschlag des ersten Tons immer darauf, dass der „Pull-Off"-Finger seinen Ton ebenfalls greift.

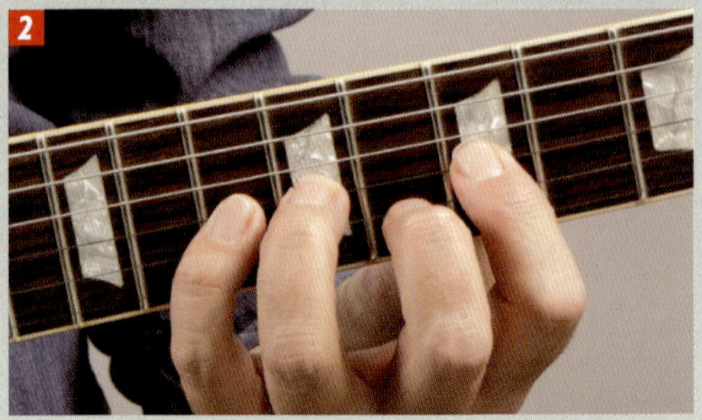

Auf Zählzeit 3 spielst du den ersten Ton eines doppelten Pull-Offs auf der G-Saite. Dabei ist es besonders wichtig, dass alle beteiligten Finger schon vor dem Anschlag der Saite in den betreffenden Bünden greifen wie im Foto.

♩ 60–150

C-Dur-Tonleiter, Form I

Hinweis: Diese Übung kann durch Verschieben in andere Tonarten transponiert werden.

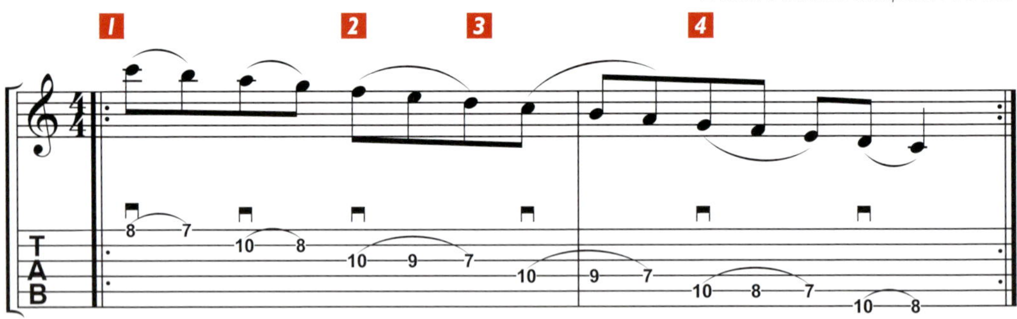

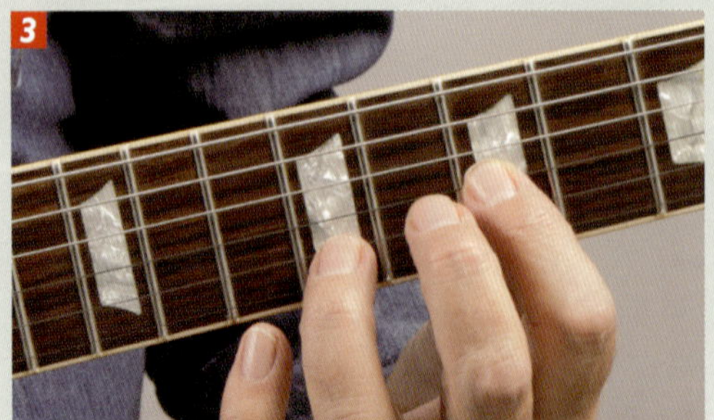

Denke beim Spiel von Pull-Offs daran, den betreffenden Finger seitlich von der Saite „wegzuschnippen". Im Bild siehst du den Ringfinger unmittelbar nach dem Pull-Off zum Ton D auf der Zählzeit 4.

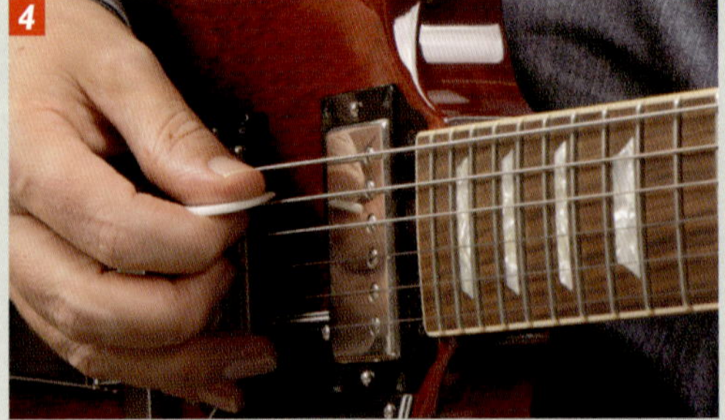

Spiele wie in den vorangegangenen Übungen auch hier wieder durchgehend mit Abschlag. Das ist die beste Methode für einen klaren und kräftigen Ton. Wenn du das beherrschst, kannst dich auch einmal an Aufschlägen versuchen.

Track 45

Pull-Off-Übungen

44

Mit ihren vier Tönen pro Saite ist die chromatische Tonleiter die ultimative Legato-Übung.

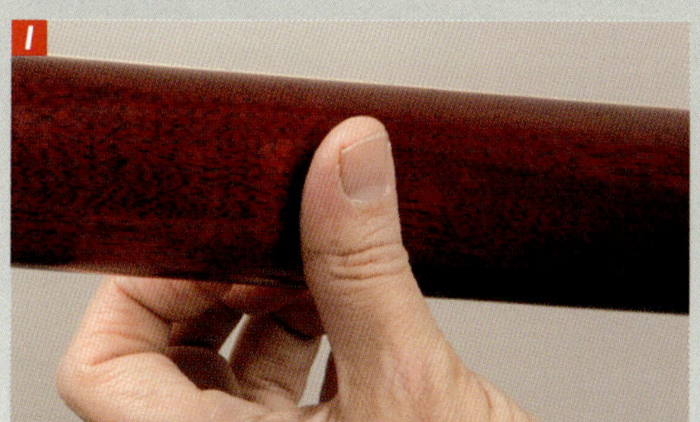

Der Daumen bleibt wie hier im Bild auf der Halsrückseite. So unterstützt er die Finger optimal bei der Ausführung präziser Pull-Offs.

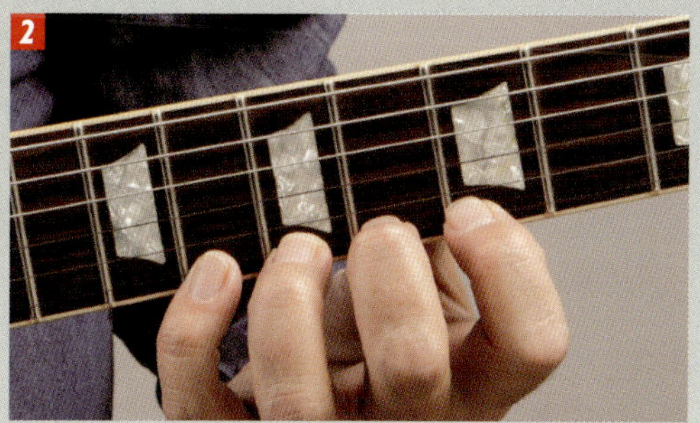

Achte darauf, den ersten Ton (C) wie im Bild mit dem kleinen Finger zu greifen. Die übrigen Finger müssen ebenfalls schon greifen – nur so kannst du mehrfache Pull-Offs sauber spielen.

♩ 60–110

Chromatische Tonleiter, Anfangston C

Hinweis: Diese Übung kann durch Verschieben in andere Tonarten transponiert werden.

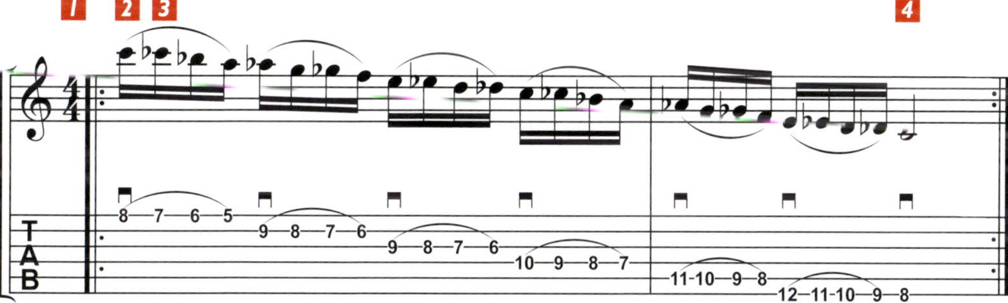

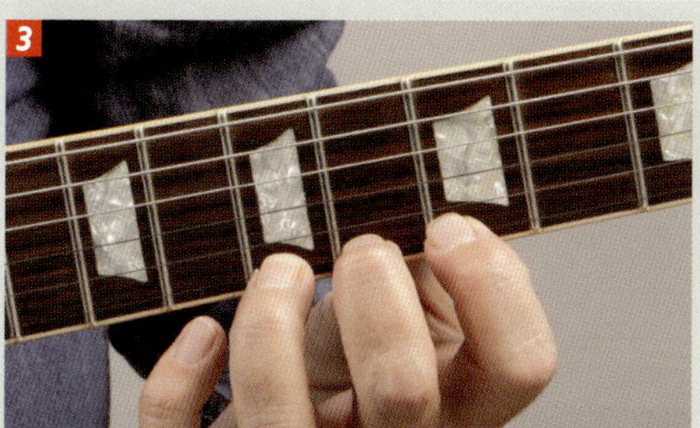

Damit die Saite klar klingen kann, müssen die anderen beteiligten Finger weiterhin greifen, wenn du einen Finger von der Saite abziehst. Hier siehst du Zeigefinger, Mittelfinger und Ringfinger in Position, während der kleine Finger das erste Pull-Off spielt.

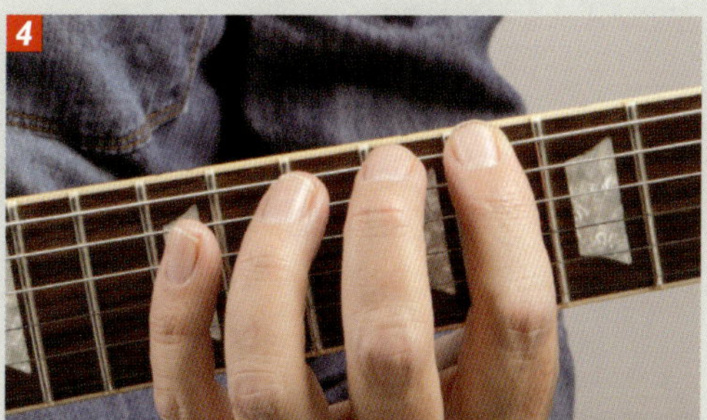

Für das letzte C lockerst du den Druck der Greifhand und verschiebst sie um einen Bund nach unten. Der Zeigefinger sollte jetzt wie im Bild im 8. Bund greifen.

45 Kombinierte Legatotechniken

Track 46

In dieser Übung erzeugst du mit der Kombination von Hammer-On und Pull-Off ganz einfach nahtlos fließende melodische Linien.

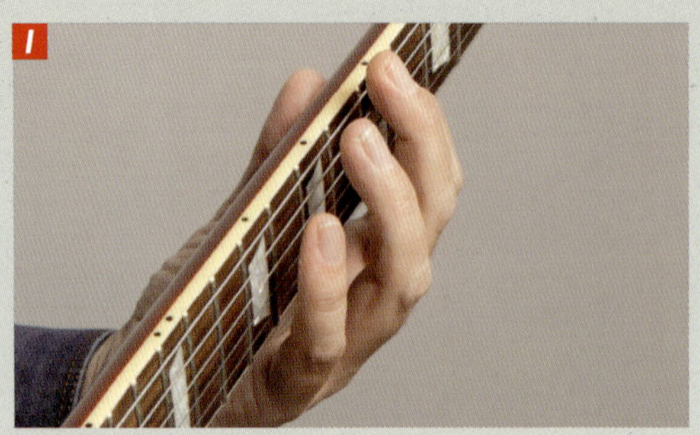

1 Den zweiten Ton der Moll-Pentatonik greifst du mit dem kleinen Finger. Hier greift der Zeigefinger gerade den ersten Ton (A); der kleine Finger schwebt einsatzbereit über dem 8. Bund.

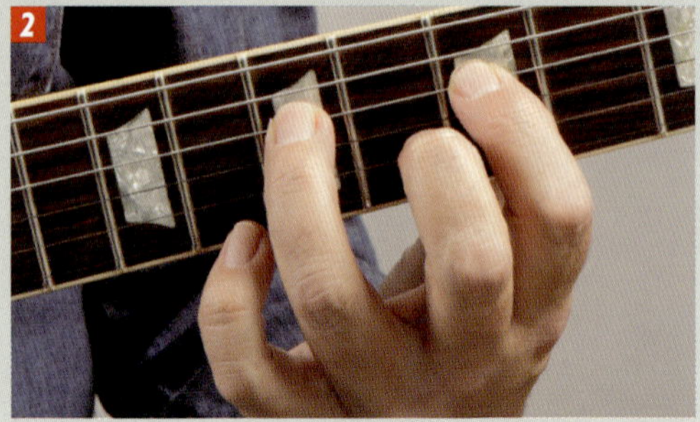

2 Auf Zählzeit 3 von Takt 1 spielst du eine Hammer-On/Pull-Off-Kombination mit Zeige- und Ringfinger. Spiele das Hammer-On möglichst nahe hinter dem Bundstäbchen und ziehe den Finger beim Pull-Off seitlich von der Saite ab, damit der tiefere Ton erneut erklingt.

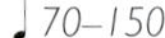

70–150

A-Moll-Pentatonik, Form I

Hinweis: Diese Übung kann durch Verschieben in andere Tonarten transponiert werden.

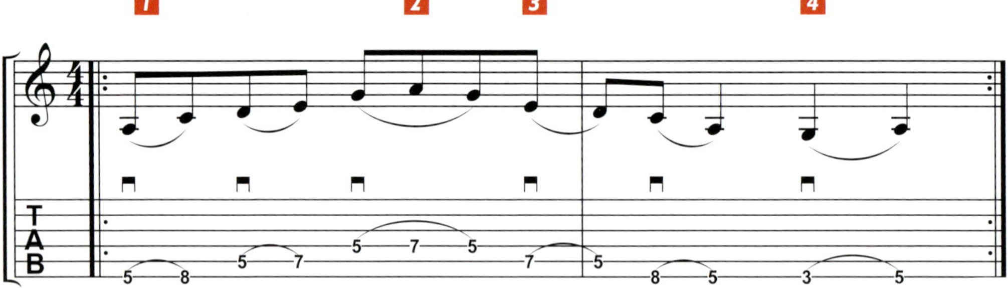

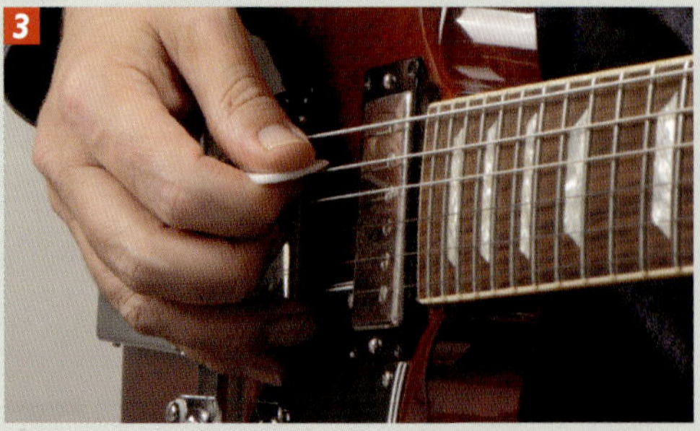

3 Spiele den letzten Ton in Takt 1 mit einem Abschlag, auch wenn er auf dem Offbeat liegt. Um ein kräftigeres Pull-Off zu erreichen, kannst du in diesem Fall die Regel für den Achtel-Wechselschlag ignorieren (vgl. Übung 25).

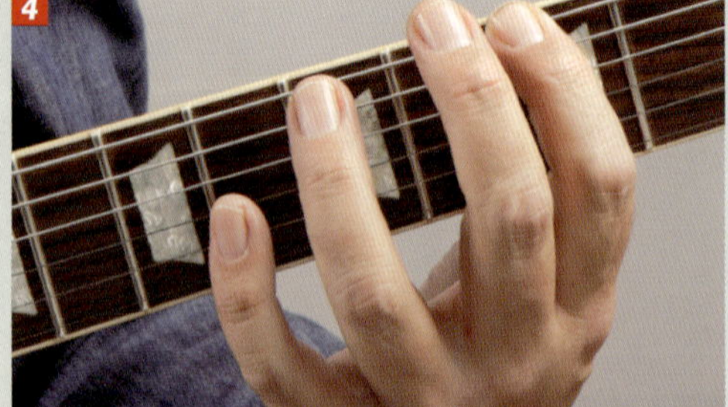

4 Verschiebe für den vorletzten Ton (G) die Greifhand auf den 3. Bund, damit du ihn mit dem Zeigefinger greifen kannst. Achte auch auf den Ringfinger, der hier über dem 5. Bund für das Hammer-On in Position ist.

Track 47

Kombinierte Legatotechniken

46

Schnelle Sechzehntelpattern sind einfach zu spielen, wenn du beim Aufwärtsspiel Hammer-Ons und abwärts Pull-Offs einsetzt.

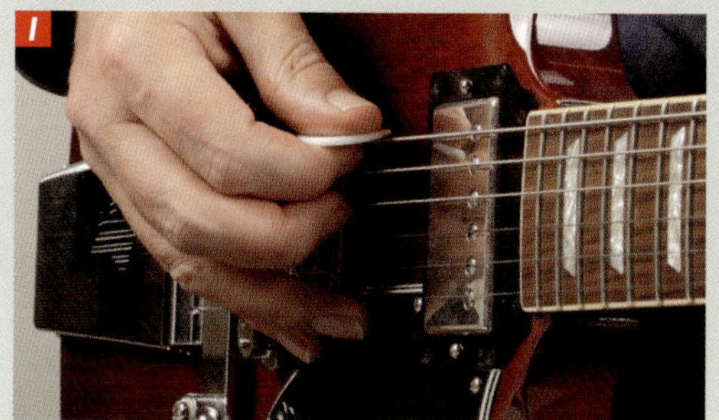

1 Spiele diese Übung wieder durchgehend mit Abschlägen. Weil hier keiner der angeschlagenen Töne auf dem Offbeat liegt, spielst du also im Prinzip Sechzehntel-Wechselschlag (allerdings ohne die Aufschläge).

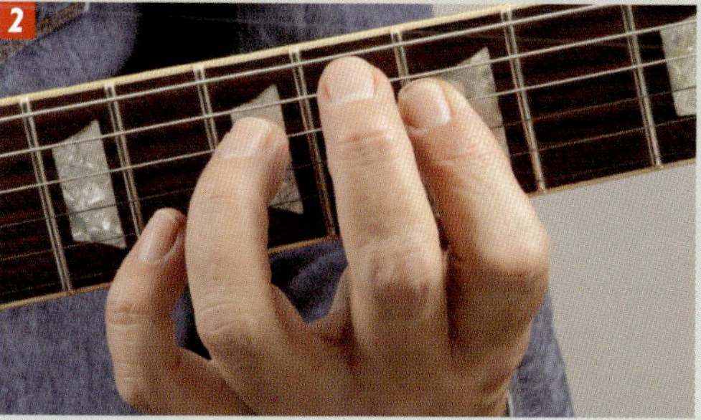

2 Beim Hammer-On sollte der Finger die Saite fest und genau treffen; idealerweise unmittelbar hinter dem betreffenden Bundstäbchen. Hier spielt der Ringfinger auf Zählzeit 2 ein Hammer-On im 7. Bund.

♩ 60–120

A-Moll-Pentatonik, Form I

Hinweis: Diese Übung kann durch Verschieben in andere Tonarten transponiert werden.

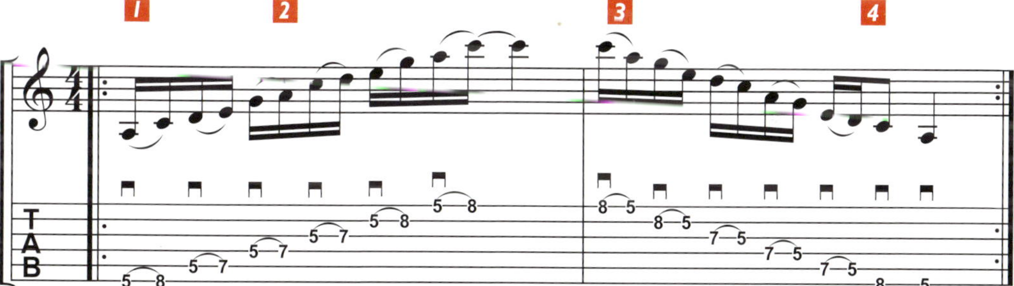

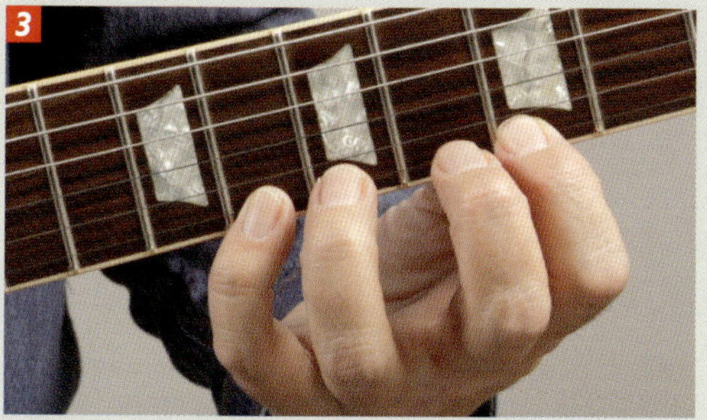

3 Beim Pull-Off muss der Finger, zu dem du abziehst, schon beim Anschlag greifen. Achte auch darauf, den Finger seitlich von der Saite abzuziehen, weil sonst der tiefere Ton dünn und leise klingt.

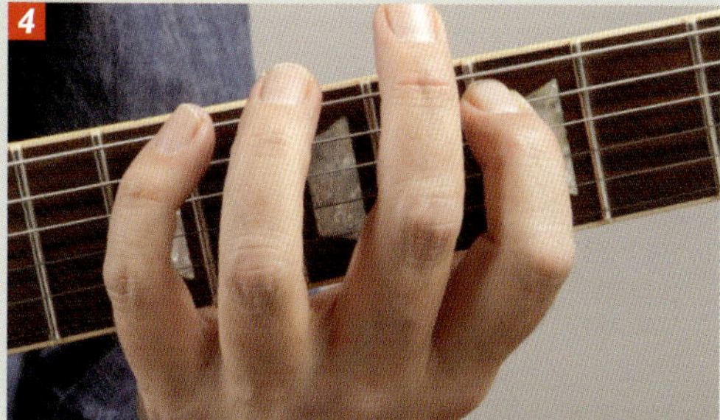

4 Trainiere deine Finger auf das „Vorausdenken". Hier bewegt sich der kleine Finger auf Zählzeit 3 von Takt 2 schon in seine Position im 8. Bund, während der tiefere Ton des Pull-Offs (D) noch klingt.

47 Kombinierte Legatotechniken

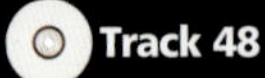

Eine mit synkopierten Hammer-Ons und Pull-Offs aufgepeppte Pentatonik bringt aufregende schnelle Licks hervor, die jedes Solo aufwerten.

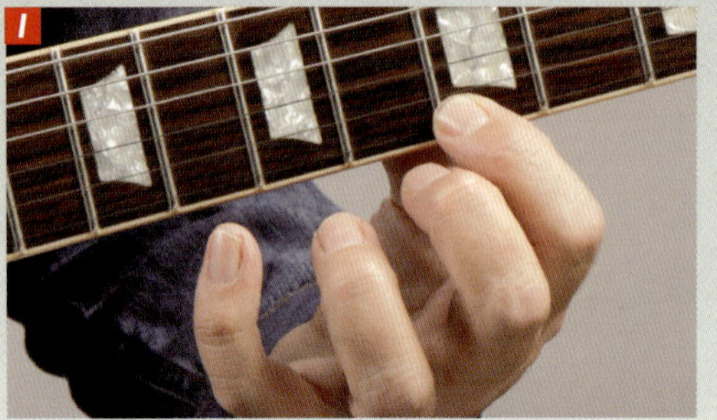

Die Hammer-On/Pull-Off-Kombination auf der Zählzeit 3 von Takt 1 spielst du mit Zeigefinger und kleinem Finger (der höhere Ton wird nicht angeschlagen). Beim Pull-Off ziehst du den kleinen Finger wie im Bild mit einer „schnippenden" Bewegung von der Saite ab.

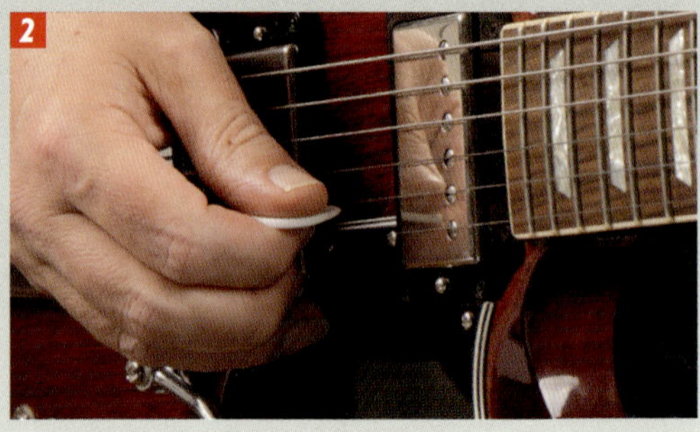

Weil das unmittelbar folgende G synkopiert ist, spielst du es wie im Bild mit einem Aufschlag.

♩ 60–120 A-Moll-Pentatonik, Form I

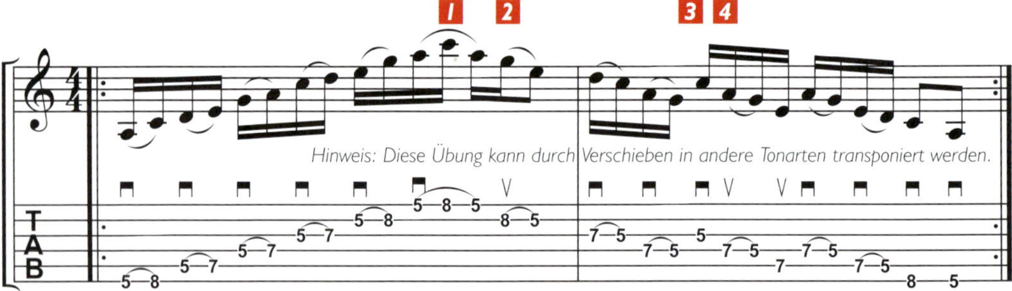

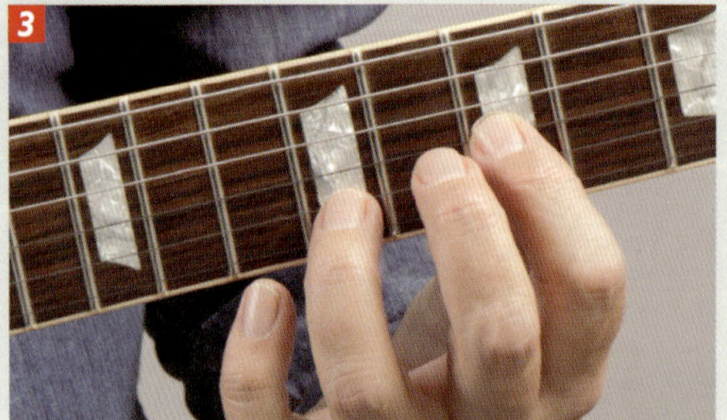

Um in Takt 2 schnell vom G am Ende der ersten Zählzeit zum C auf Zählzeit 2 zu gelangen, hebst du den Zeigefinger nicht vom Griffbrett ab. Stattdessen knickst du das erste Fingerglied wie im Foto ab und greifst sozusagen ein „Mini-Barrée".

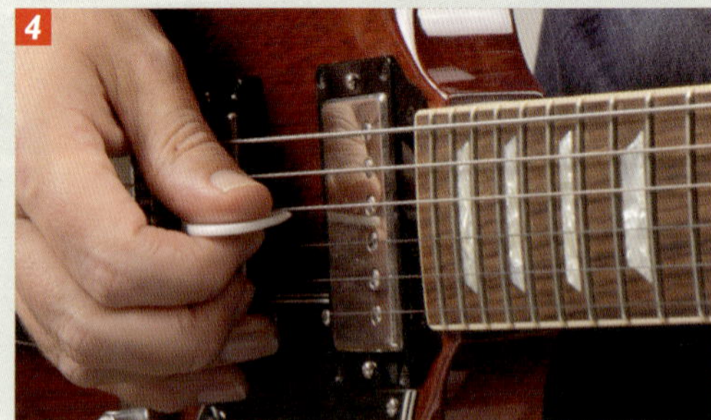

Die nächsten beiden Töne dieser Zählzeit werden beide mit Aufschlag gespielt. Das sorgt nicht nur für rhythmische Genauigkeit deines Spiels, sondern macht auch den folgenden schnellen Abschlag auf Zählzeit 3 (besonders bei höherem Tempo) einfacher zu spielen.

Track 49

Kombinierte Legatotechniken

48

Durtonleitern (und ihre Modi) sind mit drei Tönen pro Saite einfacher legato zu spielen. Hier lernst du, wie.

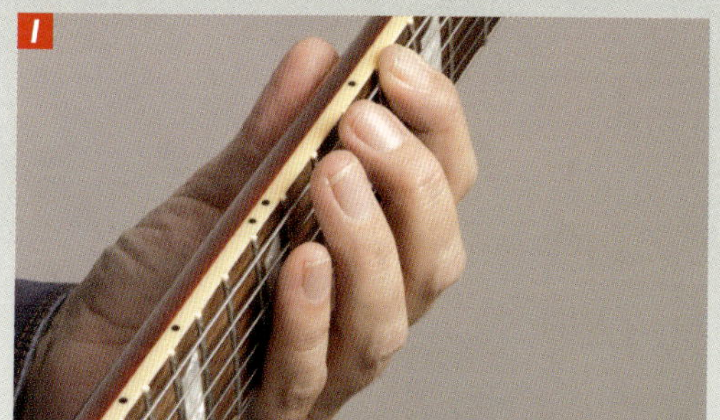
1

Es ist wichtig, die Hand mit allen Finger in Position zu bringen, bevor du loslegst. Im Bild greift der Zeigefinger den ersten Ton; Mittelfinger und kleiner Finger sind über dem 10. und dem 12. Bund einsatzbereit.

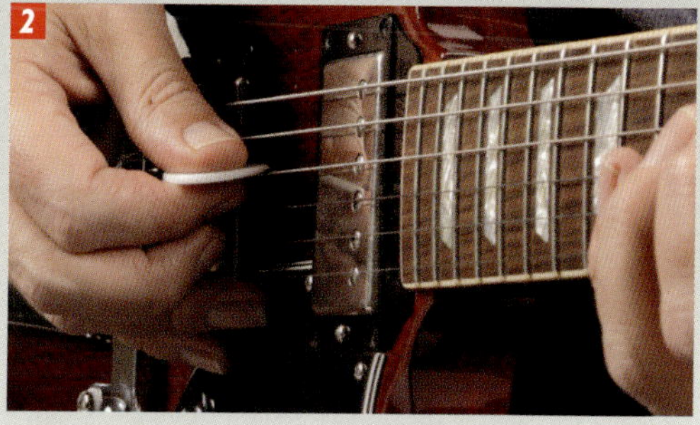
2

Spiele durchgehend Abschläge, auch wenn in dieser Übung einige Töne auf die Offbeats fallen. Achte darauf, dass die Gruppen von drei Tönen pro Saite nicht zu Triolen werden, sondern halte dich mit Hilfe des Metronoms streng an die Sechzehntelgruppen.

♩ 70–120 C-Dur-Tonleiter, Form 1 und Form 2 kombiniert

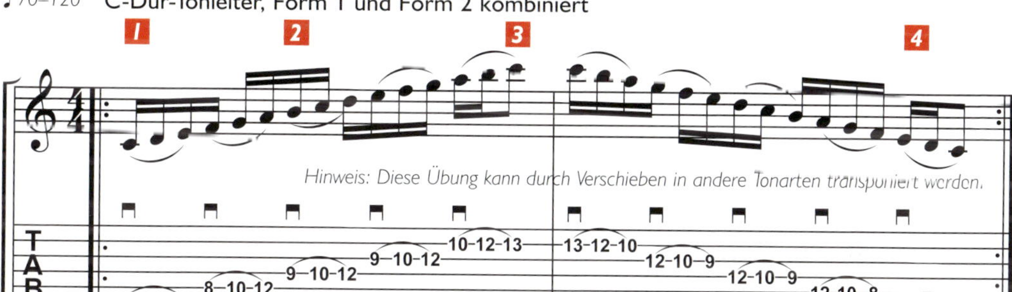

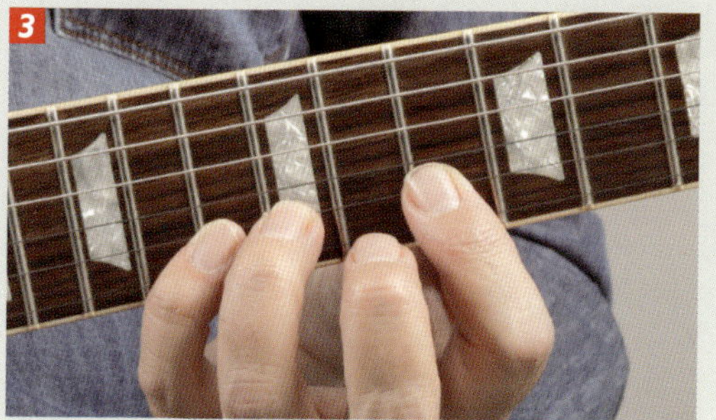
3

Dank der Achtelnote hast du am Ende von Takt 1 eine kleine Pause, bevor du für das Abwärtsspiel erneut anschlagen musst. Achte darauf, wie im Foto alle drei Finger in Position zu bringen, bevor du den ersten Ton anschlägst.

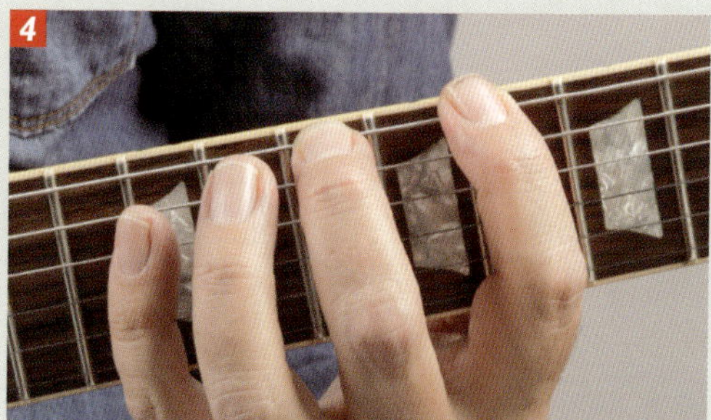
4

Der tiefere Ton eines Pull-Offs ist nur dann ausreichend laut und kräftig, wenn du den Finger mit einer „schnippenden" Bewegung seitlich von der Saite abziehst. Hier kommt der kleine Finger über der A-Saite zur Ruhe, nachdem er im zweiten Takt das erste Pull-Off von Zählzeit 4 gespielt hat.

49 Tongruppen

Track 50

Mit Tongruppen übst du das Tonleiterspiel auf interessante und anspruchsvolle Art. Und Spaß macht das auch noch!

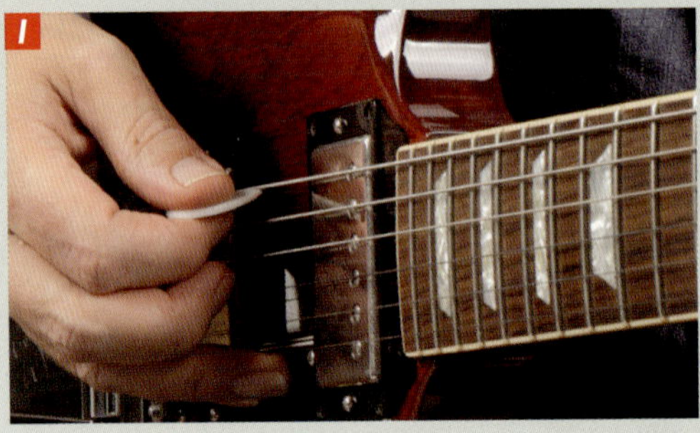

Die folgende Übung wird komplett mit Achtel-Wechselschlag gespielt. Im Bild siehst du den zweiten Ton (C) auf der 6. Saite, korrekt mit einem Aufschlag gespielt.

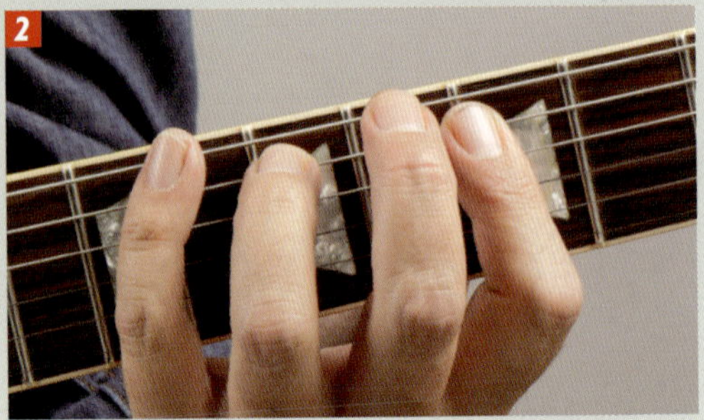

Wenn du die ersten vier Tonleitertöne aufwärts gespielt hast (daher der Name des Patterns), springst du zum 2. Tonleiterton und spielst die nächsten vier Töne aufwärts. Hier ist der kleine Finger (über dem 8. Bund) bereit für das C auf der 3. Zählzeit.

♩ 70–150

A-Moll-Pentatonik, Form I – „aufeinanderfolgende Vierergruppen“ (aufwärts)

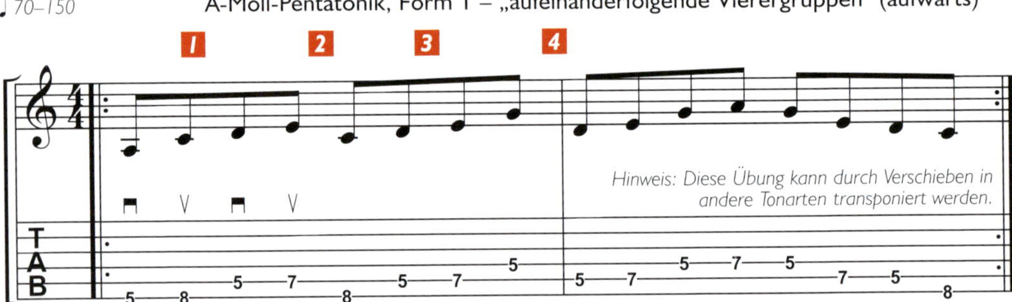

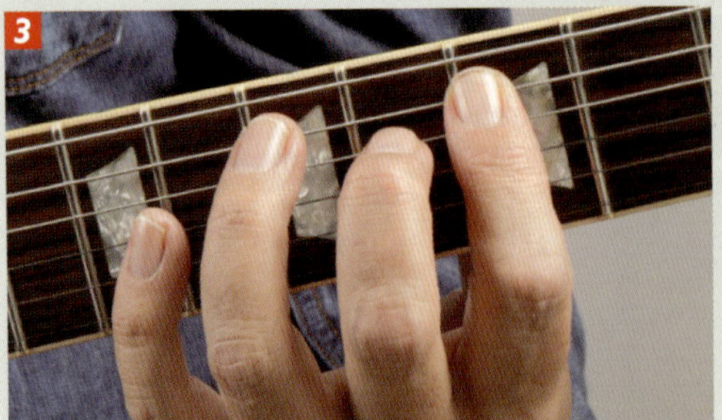

Halte die Greifhand bei dieser Übung möglichst ruhig; die Finger schweben ganz nah über dem entsprechenden Bund. Das minimiert die Zeit, die du zum Greifen des nächsten Tones benötigst.

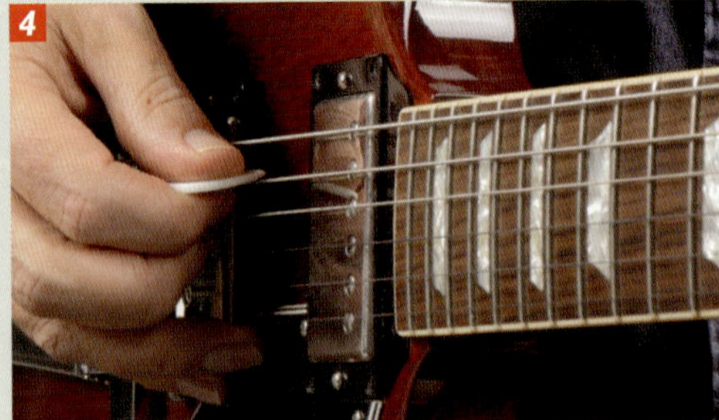

Nach dem letzten Ton (G) in Takt 1 muss das Plektrum die doppelte Strecke zurücklegen, um nach dem Aufschlag wieder für einen Abschlag auf der D-Saite bereit zu sein. Im Bild ist das Plektrum bereit für das D, den ersten Ton von Takt 2.

Track 51

Tongruppen

50

Für den größtmöglichen Übungseffekt solltest du diese Tongruppen sowohl auf- als auch abwärts üben. Hier zeige ich dir, wie.

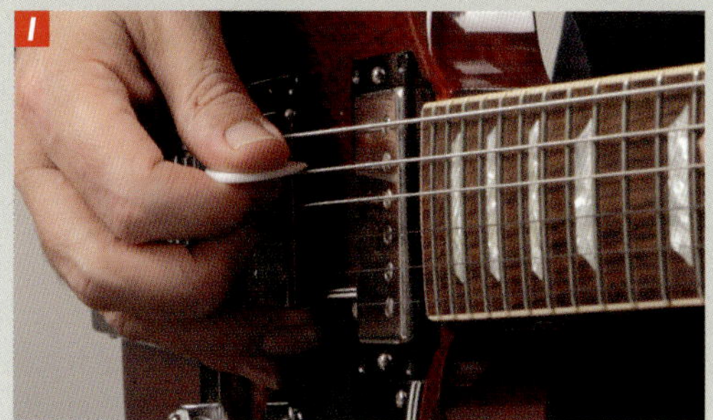

Für die Spieltechnik beider Hände ist es wichtig, den Sechzehntel-Wechselschlag für die gesamte Übung konsequent durchzuhalten. Hier siehst du den dritten Ton von Takt 1 (D), korrekt mit einem Abschlag gespielt.

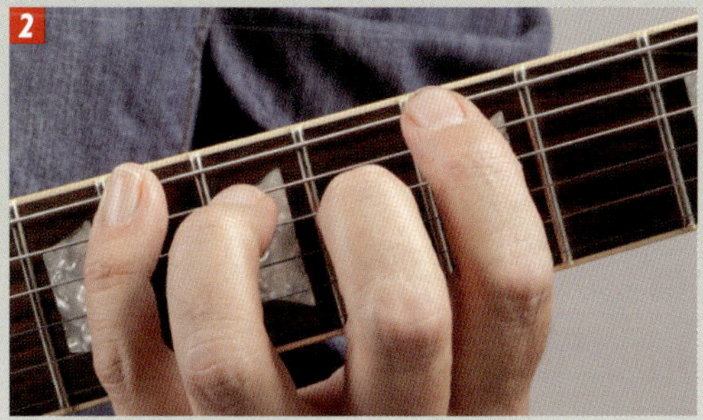

Im Bild greift der kleine Finger den Ton C auf der 2. Zählzeit. Achte darauf, wie im Bild so nah wie möglich am Bundstäbchen zu greifen; so erzeugst du einen klaren Ton ohne hässliche Nebengeräusche.

♩ 60–120 A-Moll-Pentatonik, Form I – „aufeinanderfolgende Vierergruppen" (auf- und abwärts)

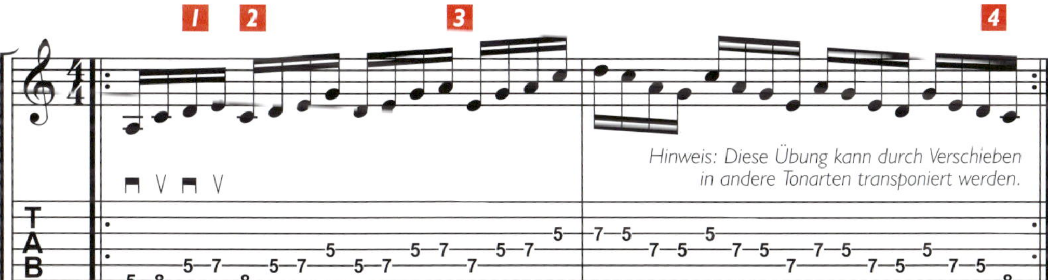

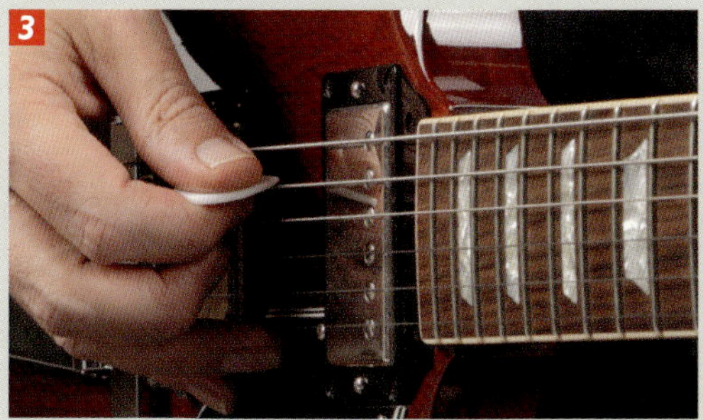

Nach dem Anschlag des A (Takt 1, Ende der 3. Zählzeit) muss das Plektrum für den nächsten Abschlag (das E) zuerst über die A-Saite zurückgeführt werden. Hier ist es bereits in Position für den Abschlag auf der 4. Zählzeit (Ton E).

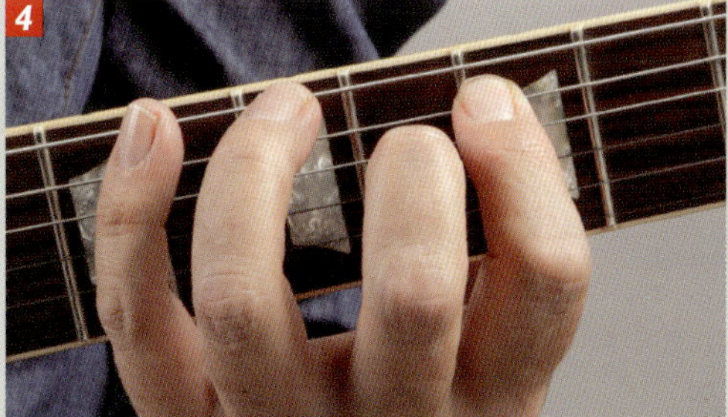

Gewöhne deinen Fingern ständiges „Vorausdenken" an. Ein Beispiel: Während hier der Zeigefinger das D auf der A-Saite greift, schwebt der kleine Finger schon einsatzbereit über dem 8. Bund, bereit für den letzten Ton von Takt 2.

51 Tongruppen

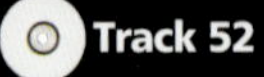

Die Dur-Tonleiter (und ihre Modi) eignen sich bestens für das Üben von Tongruppen. Und einige dieser Pattern sind auch für gute Licks geeignet.

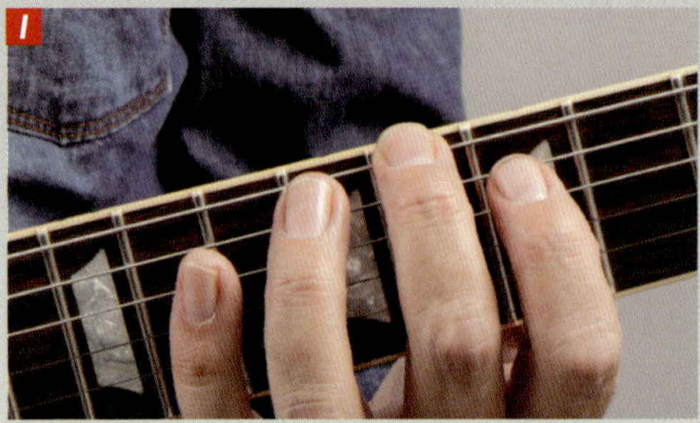

In dieser Übung kommen alle Finger der Greifhand zum Einsatz, sie sollten also in Position sein, bevor du anfängst. Hier greift der Mittelfinger den ersten Ton (C) und der Zeigefinger schwebt über dem 7. Bund der A-Saite, bereit für den zweiten Ton.

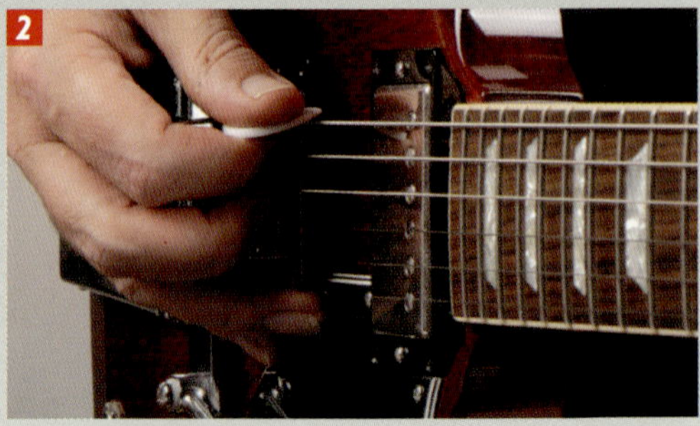

Spiele die gesamte Übung mit Sechzehntel-Wechselschlag wie über der ersten Zählzeit von Takt 1 notiert. Im Bild siehst du den dritten Ton von Takt 1 (D), korrekt mit Abschlag gespielt.

♩ 60–120 C-Dur-Tonleiter, Form I – „I-3-2-I" (aufwärts)

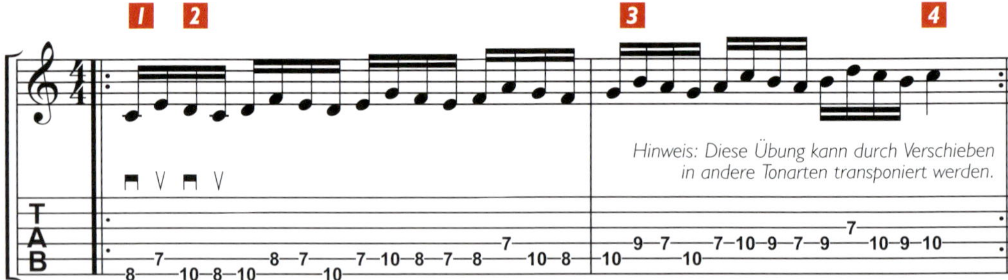

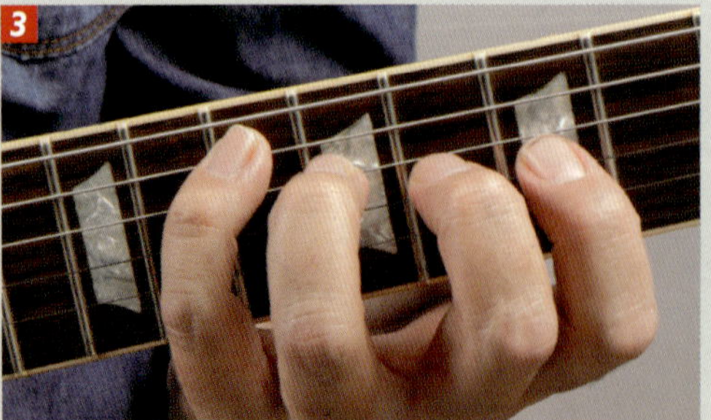

Die ersten beiden Töne von Takt 2 (G and B) greifst du mit kleinem Finger und Ringfinger. Diese beiden Finger sind meistens am schwersten unabhängig von den anderen zu bewegen. Nimm dir deshalb Zeit und erhöhe dein Tempo nicht zu früh.

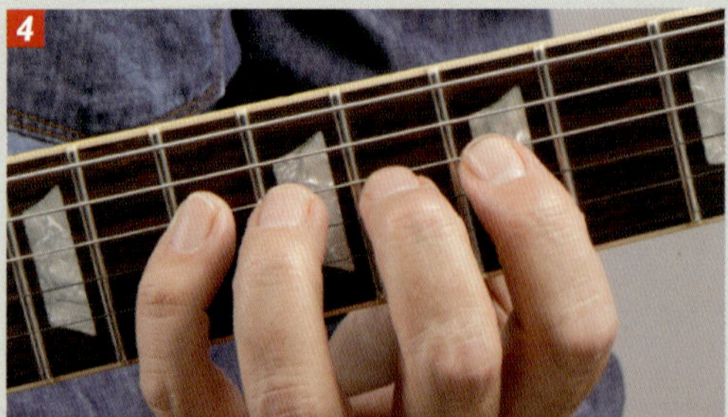

Der letzte Ton (C) wird wie im Bild mit dem kleinen Finger gegriffen. Dieser Ton ist eine Viertelnote (ein Taktschlag) du hast also jede Menge Zeit, um für den ersten Ton der Wiederholung wieder auf die tiefe E-Saite zurückzukehren.

Track 53

Tongruppen

52

Hier spielst du Tongruppe aus der letzten Übung abwärts. Und warum nicht beide Übungen kombinieren?

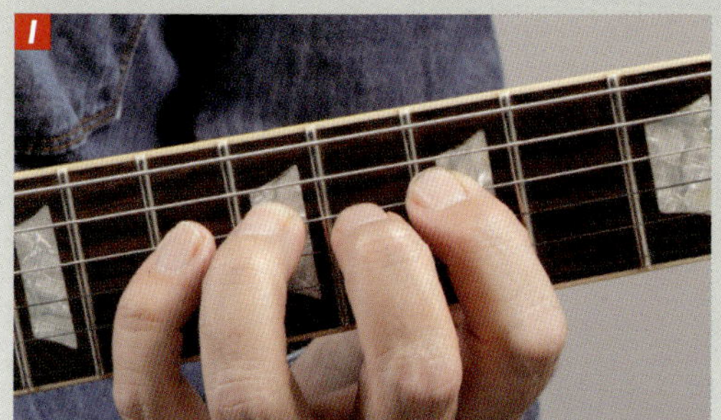

Die ersten drei Töne werden auf der D-Saite gespielt, du kannst sie also alle schon vor dem Spielen greifen. Hier sind Zeigefinger, Ringfinger und kleiner Finger bereits auf den entsprechenden Bünden in Position.

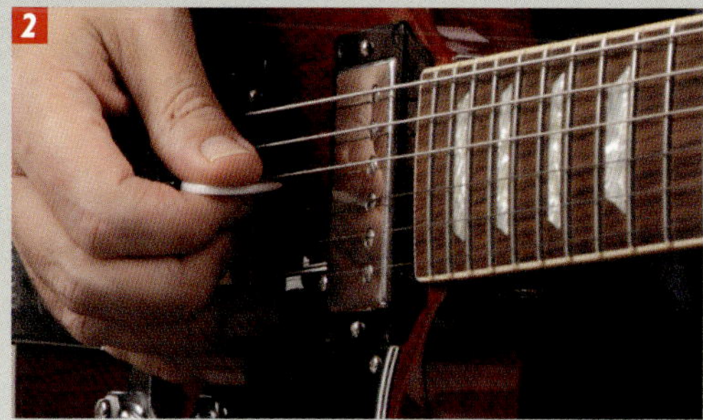

Wie alle Übungen dieses Abschnitts wird auch diese mit durchgehendem Sechzehntel-Wechselschlag gespielt, wie bei der ersten Zählzeit von Takt 1 angegeben. Im Bild wird der zweite Ton von Takt 1 (A) mit einem Aufschlag angeschlagen.

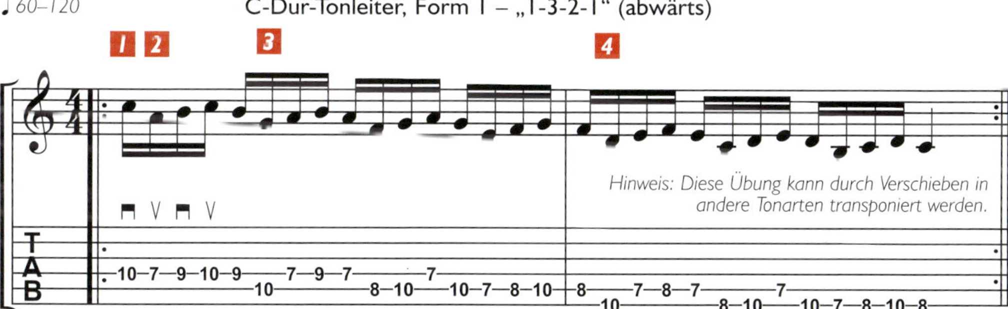

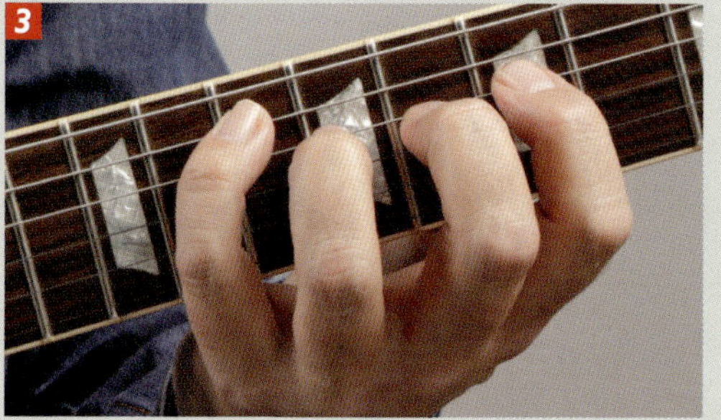

Für den zweiten Ton der zweiten Zählzeit (G) bewegt sich der kleine Finger in den 10. Bund der A-Saite. Für diese schwierige Bewegung müssen deine Finger ziemlich unabhängig voneinander sein. Es kann also durchaus einige Übung erfordern, bis das flüssig abläuft.

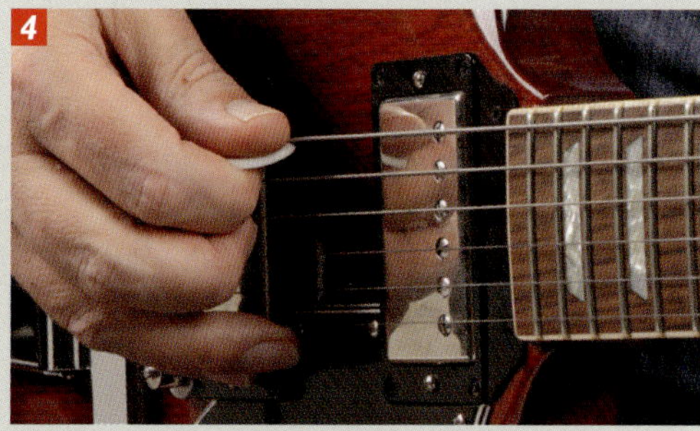

Nach dem (mit Abschlag gespielten) ersten Ton von Takt 2 muss das Plektrum über die A-Saite zurückgeführt werden, damit du den nächsten Ton (D) mit einem Aufschlag anschlagen kannst.

53 Intervalle

Track 54

Diese einfache Moll-Pentatonik-Übung in Quarten ist ein gutes Training für linke und rechte Hand. Übe auch andere Tonleitern in Quarten.

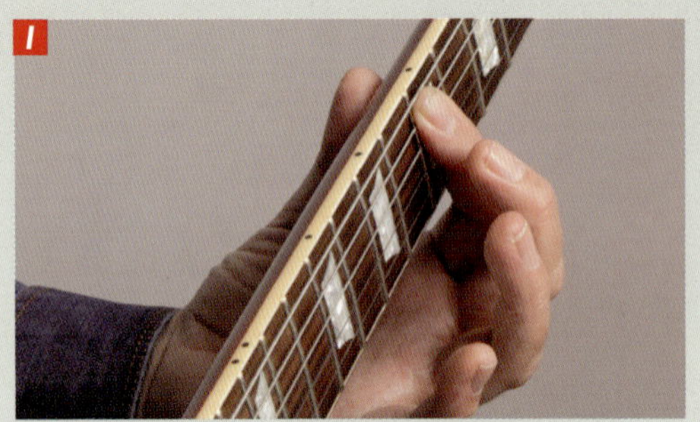

1 Töne im selben Bund auf benachbarten Saiten greifst du am einfachsten mit „Finger rolling" – du „rollst" den Finger einfach auf die höhere Saite. Er behält Kontakt zu beiden Saiten und du verringerst den Druck auf die tiefere, so dass sie gedämpft wird.

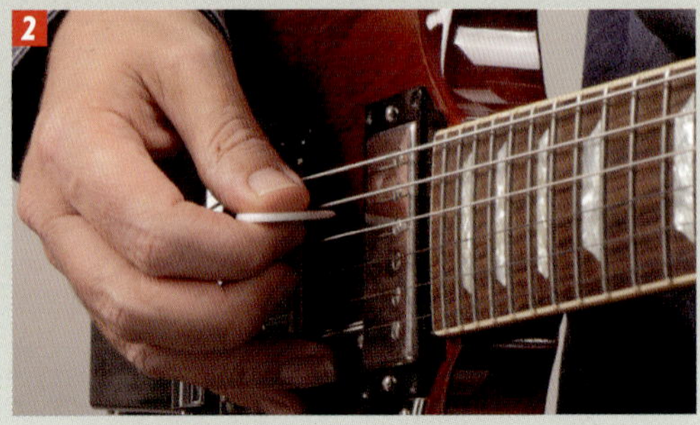

2 Verwende durchgehend Achtel-Wechselschlag wie in Takt 1 notiert. Hier wird der zweite Ton (D) mit Aufschlag angeschlagen.

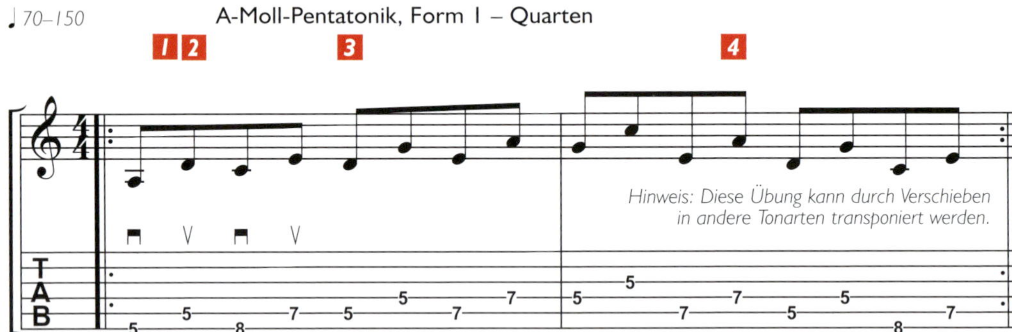

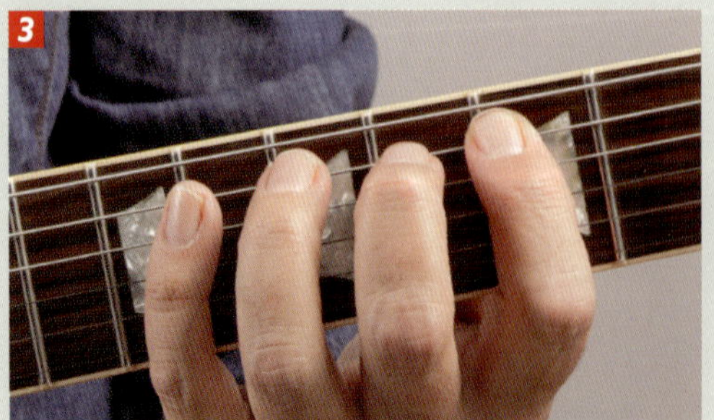

3 Es ist ein gutes Training, zur Übung den Mittelfinger immer knapp über dem Griffbrett zu halten, auch wenn er für diese Übung gar nicht benötigt wird. So entwickelst du mit der Zeit eine grundsolide Technik der Greifhand.

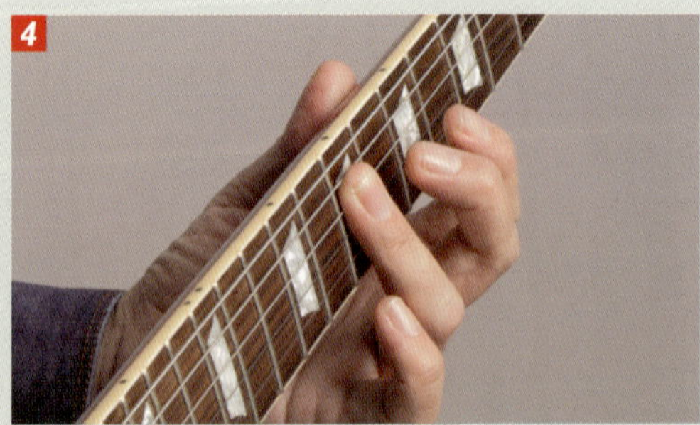

4 Verwende die „Finger rolling"-Technik auch hier. Im Bild „rollt" der Ringfinger nach dem Greifen des E (Takt 2, zweite Zählzeit) auf die D-Saite.

Track 55

Intervalle

54

Quartfolgen („aufeinandergestapelte" Quarten) machen sowohl mit Wechselschlag als auch mit Economy Picking eine Menge Spaß.

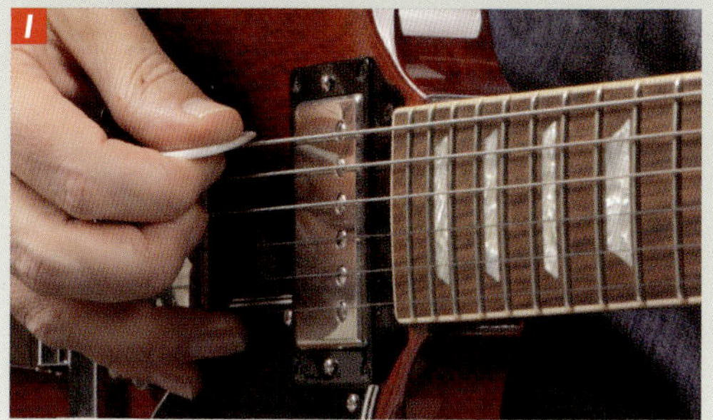

Die Triolen kannst du auch mit „Economy Picking" (Sweep Picking) spielen. Diese Technik erfordert Übung und Geduld, ist es aber wert. Hier wird der Abschlag auf Zählzeit 1 in einer einzigen Bewegung über die E-, A- und D-Saite weitergeführt (gesweept).

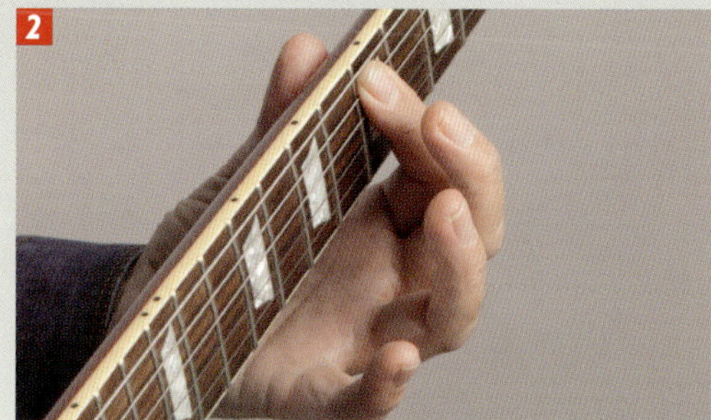

Die ersten drei Töne werden im selben Bund gegriffen, da kannst also das „Finger rolling" (hier mit dem Zeigefinger) einsetzen. Du greifst kein echtes Barrée, sondern der Finger „rollt" mit dem Anschlag mit und greift immer nur eine einzige Saite mit vollem Druck.

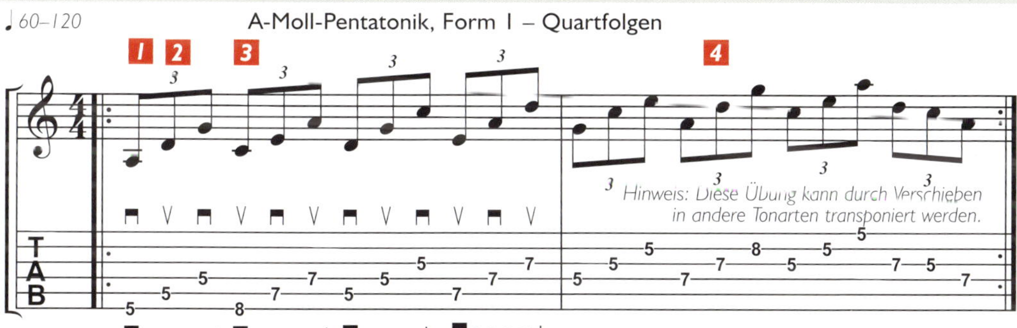

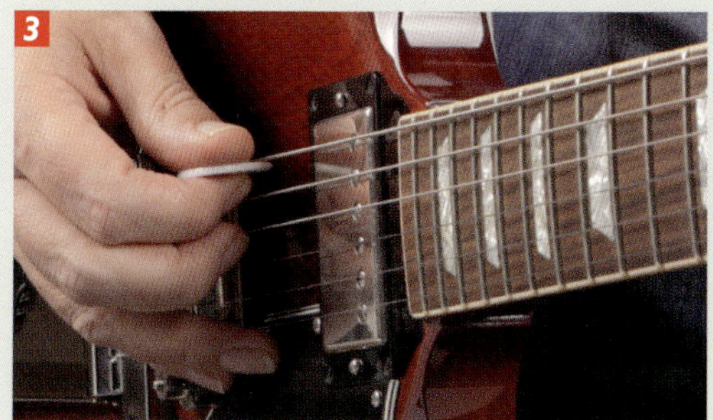

Wenn du diese Übung mit konventionellem Wechselschlag spielst, achte darauf, dass der erste Triolenton auf der zweiten und der vierten Zählzeit mit Aufschlag gespielt wird. Im Bild wird der erste Ton von Zählzeit 2 korrekt mit einem Aufschlag angeschlagen.

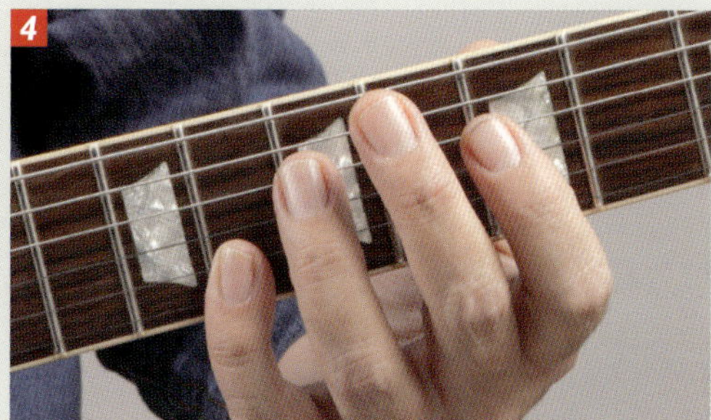

Auf der zweiten Zählzeit von Takt 2 werden nur die ersten beiden Töne mit „Finger rolling" (hier mit dem Ringfinger) gespielt; den letzten Ton (G) auf der B-Saite greifst du mit dem kleinen Finger. Der Zeigefinger ruht wie hier gezeigt auf den tiefen Saiten.

55 Intervalle

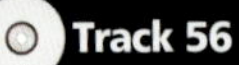

Eine Dur-Tonleiter in Terzen gespielt klingt nicht nur gut, sie ist auch eine hervorragende Technik-Übung.

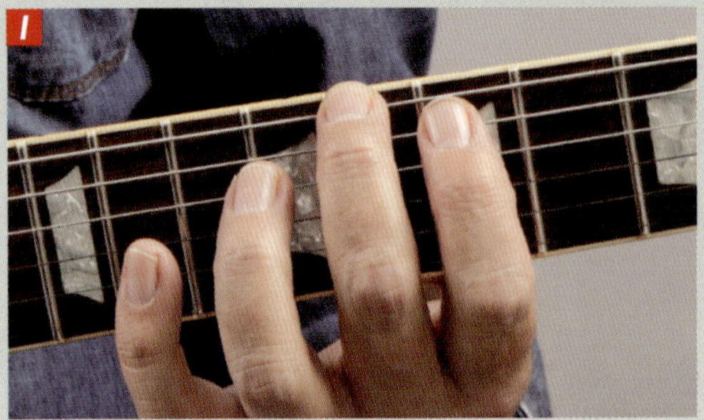

In dieser Übung kommen erneut alle Finger zum Einsatz; bringe sie in Position, bevor du loslegst. Im Bild greift der Mittelfinger den ersten Ton (C); der Zeigefinger schwebt einsatzbereit für den zweiten Ton über dem 7. Bund der A-Saite.

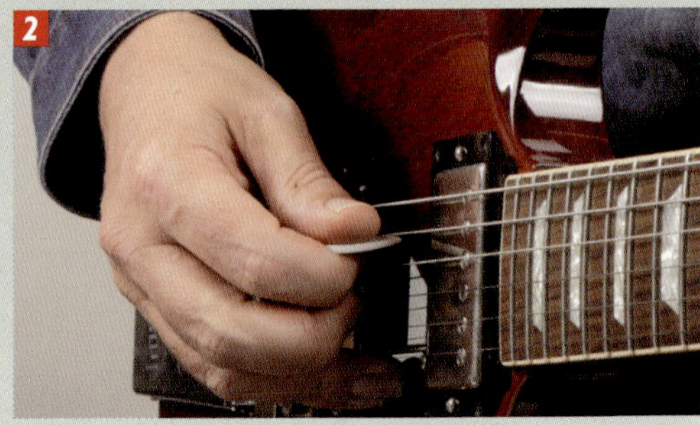

Du spielst die gesamte Übung mit Sechzehntel-Wechselschlag wie im ersten Takt notiert. Hier wird der vierte Ton in Takt 1 (F) mit Aufschlag gespielt.

♩ 60–120 C-Dur-Tonleiter, Form I – Terzen

1 2 3 4

Hinweis: Diese Übung kann durch Verschieben in andere Tonarten transponiert werden.

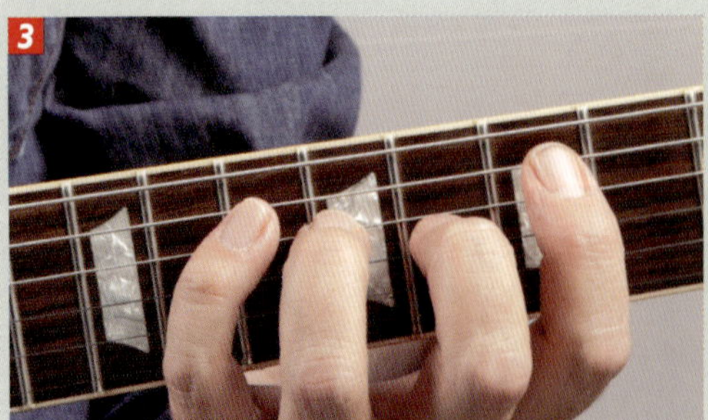

Alle Finger sollten immer möglichst nahe am Griffbrett sein, auch wenn sie nicht benötigt werden. Hier greift der Ringfinger den zweiten Ton auf Zählzeit 3 (B) und die nicht benutzten Finger schweben einsatzbereit direkt über den Saiten.

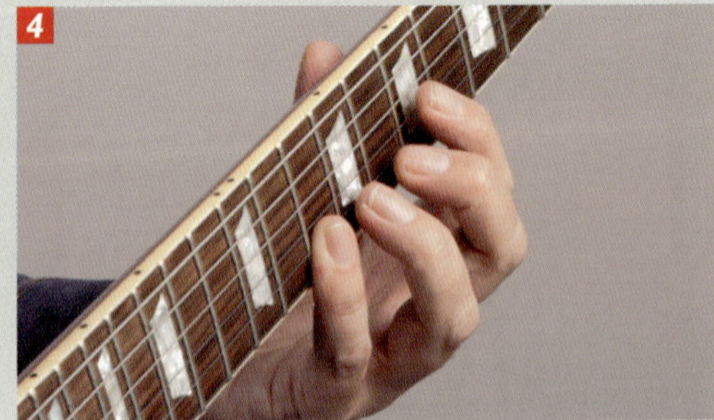

Die Töne F und A auf der zweiten Zählzeit von Takt 2 spielst du wieder mit der „Finger rolling"-Technik. Dieser Finger ist am schwierigsten zu kontrollieren, übe diese Passage deshalb zuerst langsam.

Track 57

Intervalle

56

Diese Tonleiter-Übung in Sexten erfordert eine ausgereifte Wechselschlag-Technik. Übe langsam, denn Eile führt nur zu Fehlern.

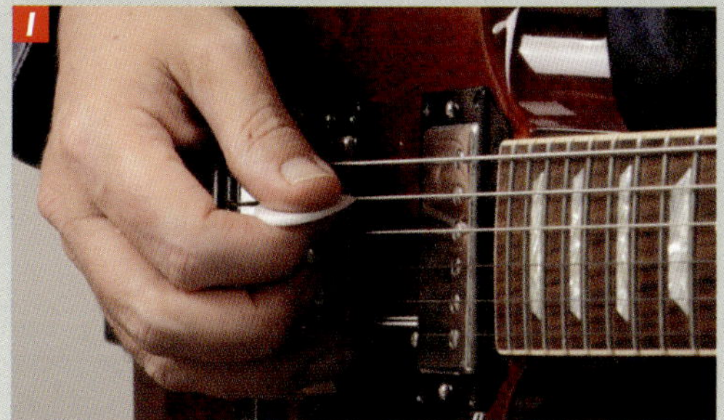

Beim Spiel mit Wechselschlag muss das Plektrum hier einen deutlich längeren Weg zwischen den Anschlägen zurücklegen. Hier siehst du es nach dem ersten Abschlag (Ton C) auf seinem Weg über die A-Saite hinweg zum Anschlag der D-Saite (Aufschlag).

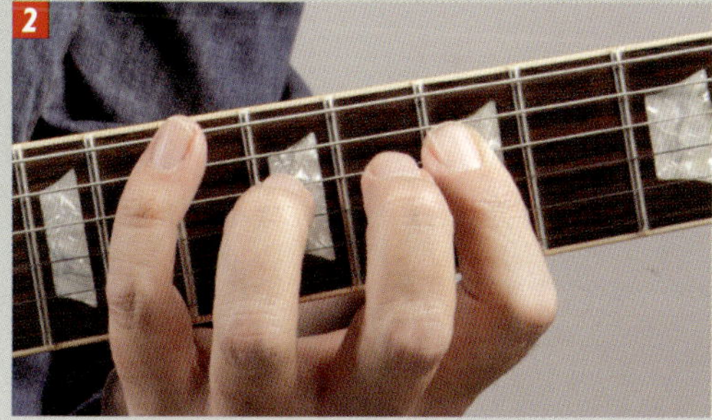

Wenn du den zweiten Ton (A) anschlägst, sollten Ringfinger und kleiner Finger schon über dem 9. und 10. Bund für das Greifen der nächsten Sexte in Bereitschaft sein.

C-Dur-Tonleiter, Form I – Sexten

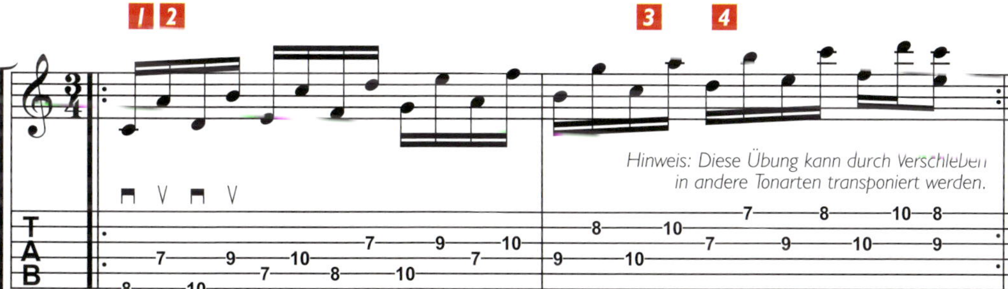

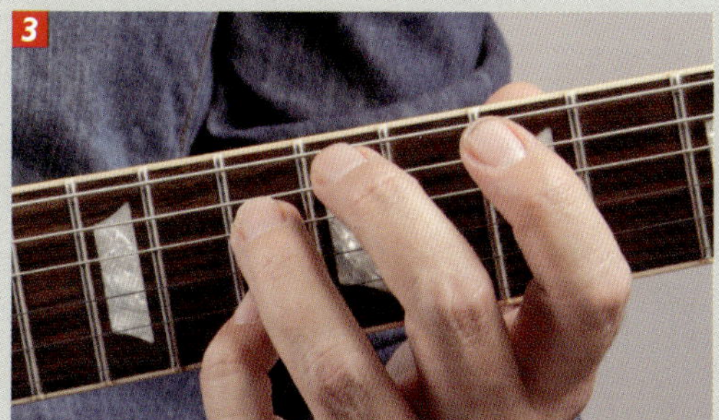

Die zweite Sexte in Takt 2 (C und A) kannst du mit dem Ringfinger und dem kleinen Finger greifen wie im Foto. Diese Töne werden zwar im selben Bund gegriffen, allerdings nicht auf benachbarten Saiten, deshalb wäre das präzise Greifen beider Töne mit dem kleinen Finger etwas schwierig.

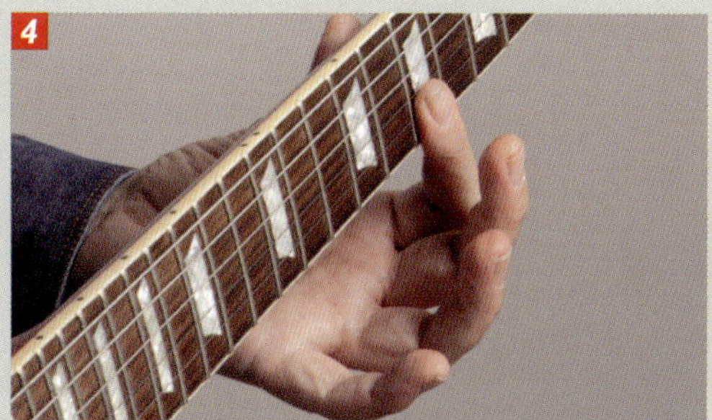

Die folgende Sexte (auf der zweiten Zählzeit von Takt 2) kannst du allerdings wieder mit „Finger rolling" (in diesem Fall mit dem Zeigefinger) spielen, weil beide Töne im 7. Bund gegriffen werden.

57 Arpeggien

Track 58

Diatonische Arpeggien enthalten nur die Töne der entsprechenden Tonleiter; liefern also ausgezeichnetes Material für die Improvisation.

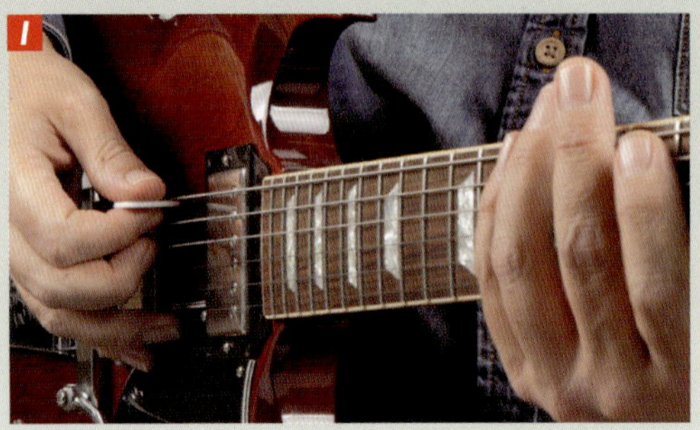

Diese Übung wird mit Achtel-Wechselschlag gespielt wie in Takt 1 notiert. Denk daran, das bedeutet hier, der erste Ton der Zählzeit 2 (D) wird mit einem Aufschlag gespielt.

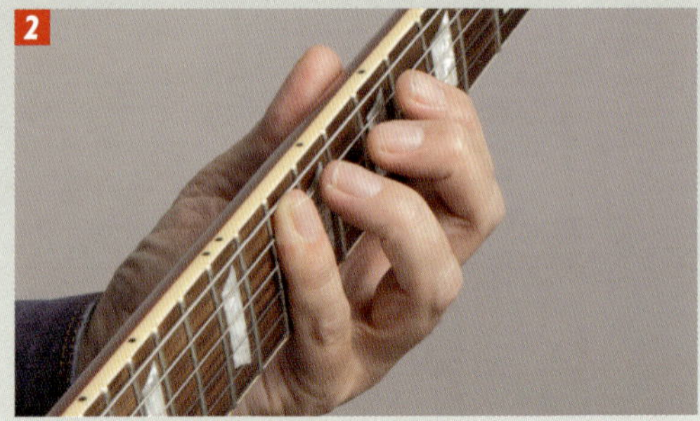

Um einen flüssigen Übergang vom letzten Ton der ersten Zählzeit (G) zum nachfolgenden Ton (D) zu erreichen, verwende wieder die „Finger rolling"-Technik; hier mit dem kleinen Finger.

♩ 60–110

C-Dur, Tonleiter, Form I – Diatonische Dreiklänge aufwärts

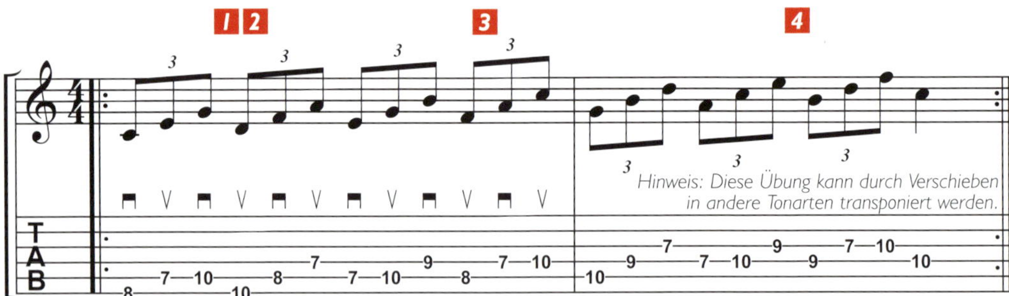

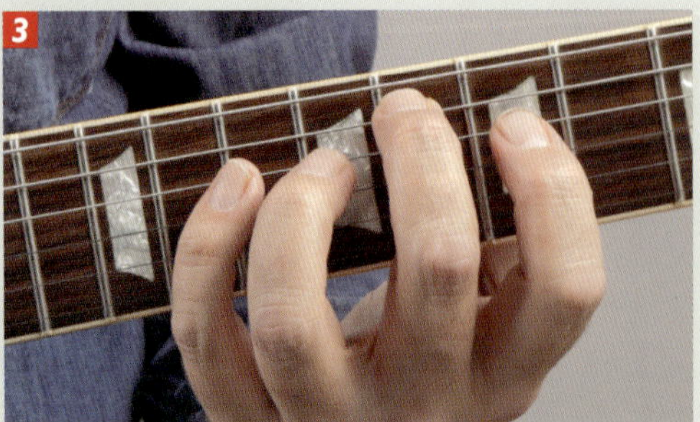

Beim Spiel von Arpeggien legt deine Greifhand eine vergleichsweise weite Strecke über die Saiten zurück. Deshalb ist es besonders wichtig, die Finger stets nahe über dem Griffbrett und dem entsprechenden Bund zu behalten.

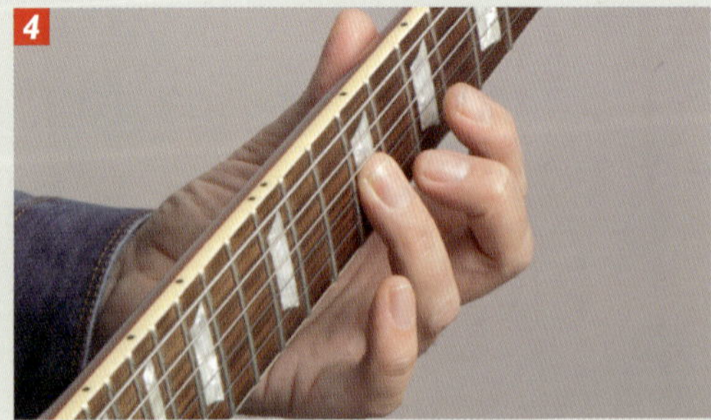

Hier siehst du das „Finger rolling" bei den Tönen E und B in Takt 2 im Einsatz. Beim Greifen des E berührt nur die Spitze des Fingers die D-Saite. Wenn du dann (für den Ton B) den Finger auf die D-Saite herüberrollst, dämpft er dabei zugleich die G-Saite ab.

Track 59

Arpeggien

58

Der Anfangston abwärts gespielter Arpeggien ist nicht der Grundton, sondern die Quinte. Sprich die Namen der Töne im Kopf mit.

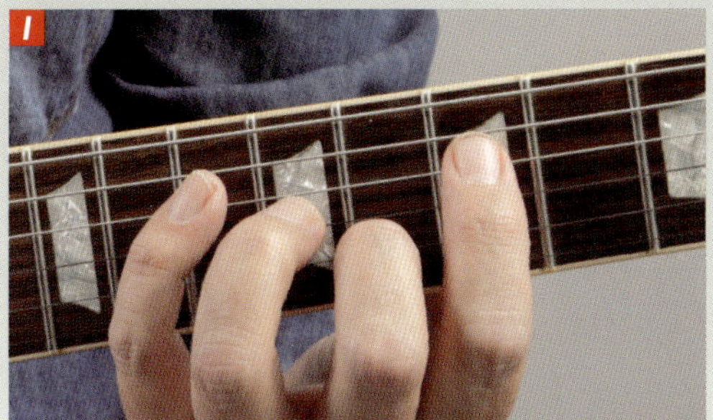

Den ersten Ton (G im 8. Bund) greifst du am besten mit dem Mittelfinger. Der Ringfinger und der kleine Finger sind hier bereits unmittelbar über dem 9. und 10. Bund in Position.

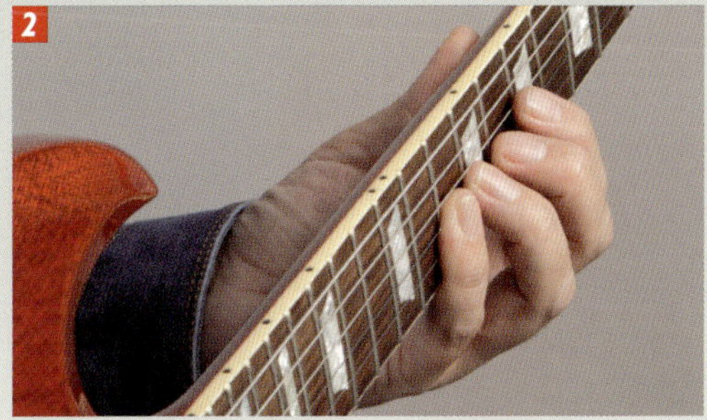

Nachdem du den letzten Ton von Zählzeit 1 (C) gespielt hast, „rollst“ du für das folgende F (Zählzeit 2) den kleinen Finger schnell auf die G-Saite.

♩ 60–110

C-Dur-Tonleiter, Form I – Diatonische Dreiklänge abwärts

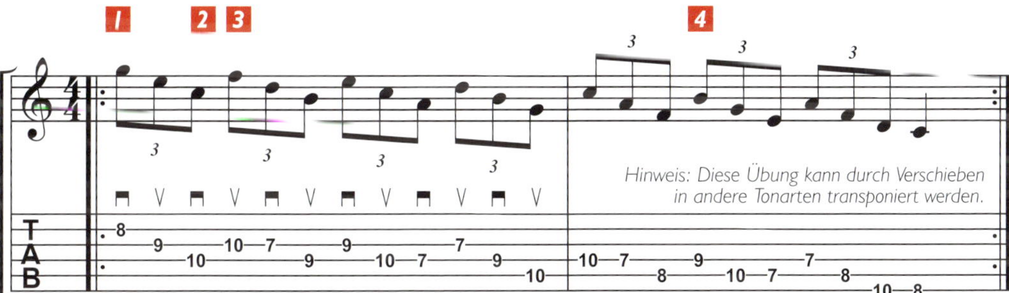

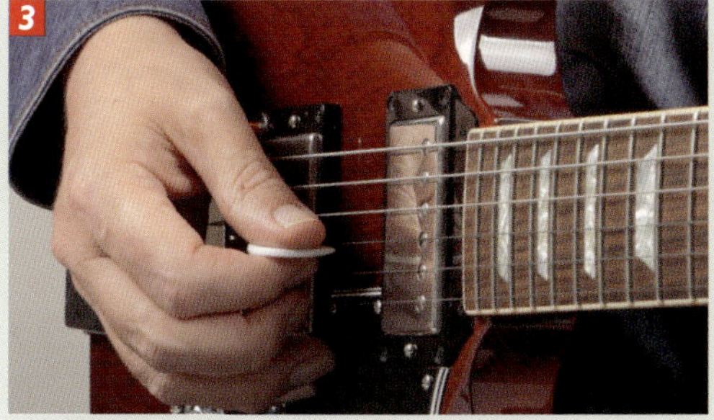

Diese Triolenpattern haben keine einheitliche Saitenabfolge, deshalb können sie nur zum Teil mit economy picking gespielt werden – einfacher ist es mit dem hier notierten Wechselschlag. Im Bild wird der erste Ton von Zählzeit 2 mit einem Aufschlag angeschlagen.

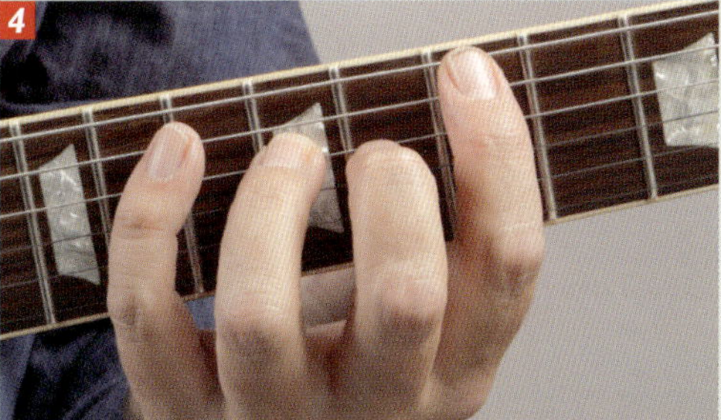

Achte darauf, dass deine Finger möglichst knapp über den entsprechenden Bünden schweben. Hier greift der Mittelfinger gerade das B (2. Zählzeit von Takt 2), der kleine Finger und der Zeigefinger sind schon für die beiden anderen Dreiklangstöne in Position.

59 Arpeggien

Track 60

Weil diatonische Septakkord-Arpeggien aus vier Tönen bestehen, eignen sie sich perfekt für Sechzehntel-Übungen wie die folgende.

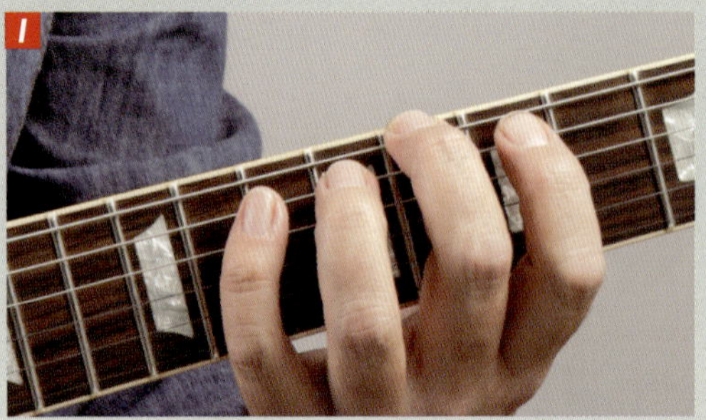

In dieser Übung kommen alle Finger der Greifhand zum Einsatz; bringe sie in Position, bevor du anfängst. Hier greift der Mittelfinger den ersten Ton (C) während Zeigefinger, Ringfinger und kleiner Finger über den entsprechenden Bünden schweben.

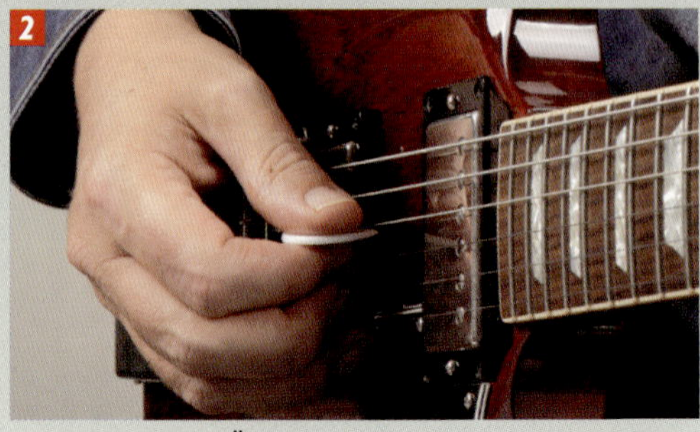

Spiele die ganze Übung mit dem für die erste Zählzeit angegebenen Sechzehntel-Wechselschlag. Hier wird gerade der vierte Ton von Takt 1 (B auf der D-Saite) mit einem Aufschlag angeschlagen.

♩ 60–100 C-Dur-Tonleiter, Form I – Diatonische Septakkord-Arpeggien aufwärts

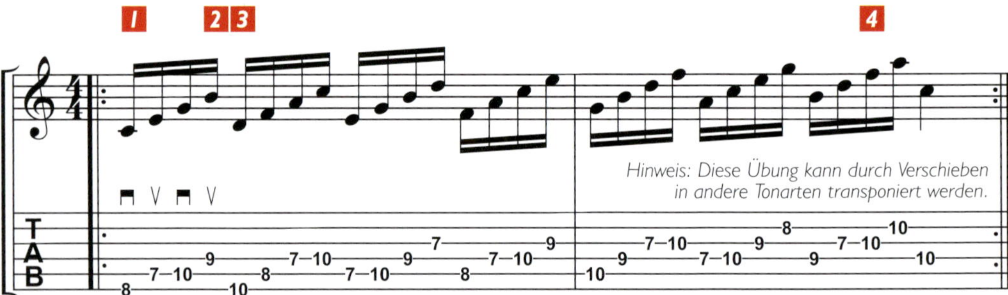

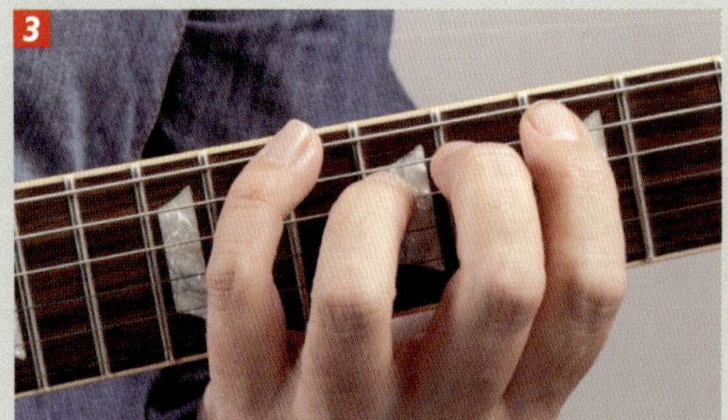

Den ersten Ton von Zählzeit 2 greifst du auf dem 10. Bund. Während du noch den letzten Ton von Zählzeit 1 (B) spielst, sollte dein kleiner Finger sich wie im Foto bereits auf dem Weg zur tiefen E-Saite befinden.

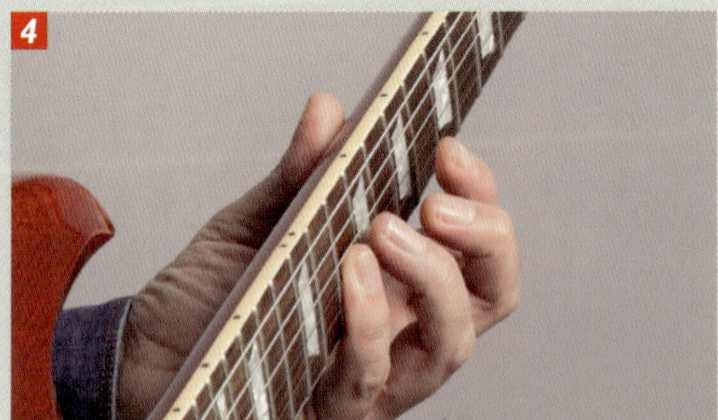

Die letzten drei Töne von Takt 2 spielst du mit „Finger rolling" (mit dem kleinen Finger). Dabei musst du darauf achten, immer nur eine einzige Saite mit vollem Druck zu greifen, damit die Töne nicht ineinander klingen.

Track 61

Arpeggien

60

Abwärts beginnen Septakkord-Arpeggien mit der Septime statt dem Grundton. Übe langsam, um dich an den ungewohnten Klang zu gewöhnen.

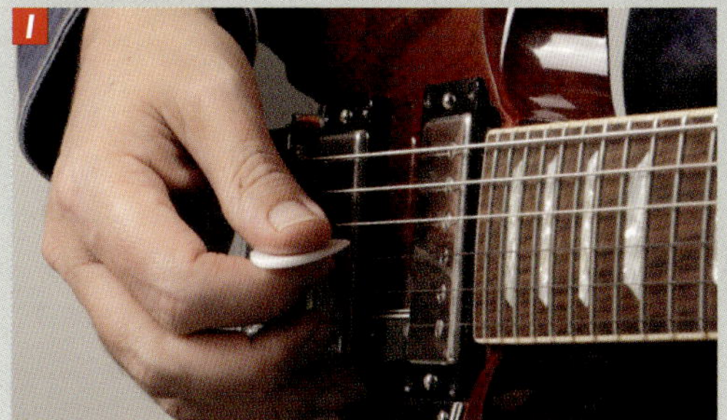

Wenn du die gesamte Übung mit Wechselschlag spielst, muss das Plektrum an einigen Stellen mehrere Saiten überqueren. Hier ist es gerade nach dem letzten Aufschlag von Zählzeit 1 auf dem Rückweg für das A auf Zählzeit 2 (mit Abschlag gespielt).

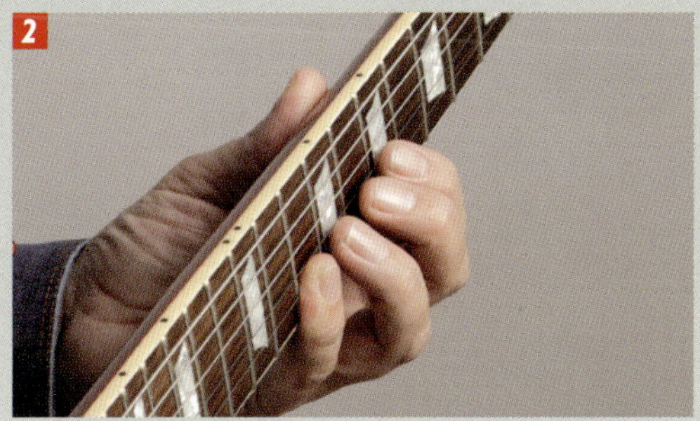

Gleichzeitig muss der kleine Finger der Greifhand von der D-Saite zur B-Saite „gerollt" werden, so wie hier im Foto zu sehen.

♩ 60–100

C-Dur-Tonleiter, Form I – Diatonische Septakkord-Arpeggien abwärts

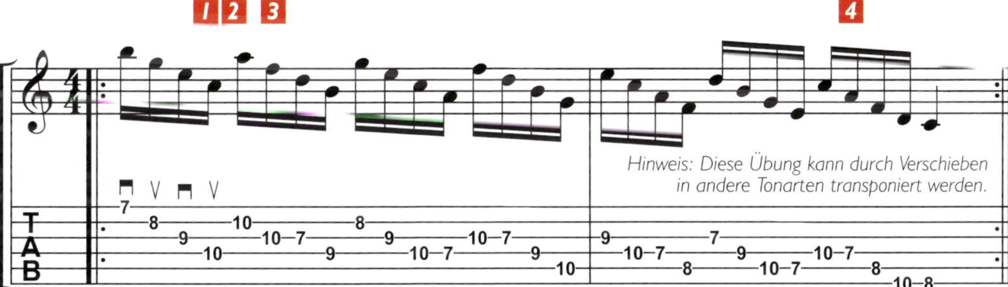

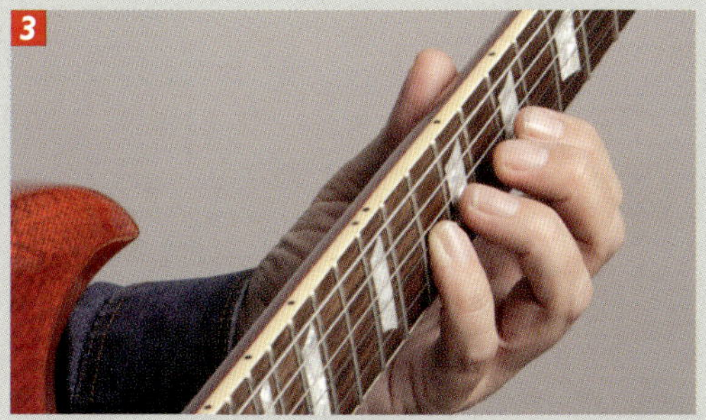

Für den zweiten Ton der Zählzeit 2 muss der kleine Finger erneut „gerollt" werden, diesmal auf die G-Saite wie im Foto.

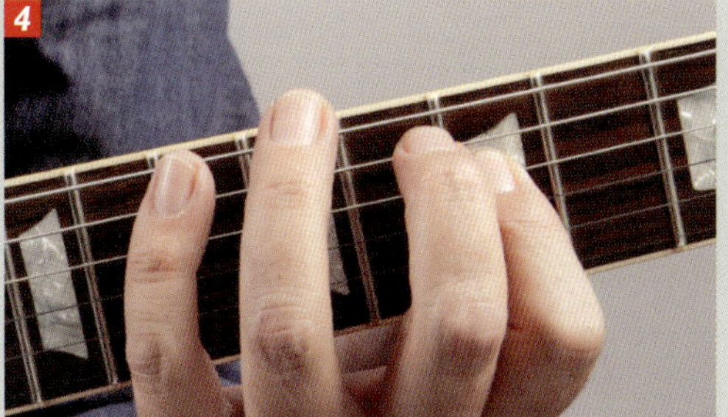

Im letzten Arpeggio (Takt 2, 3. Zählzeit) kommt der kleine Finger zweimal im 10. Bund zum Einsatz. Diese Passage spielst du aber nicht mit „Finger rolling", sondern du kannst einfach den kleinen Finger auf die tiefe E-Saite umsetzen, während du den zweiten Ton des Arpeggios (A) spielst.

61 In Dur-Tonarten

Diese Akkordfolgen in Dur-Tonarten sind für Akkordübungen oder Tonleiter- und Arpeggio-Workouts ideal geeignet. Mit der Tabelle auf Seite 115 kannst du sie in beliebige Tonarten transponieren.

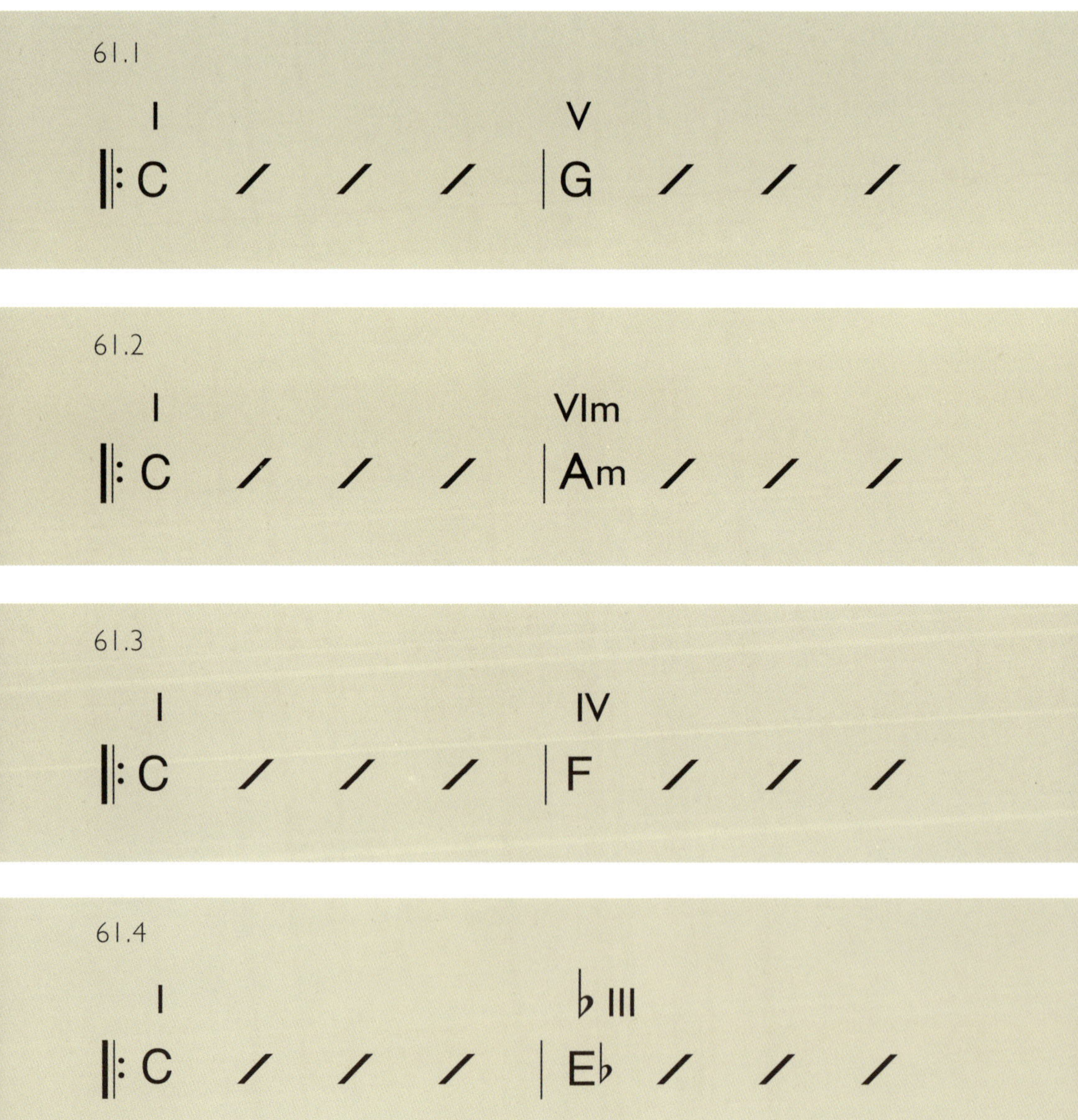

61

IIm

| Dm / / / | / / / / :||

IV V

| F / / / | G / / / :||

♭III ♭VI

| E♭ / / / | A♭ / / / :||

IV IVm

| F / / / | Fm / / / :||

61 In Dur-Tonarten 2

61.5

I				II7			
𝄆 C△	/	/	/	D7	/	/	/

61.6

IV△		V7		I△		III7	
𝄆 F△	/	G7	/	C△	/	E7	/

61.7

I△		IV△		VIIø		III7
𝄆 C△	/	F△	/	Bø	/	E7

61.8

I△		VI7		IIm7		V7	
𝄆 C△	/	A7	/	Dm7	/	G7	/

61

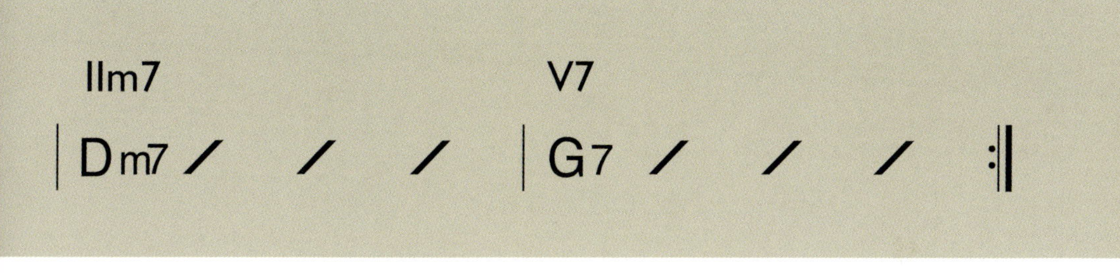

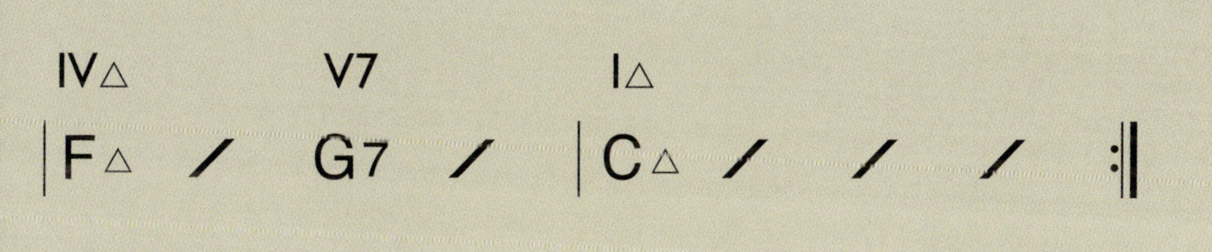

VIm7 IIm7 V7

| Am7 / Dm7 / | G7 / / / :||

IIIø VI7 IIm7 V7

| Eø / A7 / | Dm7 / G7 / :||

62 In Moll-Tonarten

Du kannst die folgenden Akkordfolgen in Moll-Tonarten genauso verwenden wie die in Dur-Tonarten (vgl. Übung 61): um Akkordwechsel, Tonleitern und Arpeggien zu üben. Mit der Tabelle auf S. 115 kannst du auch diese Akkordfolgen in andere Tonarten transponieren.

62.1

Im | IVm
|: Am / / / | Dm / / /

62.2

Im | IVm
|: Am / / / | Dm / / /

62.3

Im | ♭III
|: Am / / / | C / / /

62.4

Im | ♭IV
|: Am / / / | F / / /

62

Im				V				
Am	/	/	/	E	/	/	/	:‖

Vm				Im				
Em	/	/	/	Am	/	/	/	:‖

♭IV				V				
F	/	/	/	E	/	/	/	:‖

♭VII				Im				
G	/	/	/	Am	/	/	/	:‖

62 In Moll-Tonarten 2

62.5

Im7				VIø			
𝄆 Am7	/	/	/	F♯	/	/	/

62.6

Im7				VIIm7		♭III7	
𝄆 Am7	/	/	/	Gm7	/	C7	/

62.7

Im7		IV7		Im7		IV7	
𝄆 Am7	/	D7	/	Am7	/	D7	/

62.8

IVm7		♭VII7		♭III△		♭VI△	
𝄆 Dm7	/	G7	/	C△	/	F△	/

62

IIø V7

| Bø / / / | E7 / / / :||

♭VI△ IIø V7

| F△ / / / | Bø / E7 / :||

Im7 IV7 IIø V7

| Am7 / D7 / | Bø / E7 / :||

Im7 IV7 Im7 I7

| Bø / E7 / | Am7 / A7 / :||

63 Dominantseptakkorde

Akkordfolgen mit Dominantseptakkorden kommen häufig im Jazz und Blues vor; zwei Stilen, die praktisch die gesamte Popmusik seit dem frühen 20. Jahrhundert beeinflusst haben. Mit der Tabelle auf S. 115 wird dir das Transponieren in andere Tonarten leichtfallen.

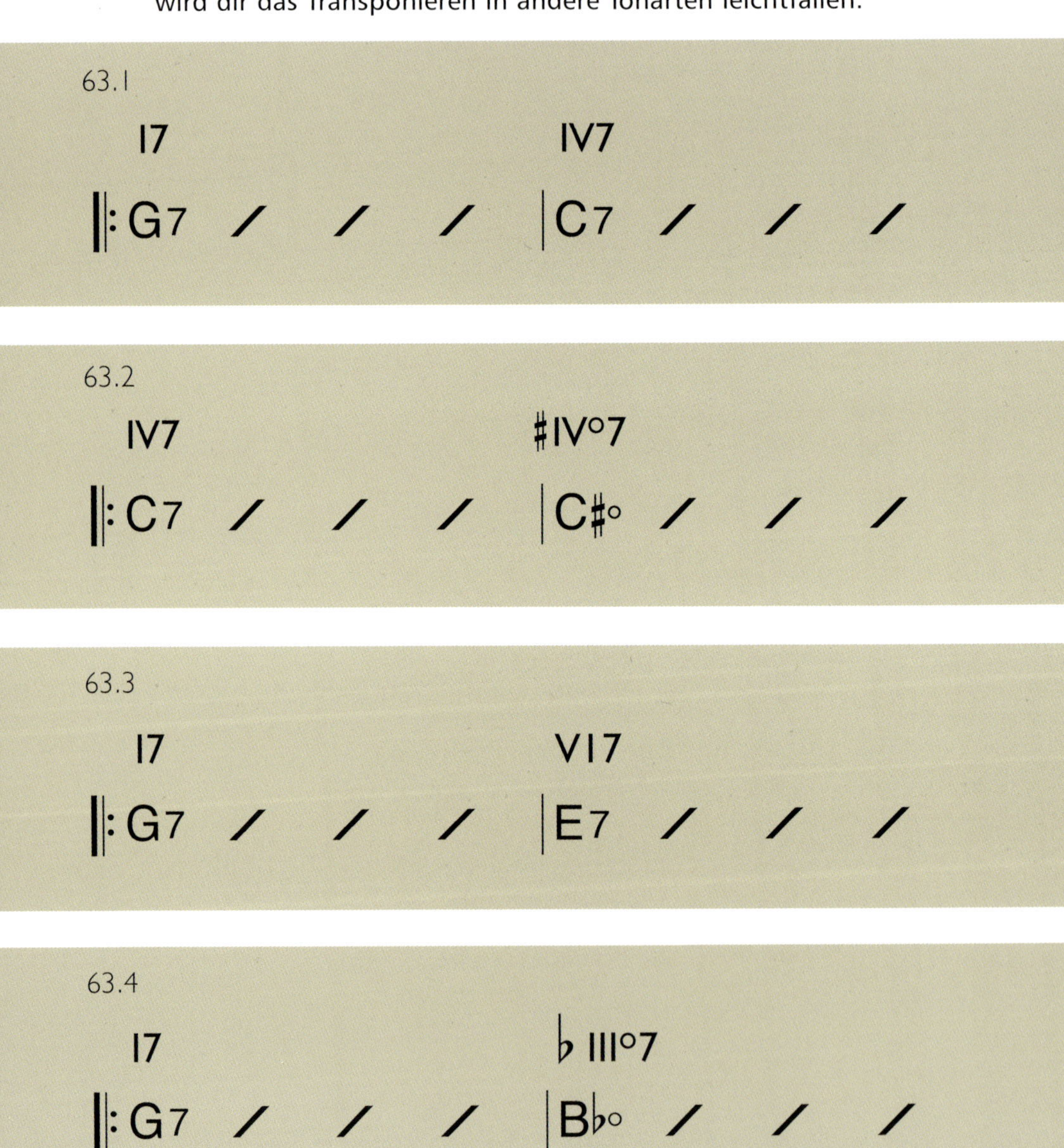

63

I7				V7				
G7	/	/	/	D7	/	/	/	:‖

I7				V7				
G7	/	/	/	D7	/	/	/	:‖

II7				V7				
A7	/	/	/	D7	/	/	/	:‖

IIm7				V7				
Am7	/	/	/	D7	/	/	/	:‖

63 Dominantseptakkorde 2

63.5

I7				III7			
𝄆 G7	/	/	/	B♭7	/	/	/

63.6

IIm7				V7			
𝄆 Am7	/	/	/	D7	/	/	/

63.7

I7		VI7		II7		V7	
𝄆 G7	/	E7	/	A7	/	D7	/

63.8

I7		VI7		III7		VI7	
𝄆 G7	/	C7	/	B7	/	E7	/

63

II7				♭II7				
A7	/	/	/	A♭7	/	/	/	:‖

I7		♭III7		♭VI7		♭II7		
G7	/	B♭7	/	E♭7	/	A♭7	/	:‖

IIIø		VI7		II7		V7		
Bø	/	E7	/	A7	/	D7	/	:‖

II7		V7		♭VIm7		♭II7		
A7	/	D7	/	E♭m7	/	A♭7	/	:‖

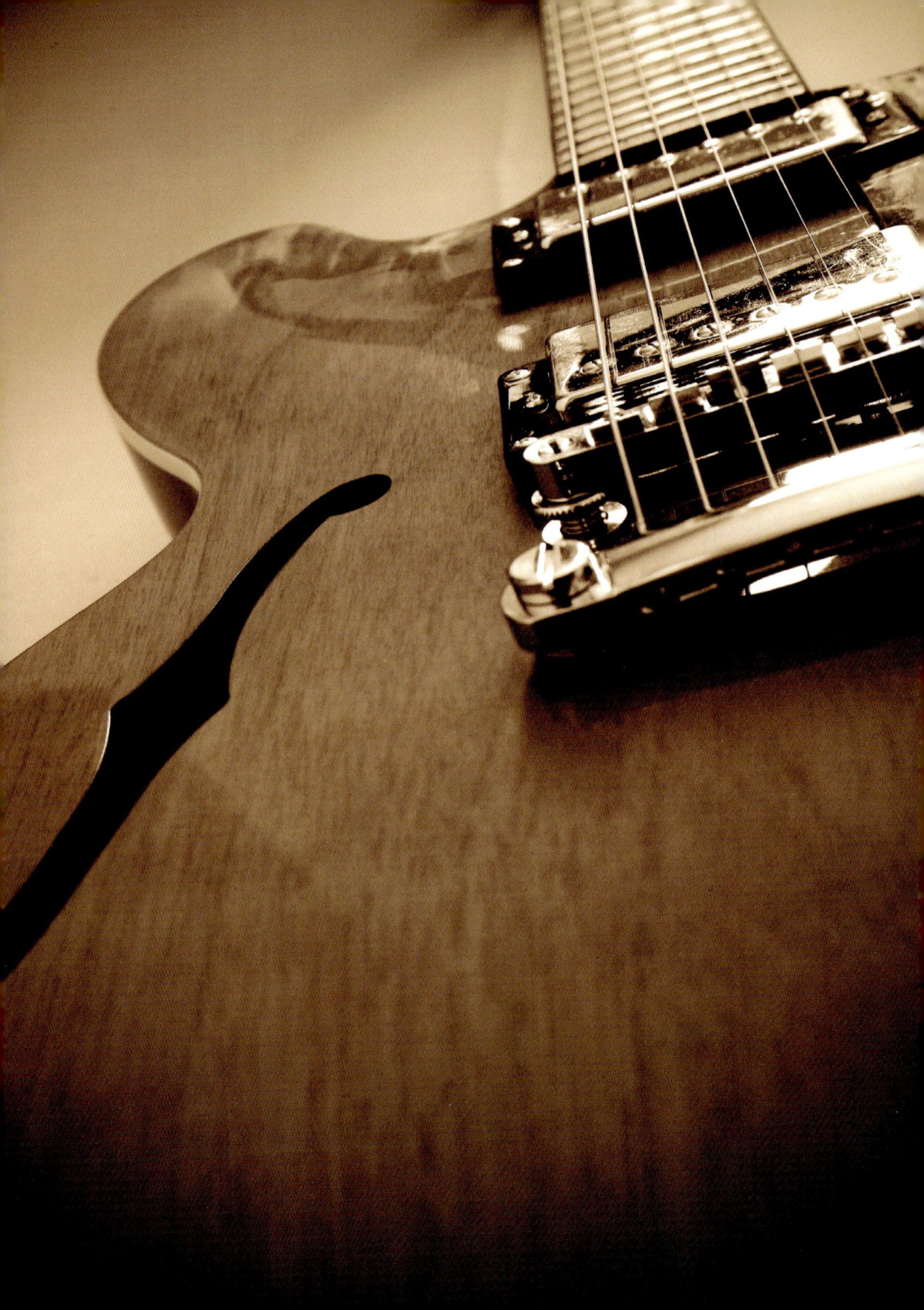

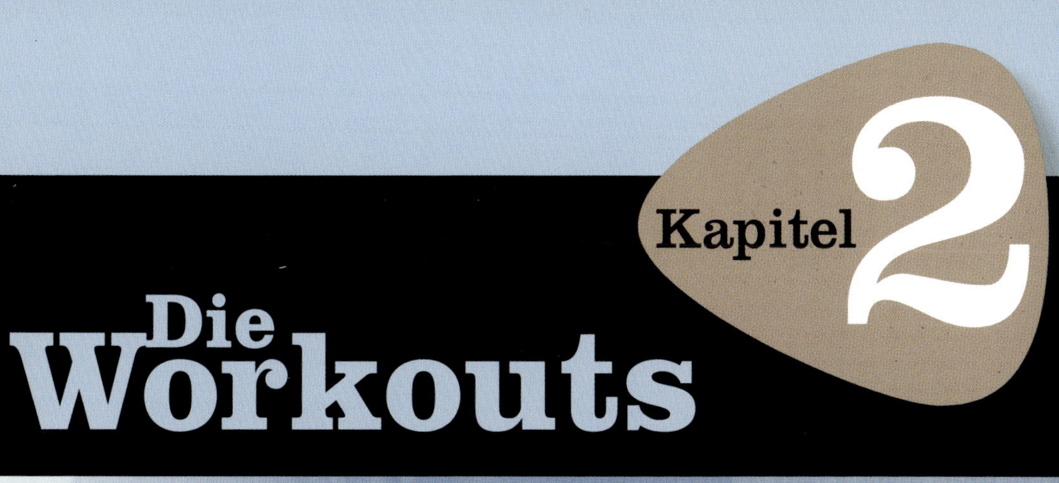

Kapitel 2

Die Workouts

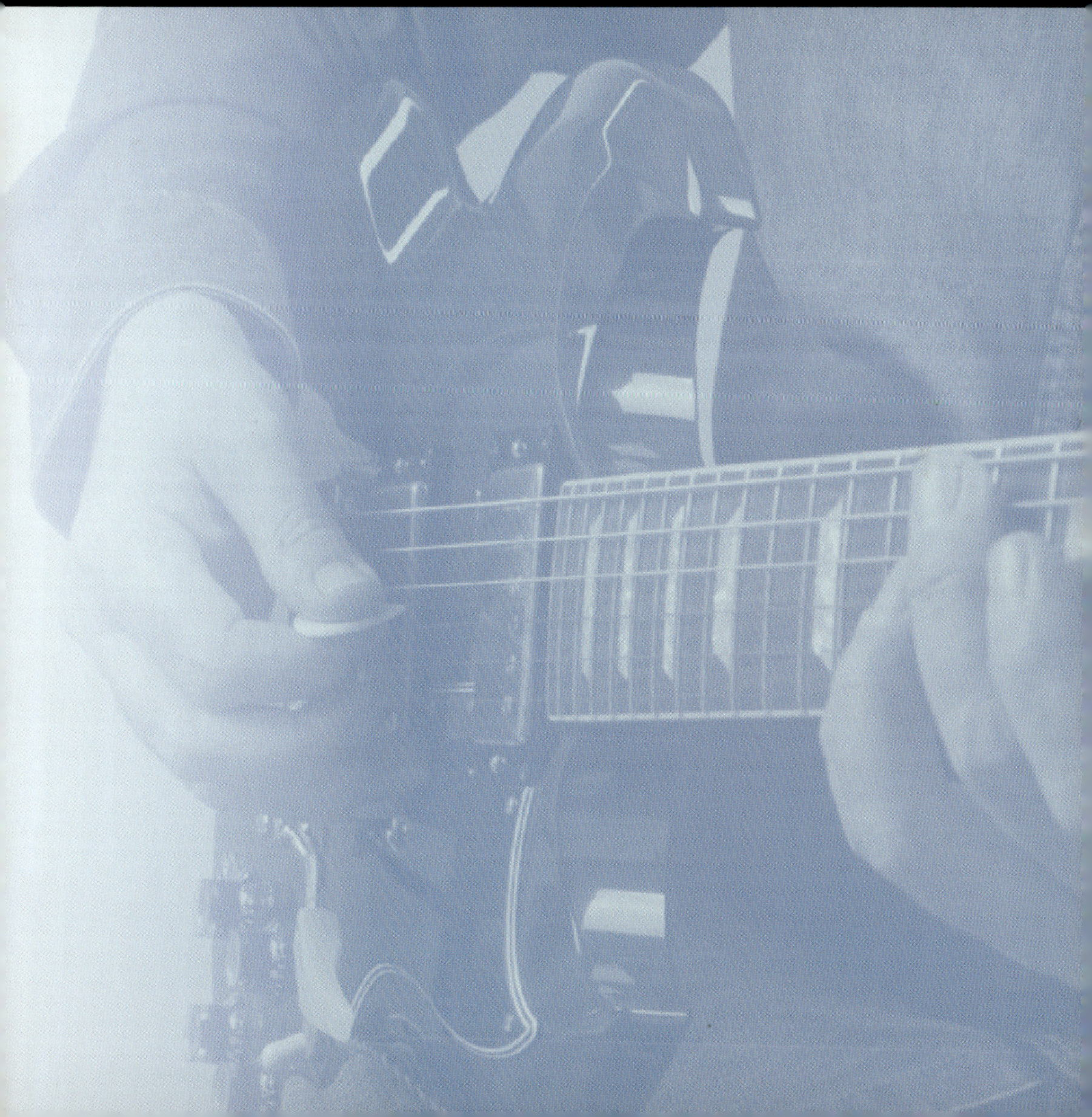

Rhythmusgitarre

ZEIT	ÜBUNG	AKKORDE & TONLEITERN	HINWEISE
1 min	Vorübung	Akkord: G (S. 130), D (S. 120), Am (S. 134)	Spiele zum Aufwärmen möglichst gleichmäßige, pausenlose Akkordwechsel zwischen diesen Akkorden. **Tipp**: Greife G-Dur mit dem Zeige-, Mittel- und Ringfinger.
1 min	61.1 (S. 76–77)	G, D, Am	Transponiere zuerst die Akkordfolge von S. 76 nach G-Dur. Dafür spielst du spielst einfach G, D, Am anstelle der ursprünglichen Akkorde C, G, Dm. Überprüfe dich mit der Akkordübersicht auf S. 115.
2 min	1 (S. 16)	G, D, Am	Konzentriere dich bei diesem einfachen Pattern mit halben Noten ganz auf die Greifhand. Die Akkorde müssen für ihre volle Zeitdauer klingen. Beginne mit 70bpm und erhöhe das Tempo bei jedem Durchgang.
2 min	2 (S. 17)	G, D, Am	Bei diesem Pattern kommt ein Viertelanschlag auf der zweiten Zählzeit jedes Taktes hinzu. Du hast reichlich Zeit für die Akkordwechsel; aber vergiss den stummen „Luft"-Anschlag auf der vierten Zählzeit nicht.
4 min	3 (S. 18)	G, D, Am	Zum Abschluss kommt noch ein Viertelanschlag auf der Zählzeit 4 dazu (dort, wo du vorher unhörbar angeschlagen hast). Diese Akkordfolge sollte dir bekannt vorkommen! Es ist ein Bob-Dylan-Song, von dem es berühmte Coverversionen von Eric Clapton und Guns n' Roses gibt.

ZEIT	ÜBUNG	AKKORDE & TONLEITERN	HINWEISE
1 min	Vorübung	Akkord: Em (S. 124), Am (S. 134), B7 (S. 138)	Übe schnelle Akkordwechsel; dabei bleiben die Finger nahe am Griffbrett. **Tipp**: Für einen möglichst geschmeidigen Wechsel von Em nach B7 (und umgekehrt) lass den Mittelfinger auf dem Griffbrett liegen.
1 min	62.1 (S. 80–81)	Em, Am, B7	Transponiere die Akkordfolge von Übung 62.1 mit Hilfe der Akkordübersicht auf S. 115 nach Em (Das Ergebnis siehst du links). So kannst du die Akkorde der Vorübung auch für die folgenden Übungen verwenden.
2 min	1 (S. 16)	Em, Am, B7	Dieses Pattern mit halben Noten lässt dir reichlich Zeit für Akkordwechsel. Es ist hier besonders wichtig, mit Metronom zu üben; das ideale Anfangstempo liegt bei etwa 70–80bpm.
3 min	4 (S. 19)	Em, Am, B7	Dieses zweitaktige Pattern muss wiederholt werden, damit sich eine viertaktige Akkordfolge ergibt. Du spielst also halbe Noten in Takt 1 und 3 und Viertelnoten in den Takten 2 und 4.
3 min	3 (S. 18)	Em, Am, B7	Bei diesem Pattern kommt ein zusätzlicher Viertelanschlag hinzu, dir bleibt also weniger Zeit für die Akkordwechsel. Übe unbedingt mit Metronom und einem Anfangstempo von höchstens 70bpm.

ZEIT	ÜBUNG	AKKORDE & TONLEITERN	HINWEISE
1 min	Vorübung	Akkord: G7 (S. 131), E7 (S. 125), A7 (S. 135), D7 (S. 121)	Wiederhole diese Griff-Formen sorgfältig. Achte bei Barrée-Akkorden darauf, dass alle Töne klar klingen; wenn das nicht der Fall sein sollte, ändere deine Griffweise (der Daumen bleibt dabei als Stütze für die Finger immer auf der Halsrückseite).
1 min	63.3 (S. 84–85)	G7, E7, A7, D7	Spiele diese Akkordfolge ohne Metronom, um dich mit den Akkordwechseln vertraut zu machen. **Tipp**: Verringere beim Wechseln von Barrée-Akkorden den Druck des Barrée-Fingers, ohne ihn von der Saite abzuheben.
2 min	3 (S. 18)	G7, E7, A7, D7	Dieser einfache Viertelnoten-Rhythmus wird durchgehend mit Abschlägen gespielt; so kannst du dich ganz auf die Greifhand konzentrieren. Fange mit etwa 90bpm an und steigere das Tempo langsam auf 120bpm.
2 min	6 (S. 21)	G7, E7, A7, D7	Bei diesem Achtel-Rhythmus kannst du schon beim letzten Aufschlag des letzten Taktes die Akkorde wechseln. Du schlägst hier Leersaiten an und bewegst gleichzeitig die Finger. Anfangstempo: etwa 60bpm.
4 min	8 (S. 23)	G7, E7, A7, D7	Durch den Bindebogen zwischen Zählzeit 2 und 3 ist dieser Rhythmus synkopiert. Die Anschlagshand bewegt sich genauso wie beim vorherigen Pattern, aber mit einem zusätzlichen „Luft"-Anschlag auf der Zählzeit 3.

ZEIT	ÜBUNG	AKKORDE & TONLEITERN	HINWEISE
1 min	Vorübung	Akkord: F△ (S. 142), G7 (S. 131), C△ (S. 142), E7 (S. 124)	Mit dieser jazzigen Akkordfolge übst du ganz besonders Dursept-Akkorde (maj7; Kürzel: △). **Tipp**: Verwende Form 1 für F△ und Form 4 für C△. Du findest diese verschiebbaren Griff-Formen auf S. 142 und 143.
1 min	61.6 (S. 78–79)	F△, G7, C△, E7	Diese Akkordfolge besteht nur aus vier Akkorden, weil aber „einfache" Griff-Formen und Barrée-Akkorde gemeinsam vorkommen, musst du ganz besonders auf flüssige (und genaue) Akkordwechsel achten.
2 min	1 (S. 16)	F△, G7, C△, E7	Obwohl dieses Pattern nur halbe Noten enthält, spielst du bei jedem Anschlag einen anderen Akkord (außer in Takt 4). Übe langsam (70–80bpm) und erhöhe das Tempo erst, wenn du die Übung beherrschst.
2 min	3 (S. 18)	F△, G7, C△, E7	Mit diesem konstanten Viertel-Pattern übst du flüssige und effiziente Akkordwechsel. Vergiss das Metronom nicht! Anfangstempo: 70bpm.
4 min	8 (S. 23)	F△, G7, C△, E7	Bei diesem Pattern kommt ein Bindebogen auf der Zählzeit 2 dazu (d.h. du spielst in der zweiten Takthälfte erst auf der „2+"). **Tipp**: Gleite beim Griffwechsel mit den Fingern die Saiten entlang, um die Fingerbewegung zu minimieren.

ZEIT	ÜBUNG	AKKORDE & TONLEITERN	HINWEISE
1 min	Vorübung	Akkord: Am7 (S. 144–145), D9 (S. 146–147), Dm (S. 121), G♯° (S. 149)	Spiele Am7 und D9 als verschiebbare Griff-Formen mit dem Grundton auf der A-Saite. Den G♯° solltest du mit Grundton auf der D-Saite spielen.
1 min	62.7 (S. 82–83)	Am7, D9, Dm, G♯°	Hier werden die ursprünglichen Akkorde D7, B und E7 durch D9, Dm und G♯° ersetzt (Dm und G♯ als „Viersaiten-Voicings"). Der G♯° vertritt hier genau genommen einen E7/9.
2 min	8 (S. 23)	Am7, D9, Dm, G♯°	Für ein authentisches Latin-Feel in der Art früher Santana-Songs spiele dieses synkopierte Achtelnoten-Pattern mit 120bpm.
2 min	9 (S. 24)	Am7, D9, Dm, G♯°	Dieser coole Reggae-Style-Vamp klingt am besten mit etwas Swing-Feel und einem Tempo zwischen 65 und 75bpm. **Tipp**: Verringere zwischen den Anschlägen den Druck der Greifhand, so dass die Akkorde nur kurz klingen.
4 min	12 (S. 27)	Am7, D9, Dm, G♯°	Du spielst nicht (wie notiert) einen Akkord pro Takt, sondern wechselst auf der „2+"; so passt dieser Rhythmus in das „2 Akkorde/Takt"-Schema. Dieser geschmeidige Funk-Groove klingt bei 80-90bpm am besten.

ZEIT	ÜBUNG	AKKORDE & TONLEITERN	HINWEISE
1 min	Vorübung	Akkord: G7 (S. 131), C7 (S. 117), B7 (S. 139), E7 (S. 125)	Verwende hier verschiebbare Griff-Formen, so kannst du die Akkorde schnell wechseln und musst dich nicht um das Dämpfen von Leersaiten kümmern. Um schnell von G7 zu C7 zu wechseln, lockere den Druck der Greifhand und verschiebe den kompletten Griff auf den 8. Bund.
1 min	Vorübung	A7 (S. 135), D7 (S. 121), E♭m7 (S. 145), A♭7 (S. 132)	Bewege die Finger beim Akkordwechsel so wenig wie möglich. Beim Wechsel von D7 zu E♭m7 z. B. verschiebst du den Akkord einen Bund, hebst den kleinen Finger ab und greifst zusätzlich mit dem Mittelfinger.
2 min	63.8 (S. 86–87)	G7, C7, B7, E7, A7, D7, E♭m7, A♭7	Wegen der vielen Akkorde spiele diese Übung zuerst ohne Metronom. Die Finger sollten sich so wenig wie möglich bewegen.
3 min	1 (S. 16)	G7, C7, B7, E7, A7, D7, E♭m7, A♭7	Übe diese Akkordfolge zuerst mit diesem Rhythmus in halben Noten, damit die Akkordwechsel genau werden. Jeder Akkord muss für seine gesamte Dauer klingen (nicht schummeln!). Anfangstempo: 120bpm.
3 min	3 (S. 18)	G7, C7, B7, E7, A7, D7, E♭m7, A♭7	Dieses konstante Viertel-Pattern klingt cool und jazzig. Das angestrebte Endtempo ist hier 200–220bpm. **Tipp**: Wenn es wirklich nach Wes Montgomery klingen soll, vergiss das Plektrum und spiel mit dem Daumen!

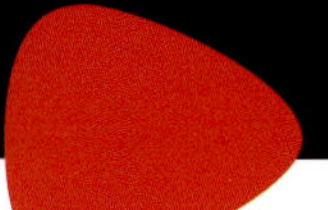

Fingerpicking

ZEIT	ÜBUNG	AKKORDE & TONLEITERN	HINWEISE
1 min	Vorübung	Akkord: Em (S. 124), G (S. 130)	Wiederhole diese Akkorde. Greife dabei den G-Dur-Akkord nur mit dem Mittel- und dem Ringfinger. Weil du die hohe E-Saite hier gar nicht spielst, kannst du so die Akkordwechsel beschleunigen.
1 min	Vorübung	C (S. 116), B7 (S. 138)	Einer der großartigen Aspekte des Fingerpickings ist, dass nicht gespielte Saiten nicht unbedingt gegriffen werden müssen. Du kannst hier beim B7 also den kleinen Finger weglassen.
2 min	62.3 (S. 80–81)	Em, G, C, B7	Die originale Akkordfolge muss nach Em transponiert werden. Verwende dazu die Transponiertabelle auf S. 115. Folgendes sollte herauskommen: Em, G, C, B7 (beim letzten Akkord wird V7 aus V).
2 min	13 (S. 28)	Em, G, C, B7	In Takt 3 und 4 (Akkorde C und B7) musst du den Daumen verschieben, weil er jetzt die D-Saite und die A-Saite anschlägt (*m* und *i* schlagen die gleichen Saiten an wie in Takt 1 und 2). **Tipp**: Schlage alle Saiten gleich stark an, so dass man die Melodie und den Bass deutlich hören kann.
4 min	13 (S. 28)	Em, G, C, B7	Du kannst dieses Pattern jetzt durch Synkopierung von Bass und Melodie interessanter (und schwieriger) gestalten. Spiele also in Takt 1 den Basston (E) auf der tiefen E-Saite, gefolgt vom Melodieton (B) auf der Zählzeit 2. Verfahre entsprechend mit der restlichen Akkordfolge.

FINGERPICKING ▷ Leicht 1

ZEIT	ÜBUNG	AKKORDE & TONLEITERN	HINWEISE
1 min	Vorübung	Akkord: C (S. 116), Am (S. 134)	Schlage jeden Akkord einmal an, damit du dich ganz auf richtiges Greifen konzentrieren kannst. Lass beim Akkordwechsel den Zeige- und den Mittelfinger einfach liegen – hier müssen sie sich nicht bewegen.
1 min	Vorübung	F (S. 126), G (S. 130)	G-Dur kannst du hier nur mit Zeige- und Mittelfinger greifen (ohne hohe E-Saite). Achte beim schwierigen Vollbarrée-Akkord F-Dur ganz besonders auf klaren und deutlichen Klang aller Saiten.
2 min	61.2 (S. 76–77)	C, Am, F, G	Spiele diese Akkordfolge mit einfachem Akkordanschlag, bis du die Akkorde flüssig und ohne Pausen wechseln kannst.
3 min	15 (S. 30)	C, Am, F, G	Weil bei den Akkorden F und G der Grundton auf der tiefen E-Saite liegt, muss das Basspattern in Takt 3 und 4 modifiziert werden. Dafür schlägt der Daumen auf der Zählzeit 1 die tiefe E-Saite gleichzeitig mit den Akkordtönen an und dann (auf der Zählzeit 2) die A-Saite.
3 min	16 (S. 31)	C, Am, F, G	Ändere in den Takten 3 und 4 das Basspattern nach dem gleichen Schema, dann kannst du dieses klassische Countrystyle-Picking für die ganze Akkordfolge verwenden. **Tipp**: Mit auf die Bass-Saiten aufgelegtem Handballen klingen die Basstöne besonders „knackig" und perkussiv.

FINGERPICKING ▷ Leicht 2

FINGERPICKING ▷ Fortgeschritten 1

ZEIT	ÜBUNG	AKKORDE & TONLEITERN	HINWEISE
1 min	Vorübung	Akkord: C (S. 117), Am (S. 134), F (S. 126), G (S. 130)	Wiederhole in dieser Zeit vor allem den Barrée-Akkord F-Dur. Achte darauf, dass alle Saiten klar und deutlich klingen und ändere – falls nötig – deine Hand- bzw. Finger-Position.
1 min	61.2 (S. 76–77)	C, Am, F, G	Spiele die Akkordfolge ohne Metronom, um dich mit den Griffwechseln vertraut zu machen. **Tipp**: Halte den kleinen Finger bei Am dicht über den Saiten in Bereitschaft, so kannst du schneller zum F wechseln.
2 min	17 (S. 32)	C, Am, F, G	Dieses klassische 6/8-Picking-Pattern klingt mit diesen Akkorden richtig gut. Wiederhole den ersten Takt des Patterns für die ersten beiden Takte der Akkordfolge und den zweiten Teil für Takt 3 und 4 (damit der Daumen immer die richtigen Basstöne spielt).
2 min	18 (S. 33)	C, Am, F, G	In Takt 3 und 4 liegen die Basstöne des Daumens auf der tiefen E-Saite (das restliche Pattern bleibt unverändert). Der höchste Ton von F-Dur wird wiederholt, aber im letzten Takt kannst du auch die Töne G (Zählzeit 1) und F (Zählzeit 3) auf der hohen E-Saite spielen (dann klingt: G–G7).
4 min	19 (S. 34)	C, Am, F, G	Wie im vorigen Pattern schlägt hier der Daumen in Takt 3 und 4 die tiefe E-Saite an. Einige Fingerpicker spielen F-Dur ohne Barrée (d. h. sie greifen mit dem Daumen auf der tiefen E-Saite). Wenn du wie in diesem Pattern nicht alle Saiten spielst, geht das hervorragend.

FINGERPICKING ▷ Fortgeschritten 2

ZEIT	ÜBUNG	AKKORDE & TONLEITERN	HINWEISE
1 min	Vorübung	Akkord: D7 (C7 S. 116 – 2 Bünde aufw.), G7 (S. 130)	Statt eines „offenen" D7 verwendest du hier die verschiebbare Griff-Form 3. Dafür greifst du den „offenen" C7 (S. 116) und verschiebst ihn zwei Bünde nach oben, so dass dein Zeigefinger im dritten Bund greift.
1 min	Vorübung	E7 (C7 S. 116 – 4 Bünde aufwärts), A7 (S. 135)	Für den E7-Akkord verwendest du ebenfalls die verschiebbare Griff-Form von C7 (hier dann mit dem Zeigefinger im 5. Bund). Der Ringfinger bleibt beim Wechsel zu A7 in seiner Position.
1 min	63.3 (S. 84–85)	G7, E7, D7, A7	Übe diese Akkordfolge, indem du jeden Akkord einmal mit dem Daumen anschlägst, bevor du zum nächsten Akkord wechselst. Der Ringfinger bleibt durchgehend auf der A-Saite liegen, hebe ihn also nicht ab.
3 min	20 (S. 35)	G7, E7, D7, A7	Übe bei dieser Akkordfolge zuerst die Basstöne einzeln. Verwende den zweiten Takt des Patterns für G7 und A7 und den ersten Takt für E7 und D7. Greife immer den vollen Akkord und schlage die Akkordtöne nur auf der ersten Zählzeit mit *i*, *m* und *a* an.
4 min	20 (S. 35)	G7, E7, D7, A7	Wenn du die Basstöne fehlerfei beherrschst, ergänze die Melodietöne dieses Patterns. **Tipp**: Ergänze einen Ton nach dem anderen und übe die Akkordfolge nach jedem neuen Ton, um Fehler auszumerzen.

ZEIT	ÜBUNG	AKKORDE & TONLEITERN	HINWEISE
1 min	Vorübung	Akkord: Dm7 (S. 144–145), G7 (S. 131), C△, F△ (S. 142)	Verwende für Dm7 und C△ verschiebbare Griff-Formen mit dem Grundton auf der A-Saite. F△ kannst du als „offenen" Akkord mit Grundton auf der D-Saite spielen und G7 als vollen Barrée-Akkord (Form 1).
1 min	(Vorübung)	Bø (S. 148–149), E7 (S. 124), Am7 (S. 144–145), A7 (S. 134)	Verwende eine verschiebbare Griff-Form für Bø (2. Akkord auf S. 149). Die übrigen Akkorde spielst du als „offene" Akkorde. **Tipp**: Belasse den kleinen Finger beim Wechsel von Bø zu E7 in seiner Position.
2 min	62.8 (S. 82–83)	Dm7, G7, C△, F△, Bø, E7, Am7, A7	Spiele diese Akkordfolge ohne Metronom, indem du jeden Akkord einmal mit dem Daumen anschlägst. Bewege deine Finger so wenig wie möglich, so kannst du die Akkorde schneller wechseln.
3 min	22 (S. 37)	Dm7, G7, C△, F△, Bø, E7, Am7, A7	Verwende folgende Picking-Pattern: das C-Dur-Pattern aus der Übung für die Akkorde Dm7, C△, Bø, Am7 und A7 (Grundton auf der A-Saite); das Dm7-Pattern für F△ (Grundton auf der D-Saite) und das Dm7/G-Pattern für die Akkorde G7 und E7 (Grundton auf der tiefen E-Saite).
3 min	23 (S. 38)	Dm7, G7, C△, F△, Bø, E7, Am7, A7	Für die Akkorde mit Grundton auf der tiefen E-Saite (G7 und E7) wird das Picking-Pattern angepasst: Der Daumen schlägt die tiefe E-Saite an. Auch für F△ muss das Pattern leicht verändert werden: Verschiebe dafür das Pattern von Takt 1 um eine Saite nach oben. Der Daumen schlägt jetzt die A-Saite an und die Finger *i*, *m* und *a* die drei hohen Saiten.

ZEIT	ÜBUNG	AKKORDE & TONLEITERN	HINWEISE
1 min	Vorübung	Akkord: G7 (S. 131), E7 (S. 124), A7 (S. 134), D7 (S. 116), Bø (S. 148–149)	Für D7 spielst du den „offenen" C7 (Form 3), um zwei Bünde verschoben. Verwende den gleichen Fingersatz wie für C7 auf S. 116. Für Bø verwende die verschiebbare Griff-Form mit dem Grundton auf der A-Saite.
1 min	63.7 (S. 86–87)	G7, E7, A7, D7, Bø	Übe diese Akkordfolge, indem du jeden Akkord einmal mit dem Daumen anschlägst. So kannst du dich besonders auf möglichst effiziente Griffwechsel konzentrieren.
2 min	24 (S. 39)	G, C/G (S. 39)	Spiele diese Übung und konzentriere dich dabei ganz auf deine Pickingtechnik. **Tipp**: Dieses Pattern ist einfacher, wenn du erst die Basstöne übst und dann die Melodietöne einen nach dem anderen ergänzt.
2 min	63.7 (S. 86–87)	G7, E7, A7, D7, Bø	Spiele jetzt diese Akkordfolge mit dem Picking-Pattern von Übung 24 (s.o.). Achte darauf, dass der Daumen bei den Akkorden E7, D7 und Bø die A-Saite anschlägt.
4 min	24 (S. 39)	G7, E7, A7, D7, Bø	Wenn du die Basslinie sicher beherrschst, ergänze die Melodietöne. Picking-Pattern mit einem kräftigen Basspart klingen häufig am besten, wenn die Bass-Saiten leicht mit dem Handballen gedämpft werden.

Wechselschlag

WECHSELSCHLAG ▷ Leicht 1

ZEIT	ÜBUNG	AKKORDE & TONLEITERN	HINWEISE
1 min	25 (S. 40)		Wärme dich mit dieser Übung auf. Verwende alle Finger der Greifhand, beim Zeigefinger angefangen. Stütze die Anschlagshand mit dem Ringfinger und/oder kleinen Finger auf der Decke (oder dem Pickguard) ab.
1 min	Vorübung	Tonleiter: A-Moll-Pentatonik, Form 1 (S. 152)	Wenn du diese Form noch nicht beherrschst, präge sie dir als erstes gründlich ein. Diese Minute dient nur der Vorbereitung (in diesem Fall: der Erinnerungsauffrischung). Spiele die Tonleiter ohne Metronom auf- und abwärts und beachte den angegebenen Fingersatz.
2 min	27 (S. 42)	A-Moll-Pentatonik, Form 1	Hier spielst du die untere Oktave (Startton: 5. Bund der tiefen E-Saite) der Tonleiter mit Wechselschlag. Dein Plektrum sollte immer einen Winkel von 90° zu den Saiten haben.
2 min	27 (S. 42)	A-Moll-Pentatonik, Form 1	Übe jetzt die obere Oktave (d. h. ab dem 7. Bund der D-Saite) mit dem Pattern von Form 1 auf S. 152 als Hilfestellung. Die letzte Note sollte wieder eine Viertelnote sein. Wiederhole dieses Pattern mehrmals.
4 min	27 (S. 42)	A-Moll-Pentatonik, Form 1	Zum Abschluss des Workouts spielst du die Tonleiter mit Achtel-Wechselschlag über volle zwei Oktaven. Dafür solltest du drei Takte benötigen (aufwärts und abwärts). Der letzte Ton (das A auf der tiefen E-Saite) ist eine Viertelnote, damit die Wiederholung auf Zählzeit 1 anfängt. **Tipp**: Übe langsam und mit Metronom, anfangs mit 70bpm.

WECHSELSCHLAG ▷ Leicht 2

ZEIT	ÜBUNG	AKKORDE & TONLEITERN	HINWEISE
1 min	26 (S. 41)		Wärme die Anschlagshand mit dieser Übung auf. Übe wie angegeben mit „Finger rolling". Wenn du bei dieser Technik die höhere Saite (mit dem flachen Finger) greifst, verringerst du den Druck der Fingerspitze auf die tiefere Saite, so dass diese Saite gedämpft wird.
1 min	Vorübung	Tonleiter: C-Dur, Form 1 (S. 176)	Solltest du diese Tonleiter noch nicht kennen, nimm dir die Zeit, sie sorgfältig zu lernen. Verwende immer den angegebenen Fingersatz.
2 min	28 (S. 43)	C-Dur, Form 1	Hier spielst du die untere Oktave (Startton: tiefe E-Saite, 8. Bund) mit Wechselschlag. **Tipp**: Halte deine Finger immer direkt über dem Griffbrett in Bereitschaft.
2 min	28 (S. 43)	C-Dur, Form 1	Übe jetzt die obere Oktave (ab dem 10. Bund der D-Saite) mit dem Pattern von Form 1 auf S. 176 als Hilfestellung. Der letzte Ton sollte wie bisher eine Viertelnote sein. Wiederhole die Übung mehrmals.
4 min	28 (S. 43)	C-Dur, Form 1	Spiele jetzt die komplette Tonleiter über zwei Oktaven mit Achtel-Wechselschlag (auf- und abwärts; drei Takte lang). Der letzte Ton (C auf der tiefen E-Saite) ist eine Viertelnote, damit die Wiederholung der Sequenz auf Zählzeit 1 anfängt. Anfangstempo: 60–70bpm.

ZEIT	ÜBUNG	AKKORDE & TONLEITERN	HINWEISE
2 min	Vorübung	Tonleiter: A-Moll-Pentatonik, Form 2–5 (S. 152f.)	Sollten diese Tonleiter-Formen dir nicht vertraut sein, musst du dir zuerst die Zeit nehmen, sie sorgfältig zu lernen. Übe sie auf- und abwärts und achte dabei besonders auf den angegebenen Fingersatz.
2 min	31 (S. 46)	A-Moll-Pentatonik, Form 1 und 2 (S. 152)	Spiele die Übung einmal wie notiert durch. Spiele dann Form 2 der A-Moll-Pentatonik mit dem gleichen Anschlagsmuster und auf den gleichen Saiten (also mit dem Anfangston auf der tiefen E-Saite). Form 2 beginnt mit dem Zeigefinger im 8. Bund.
2 min	31 (S. 46)	A-Moll-Pentatonik, Form 3	Spiele jetzt Form 3 der Tonleiter in der gleichen Art. Form 3 beginnt mit dem Zeigefinger im 10. Bund. Nicht vergessen: Die gesamte Übung wird mit Wechselschlag gespielt!
2 min	31 (S. 46)	A-Moll-Pentatonik, Form 4	Spiele jetzt Form 4 der Tonleiter in der gleichen Art. Das Pattern beginnt mit dem Zeigefinger im 12. Bund. **Tipp**: Form 4 kannst du auch in den ersten Bünden mit Leersaiten spielen.
2 min	31 (S. 46)	A-Moll-Pentatonik, Form 5	Und jetzt das gleiche mit Form 5 der Tonleiter. Verwende das gleiche Anschlagsmuster auf den gleichen Saiten (mit Anfangston auf der tiefen E-Saite). Das Pattern beginnt mit dem Zeigefinger im 3. Bund.

ZEIT	ÜBUNG	AKKORDE & TONLEITERN	HINWEISE
2 min	Vorübung	Tonleiter: C-Dur, Form 2–5 (S. 176–177)	Wenn dir diese Formen unbekannt sind, mache dich zuerst mit ihnen vertraut. Übe alle Formen sowohl auf- als auch abwärts und beachte die angegebenen Fingersätze.
2 min	36 (S. 51)	C-Dur, Form 1 und 2 (S. 176)	Spiele die Übung einmal wie notiert durch. Spiel dann Form 2 der C-Dur-Tonleiter aufwärts und abwärts. Beginne die Form mit dem 2. Ton (also mit dem Ringfinger im 12. Bund); so kannst du das Anschlagsmuster beibehalten. Übe mit angenehmen 60bpm.
2 min	36 (S. 51)	C-Dur, Form 3	Spiele jetzt Form 3 der Tonleiter auf den gleichen Saiten und mit dem gleichen Anschlagsmuster (Anfangston auf der tiefen E-Saite). Beginne mit dem 2. Ton (Mittelfinger im 3. Bund der tiefen E-Saite).
2 min	36 (S. 51)	C-Dur, Form 4	Das Prinzip sollte dir mittlerweile klar sein; wende es auf Form 4 an. Beginne mit dem tiefsten Ton (also mit dem Zeigefinger im 3. Bund). Als letzten Ton spielst du das F (hier: 1. Bund der hohen E-Saite, nicht 6. Bund der B-Saite) mit dem Zeigefinger.
2 min	36 (S. 51)	C-Dur, Form 5	Und jetzt das gleiche mit Form 5 der Tonleiter. Beginne mit dem zweiten Ton (Ringfinger im 7. Bund). Übe dieses Workout in möglichst vielen verschiedenen Tonarten.

ALTERNATE PICKING ▷ Profi 1

ZEIT	ÜBUNG	AKKORDE & TONLEITERN	HINWEISE
1 min	33 (S. 48)		Die ideale Aufwärm-Übung. Steigere dich langsam auf 100 bpm und achte auf gleichmäßigen Anschlag. **Tipp**: Betone den ersten Ton jeder Sechzehntelgruppe als Training für deine Plektrum-Kontrolle leicht.
2 min	Vorübung	Tonleiter: A-Moll-Pentatonik, Form 1–5 (S. 152–153)	Spiele zum Aufwärmen alle Formen nacheinander durch. Das Metronom brauchst du zu diesem Zeitpunkt noch nicht, aber beachte die Fingersätze. Übe jede Form sowohl auf- als auch abwärts.
1 min	35 (S. 50)	A-Moll-Pentatonik, Form 1	Spiele die Übung einmal mit Sechzehntelanschlägen durch wie notiert. Dabei spielst du auf jeder Saite immer zwei Anschläge, außer beim Abwärtsspiel (nur ein Ton auf der hohen E-Saite). Vergiss nicht, das Metronom auf den 3/4-Takt einzustellen!
3 min	35 (S. 50)	A-Moll-Pentatonik, Form 2 und 3	Übung 35 lässt sich ganz einfach an die Formen 2 und 3 anpassen. Starte mit dem tiefsten Tonleiterton auf der tiefen E-Saite und verwende das gleiche Anschlagsmuster. Der letzte Ton beider Formen hat wie oben die Dauer einer Achtelnote.
3 min	35 (S. 50)	A-Moll-Pentatonik, Form 4 und 5	Zum Abschluss passt du diese Übung auch an Form 4 und 5 an. Auch hier beginnst du mit dem tiefsten Tonleiterton auf der tiefen E-Saite und verwendest das gleiche Anschlagsmuster. Der letzte Ton hat wieder die Dauer einer Viertelnote.

ALTERNATE PICKING ▷ Profi 2

ZEIT	ÜBUNG	AKKORDE & TONLEITERN	HINWEISE
1 min	34 (S. 49)		Wärme dich mit dieser Übung auf, indem du dich langsam bis auf 100bpm steigerst. Schlage gleichmäßig an und betone als Training den ersten Ton jeder Sechzehntelgruppe leicht.
2 min	Vorübung	Tonleiter: C-Dur, Form 1–5 (S. 176–177)	Spiele zum Aufwärmen alle Tonleiterformen nacheinander auf- und abwärts durch. Das Metronom brauchst du zu diesem Zeitpunkt noch nicht, aber beachte die Fingersätze.
1 min	36 (S. 51)	C-Dur, Form 1	Spiele diese Übung mit dem angegebenen Sechzehntel-Wechselschlag. Verwende den Fingersatz von S. 176 (Tonleiterübersicht). Das Zieltempo der Übung ist 100bpm.
3 min	36 (S. 51)	C-Dur, Form 2 und 3	Passe jetzt die Übung an Form 2 und 3 der C-Dur-Tonleiter an. Saitenfolge und Anschlagspattern bleiben gleich (d.h. du beginnst auf der tiefen E-Saite). Form 2 beginnt mit dem Mittelfinger (12. Bund) und Form 3 mit dem Zeigefinger (13./1. Bund).
3 min	36 (S. 51)	C-Dur, Form 4 und 5	Passe jetzt die Übung an Form 4 und 5 an. Saitenfolge und Anschlagspattern bleiben unverändert. Form 4 beginnt mit dem Mittelfinger (3. Bund); den letzten Ton (F) greifst du im 1. Bund. Form 5 beginnt mit dem Ringfinger (7. Bund).

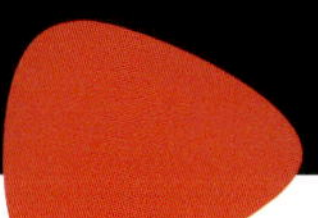

Legato

ZEIT	ÜBUNG	AKKORDE & TONLEITERN	HINWEISE
1 min	Vorübung		Schlage eine beliebige Leersaite an und spiele ein Hammer-On in einem beliebigen Bund. Spiele diese Übung auf allen Saiten oder konzentriere dich nur auf die tiefen oder die hohen Saiten.
1 min	Vorübung	Tonleiter: G-moll-Pentatonik, Form 1 (S. 172)	Wenn du diese Tonleiterform nicht kennst, lerne sie sorgfältig auswendig. In dieser Minute frischst du deine Erinnerung auf. Spiele die Tonleiter auf- und abwärts (nur mit Abschlägen) mit dem angegebenen Fingersatz.
2 min	38 (S. 53)	G-moll-Pentatonik, Form 1	In dieser Übung trainierst du Hammer-Ons auf- und abwärts in der unteren Oktave der pentatonischen Tonleiter. Achte besonders auf präzise und kräftige Hammer-Ons unmittelbar hinter dem Bundstäbchen.
2 min		G-moll-Pentatonik, Form 1	Übe Hammer-Ons mit der oberen Oktave der pentatonischen Tonleiter (auf den drei hohen Saiten). Spiele auf- und abwärts oder verwende das Pattern der vorigen Übung (natürlich mit Startton auf der G-Saite).
4 min		G-moll-Pentatonik, Form 1	Übe jetzt die vollständige Tonleiter über zwei Oktaven und spiele dabei den zweiten Ton auf jeder Saite als Hammer-On. Spiele erst aufwärts über alle sechs Saiten (den letzten Ton bis zum Taktende ausklingen lassen), dann abwärts. Übe langsam mit Metronom. Starttempo: 60bpm.

ZEIT	ÜBUNG	AKKORDE & TONLEITERN	HINWEISE
1 min	Vorübung		Spiele ein Pull-Off mit dem Mittelfinger von einem beliebigen Ton zur Leersaite (z.B. vom 3. Bund der tiefen E-Saite zur Leersaite). Übe das auf allen Saiten oder konzentriere dich auf die hohen oder die tiefen Saiten.
1 min	Vorübung	Tonleiter: G-moll-Pentatonik, Form 1 (S. 172)	Diese Minute dient nur der Vorbereitung. Du solltest diese Tonleiter-Form sicher beherrschen, bevor du fortfährst. Übe auf- und abwärts (nur mit Abschlägen) und verwende den angegebenen Fingersatz.
2 min	42 (S. 57)	G-moll-Pentatonik, Form 1	Hier übst du auf- und absteigende Pull-Offs in der unteren Oktave der pentatonischen Tonleiter. **Tipp**: Ziehe den Finger seitlich von der Saite ab, um beim Pull-Off einen klaren tieferen Ton zu erzeugen.
2 min		G-moll-Pentatonik, Form 1	Jetzt trainierst du Pull-Offs in der oberen Okave der pentatonischen Tonleiter (d.h. auf den hohen drei Saiten). Du kannst das gleiche Auf- und Abwärts-Pattern wie oben verwenden (aber mit Startton auf der G-Saite) oder einfach auf- und abwärts über alle sechs Saiten spielen.
4 min		G-moll-Pentatonik, Form 1	Spiele mit Anfangstempo 60bpm Pull-Offs über die komplette zwei-oktavige Tonleiter. Zuerst aufwärts über alle sechs Saiten (lass den letzten Ton bis zum Taktende ausklingen), dann abwärts; auf jeder Saite mit einem Pull-Off zum tieferen Ton.

LEGATO ▷ Fortgeschritten 1

ZEIT	ÜBUNG	AKKORDE & TONLEITERN	HINWEISE
1 min	Vorübung	Tonleiter: C-Dur, Form 1 und 4 (S. 176–177)	Lerne diese beiden Formen sorgfältig auswendig, bevor du fortfährst. Diese Minute dient ausschließlich der Vorbereitung. Übe beide Formen auf- und abwärts mit dem angegebenen Fingersatz (nur Abschläge).
1 min	39 (S. 54)	C-Dur, Form 1	Schlage beim Aufwärtsspiel nur den ersten Ton auf jeder Saite an und spiele den zweiten als Hammer-On direkt hinter dem Bundstäbchen.
1 min	43 (S. 58)	C-Dur, Form 1	Schlage beim Abwärtsspiel wieder nur den ersten Ton auf jeder Saite an und spiele den zweiten als Pull-Off. **Tipp**: Für einen möglichst klaren tieferen Ton ziehe den Finger beim Pull-Off leicht seitlich von der Saite ab.
3 min	39 (S. 54) und 43 (S. 58)	C-Dur, Form 1	Kombiniere jetzt die beiden vorigen Übungen und spiele die komplette Tonleiter über zwei Oktaven. Denke daran: Der letzte Ton vor der Wiederholung oder dem Abwärtsspiel ist immer eine Viertelnote. Fange langsam mit 80bpm an, das ist bei dieser Übung besonders wichtig.
4 min	39 (S. 54) und 43 (S. 58)	C-Dur, Form 4	Wegen des zusätzlichen Tons auf der B-Saite kannst du die Töne auf der hohen E-Saite (G und A) mit einer Hammer-On/Pull-Off-Kombination ohne Pause spielen. Die komplette Sequenz dauert vier Takte. Spiele den letzten Ton vor der Wiederholung als Viertelnote.

LEGATO ▷ Fortgeschritten 2

ZEIT	ÜBUNG	AKKORDE & TONLEITERN	HINWEISE
1 min	Prep	Tonleiter: G-Dur, Form 2 und 5 (S. 190–191)	Du spielst Form 1 und 4 von A-Dorisch mit diesen Formen der Dur-Tonleiter: Dur-Form 2 = dorisch Form 1; Dur-Form 5 = dorisch Form 4. Lerne die Lage der jeweiligen Grundtöne mit der Übersicht der Modi auf S. 151.
1 min	39 (S. 54)	A-Dorisch, Form 1	Spiele jetzt Form 1 von A-Dorisch mit Hammer-Ons. Wo nötig, spiele zwei aufeinanderfolgende Hammer-Ons auf einer Saite.
1 min	43 (S. 58)	A-Dorisch, Form 1	Jetzt spielst du Form 1 von A-Dorisch mit Pull-Offs. Spiele wo nötig zwei Pull-Offs auf einer Saite.
3 min	39 (S. 54) und 43 (S. 58)	A-Dorisch, Form 1	Kombiniere die beiden vorigen Übungen zur kompletten Tonleiter über zwei Oktaven. Spiele nur zwei Töne auf der hohen E-Saite (mit einer Hammer-On/Pull-Off-Kombination); so entsteht eine viertaktige Sequenz.
4 min	39 (S. 54) und 43 (S. 58)	A-Dorisch, Form 4	Übe jetzt Form 4 von A-Dorisch auf und abwärts mit Legato-Techniken (Hammer-On und Pull-Off). Spiele wiederum nur zwei Töne auf der hohen E-Saite (mit einer Hammer-On/Pull-Off-Kombination), damit eine viertaktige Sequenz entsteht.

ZEIT	ÜBUNG	AKKORDE & TONLEITERN	HINWEISE
3 min	Vorübung	Tonleiter: A-Moll-Pentatonik Form 1–3 (S. 152–153)	Spiele diese Formen zur Wiederholung schnell nacheinander. Verwende Sechzehntel-Wechselschlag, damit du dich auf minimale Bewegung der Greifhand konzentrieren kannst. Übe mit Metronom bei 100–120bpm.
2 min	Vorübung	A-Moll-Pentatonik Form 4 und 5 (S. 153)	Spiele diese beiden Formen genauso wie Form 1–3 schnell nacheinander und mit durchgehendem Wechselschlag.
1 min	46 (S. 61)	A-Moll-Pentatonik Form 1	In dieser Übung spielst du die Moll-Pentatonik mit nur einem Anschlag pro Saite. **Tipp**: Spiel diese Übung auch im 3/4-Takt, also ohne Viertelnoten.
2 min		A-Moll-Pentatonik Form 2 und 3	Hier spielst du Form 2 und 3 der Moll-Pentatonik mit Legato-Technik. Spiele im 3/4-Takt und lass den letzten Ton (Übung 46, die angebundene Viertelnote auf Zählzeit 4) weg. Als Training für deine Plektrum-Kontrolle betone den ersten Ton jeder Sechzehntelgruppe leicht.
2 min		A-Moll-Pentatonik Form 4 und 5	Zum Abschluss übst du Form 4 und 5 der Tonleiter mit Legato-Technik. Übe wie zuvor im 3/4-Takt und lass die letzte Viertelnote (Übung 46, auf Zählzeit 4) weg. Behalte die Finger immer in der Nähe des Griffbretts, damit deine Muskeln möglichst wenig ermüden.

ZEIT	ÜBUNG	AKKORDE & TONLEITERN	HINWEISE
3 min	Vorübung	Tonleiter: C-Dur, Form 1–3 (S. 176–177)	Spiele diese Formen zum Aufwärmen schnell hintereinander durch (mit Metronom: 100–120bmp). Spiele mit durchgehendem Sechzehntel-Wechselschlag und achte auf möglichst wenig Bewegung der Greifhand.
2 min	Vorübung	C-Dur, Form 4 und 5 (S. 177)	Übe jetzt nach dem gleichen Verfahren Form 4 und 5. Achte dabei besonders auf durchgehenden Wechselschlag.
1 min	48 (S. 63)	C-Dur, Form 1 und 2	In dieser Übung sind Form 1 und 2 der Dur-Tonleiter zu einem „Drei-Töne-pro-Saite"-Pattern kombiniert. Es ist hier äußerst wichtig, dass die Finger über ihren Bünden in Position sind, bevor du anfängst zu spielen.
2 min		C-Dur, Form 2–4	Verbinde jetzt die Formen 2/3 und 3/4 zu zwei weiteren „Drei-Töne-pro-Saite"-Pattern. Übe auf- und abwärts mit Legato-Technik. Wenn du das Metronom auf den 5/4-Takt einstellst, passen die Töne auf der hohen E-Saite rhythmisch genau ins Pattern.
2 min		C-Dur, Form 1, 4 und 5	Und jetzt kombiniere Form 4/ 5 und Form 5/1 zu den letzten beiden Dreiton-Gruppen. Übe die Tonleiter wieder mit Legato-Technik auf- und abwärts. Stelle dein Metronom erneut auf 5/4 ein, so dass die Töne auf der hohen E-Saite zum (rhythmischen) Pattern dazugehören.

Akkorde

AKKORDSPIEL ▷ Leicht 1

ZEIT	ÜBUNG	AKKORDE & TONLEITERN	HINWEISE
2 min	62.4 (S. 80–81)	Akkord: Am (S. 134), F (S. 126), G (S. 130)	Bei Bedarf wiederhole diese Akkorde. Spiele die Akkordfolge mit einem einfachen „Ein-Anschlag-pro-Zählzeit"-Rhythmus (4 Abschläge pro Takt). Greife den G-Dur-Akkord mit Mittelfinger, Ringfinger und kleinem Finger.
2 min	Vorübung	Em (S. 124), C (S. 116), D (S. 120)	Transponiere diese Akkordfolge nach Em (decke die Akkordspalte links dabei ab). Überprüfe dann dein Ergebnis mit der Übersicht auf S. 115.
2 min	62.4 (S. 80–81)	Em, C, D	Spiele die Akkordfolge in der neuen Tonart und lese dabei die römischen Ziffern über den Akkordsymbolen mit. So lernst du sozusagen „nebenbei" das Denken in harmonischen Zusammenhängen. Mit etwas Übung wirst du in der Lage sein, gebräuchliche Akkordfolgen auf Anhieb zu erkennen.
2 min	Vorübung	Dm (S. 120), B♭ (S. 136), C	Transponiere diese Akkordfolge jetzt nach Dm (decke die Akkordspalte links dabei wieder ab). Überprüfe dich mit der Übersicht auf S. 115.
2 min	62.4 (S. 80–81)	Dm, B♭, C	Zum Abschluss spielst du jetzt die Akkordfolge und denkst dabei die harmonischen Funktionen der Akkorde mit, z.B. Dm=Im, B♭=♭VIm, C=♭VIIm. **Tipp**: Greife den B♭-Dur-Akkord mit Ringfinger-Barrée im 3. Bund; so kannst du mit dem Ringfinger gleichzeitig die hohe E-Saite dämpfen.

AKKORDSPIEL ▷ Leicht 2

ZEIT	ÜBUNG	AKKORDE & TONLEITERN	HINWEISE
2 min	63.1 (S. 84–85)	Akkord: G7 (S. 130), C7 (S. 116), D7 (S. 120)	Wenn nötig, wiederhole diese Akkorde. Spiele die Akkordfolge mit einem einfachen „Ein-Anschlag-pro-Zählzeit"-Rhythmus (4 Abschläge pro Takt). I7, IV7 und V7 sind die Hauptakkorde des 12-taktigen Bluesschemas.
2 min	Vorübung	A7 (S. 134), D7, E7 (S. 124)	Transponiere die Akkordfolge mit Hilfe der Übersicht auf S. 115 nach A-Dur. Decke die Akkordspalte links dabei zur Übung ab.
2 min	63.1 (S. 84–85)	A7, D7, E7	Spiele die Akkordfolge in der neuen Tonart und achte dabei besonders auf die römischen Ziffern über den Akkorden. Wenn du auf diese Art lernst, eine Akkordfolge in harmonischen Zusammenhängen zu sehen, kannst du später Akkordfolgen auf Anhieb identifizieren.
2 min	Vorübung	E7, A7, B7 (S. 138)	Transponiere die Akkordfolge jetzt nach E-Dur (decke die Akkordspalte links dabei ab) und überprüfe dein Ergebnis mit der Übersicht auf S. 115.
2 min	63.1 (S. 84–85)	E7, A7, B7	Denke beim Spielen dieser Akkordfolge immer auch an die Funktion der Akkorde, also zum Beispiel E7=I7, A7=IV7, B7=V7. **Tipp**: Der Mittelfinger und der Ringfinger sollten immer einen 90°-Winkel zum Griffbrett bilden, so vermeidest du unabsichtliches Dämpfen der hohen Saiten.

ZEIT	ÜBUNG	AKKORDE & TONLEITERN	HINWEISE
2 min	61.4 (S. 76–77)	Akkord: C (S. 117), E♭ (S. 123), F, Fm (S. 127)	Greife C-Dur als Form-1-Barrée-Akkord (Grundform E-Dur) und E♭, F und Fm als Form-4-Barrée-Akkorde. Strecke bei E♭-Dur und F-Dur deinen Ringfinger im ersten Fingerglied, um die hohe E-Saite zu dämpfen.
2 min	Vorübung	F (S. 126), A♭ (S. 132), B♭, B♭m (S. 137)	Transponiere die Akkordfolge nach F-Dur (decke die Spalte links dabei mit der Hand ab) und überprüfe dein Ergebnis mit der Transponiertabelle auf S. 115. Greife alle vier Akkorde als Form-1-Barrée-Akkorde.
2 min	61.4 (S. 76–77)	F, A♭, B♭, B♭m	Spiele die Akkordfolge in der neuen Tonart und achte dabei auf die Ziffern über den Akkorden. So lernst du, Akkordfolgen unter harmonischen Aspekten zu betrachten und gebräuchliche Akkordfolgen auf Anhieb zu erkennen.
2 min	Vorübung	B♭, D♭ (S. 119), E♭, E♭m (S. 123)	Transponiere diese Akkordfolge mit Hilfe der Transponiertabelle auf S. 115 nach B♭-Dur. Greife B♭-Dur und D♭-Dur als Form-1-Barrée-Akkord und E♭-Dur und E♭m als Form-4-Barrée-Akkord (Grundform A-Dur bzw. A-Moll).
2 min	61.4 (S. 76–77)	B♭, D♭, E♭, E♭m	Denke beim Spielen die Stufenbezeichnungen in der neuen Tonart B♭-Dur mit (also I, ♭III, IV und IVm). Wenn du das konsequent machst, kannst du mit etwas Übung eine Akkordfolge sofort in jede Tonart transponieren.

AKKORDSPIEL ▷ Fortgeschritten 1

ZEIT	ÜBUNG	AKKORDE & TONLEITERN	HINWEISE
2 min	63.3 (S. 84–85)	Akkord: G7 (S. 131), E7 (S. 125), A7 (S. 135), D7 (S. 121)	Greife G7 und A7 Form-1-Barrée-Akkorde; E7 und D7 als Form-4-Barrée-Akkorde. Bei E7 und D7 muss der Ringfinger senkrecht auf der Saite aufsetzen, damit du nicht versehentlich die G-Saite dämpfst.
2 min	Vorübung	E♭7 (S. 123), C7 (S. 117), F7 (S. 127), B♭7 (S. 137)	Transponiere die Akkordfolge nach E♭-Dur (decke die Spalte links ab) und überprüfe dich mit der Transponiertabelle auf S. 115. Greife E♭7 und F7 als Form-4-Barrée-Akkorde und C7 und B♭7 als Form-1-Barrée-Akkorde.
2 min	61.4 (S. 76–77)	E♭7, C7, F7, B♭7	Spiele die Akkordfolge in der neuen Tonart und achte auf die Ziffern über den Akkorden. So lernst du, Akkordfolgen unter harmonischen Aspekten zu betrachten und häufig verwendete Akkordfolgen schnell zu erkennen.
2 min	Vorübung	A♭7 (S. 132), F7, B♭7, E♭7	Transponiere die Akkordfolge nach A♭-Dur und überprüfe dich mit der Transponiertabelle auf S. 115. Greife A♭7 und B♭7 als Form-1-Barrée-Akkorde (Grundform E-Dur) und F7 und E♭7 als Form-4-Barrée-Akkorde (Grundform A-Dur).
2 min	61.4 (S. 76–77)	A♭7, F7, B♭7, E♭7	Denke beim Spielen die Stufenbezeichnungen der Akkorde in der neuen Tonart A♭ mit (also I7, VI7, II7 und V7). Dieses Denken in Stufenbezeichnungen sollte jetzt für dich allmählich einen Sinn ergeben.

AKKORDSPIEL ▷ Fortgeschritten 2

AKKORDSPIEL ▷ Profi 1

ZEIT	ÜBUNG	AKKORDE & TONLEITERN	HINWEISE
2 min	62.8 (S. 82–83)	Akkord: Dm7, Am7, G7, C△, F△, Bø, E7, A7 (S. 142–149)	Verwende verschiebbare Griff-Formen (sieh bei Bedarf auf S. 142–149 in der Grifftabelle nach). Übe mit einfachen Viertelanschlägen bei moderatem Tempo (100–130bpm).
2 min	Vorübung	Fm7, B♭7, E♭△, A♭△, Dø, G7, Cm7, C7 (S. 142–149)	Transponiere die Akkordfolge nach Fm und überprüfe dich mit Hilfe der Akkordübersicht auf S. 115. Decke die Spalte links ab, damit du nicht schummelst!
2 min	62.8 (S. 82–83)	Fm7, B♭7, E♭△, A♭△, Dø, G7, Cm7, C7	Spiele die Akkordfolge und verfolge dabei auch die Stufenbezeichnungen über dem Notensystem. **Tipp**: Du kannst diese Akkordfolge auch mit den Achtelpattern von S. 20–23 üben.
2 min	Vorübung	B♭m7, E♭7, A♭△, D♭△, Gø, C7, Fm7, F7 (S. 142–149)	Transponiere diese Akkordfolge (falls nötig, mit Hilfe der Akkordübersicht auf S. 115) nach B♭m.
2 min	62.8 (S. 82–83)	B♭m7, E♭7, A♭△, D♭△, Gø, C7, Fm7	Achte beim Spielen auf die Stufenbezeichnungen (sog. Nashville Numbers). Diese berühmte Akkordfolge kommt in vielen Stücken vom Jazz-Standard bis zur Rockballade vor – lerne sie in allen Tonarten.

AKKORDSPIEL ▷ Profi 2

ZEIT	ÜBUNG	AKKORDE & TONLEITERN	HINWEISE
2 min	61.8 (S. 78–79)	Akkord: C△, A7, Dm7, G7, Eø (S. 142–149)	Übe diese Akkordfolge mit Viertelanschlägen in relativ schnellem Tempo (150–200bpm). Verwende verschiebbare Griff-Formen (schlage bei Bedarf auf S. 142–149 in der Grifftabelle nach).
2 min	Vorübung	F△, D7, Gm7, C7, Aø (S. 142–149)	Transponiere diese Akkordfolge (falls nötig, mit Hilfe der Akkordübersicht auf S. 115) nach F. Wenn du eine Herausforderung suchst, decke dabei die Spalte links ab.
2 min	61.8 (S. 78–79)	F△, D7, Gm7, C7, Aø	Achte beim Spielen auch auf die Stufenbezeichnungen über dem Notensystem. Spiele einfache Viertelanschläge und betone die Zählzeiten 2 und 4, um der Begleitung ein authentisches „Jazz-Feel" zu geben.
2 min	Vorübung	B♭△, G7, Cm7, F7, Dø (S. 142–149)	Transponiere diese Akkordfolge nach B♭. Falls nötig, überprüfe dich mit der Akkordübersicht auf S. 115) **Tipp**: Vermeide die Voicings (Griff-Formen), die du für die Original-Tonart (C) verwendet hast.
2 min	61.8 (S. 78–79)	B♭△, G7, Cm7, F7, Dø	Übe diese Akkordfolge mit dem gleichen jazzigen Anschlagspattern. Dieser A-Teil von „I Got Rhythm" (G. Gershwin) wird auch „Rhythm Changes" genannt. Jazzmusiker üben damit die Improvisation in allen Tonarten.

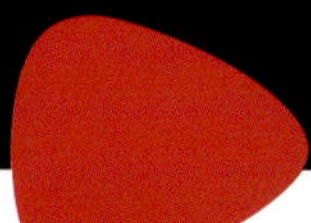

Tonleitern

TONLEITERSPIEL ▷ Leicht 1

ZEIT	ÜBUNG	AKKORDE & TONLEITERN	HINWEISE
2 min	Prep	Tonleiter: A-Moll-Pentatonik, Form 1–5 (S. 152–153)	Wiederhole alle fünf Formen der Tonleiter. Konzentriere dich dabei auf diejenigen Formen, die du noch nicht so gut beherrschst.
2 min	35 (S. 50)	A-Moll-Pentatonik, Form 1 und 2	Spiele die Übung wie notiert und übe dann Form 2 der Tonleiter genauso aufwärts und abwärts. **Tipp**: Du kannst diese Übung auch in Achtelnoten spielen. Dafür stellst du dein Metronom auf 100–120bpm und auf akzentloses Spiel ein (also ohne Betonung auf der Zählzeit 1).
2 min	35 (S. 50)	A-Moll-Pentatonik, Form 3	Übe jetzt Form 3 der A-Moll-Pentatonik auf die gleiche Art. Auch hier kannst du wieder in Achtelnoten üben (wie oben), wenn dir Sechzehntelnoten noch zu schwierig sind.
2 min	35 (S. 50)	A-Moll-Pentatonik, Form 4	Übe nun Form 4 der Tonleiter nach dem gleichen Schema. Spiele die gesamte Übung mit Wechselschlag.
2 min	35 (S. 50)	A-Moll-Pentatonik, Form 5	Zum Schluss übe Form 5 auf die gleiche Art wie die anderen. Wenn du alle fünf Formen der A-Moll-Pentatonik sicher beherrschst, transponiere diese Übung in die wichtigen „Gitarren"-Tonarten (E, D, G, C und F).

TONLEITERSPIEL ▷ Leicht 2

ZEIT	ÜBUNG	AKKORDE & TONLEITERN	HINWEISE
2 min	Vorübung	Tonleiter: C-Dur, Form 1–5 (S. 176–177)	Wiederhole alle fünf Formen der Tonleiter. Konzentriere dich dabei vor allem auf diejenigen Formen, die du noch nicht so gut beherrschst.
2 min	36 (S. 51)	C-Dur, Form 1 und 2	Spiele Übung 36 wie notiert und übe Form 2 nach dem gleichen Schema. Wenn du die Übung mit Achtelnoten spielen willst, stell dein Metronom auf 100–120bpm ohne Akzent (Betonung auf der Zählzeit 1) ein.
2 min	36 (S. 51)	C-Dur, Form 3	Jetzt übe Form 3 der C-Dur-Tonleiter mit der gleichen auf/abwärts-Sequenz. Wenn du Achtelnoten spielen möchtest, stell dein Metronom auf 100–120bpm (ohne Akzent) ein.
2 min	36 (S. 51)	C-Dur, Form 4	Anschließend übst du Form 4 der C-Dur-Tonleiter auf die gleiche Art. Spiele die gesamte Übung mit Wechselschlag.
2 min	36 (S. 51)	C-Dur, Form 5	Zum Schluss spielst du Form 5 nach dem gleichen Aufwärts/Abwärts-Muster. Wenn du alle 5 Formen beherrschst, übe sie in den nächsten Wochen in möglichst vielen verschiedenen Tonarten.

TONLEITERSPIEL ▷ Fortgeschritten 1

ZEIT	ÜBUNG	AKKORDE & TONLEITERN	HINWEISE
2 min	50 (S. 65)	Tonleiter: A-Moll-Pentatonik, Form 1 (S. 152)	Spiele Übung 50 aufwärts und abwärts in Vierergruppen wie notiert (jede Gruppe beginnt mit dem nächsthöheren Ton der Tonleiter). Du kannst diese Übung erweitern, indem du sie bis zum C auf der hohen E-Saite fortführst.
2 min	50 (S. 65)	A-Moll-Pentatonik, Form 2 (S. 152)	Übe Form 2 der Tonleiter (Anfangston: 8. Bund der tiefen E-Saite) nach dem gleichen Schema. Aufwärts beginnt jede Vierergruppe mit dem nächsthöheren Tonleiterton, abwärts mit dem nächsttieferen.
2 min	50 (S. 65)	A-Moll-Pentatonik, Form 3 (S. 153)	Übe jetzt Form 3 (Anfangston: 10. Bund der tiefen E-Saite). Spiele durchgehend Sechzehntel-Wechselschlag und übe zuerst langsam mit etwa 60–70bpm.
2 min	50 (S. 65)	A-Moll-Pentatonik, Form 4 (S. 153)	Form 4 der A-Moll-Pentatonik beginnt im 12. Bund. **Tipp**: Fange immer mit dem tiefsten Tonleiterton an (d.h. auf der tiefen E-Saite), nicht mit dem Grundton.
2 min	50 (S. 65)	A-Moll-Pentatonik, Form 5 (S. 153)	Übe Form 5 (Anfangston: 15. Bund der tiefen E-Saite) nach dem gleichen Schema und mit dem gleichen Anschlagspattern wie die übrigen Formen. Transponiere diese Übung anschließend in möglichst viele Tonarten.

TONLEITERSPIEL ▷ Fortgeschritten 2

ZEIT	ÜBUNG	AKKORDE & TONLEITERN	HINWEISE
2 min	51 und 52 (S. 66–67)	Tonleiter: C-Dur, Form 1 (S. 176)	Spiele die Übungen in Vierergruppen aufwärts und abwärts. Das Schema jeder Gruppe ist hier „1-3-2-1". Diese Übung kann ebenfalls auf alle sechs Saiten erweitert werden.
2 min	51 und 52 (S. 66–67)	C-Dur, Form 2 (S. 176)	Weil du hier drei Töne auf der tiefen E-Saite spielst (Anfangston: 10. Bund), ändert sich das Anschlagsmuster auf einigen Saiten. Achte darauf, bei jeder Gruppe die Abfolge „Eine Terz aufwärts, dann schrittweise abwärts" einzuhalten, damit das Schema „1-3-2-1" erhalten bleibt.
2 min	51 und 52 (S. 66–67)	C-Dur, Form 3 (S. 177)	Der Anfangston von Form 3 der C-Dur-Tonleiter liegt im 12. Bund der tiefen E-Saite. Spiele immer mit Wechselschlag und achte darauf, das Ab/Auf/Ab-Anschlagspattern nicht zu unterbrechen.
2 min	51 und 52 (S. 66–67)	C-Dur, Form 4 (S. 177)	Weil wir mittlerweile ziemlich hoch auf dem Hals gelandet sind, spielst du Form 4 der Tonleiter im 3. Bund, so wie in der Tonleiter-Übersicht angegeben. **Tipp**: Beginne solche Tonleiterübungen mit dem tiefsten Tonleiterton (d.h. auf der tiefen E-Saite), nicht mit dem Grundton.
2 min	51 und 52 (S. 66–67)	C-Dur, Form 5 (S. 177)	Zum Abschluss übe Form 5 in Vierergruppen nach dem „1-3-2-1"-Schema. Anfangston ist der 5. Bund der tiefen E-Saite. Übe alle fünf Formen auf allen sechs Saiten und transponiere diese Übung dann in möglichst viele Tonarten.

ZEIT	ÜBUNG	AKKORDE & TONLEITERN	HINWEISE
2 min	55 (S. 70)	Tonleiter: G-Mixolydisch, Form 1 (S. 177)	Der Übersicht über die Modi auf S. 151 kannst du entnehmen, dass Form 4 von C-Dur identisch mit Form 1 von G-Mixolydisch ist. Übe die Terz-Sequenzen dieser Übung auf- und abwärts. Denke daran, dass sich der Grundton ändert, wenn man Modi von der Dur-Tonleiter ableitet.
2 min	55 (S. 70)	G-Mixolydisch, Form 2 (S. 177)	Übe dieses Sequenz-Schema jetzt mit Anfangston im 5. Bund der tiefen E-Saite. Diese Form ist identisch mit Form 5 von C-Dur, aber hat natürlich einen anderen Grundton.
2 min	55 (S. 70)	G-Mixolydisch, Form 3 (S. 176)	Diese Form entspricht Form 1 von C-Dur. Übe mit Sechzehntel-Wechselschlag und mittlerem Tempo (etwa 80–100bpm). Du kannst Terz-Sequenzen in Achtelnoten üben, wenn dir Sechzehntel noch zu schwierig sind.
2 min	55 (S. 70)	G-Mixolydisch, Form 4 (S. 176)	Form 4 von G-Mixolydisch entspricht Form 2 von C-Dur, der Anfangston ist also der 10. Bund der tiefen E-Saite. **Tipp**: Beginne immer mit dem tiefsten Tonleiterton (auf der tiefen E-Saite), nicht dem Grundton (hier G).
2 min	55 (S. 70)	G-Mixolydisch, Form 5 (S. 177)	Form 5 von G-Mixolydisch beginnt mit dem tiefsten Ton von Form 3 von C-Dur. Übe diese Form sowohl im 12. Bund als auch mit Leersaiten. Der mixolydische Modus kann zur Improvisation über Dominantseptakkorde mit Dur-Zusatztönen (d.h. G7, G9, G11, G13, etc.) verwendet werden.

ZEIT	ÜBUNG	AKKORDE & TONLEITERN	HINWEISE
2 min	56 (S. 71)	Tonleiter: G-Phrygisch dominant, Form 1 (S. 207)	Form 1 von Phrygisch dominant ist identisch mit Form 4 von C-Harmonisch-Moll (vgl. S. 151). Übe die Sexten-Sequenzen dieser Übung aufwärts und abwärts. Beginne diese schwierige Übung langsam und spiele Achtelnoten, wenn dir Sechzehntelnoten zu schnell sein sollten.
2 min	56 (S. 71)	G-Phrygisch dominant, Form 2 (S. 207)	Übe die Sexten-Sequenzen jetzt mit Form 2 von Phrygisch dominant (Anfangston: 4. Bund der tiefen E-Saite). Diese Form ist identisch mit Form 5 von C-Harmonisch-Moll, hat aber einen anderen Grundton (G). Behalte beim Üben diesen neuen Grundton im Kopf.
2 min	56 (S. 71)	G-Phrygisch dominant, Form 3 (S. 206)	Form 3 von Phrygisch dominant ist identisch mit Form 1 von C-Harmonisch-Moll (Anfangston: 7. Bund der tiefen E-Saite). Übe durchgehend mit Sechzehntel-Wechselschlag und mittlerem Tempo (etwa 80–100bpm).
2 min	56 (S. 71)	G-Phrygisch dominant, Form 4 (S. 206)	Form 4 von Phrygisch dominant ist identisch mit Form 2 von C-Harmonisch-Moll, der Anfangston ist also im 10. Bund. **Tipp**: Starte mit dem tiefsten Tonleiterton (auf der tiefen E-Saite), nicht dem Grundton (hier G).
2 min	56 (S. 71)	G-Phrygisch dominant, Form 5 (S. 207)	Übe Form 5 dieses Modus sowohl im 13. Bund als auch mit Leersaiten. Diese Form ist identisch mit Form 3 von C-Harmonisch-Moll. Phrygisch Dominant kann für die Improvisation über Dominantseptakkorde mit alterierten Zusatztönen (d.h. G7+, G7♭9, G7♯9, G7♭9sus, etc.) eingesetzt werden.

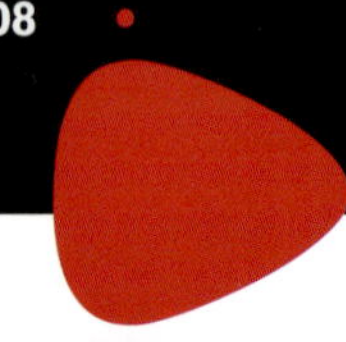

Dämpftechnik

DÄMPFTECHNIK ▷ Leicht 1

ZEIT	ÜBUNG	AKKORDE & TONLEITERN	HINWEISE
1 min	Vorübung	Akkord: C (S. 116), Am (S. 134)	Wiederhole die beiden Akkorde. Schlage die A-Saite mit dem Daumen (*p*) an, während Zeigefinger, Mittelfinger und Ringfinger (*i, m und a*) gleichzeitig die A-, D- und G-Saite anschlagen.
2 min	15 (S. 30)	C, Am	Spiele diese Übung anfangs langsam bei etwa 70bpm. **Tipp**: Spiele anfangs nur die Basstöne und ergänze anschließend die Akkordtöne nach und nach.
2 min	15 (S. 30)	C, Am	Lege die Anschlagshand in Stegnähe leicht auf die Bass-Saiten und spiele dann Übung 15 mehrmals durch. Verändere die Position der Anschlagshand solange, bis du genau den „Sweet Spot" gefunden hast, an dem die Basstöne leicht abgedämpft, aber trotzdem klar und deutlich sind.
1 min	Vorübung	F (S. 126), G (open – S. 130, Barrée – S. 131)	Wiederhole die beiden Akkorde. Greife F-Dur als Vollbarrée (gutes Konditionstraining für die Greifhand!); G-Dur kannst du wahlweise mit Leersaiten oder als Vollbarrée-Akkord im 3. Bund greifen.
4 min	61.2 (S. 76–77)	C, Am, F, G	Spiele die vollständige Akkordfolge mit der oben beschriebenen Dämpftechnik. Denke daran, dass du für F- und G-Dur mit dem Daumen der Anschlagshand auf die tiefe E-Saite wechseln musst.

DÄMPFTECHNIK ▷ Leicht 2

ZEIT	ÜBUNG	AKKORDE & TONLEITERN	HINWEISE
1 min	Vorübung	Akkord: G5, C5 (S. 141)	Wenn du diese Power Chords noch nicht kennst, mache dich mit ihnen vertraut. Du findest sie in der Grifftabelle auf S. 141.
2 min	3 (S. 18)	G5, C5	In dieser Übung werden die notierten Akkorde durch die Power Chords G5 (statt E) und C5 (statt Am) ersetzt. Spiele Abschläge wie notiert und achte auf kleine Plektrumbewegungen, damit du wirklich nur die tiefe E-Saite und die A-Saite anschlägst.
2 min	3 (S. 18)	C (S. 116), Am (S. 134)	Lege die Anschlagshand leicht in Stegnähe auf die beiden tiefsten Saiten auf und spiele die Übung ein paarmal durch. Du kannst durch Positionsänderung der Hand unterschiedlich starke Dämpfung erzeugen.
1 min	Vorübung	A5 (S. 140), F5 (S. 141)	Verwende für beide Akkorde die Griff-Form auf den tiefsten Saiten. Verschiebe sie für A5 zwei Bünde aufwärts, für F5 zwei Bünde abwärts.
4 min	61.2 (S. 76–77)	C5, A5, F5, G5	Ersetze die angegebenen Dur- und Moll-Akkorde durch die oben geübten Powerchords. Spiele mit Dämpfung durch den Handballen (sogenanntes palm muting). **Tipp**: Wenn es besonders „heavy" klingen soll, spiele durchgehend Abschläge in Achtelnoten.

DÄMPFTECHNIK ▷ Fortgeschritten 1

ZEIT	ÜBUNG	AKKORDE & TONLEITERN	HINWEISE
1 min	Vorübung	Akkord: C (S. 116), Am (S. 134)	Wiederhole die Akkorde bei Bedarf. Schlage zum Aufwärmen die Saiten mit dem Daumen (*p*) und den Fingern (*i*, *m* und *a*) einzeln nacheinander an (also keine Pinches). **Tipp**: Trainiere die Unabhängigkeit deiner Finger, indem du ihre Reihenfolge beim Anschlag variierst.
2 min	19 (S. 34)	C, Am	Spiele diese Übung zu Beginn langsam mit etwa 70bpm. Übe zuerst die Basslinie (nur mit dem Daumen) und ergänze dann nach und nach die Melodietöne. So lernt man jedes Picking-Pattern am schnellsten.
2 min	19 (S. 34)	C, Am	Lege die Anschlagshand in Stegnähe leicht auf die drei tiefen Saiten und spiele die Übung mehrmals. Experimentiere mit der Handposition, bis du den „Sweet spot" findest – die Stelle, an der die Basstöne gedämpft sind, aber immer noch eine eindeutig erkennbare Tonhöhe haben.
1 min	Vorübung	F (S. 126), G (S. 130)	Wiederhole diese Akkorde. Bei F-Dur kannst du den Basston mit dem Daumen und die hohen Saiten mit den übrigen Fingern greifen (A-Saite und hohe E-Saite auslassen). G-Dur kannst du als Leersaiten-Akkord spielen, bei dem nur der Basston gegriffen wird.
4 min	61.2 (S. 76–77)	C, Am, F, G	Spiele diese Akkordfolge mit dem Handballen gedämpft (Palm muting). Für die Akkorde F und G muss das Basspattern leicht abgeändert werden (Grundton auf der tiefen E-Saite, zweiter Basston auf der D-Saite).

DÄMPFTECHNIK ▷ Fortgeschritten 2

ZEIT	ÜBUNG	AKKORDE & TONLEITERN	HINWEISE
1 min	Vorübung	Akkord: D5 (S. 140), C5, G5 (S. 141)	Wiederhole bei Bedarf diese Akkorde. Übe schnelle Akkordwechsel mit ihnen, dabei sollten die Finger immer in Kontakt mit den Saiten bleiben.
2 min	10 (S. 25)	D5, C5, G5	Spiele die Übung genau wie notiert – also noch ohne Dämpfen mit dem Handballen. Konzentriere dich dabei auf flüssige Akkordwechsel ohne Pausen. Übe bei mittlerem Tempo von etwa 80–100bpm.
2 min	10 (S. 25)	D5, C5, G5	Lege jetzt den Handballen der Anschlagshand in Stegnähe leicht auf die A- und D-Saite auf. Spiele die Übung mehrmals mit leichtem, gleichmäßigem Anschlag. Wenn du zu hart anschlägst, gerät das Plektrum leicht zu tief zwischen die Saiten und dein Spiel wird rhythmisch ungleichmäßig.
1 min	Vorübung	A5 (S. 140), F5 (S. 141), G5	Verwende die Griff-Form von G5 (Grundton: tiefe E-Saite) für alle drei Powerchords. Übe schnelle Akkordwechsel, indem du den Greifdruck verringerst und die Hand verschiebst, ohne sie von den Saiten zu lösen.
4 min	62.4 (S. 80–81)	A5, F5, G5	Spiele diese Übung mit Powerchords und dem Rhythmus des ersten Takts von Übung 10. Diese berühmte Akkordfolge findest du in vielen Songs, unter anderem in „All along the Watchtower" und „Stairway to Heaven". Übe sie in möglichst vielen Tonarten!

DÄMPFTECHNIK ▷ Profi 1

ZEIT	ÜBUNG	AKKORDE & TONLEITERN	HINWEISE
1 min	Vorübung	Chords: Am (S. 135), Dm (S. 121)	Verwende für diese Akkorde die Barrée-Versionen aus der Grifftabelle (beide im 5. Bund). Übe besonders den schnellen und geschmeidigen Wechsel zwischen den Akkorden.
2 min	9 (S. 24)	Am, Dm	Beginne langsam mit etwa 60bpm. Schlage mit dem Plektrum nur die drei hohen Saiten an und dämpfe die Akkorde kurz nach dem Anschlag, indem du den Druck der Greifhand verringerst (die Anschlagshand wird hier nicht zum Dämpfen verwendet).
2 min	9 (S. 24)	Am, Dm	Spiele Übung 9 erneut, aber greife für ein perkussives „Skanking" im Stil von Bob Marley jeden Akkord nur mit minimalem Druck. **Tipp**: Für ein echtes „Old-School-Reggae"-Feeling spiele Sechzehntel mit Swing-Feel.
1 min	Vorübung	F△ (S. 142), G7 (S. 131), C△ (S. 142), E7 (S. 125)	Verwende für die Akkorde F△ und C△ die Griff-Form mit dem Grundton auf der A-Saite aus der Grifftabelle. Greife das Barrée (bei F△) mit dem Zeigefinger und achte dabei darauf, die hohe E-Saite auch zu greifen.
4 min	61.6 (S. 78–79)	F△, G7, C△, E7	Spiele die Übung mit der oben beschriebenen Dämpftechnik der Greifhand. Schlage nur die hohen Saiten an und greife die Akkorde mit minimalem Druck, so dass der Klang kurz und perkussiv bleibt.

DÄMPFTECHNIK ▷ Profi 2

ZEIT	ÜBUNG	AKKORDE & TONLEITERN	HINWEISE
1 min	12 (S. 27)	Akkord: Am7 (S. 27), D9 (S. 146–147)	Übe diesen Am7 mit einem Halb-Barrée des Ringfingers über die hohen Saiten zu greifen wie notiert. Diese Griff-Form ist äußerst praktisch, wenn du schnell zu einem Nonen-Akkord im gleichen Bund wechseln willst.
2 min	12 (S. 27)	Am7, D9	Übe äußerst langsam (55bpm) für maximale rhythmische Genauigkeit. Kümmere dich in diesem Stadium erst einmal nicht um die Pausen. **Tipp**: Größte rhythmische Genauigkeit erreichst du mit durchgehendem Sechzehntel-Anschlag.
2 min	12 (S. 27)	Am7, D9	Spiele jetzt die Übung erneut und achte darauf, die Akkorde möglichst kurz und perkussiv zu spielen (außer der Bindung auf Zählzeit 3 jedes Takts natürlich), indem du den Druck der Greifhand unmittelbar nach dem Anschlag verringerst.
1 min	Vorübung	Gm7, C9, F△, Bø, E7♯9 (S. 142–149)	Übe schnelle Akkordwechsel mit diesen Akkorden. Für Gm7 und C9 verschiebe einfach Am7 und D9 um zwei Bünde nach unten. F△ greifst du im 8. Bund (Grundton auf der A-Saite); Bø und E7♯9 im 6. Bund.
4 min	62.6 (S. 82–83)	Am7, Gm7, C9, F△, Bø, E7♯9	Zum Abschluss spiele die gesamte Akkordfolge mit der oben beschriebenen Dämptechnik der Greifhand. Diese berühmte Akkordfolge kommt in vielen Songs vor, z.B. in „Sunny". Übe sie in möglichst vielen Tonarten.

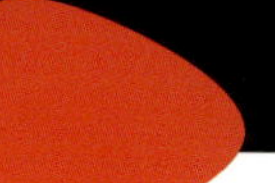

Spezialübungen

SPEZIALÜBUNGEN ▷ Leicht 1

ZEIT	ÜBUNG	AKKORDE & TONLEITERN	HINWEISE
1 min	25 (S. 40)		Spiele diese Übung sehr langsam (70bpm). Achte besonders auf möglichst gleichmäßigen Wechselschlag. Dafür sollte das Plektrum immer einen Winkel von 90° zu den Saiten haben.
1 min	25 (S. 40)		Verschiebe das gesamte Pattern jetzt auf die A-Saite (Anfangston: Zeigefinger im 5. Bund). **Tipp**: Verwende alle Finger der Greifhand (ein Finger pro Bund), um alle Finger möglichst gleichmäßig zu trainieren.
2 min	25 (S. 40)		Spiele das gleiche Pattern jetzt auf der D-Saite und der G-Saite. Der Anfangston (mit dem Zeigefinger gegriffen) ist dabei immer im 5. Bund.
2 min	25 (S. 40)		Jetzt spielst du das Pattern auf der G-Saite und der B-Saite, wieder mit Anfangston im 5. Bund (mit dem Zeigefinger gegriffen). Übe mit Metronom und achte dabei besonders auf gleichmäßigen Anschlag; Pausen machst du nur beim Saitenwechsel.
4 min	25 (S. 40)		Zum Abschluss des Workouts spielst du die Sequenz von der tiefen E-Saite bis zur hohen E-Saite (nur ein Durchgang pro Saite) zuerst aufwärts und anschließend abwärts ohne Pause durch. Diese Übung ist in jedem beliebigen Bund eine großartige Aufwärmübung.

SPEZIALÜBUNGEN ▷ Leicht 2

ZEIT	ÜBUNG	AKKORDE & TONLEITERN	HINWEISE
2 min	Vorübung	Tonleiter: A-Moll-Pentatonik, Form 1–5 (S. 152–153)	Wiederhole alle fünf Formen der Tonleiter. **Tipp**: Überspringe die bereits vertrauten Formen und konzentriere dich auf die unbekannten.
2 min	53 (S. 68)	A-Moll-Pentatonik, Form 1 und 2	Spiele die Übung wie notiert und übertrage das Sequenzpattern anschließend auf Form 2 der A-Moll-Pentatonik. Greife Töne auf benachbarten Saiten mit der in der Übung beschriebenen „Finger rolling"-Technik.
2 min	53 (S. 68)	A-Moll-Pentatonik, Form 3	Übe jetzt Form 3 der A-Moll-Pentatonik mit dem gleichen Sequenzpattern. Denke daran, dass du auf der G-Saite nur einen Ton spielst, bevor du wieder abwärts spielst. Mit durchgehendem Wchelschlag gespielt ist diese Übung ein hervorragendes Techniktraining!
2 min	53 (S. 68)	A-Moll-Pentatonik, Form 4	Übertrage dieses Pattern auf Form 4 der A-Moll-Pentatonik mit Anfangston im 12. Bund. **Tipp**: Diese Form kannst du auch mit Leersaiten spielen.
2 min	53 (S. 68)	A-Moll-Pentatonik, Form 5	Übe jetzt Form 5 der A-Moll-Pentatonik (Anfangston im 3. Bund wie in der Tonleiter-Übersicht). Wenn du alle fünf Formen der A-Moll-Pentatonik beherrschst, übe sie in den wichtigen Tonarten Em, Dm und Gm.

SPEZIALÜBUNGEN ▷ Fortgeschritten 1

ZEIT	ÜBUNG	AKKORDE & TONLEITERN	HINWEISE
1 min	33 (S. 48)		Spiele diese Übung anfangs in niedrigem Tempo (60 bpm). Achte dabei genau auf die gespielten Töne: Klingen die Aufschläge eventuell leicht anders als die Abschläge? Mit etwas Übung sollte man zwischen Auf- und Abschlag keinen Unterschied mehr hören.
1 min	33 (S. 48)		Verschiebe das gesamte Pattern jetzt auf die A-Saite, mit dem Zeigefinger im 5. Bund. **Tipp**: Für ein möglichst effektives Workout greife mit allen vier Fingern der Greifhand (ein Finger pro Bund).
2 min	33 (S. 48)		Übe das Pattern jetzt auch auf der D-Saite und der G-Saite. Der Anfangston (mit dem Zeigefinger gegriffen) ist dabei immer im 5. Bund.
2 min	33 (S. 48)		Jetzt übst du das Pattern (mit Anfangston im 5. Bund) auf der G-Saite und der B-Saite. Das Plektrum sollte einen 90°-Winkel zu den Saiten haben und sich beim Anschlag so wenig wie möglich bewegen. Der Anschlag sollte eine Kombination von Finger- und Handgelenkbewegung sein.
4 min	33 (S. 48)		Spiele die Sequenz jetzt aufwärts auf allen Saiten. Wenn du möchtest, kannst du eine kleine Pause machen, bevor du die Sequenz wieder abwärts spielst. **Tipp**: Diese Übung kannst du mit beliebigem Anfangston auf der tiefen E-Saite zum Aufwärmen verwenden.

SPEZIALÜBUNGEN ▷ Fortgeschritten 2

ZEIT	ÜBUNG	AKKORDE & TONLEITERN	HINWEISE
2 min	Vorübung	Tonleiter: A-Moll-Pentatonik, Form 1–5 (S. 152–153)	Wiederhole die fünf Formen der Tonleiter. **Tipp**: Um deine Übungszeit optimal zu nutzen, überspringe diejenigen Pattern, die du im Schlaf beherrschst und wiederhole nur die nicht so vertrauten.
2 min	54 (S. 69)	A-Moll-Pentatonik, Form 1 und 2	Spiele Übung 54 und übertrage dann das zugrundeliegende Schema auf Form 2. Die zweite Tongruppe spielst du mit Mittelfinger, Ringfinger und kleinem Finger und mit Anfangston auf der D-Saite (Form 2).
2 min	54 (S. 69)	A-Moll-Pentatonik, Form 3	Übe mit dem gleichen Pattern jetzt Form 3 der A-Moll-Pentatonik. Achte darauf, vor dem Abwärtsspiel nur einen einzigen Ton auf der G-Saite zu spielen. Diese Übung ist nur mit „Finger rolling" spielbar.
2 min	54 (S. 69)	A-Moll-Pentatonik, Form 4	Übertrage jetzt das Sequenzpattern auf Form 4 der A-Moll-Pentatonik (Anfangston auf dem 12. Bund). **Tipp**: Diese Form kannst du auch mit Leersaiten spielen.
2 min	54 (S. 69)	A-Moll-Pentatonik, Form 5	Zum Schluss übst du jetzt Form 5 der A-Moll-Pentatonik mit Anfangston im 3. Bund (wie in der Tonleiterübersicht). Wenn du alle 5 Formen der Tonleiter beherrschst, übe sie in den Tonarten Em, Dm und Gm.

ZEIT	ÜBUNG	AKKORDE & TONLEITERN	HINWEISE
1 min	57 (S. 72)	Tonleiter: C-Dur, Form 1 (S. 176)	Spiele diese Dreiklangsübung mit Wechselschlag wie notiert. Beginne mit etwa 60–80bpm und widerstehe der Versuchung, zu früh zu schnell zu üben. **Tipp**: Du kannst die Schwierigkeit dieser Übung steigern, indem du den ersten Ton jeder Triole betonst.
2 min	57 (S. 72)	C-Dur, Form 1	Erweitere die Sequenz jetzt um C-Dur (Anfangston: 10. Bund der D-Saite) sinngemäß nach oben. Verwende nur Dreiklänge von Form 1 der Tonleiter. Der letzte Dreiklang ist ein F-Dur (Anfangston: 10. Bund der G-Saite).
2 min	58 (S. 73)	C-Dur, Form 1	Jetzt spielst du abwärts, beginnend mit dem eben ergänzten C-Dur-Dreiklang. Die Finger bleiben dabei immer möglichst nahe bei den Saiten. Das minimiert die Bewegungen und ermöglicht schnelleres Spiel.
2 min	58 (S. 73)	C-Dur, Form 1	Spiele die Sequenz jetzt innerhalb von Form 1 abwärts, aber von dem hohen F-Dur aus, mit dem Übung oben endete. Der letzte Dreiklang ist dann der C-Dur, mit dem das vorherige Pattern begann.
3 min	57 und 58 (S. 72–73)	C-Dur, Form 1	Übe jetzt die komplette Sequenz auf- und absteigender Dreiklänge durch die gesamte Form 1 der C-Dur-Tonleiter. Diese unschätzbar wertvolle Technikübung solltest du jetzt auf die anderen vier Formen von C-Dur übertragen und anschließend auch in allen anderen Tonarten üben!

ZEIT	ÜBUNG	AKKORDE & TONLEITERN	HINWEISE
2 min	59 (S. 74)	Tonleiter: C-Dur, Form 1 (S. 176)	Spiele diese Arpeggio-Übung mit dem notierten Wechselschlag. Starte langsam mit 60bpm – Eile schadet hier nur. **Tipp**: Für einen höheren Schwierigkeitsgrad betone den ersten Ton jeder Sechzehntelgruppe leicht.
2 min	60 (S. 75)	C-Dur, Form 1	Übe jetzt diese Abwärts-Sequenz mit Anfangston im 7. Bund der hohen E-Saite. Greife Töne im gleichen Bund auf benachbarten Saiten immer mit der „Finger rolling"-Technik.
2 min	59 und 60 (S. 74–75)	C-Dur, Form 1	Kombiniere die beiden Übungen oben zu einer viertaktigen auf- und absteigenden Arpeggio-Sequenz. Wenn du willst, kannst du auf Zählzeit 4 von Takt 2 ein C△-Arpeggio aufwärts spielen. Der Ton B wird dann zweimal gespielt: als letzter Ton von Takt 2 und als erster Ton von Takt 3.
2 min	59 und 60 (S. 74–75)	C-Dur, Form 2 (S. 177)	Übertrage diese Arpeggio-Sequenz jetzt auf Form 2 der C-Dur-Tonleiter. Das erste Arpeggio ist Dm7 (10. Bund). Achte darauf, nur Töne von Form 2 zu verwenden.
2 min	59 und 60 (S. 74–75)	C-Dur, Form 3 (S. 177)	Zum Schluss übertrage diese Arpeggio-Sequenz auf Form 3 der C-Dur-Tonleiter. Das erste Arpeggio ist dann Em7 (12. Bund). Wenn du diese Übung dann das nächste Mal spielst, fange direkt mit Form 3 an und übertrage die Sequenz anschließend auf Form 4 und 5 der C-Dur-Tonleiter.

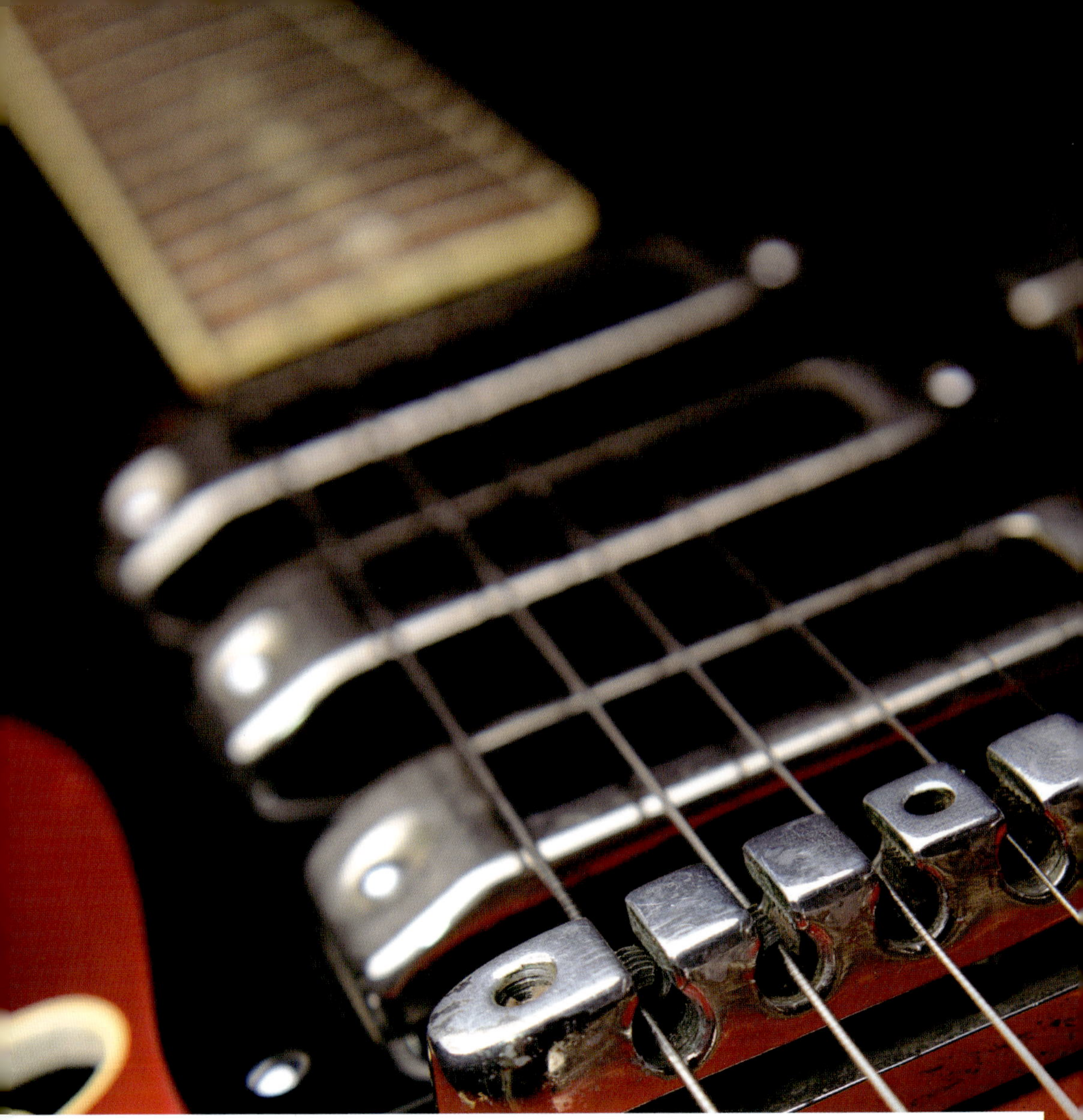

Notations-Erklärung

Akkord in der 1. Lage (1. Bund):

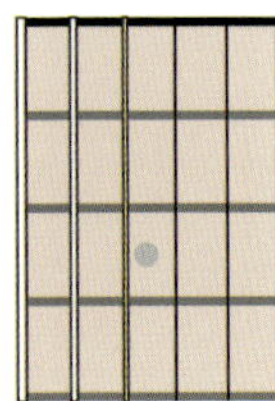

Akkord in der 5. Lage (5. Bund):

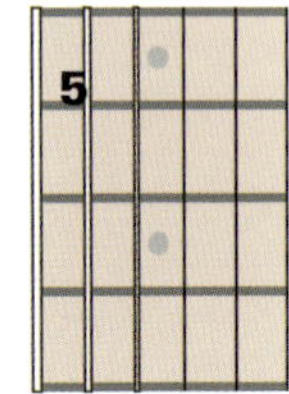

- ✖ Leersaite, nicht gespielt
- ○ Leersaite (Grundton), gespielt
- ○ Leersaite (Akkordton), gespielt
- ● Grundton
- ● Akkordton
- ●—● Barrée oder Halb-Barrée

Hinweis: Die Zahlen geben den korrekten Fingersatz an. Gelegentlich ist ein alternativer Fingersatz in Klammern angegeben.

Griff-tabelle

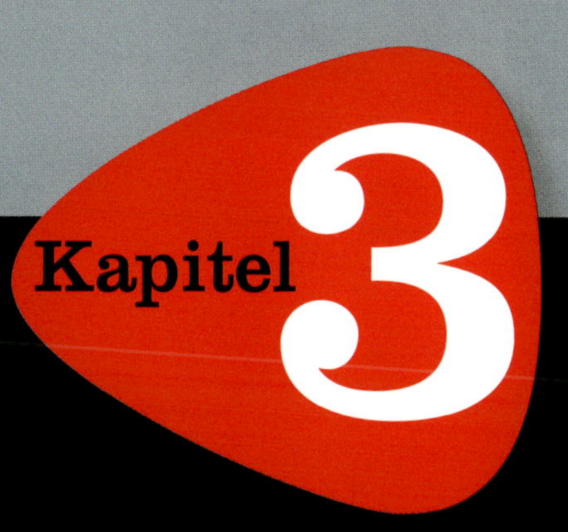

Transponiertabelle

I	♭II	II	♭III	III	IV	♯IV/♭V	V	♯V/♭VI	VI	♭VII	VII
C	D♭	D	E♭	E	F	F♯/G♭	G	G♯/A♭	A	B♭	B
C♯/D♭	D	D♯/E♭	E	F	F♯/G♭	G	G♯/A♭	A	A♯/B♭	B	C
D	E♭	E	F	F♯	G	G♯ /A♭	A	A♯/B♭	B	C	C♯
D♯/E♭	E	F	F♯/G♭	G	G♯/A♭	A	A♯/B♭	B	C	C♯/D♭	D
E	F	F♯	G	G♯	A	A♯/B♭	B	C	C♯	D	D♯
F	G♭	G	A♭	A	B♭	B	C	C♯/D♭	D	E♭	E
F♯/G♭	G	G♯/A♭	A	A♯/B♭	B	C	C♯/D♭	D	D♯/E♭	E	F
G	A♭	A	B♭	B	C	C♯/D♭	D	D♯/E♭	E	F	F♯
G♯/A♭	A	A♯/ B♭	B	C	C♯/D♭	D	D♯/E♭	E	F	F♯/G♭	G
A	B♭	B	C	C♯	D	D♯/E♭	E	F	F♯	G	G♯
A♯/B♭	B	C	C♯/D♭	D	D♯/E♭	E	F	F♯/G♭	G	G♯/A♭	A
B	C	C♯	D	D♯	E	F	F♯	G	G♯	A	A♯

1 C-Dur

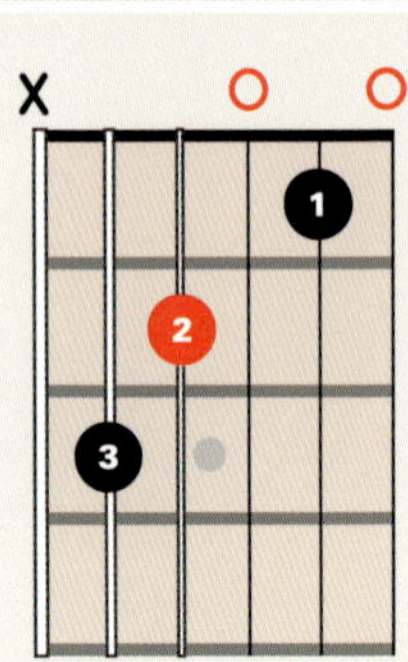

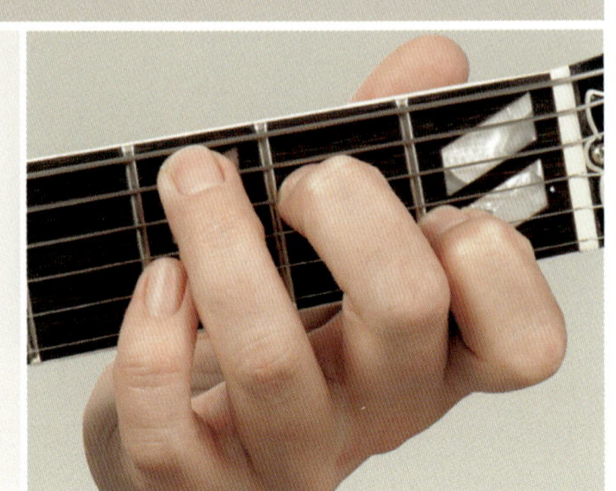

1 C-Moll

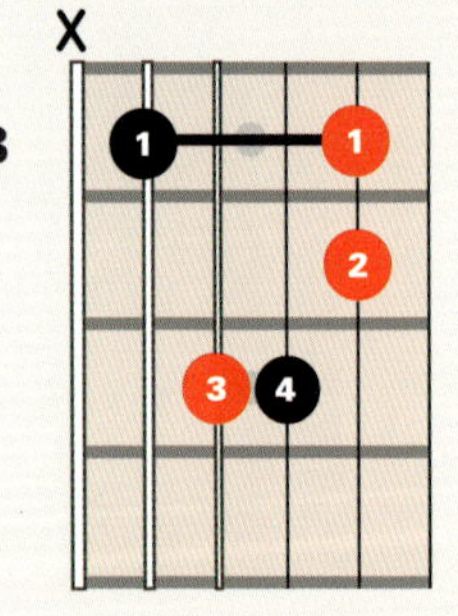

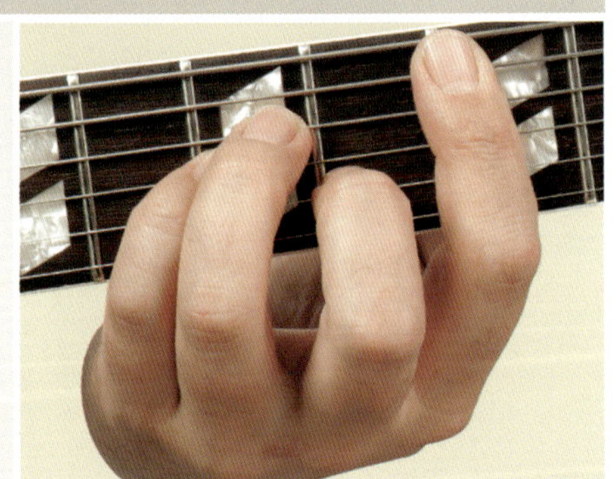

1 C7

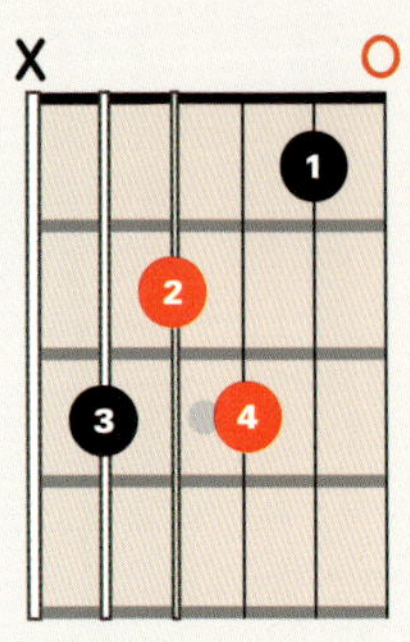

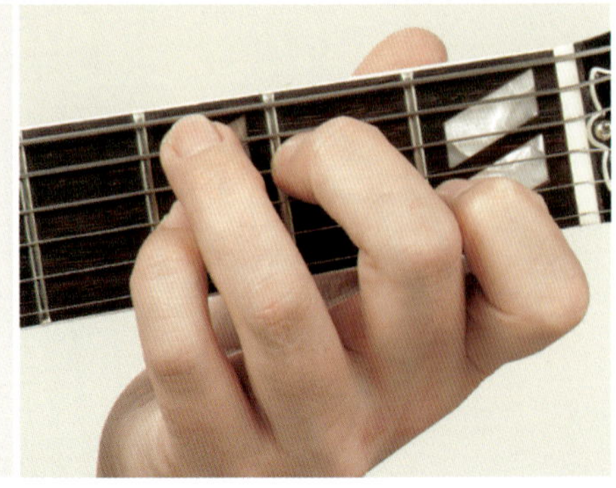

2 C-Dur

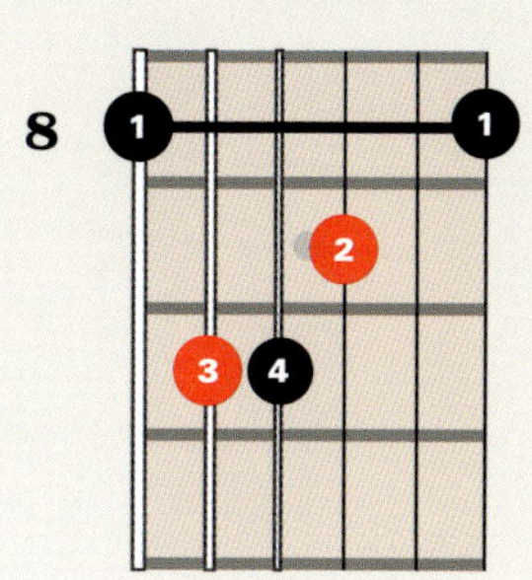

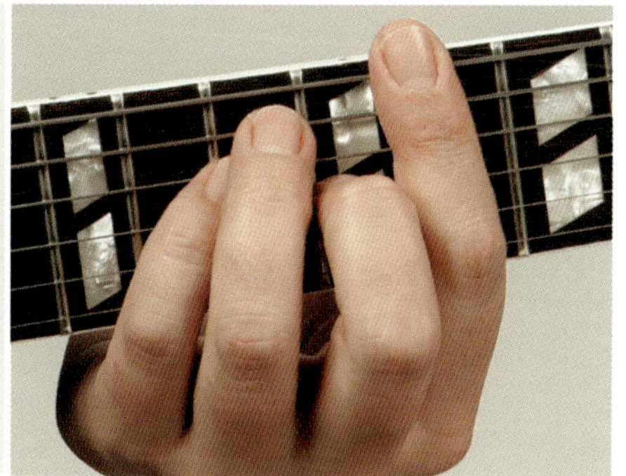

2 C-Moll

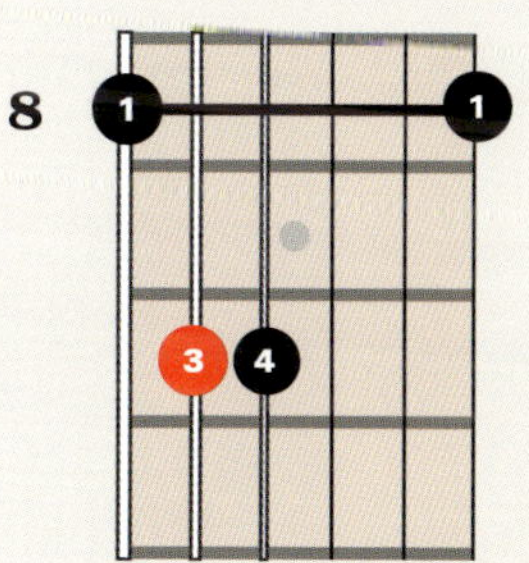

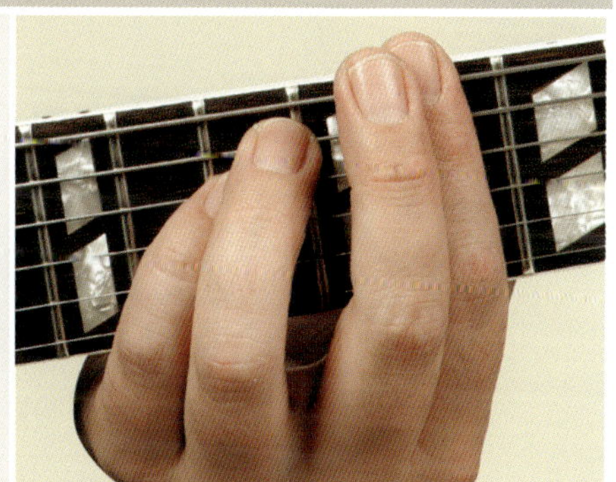

2 C7

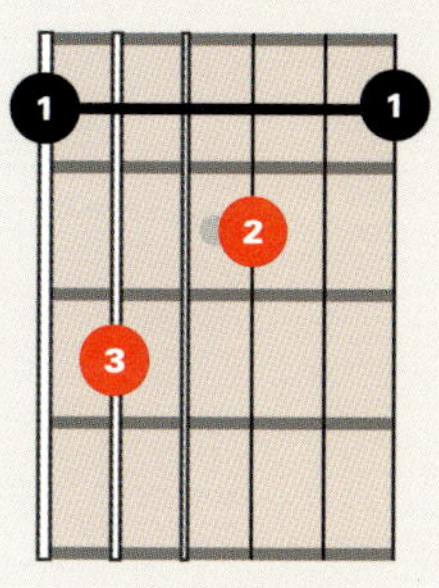

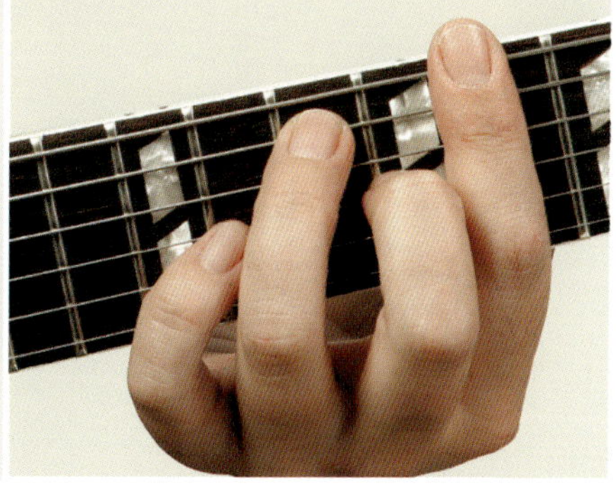

C♯/D♭

1 C♯/D♭-Dur

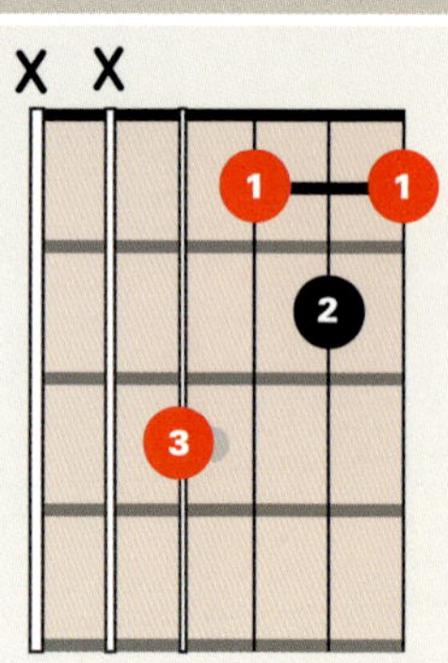
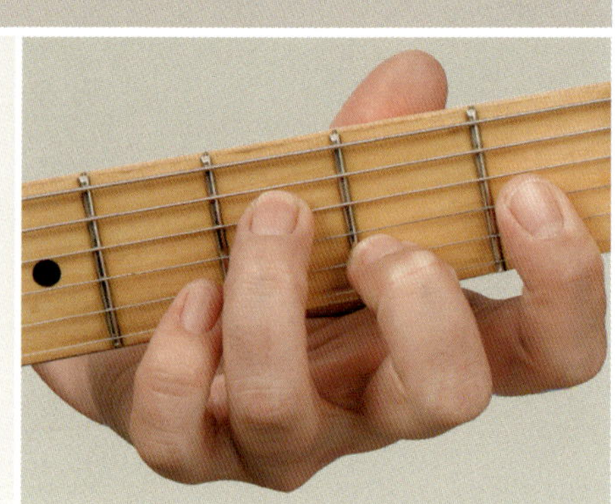

1 C♯/D♭-Moll

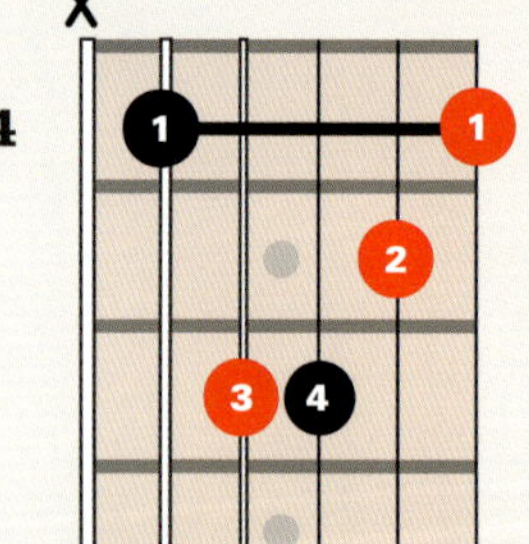
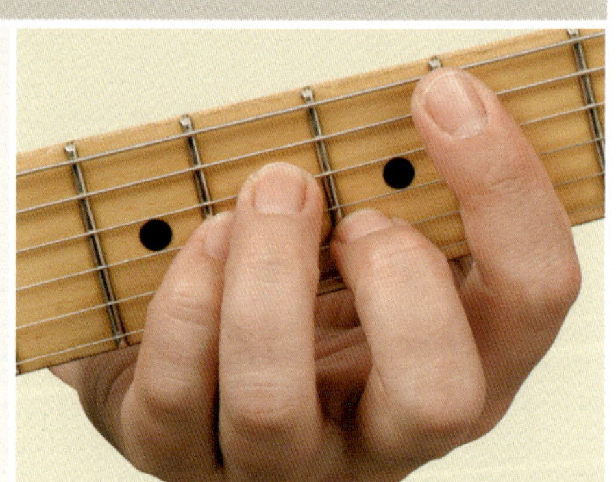

1 C♯7/D♭7

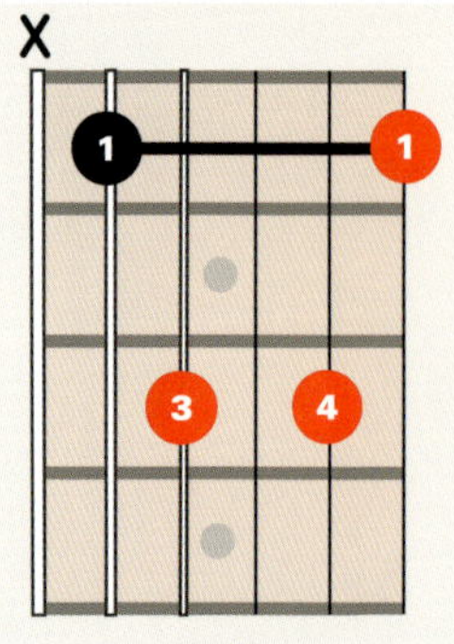
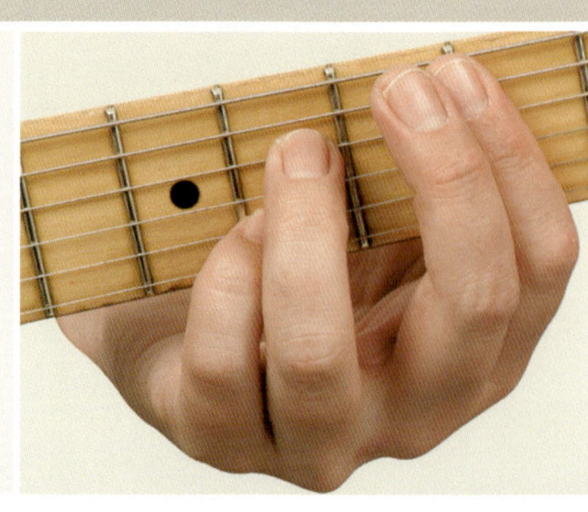

2 C♯/D♭-Dur

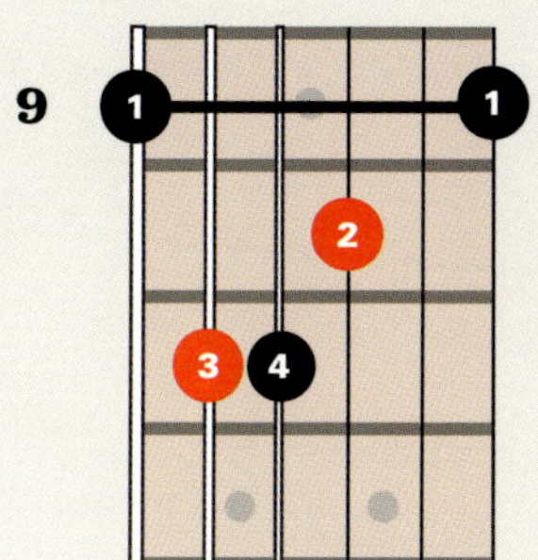

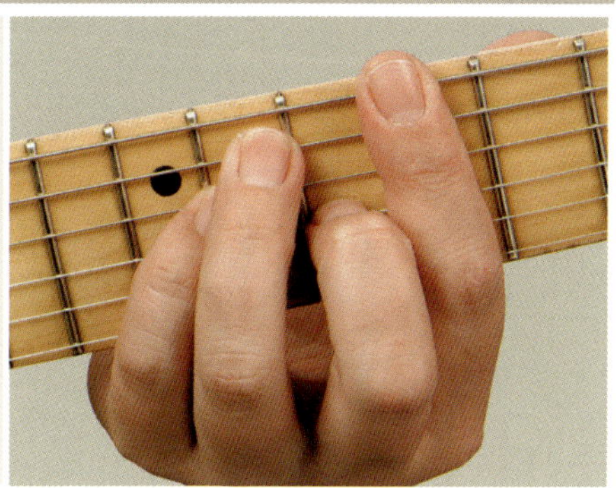

2 C♯/D♭-Moll

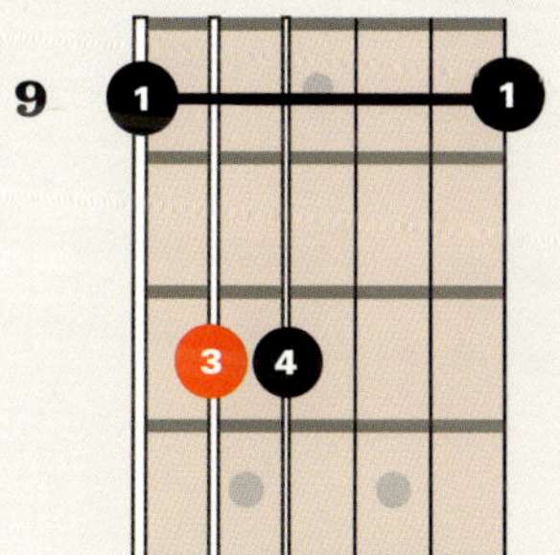

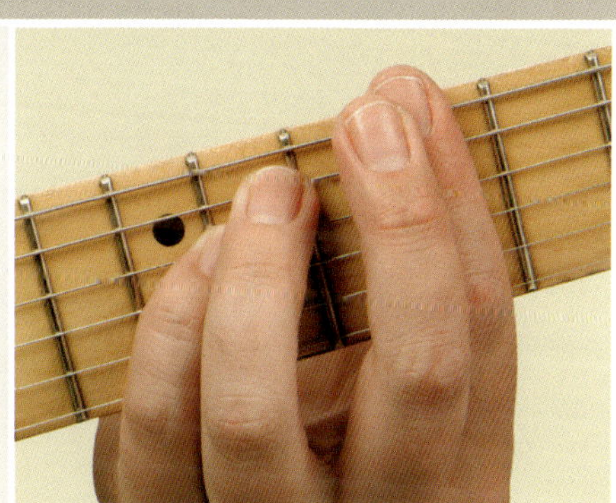

2 C♯7/D♭7

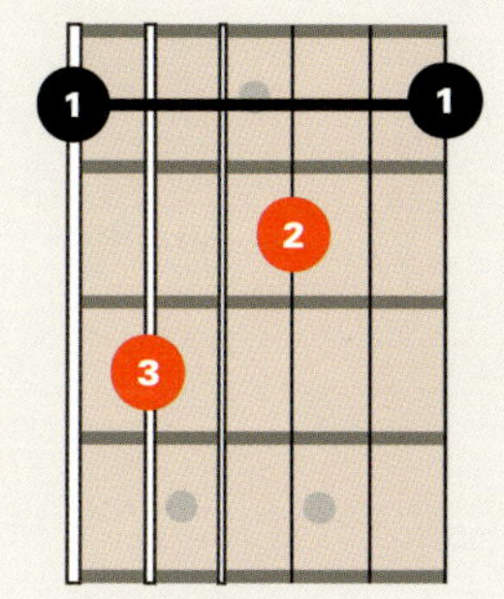

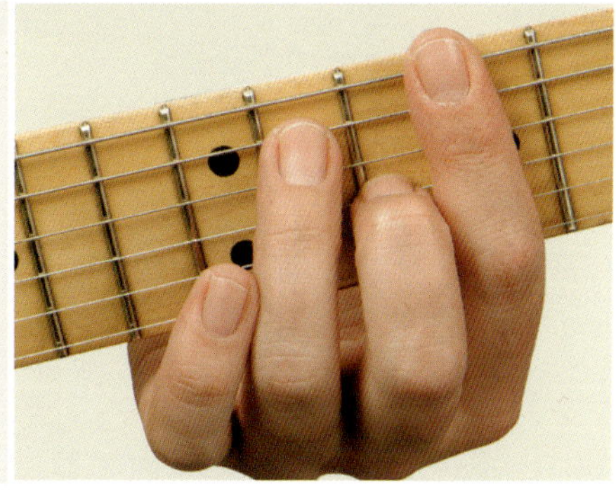

1 D-Dur

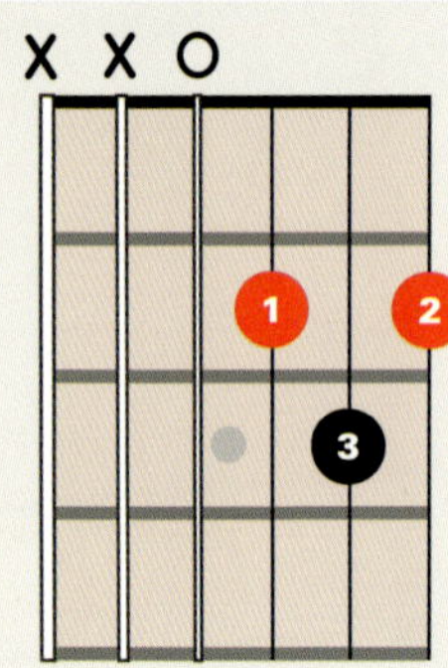

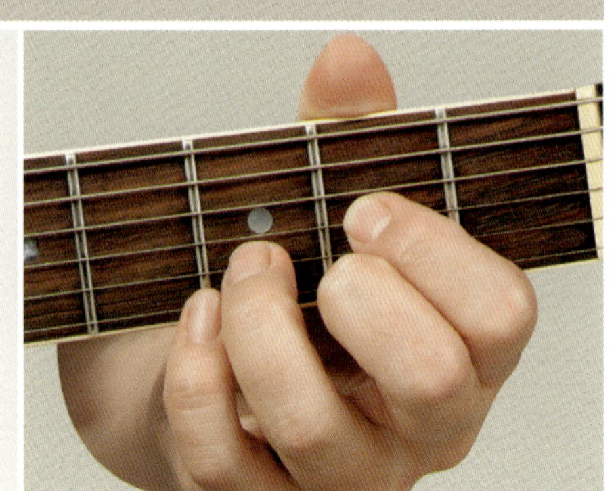

1 D-Moll

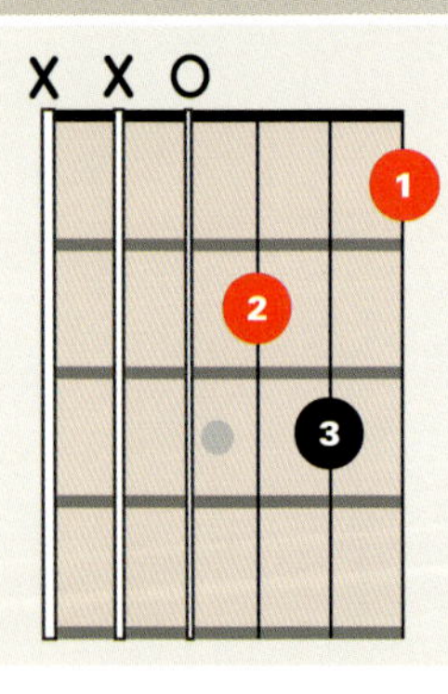

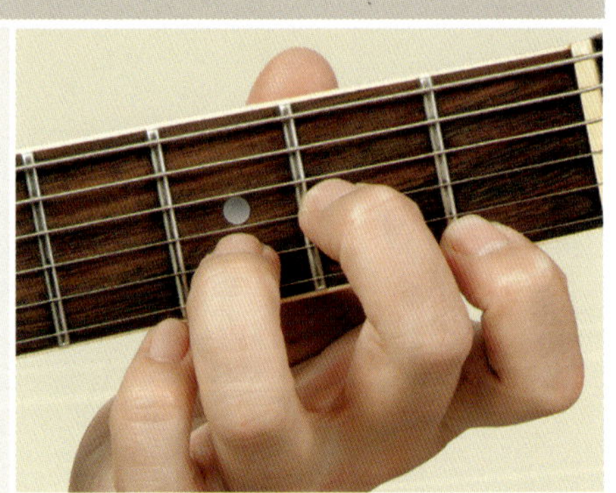

1 D7

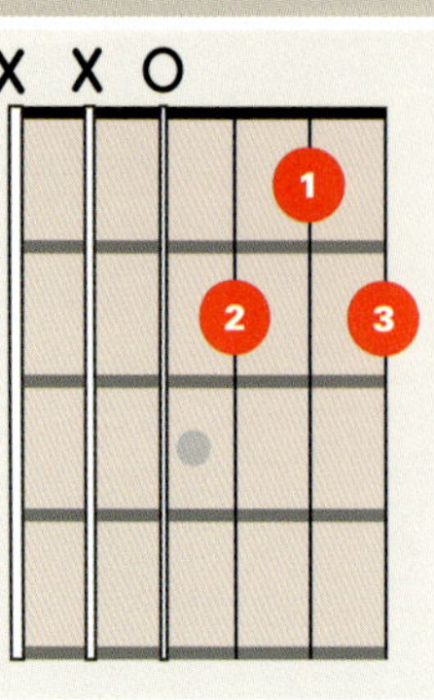

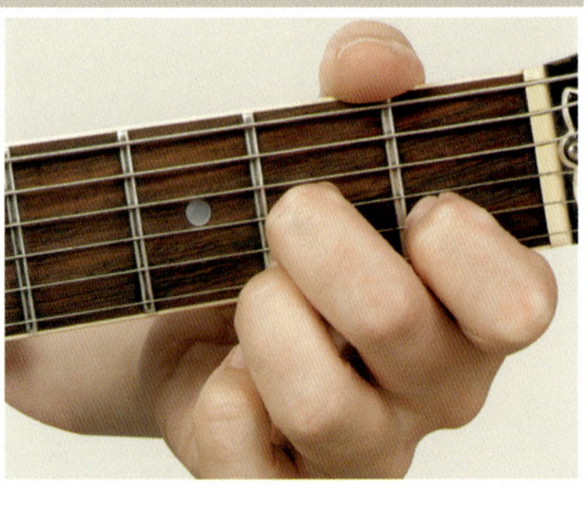

2 D-Dur

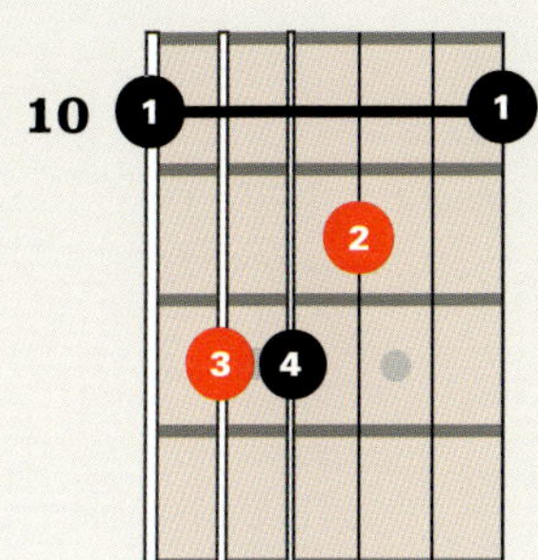

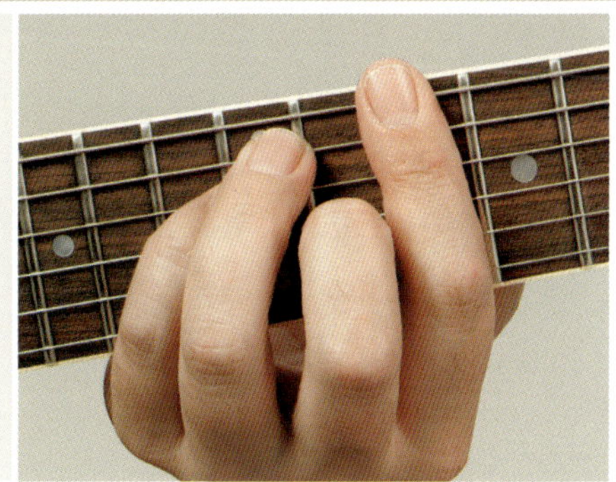

2 D-Moll

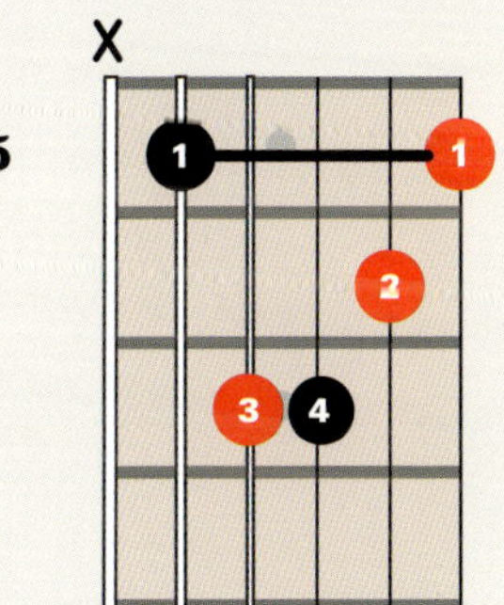

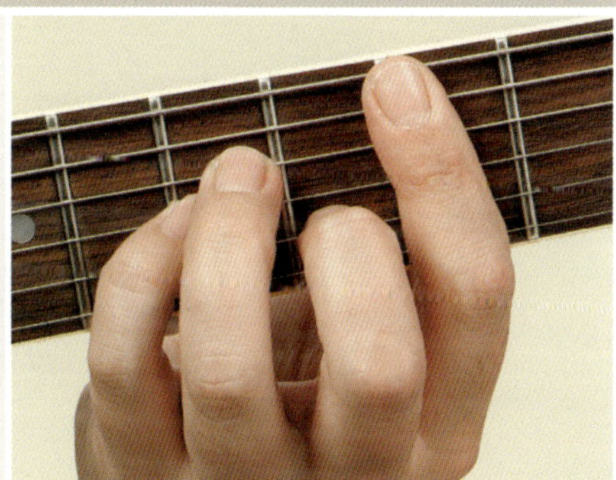

2 D7

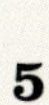

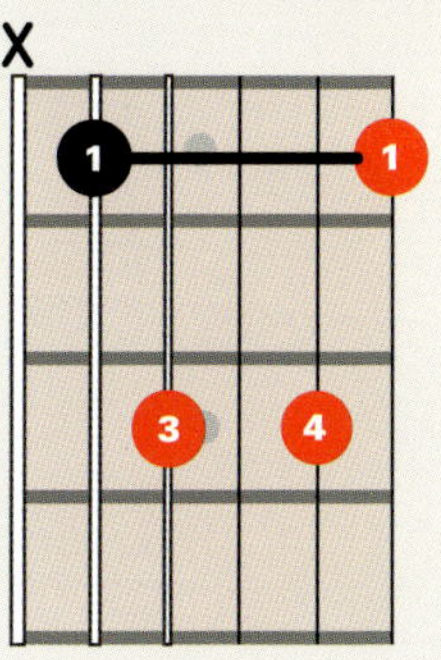

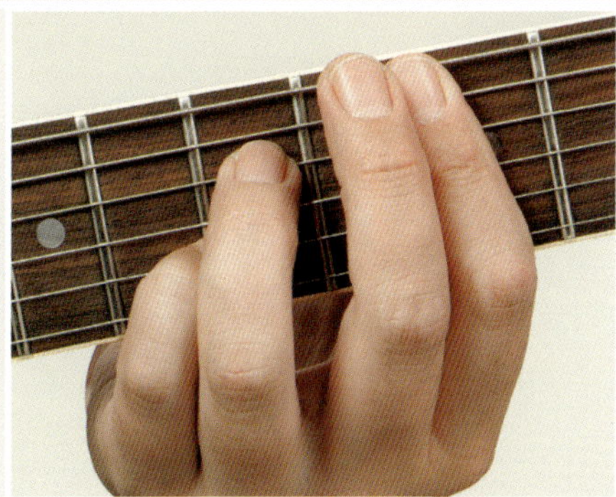

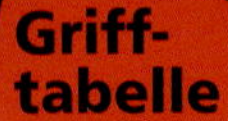

E♭/D♯

1 E♭/D♯-Dur

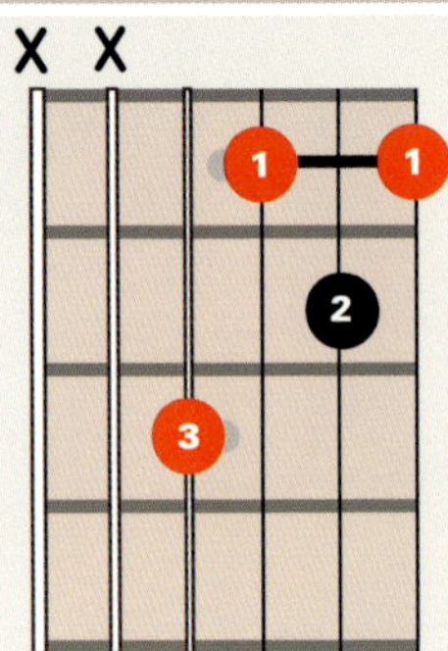

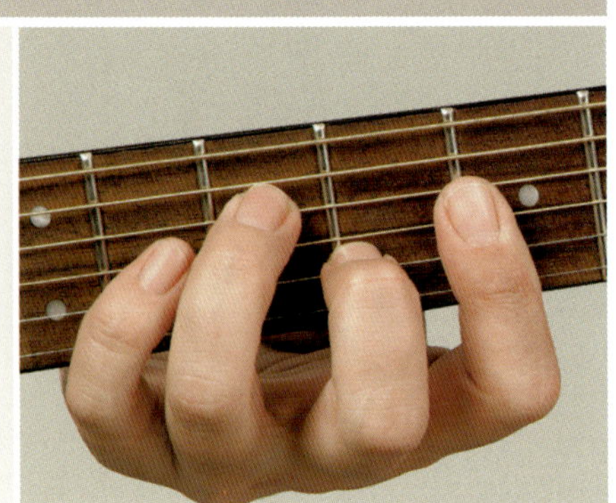

1 E♭/D♯-Moll

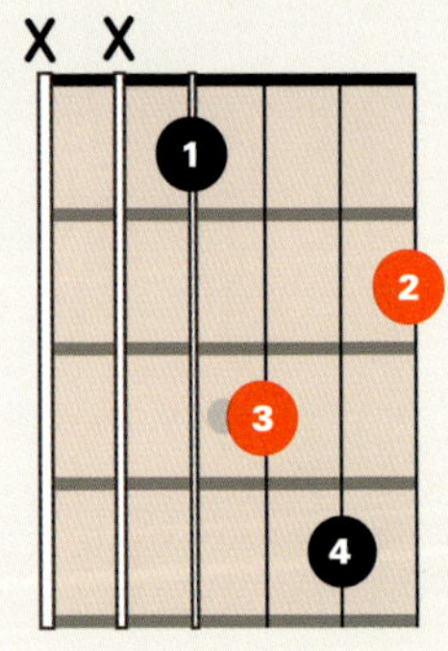

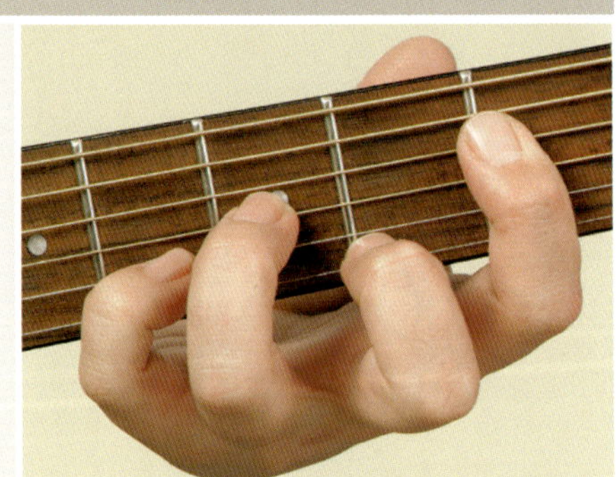

1 E♭7/D♯7

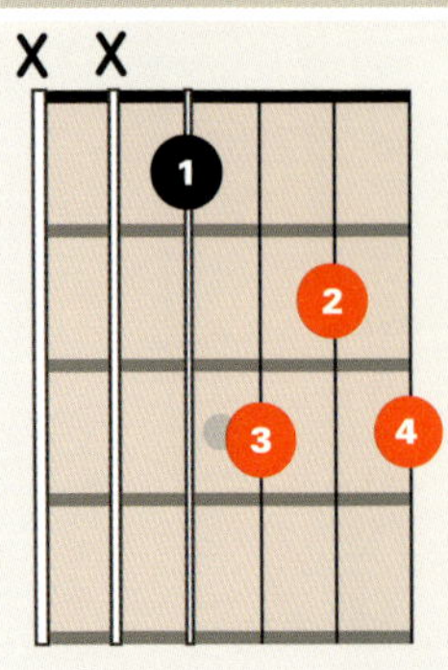

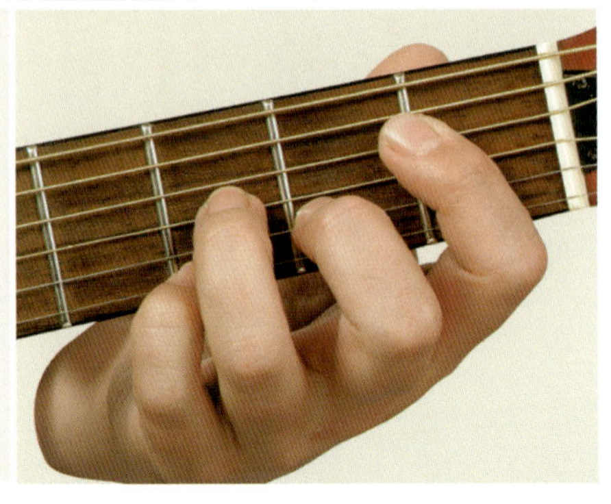

2 E♭/D♯-Dur

6

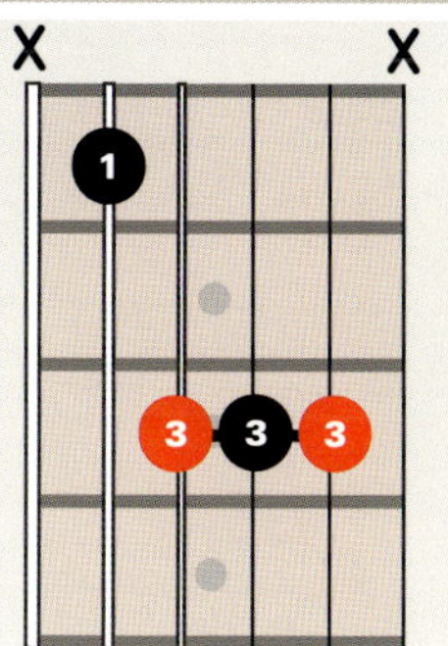

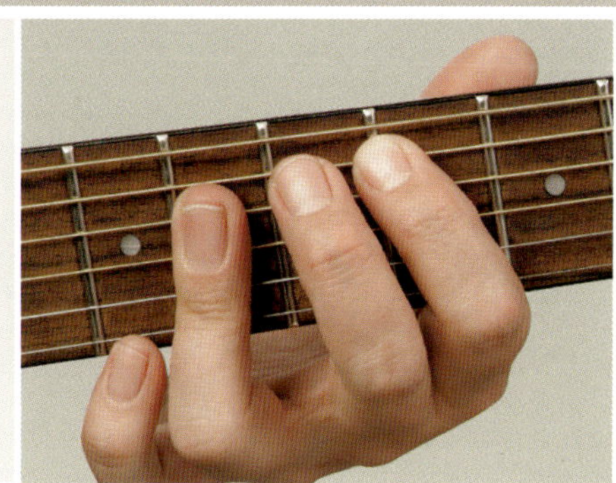

2 E♭/D♯-Moll

6

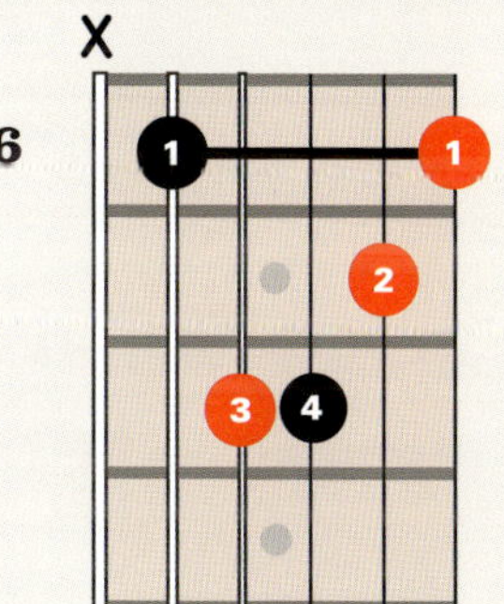

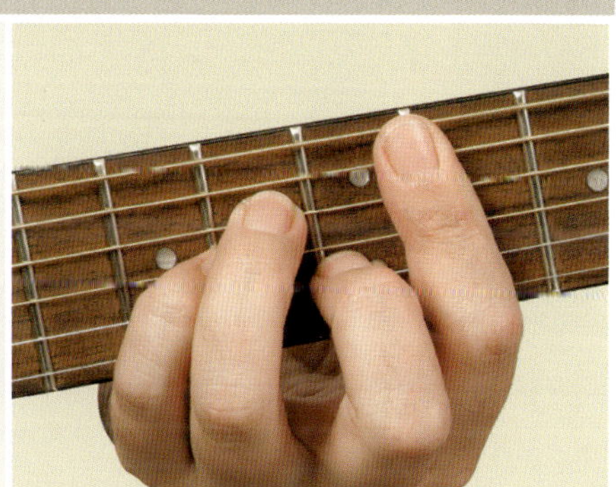

2 E♭7/D♯7

6

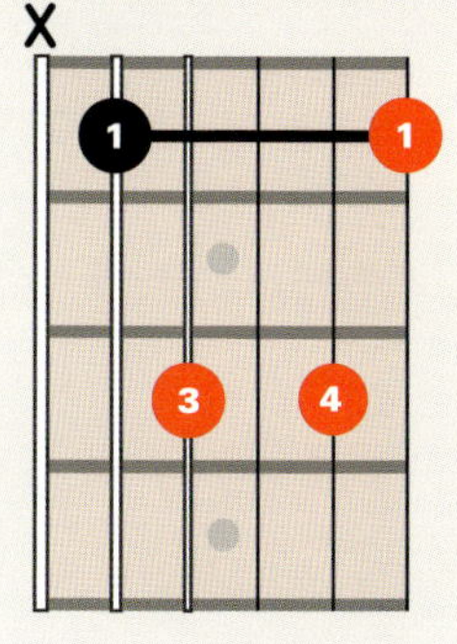

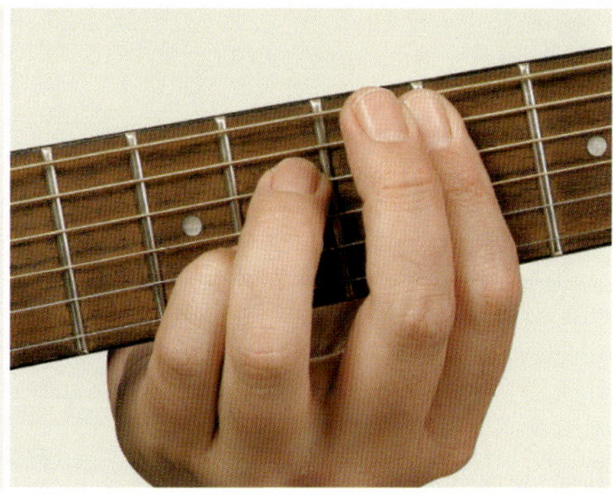

1 E-Dur

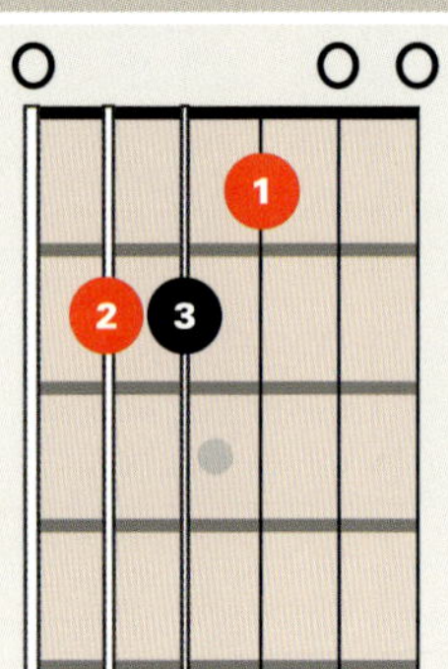
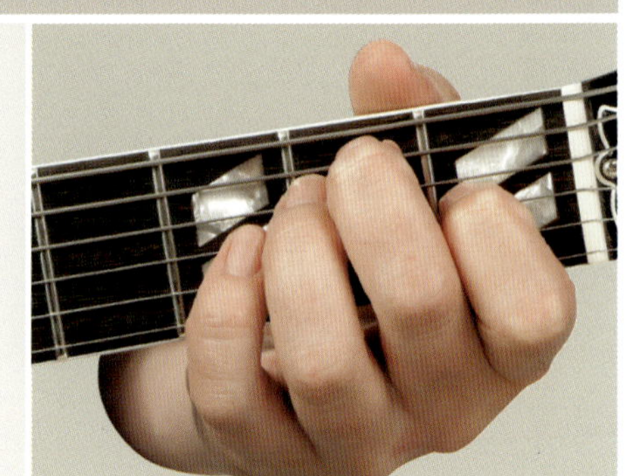

1 E-Moll

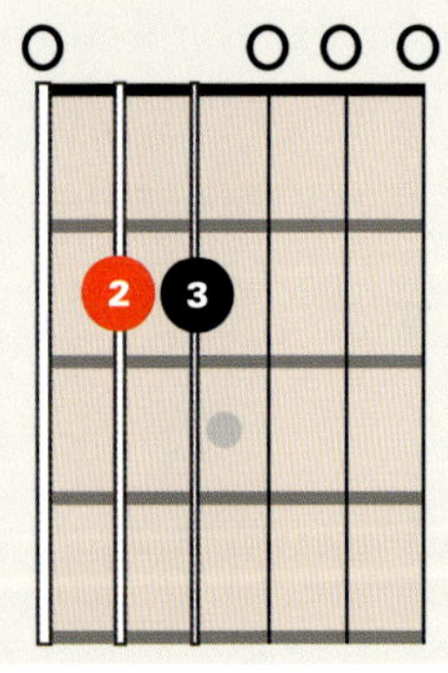
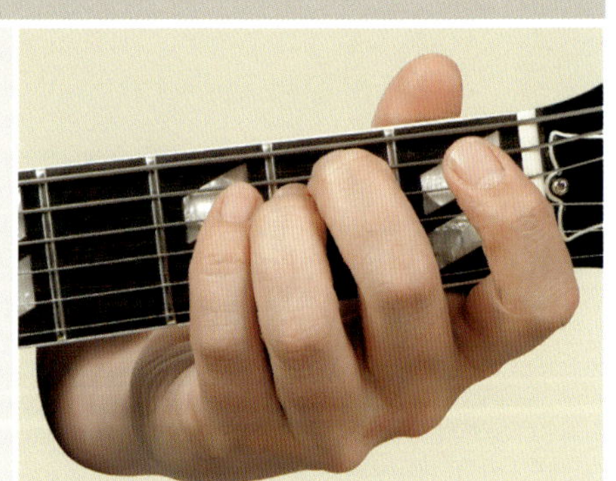

1 E7

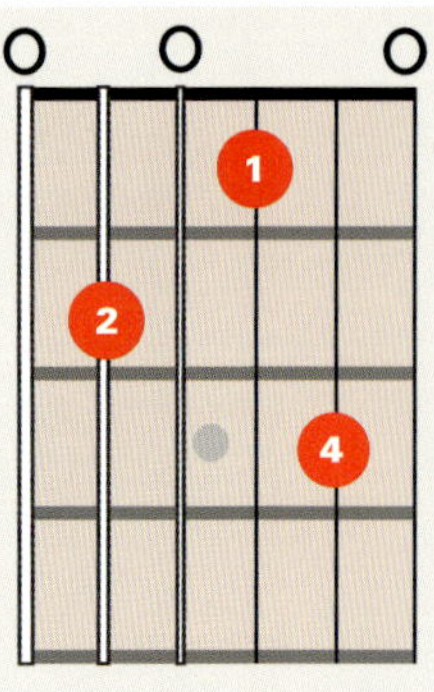
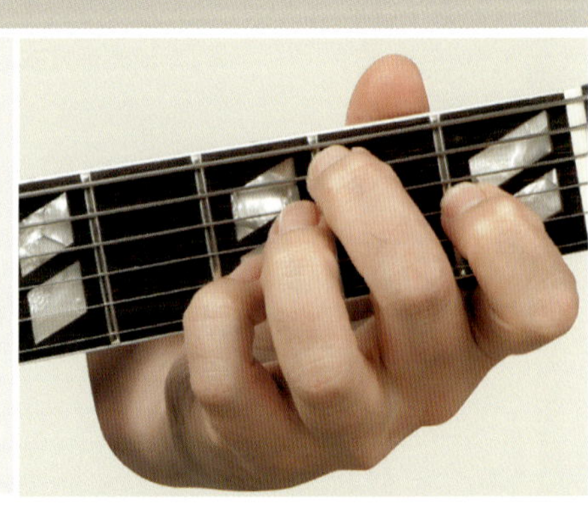

2 E-Dur

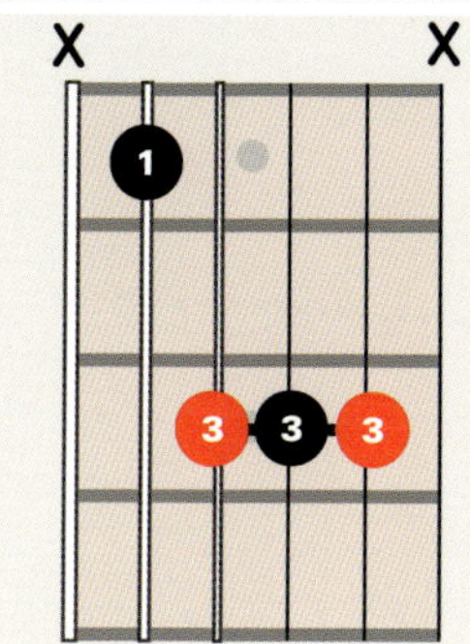

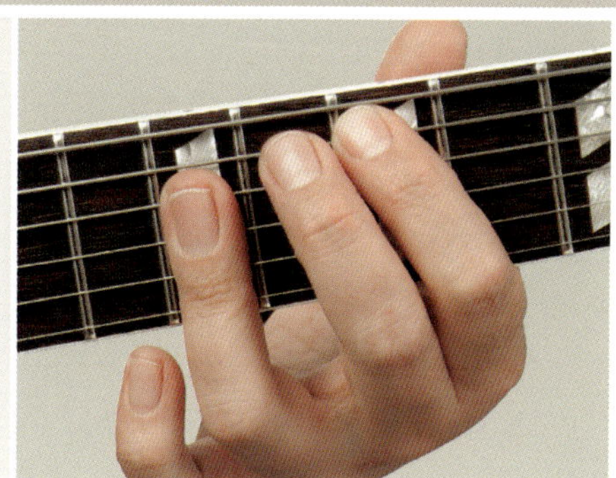

2 E-Moll

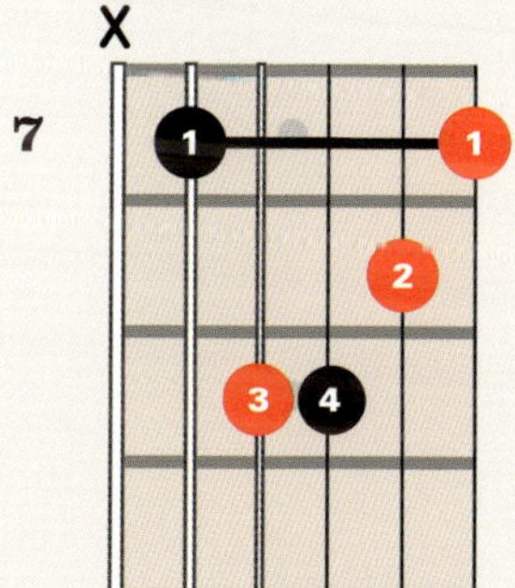

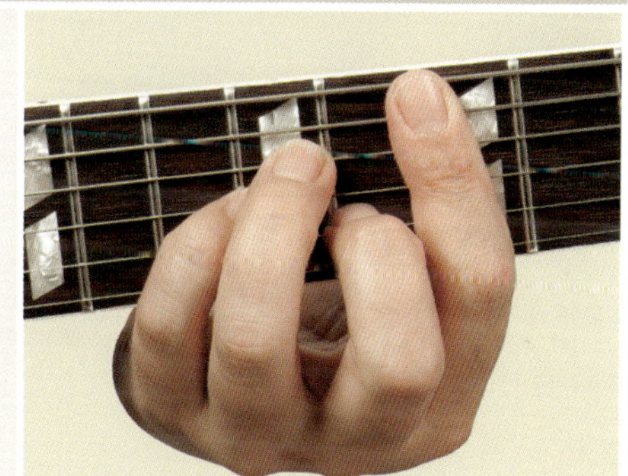

2 E7

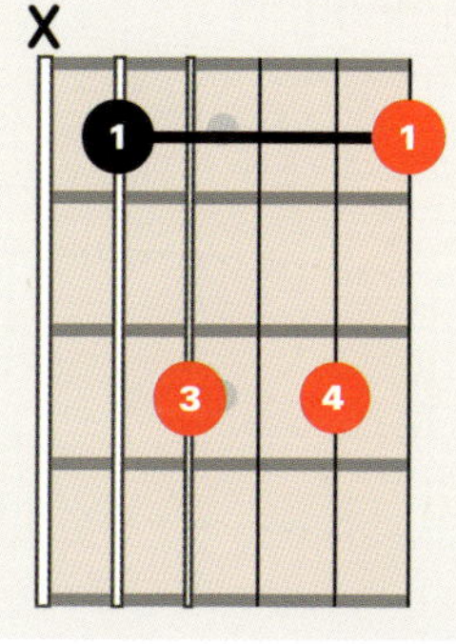

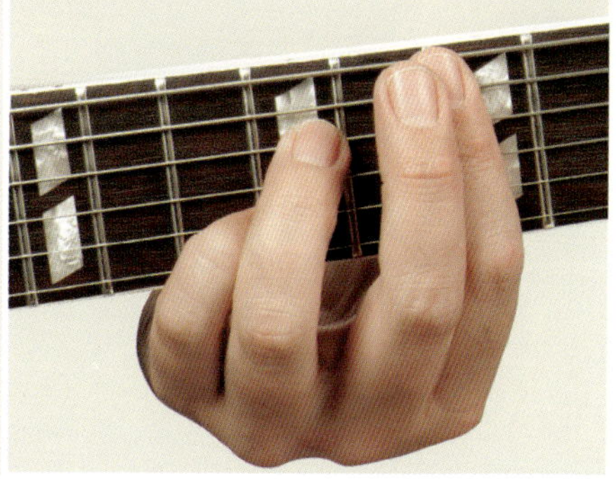

F

1 F-Dur

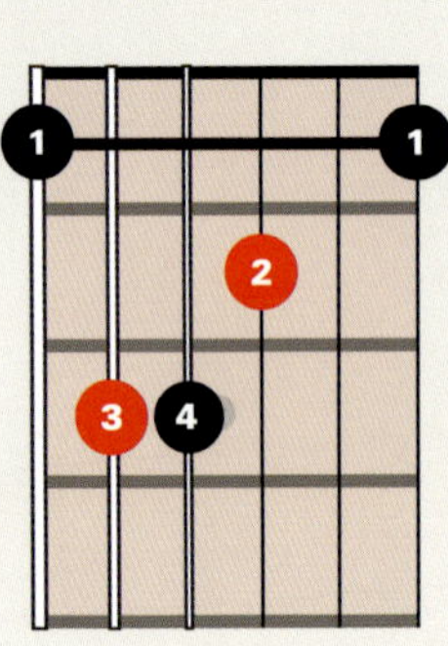

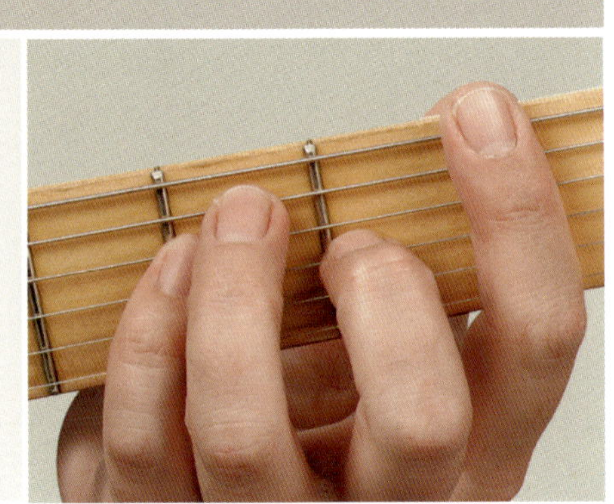

1 F-Moll

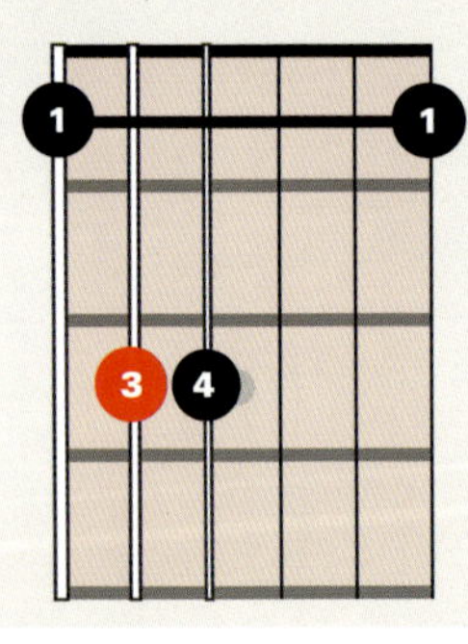

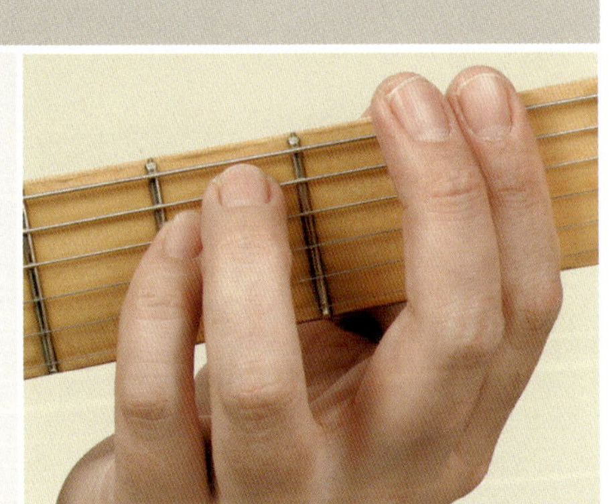

1 F7

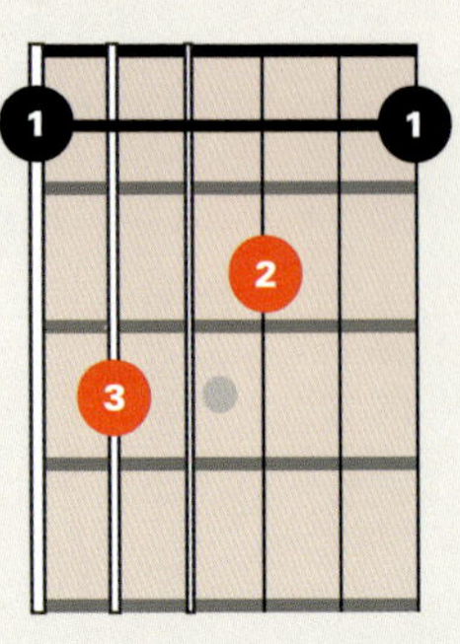

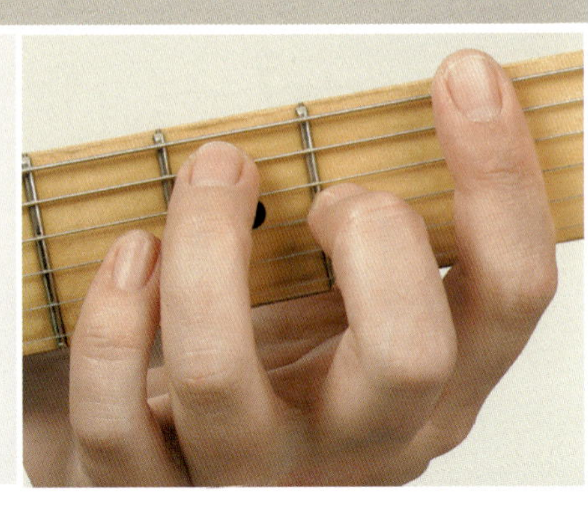

2 F-Dur

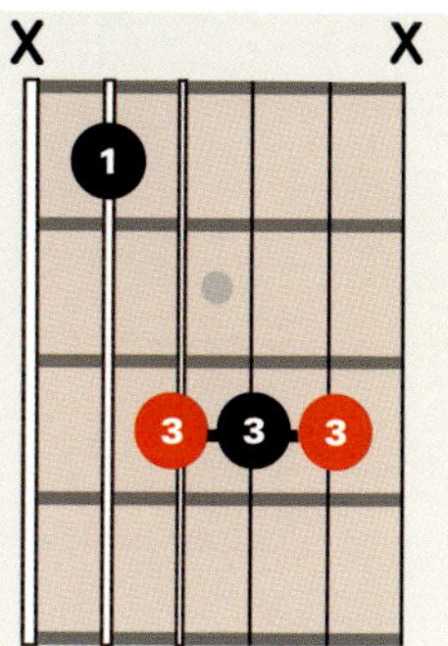

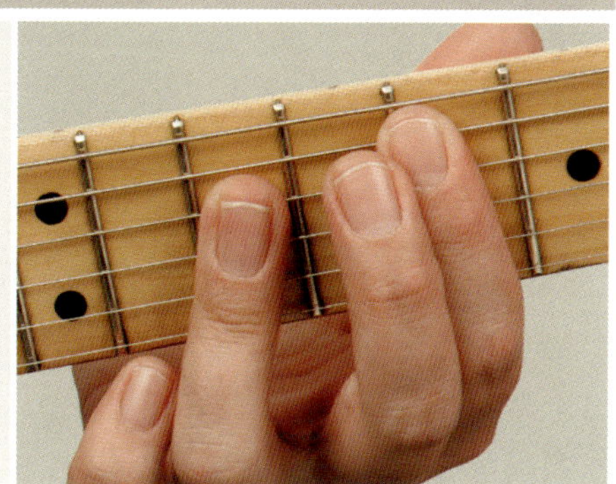

2 F-Moll

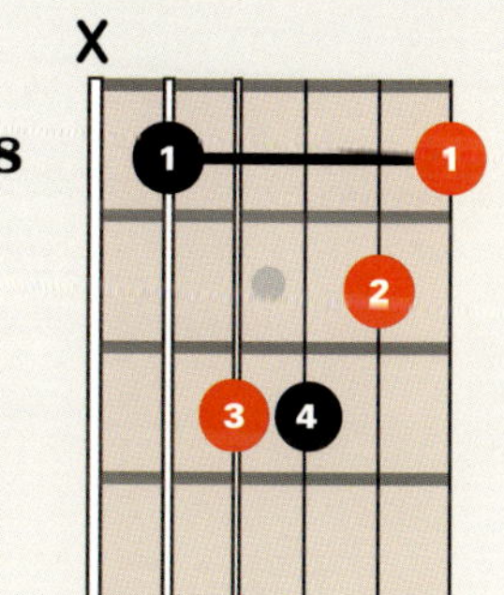

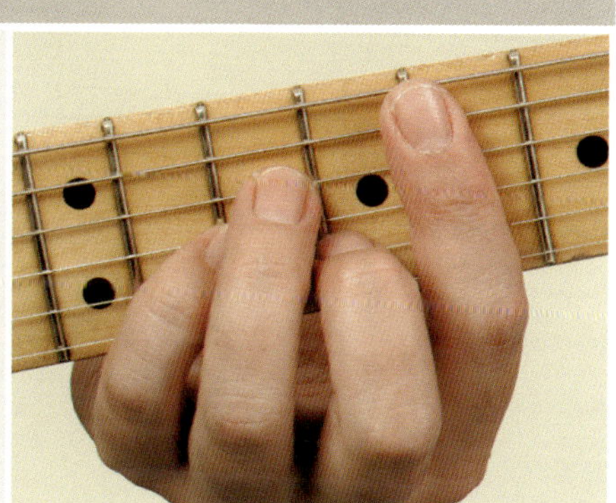

2 F7

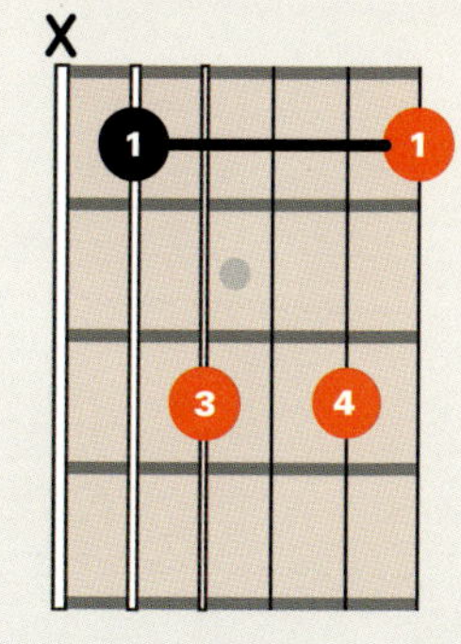

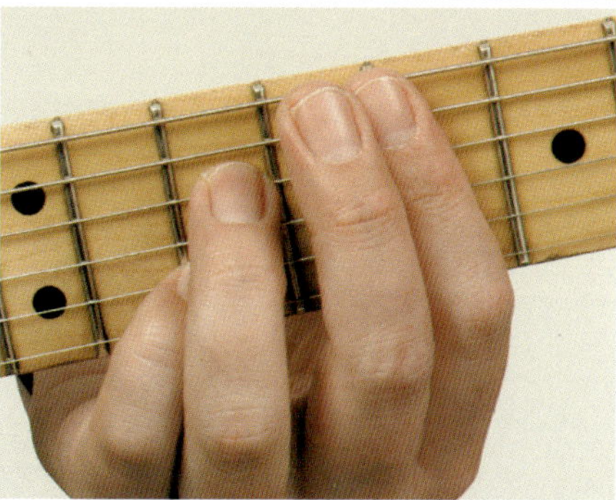

F♯/G♭

1 F♯/G♭-Dur

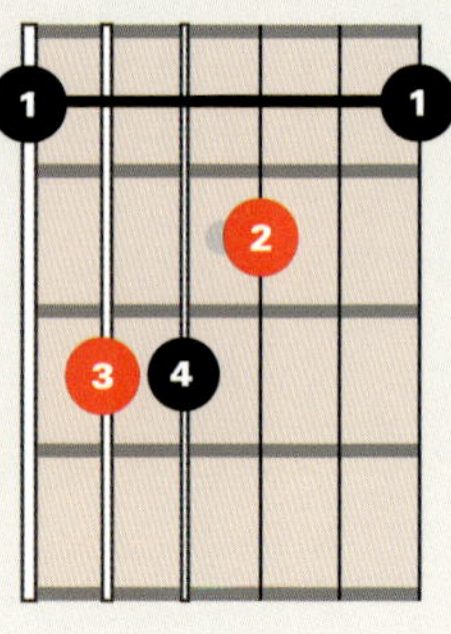

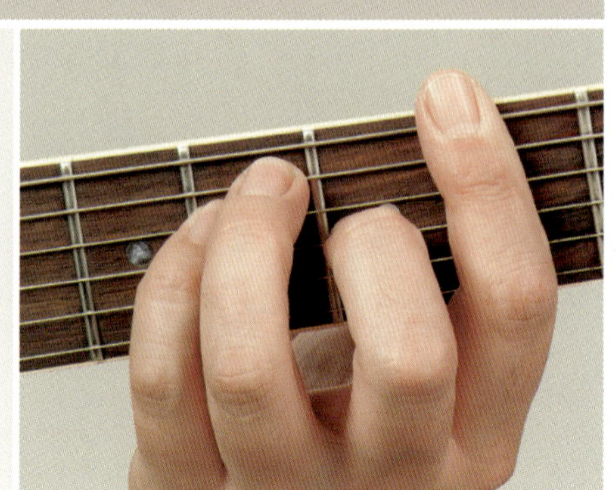

1 F♯/G♭-Moll

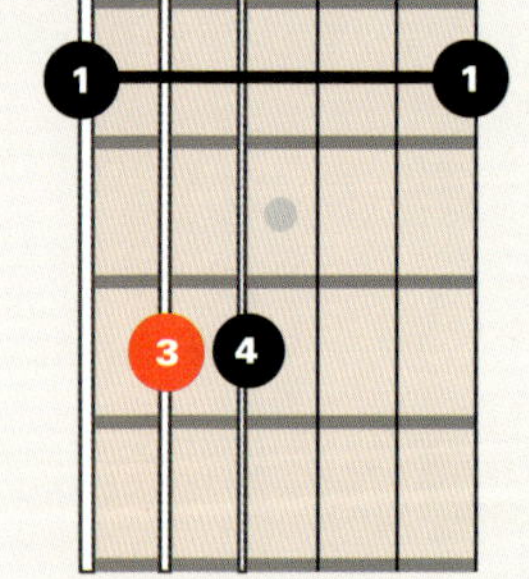

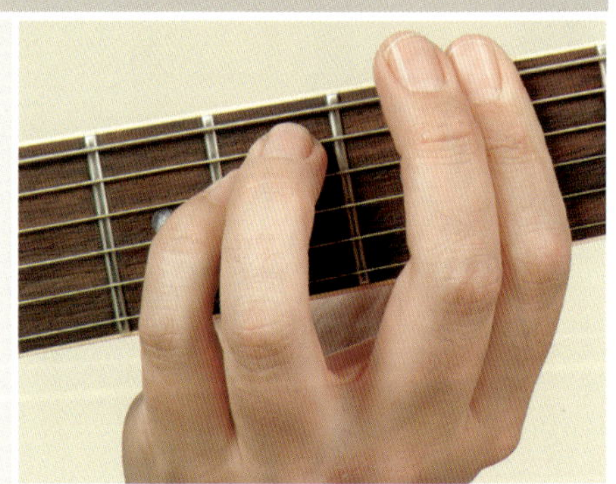

1 F♯7/G♭7

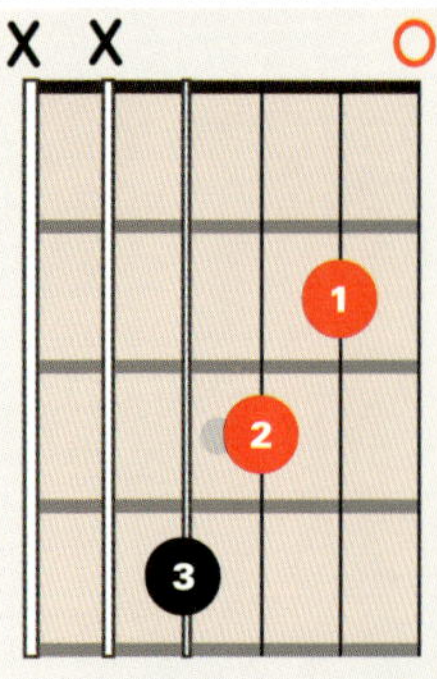

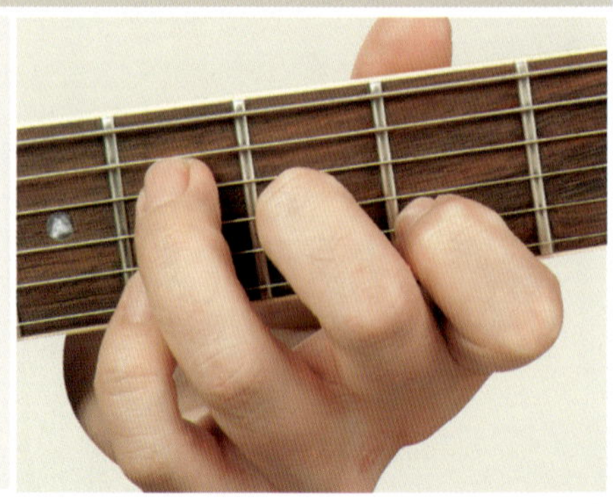

2 F♯/G♭-Dur

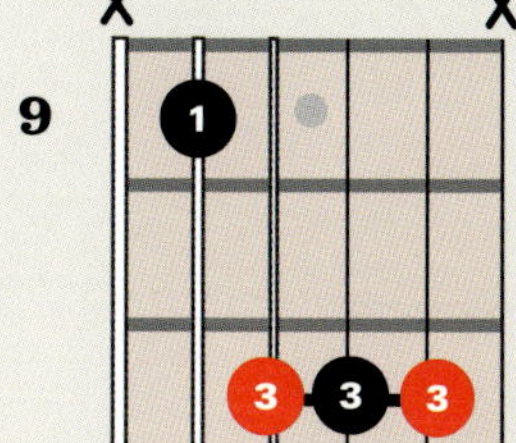

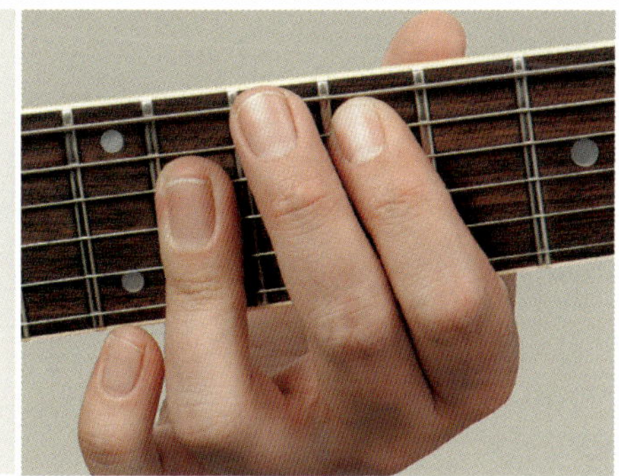

2 F♯/G♭-Moll

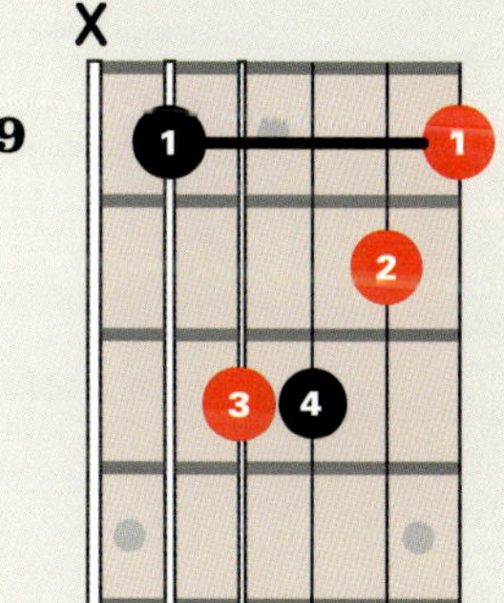

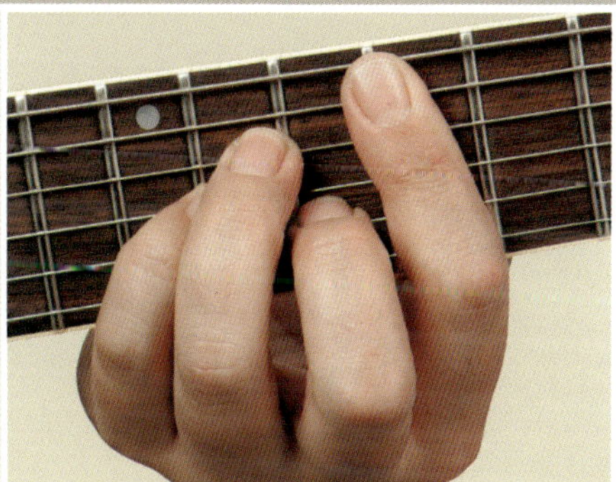

2 F♯7/G♭7

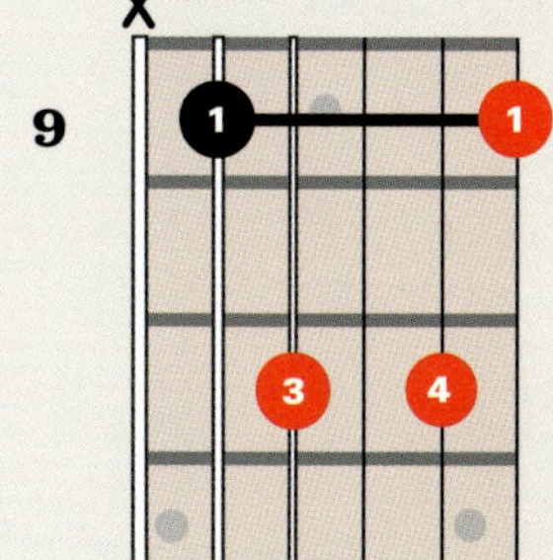

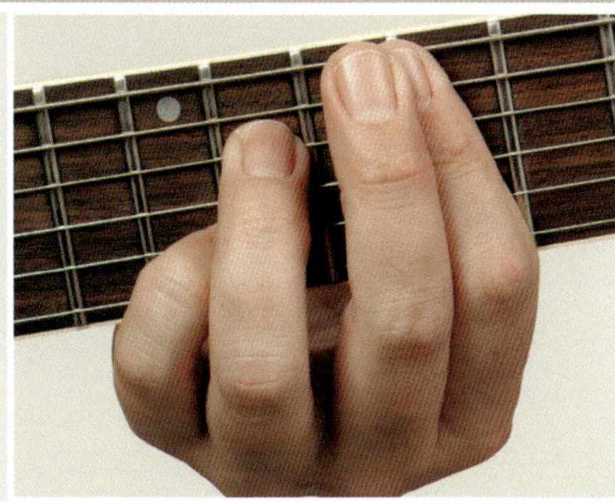

1 G-Dur

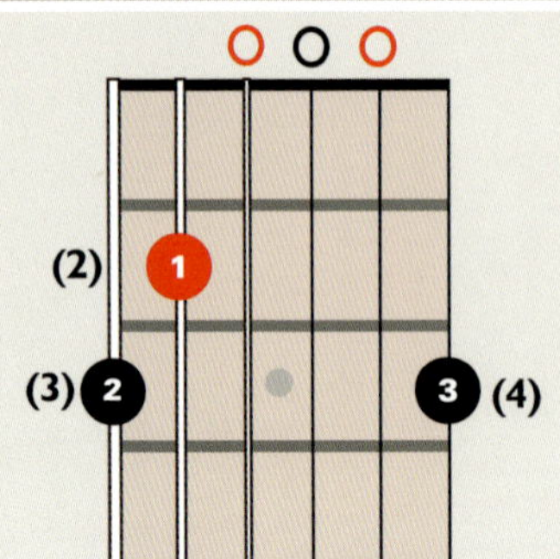

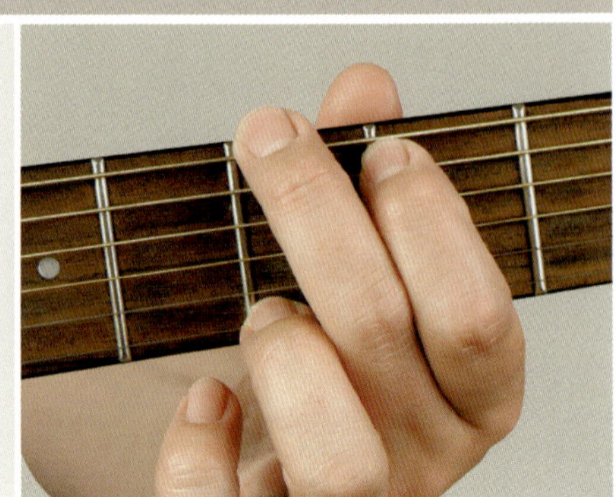

1 G-Moll

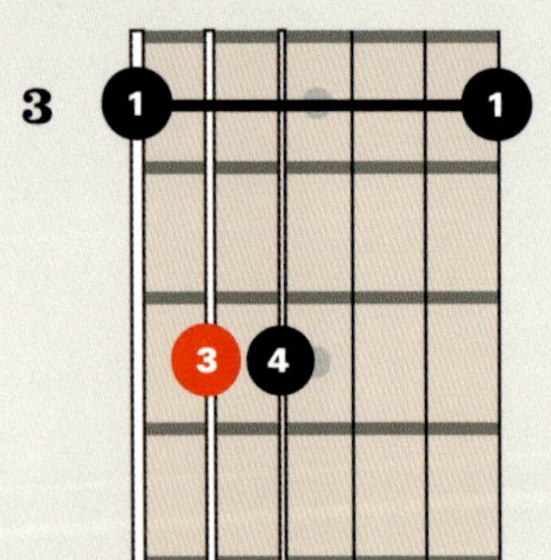

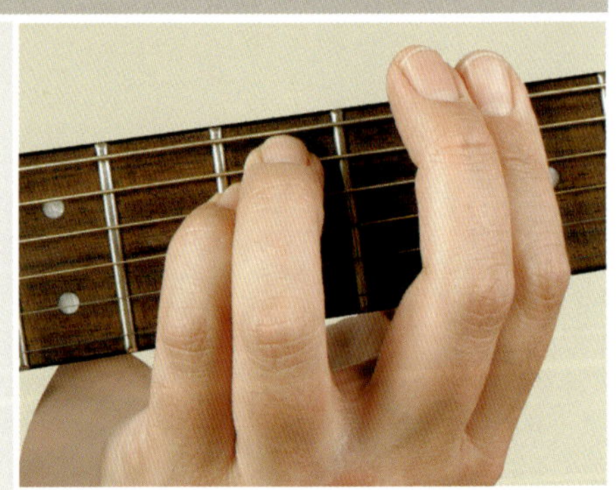

1 G7

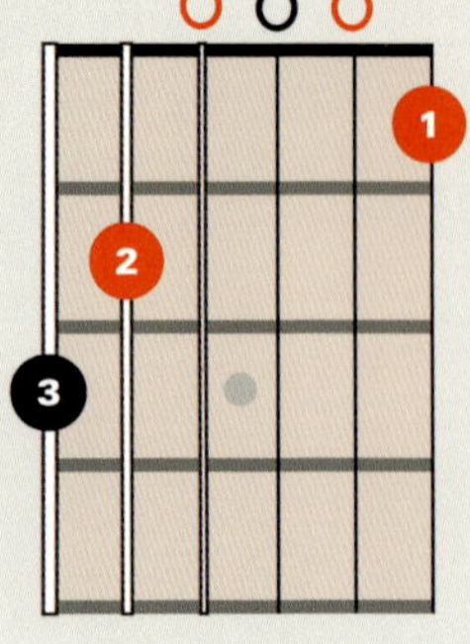

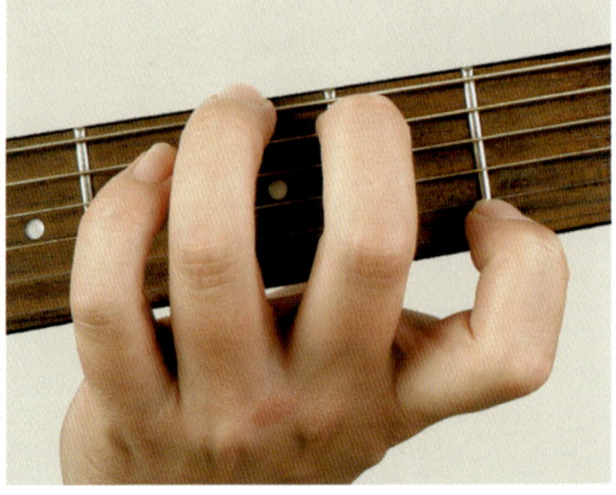

2 G-Dur

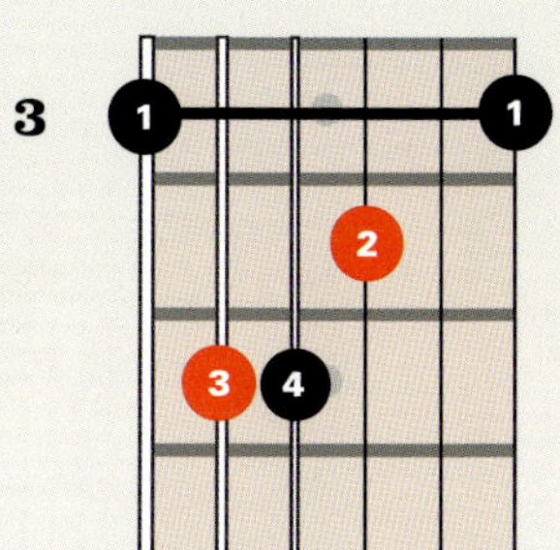

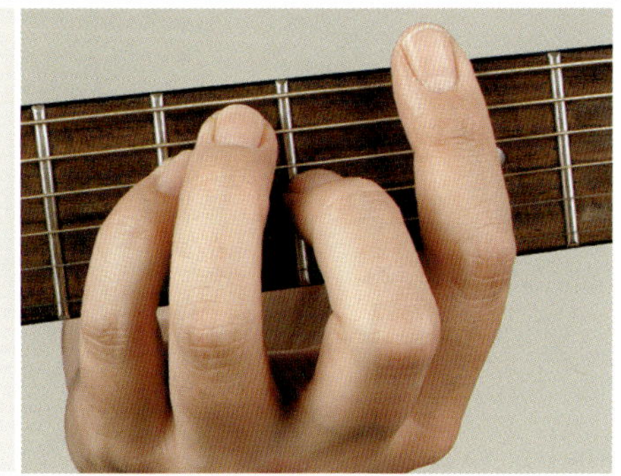

2 G-Moll

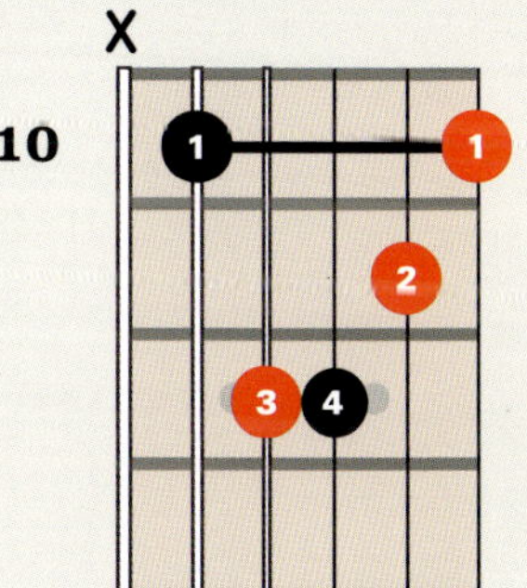

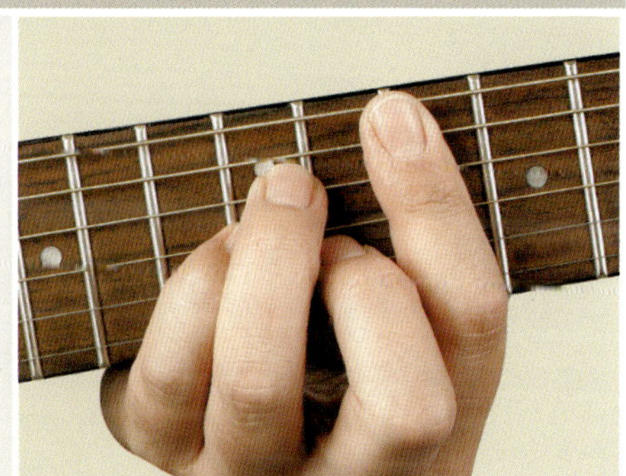

2 G7

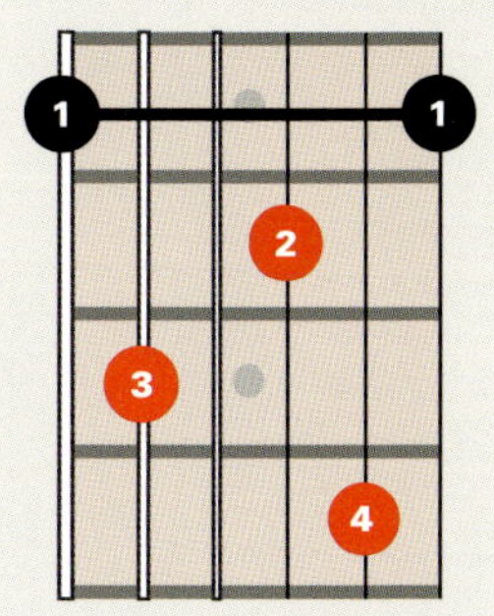

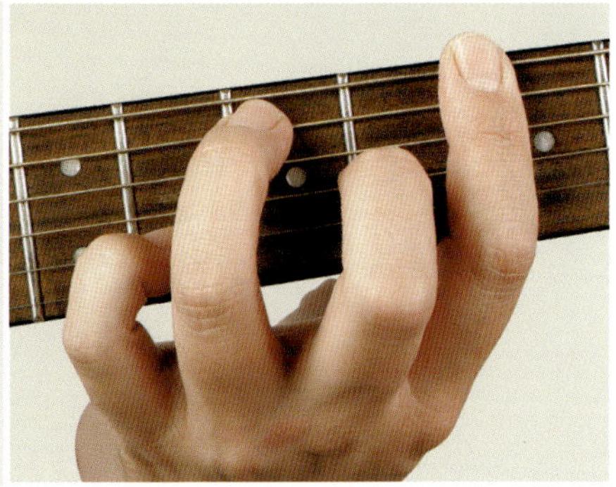

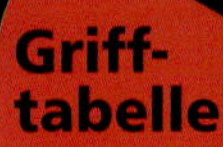

G♯/A♭

1 G♯/A♭-Dur

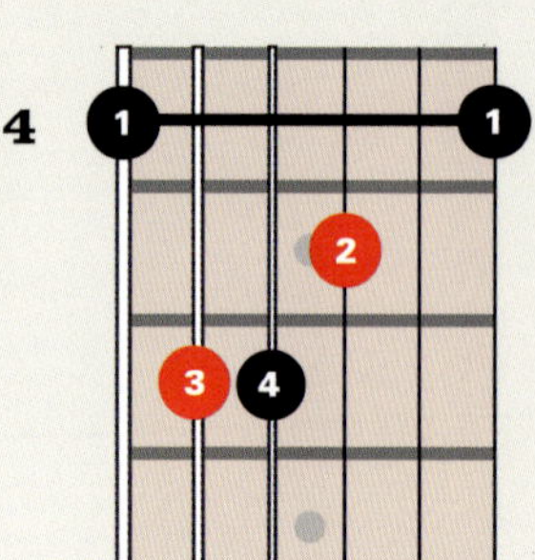

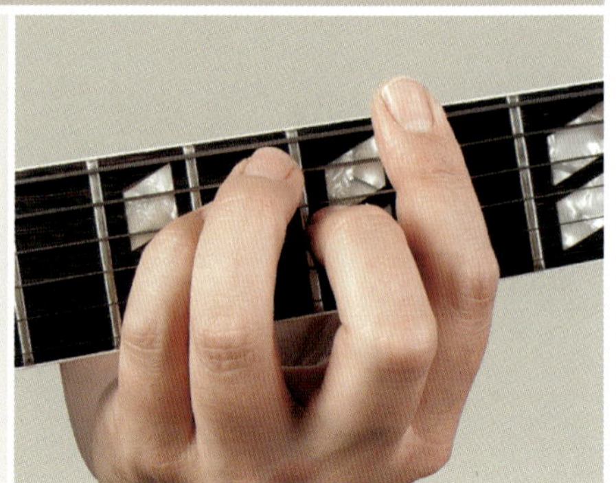

1 G♯/A♭-Moll

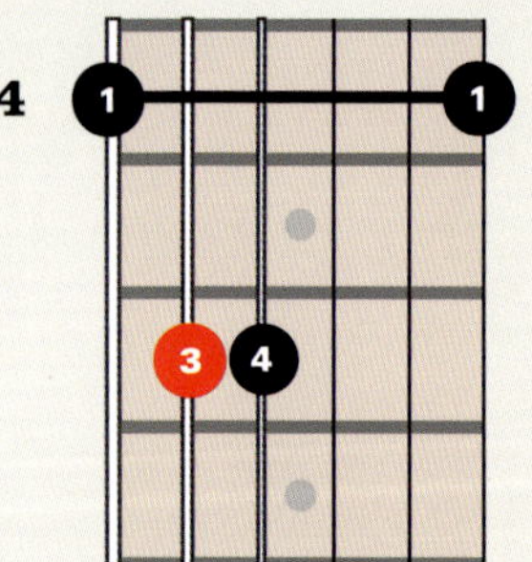

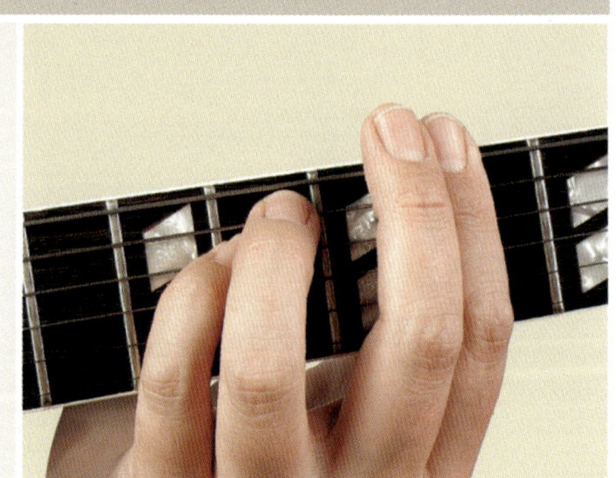

1 G♯7/A♭7

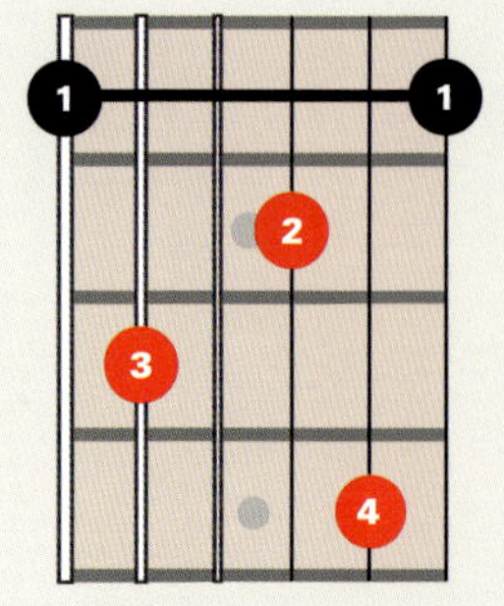

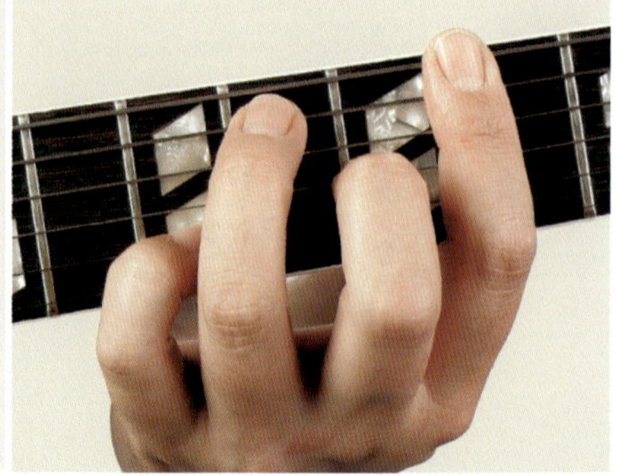

2 G♯/A♭-Dur

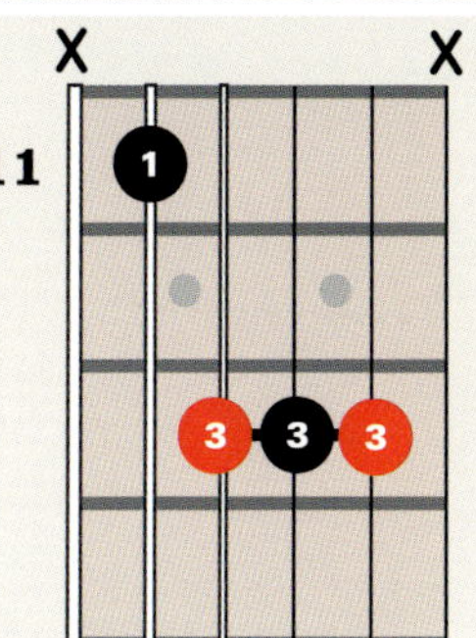

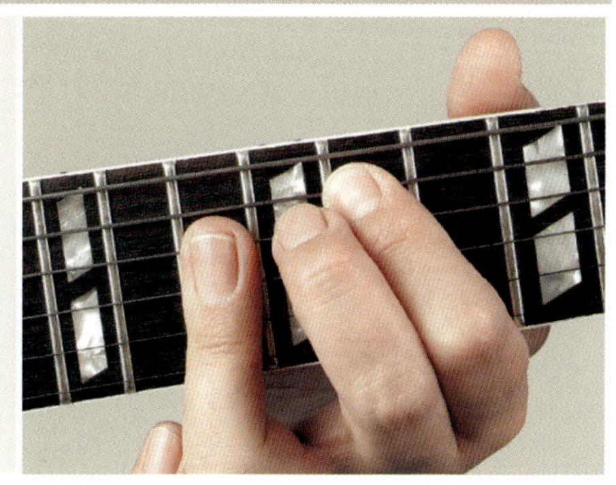

2 G♯/A♭-Moll

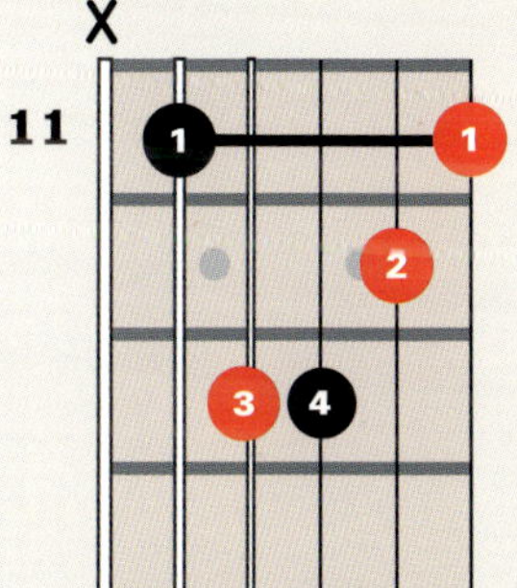

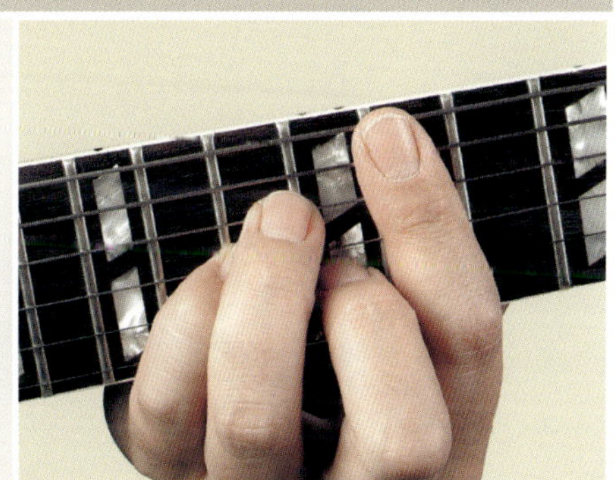

2 G♯7/A♭7

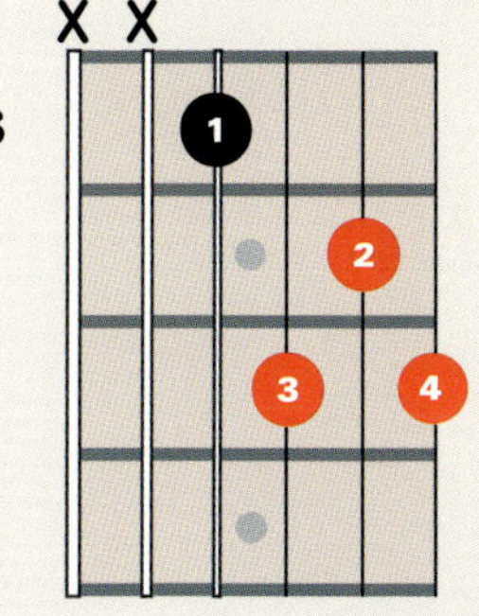

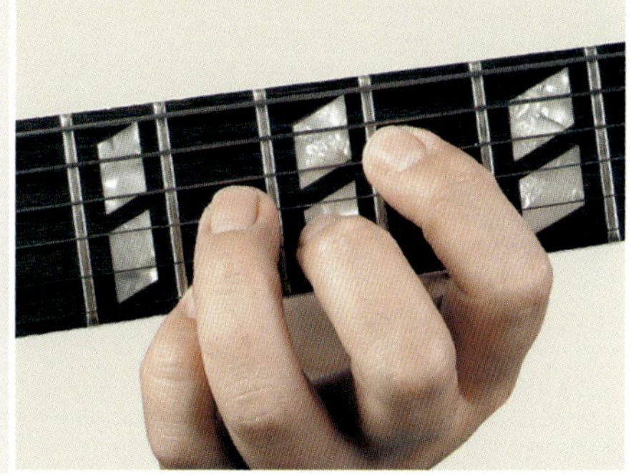

1 A-Dur

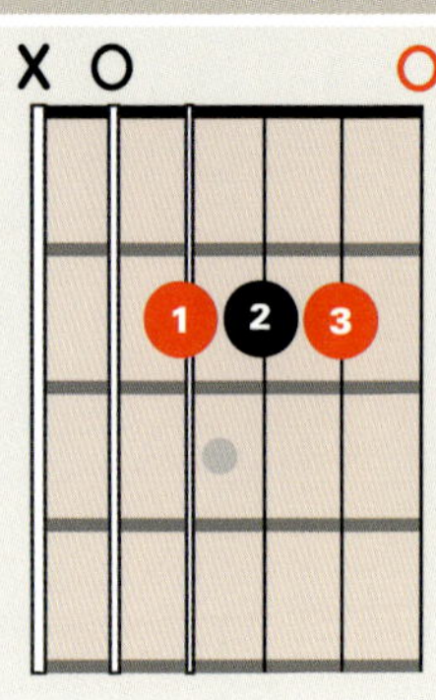

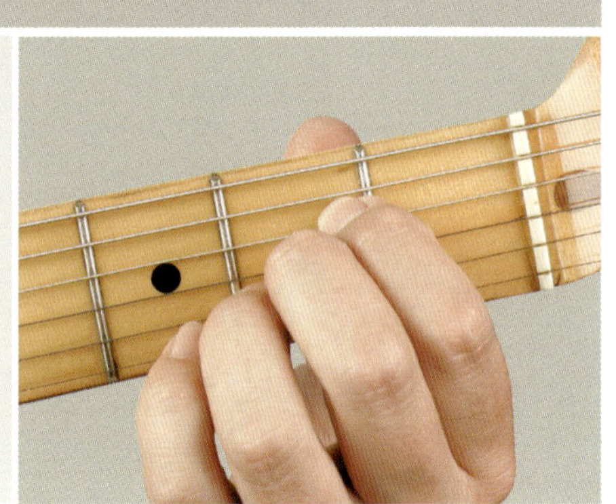

1 A-Moll

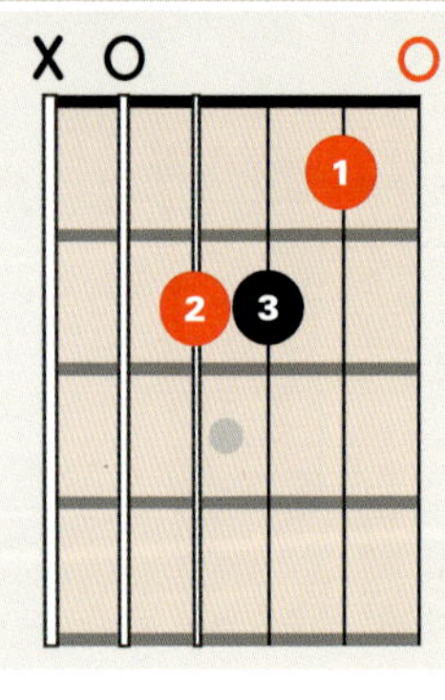

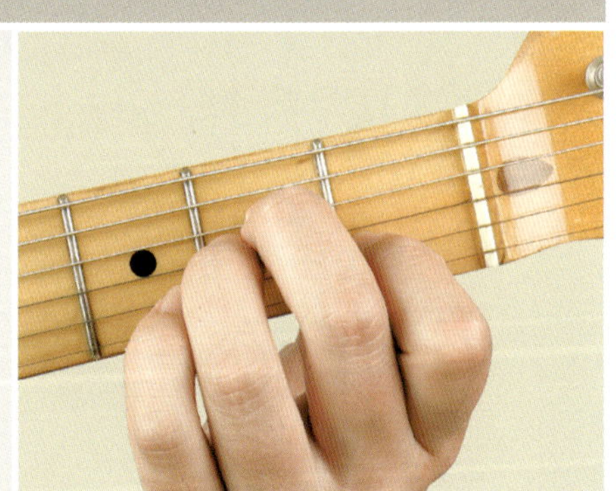

1 A7

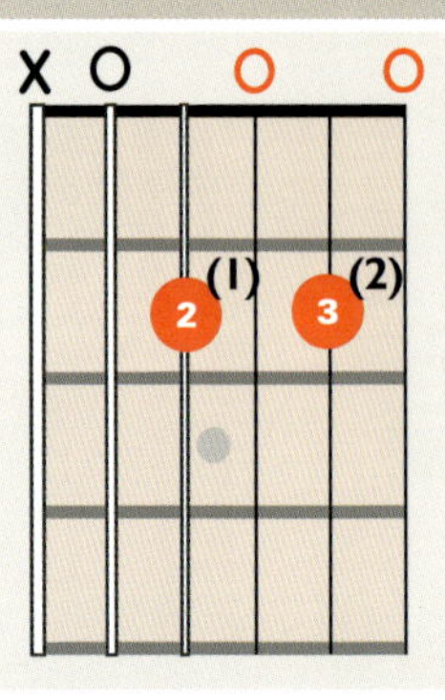

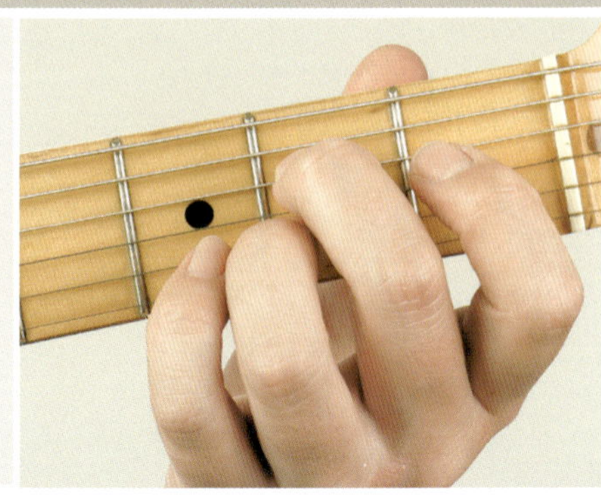

2 A-Dur

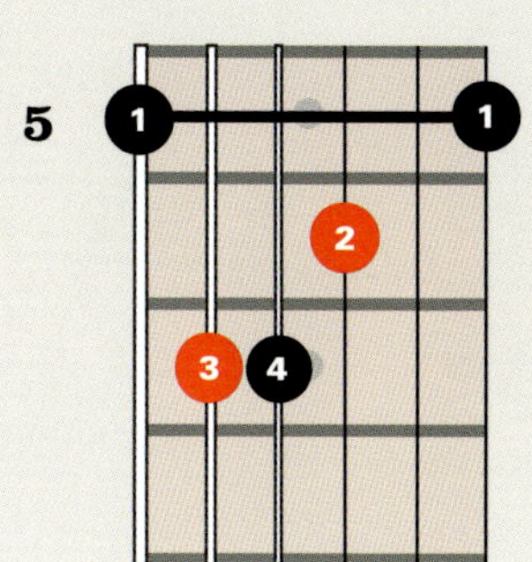

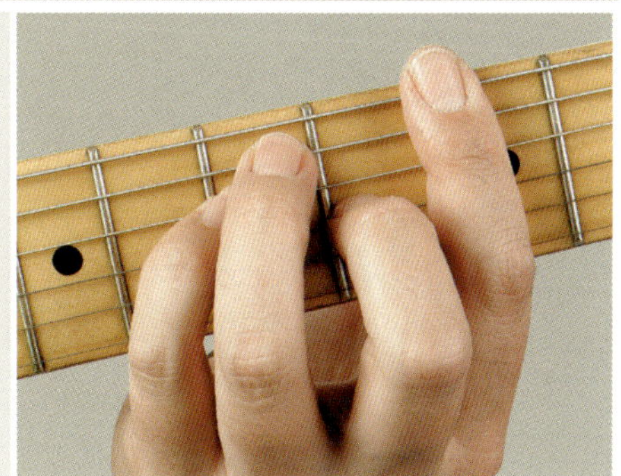

2 A-Moll

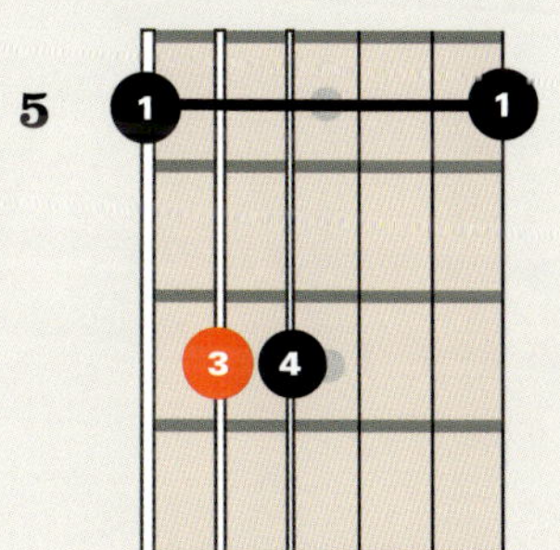

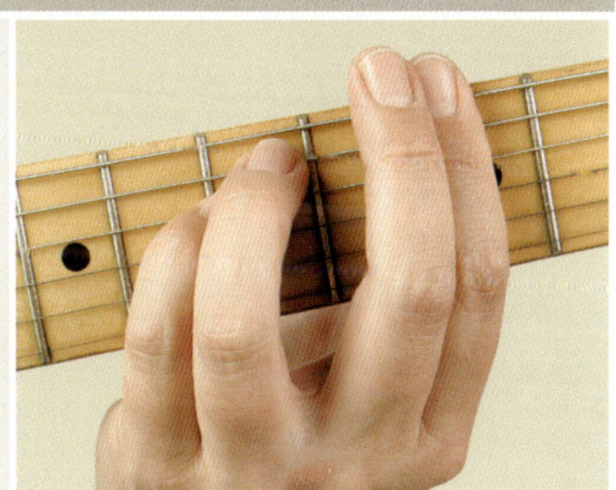

2 A7

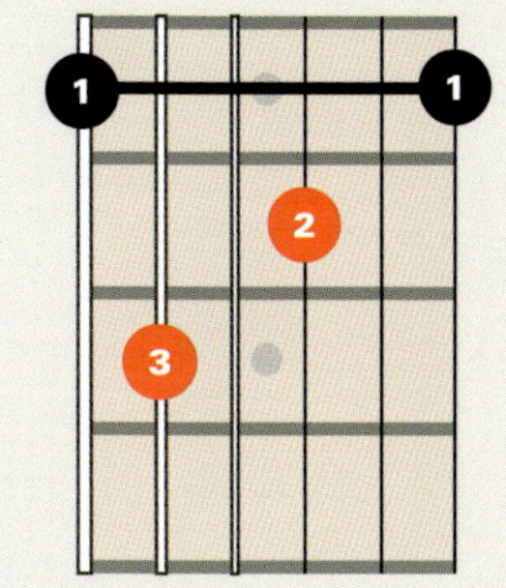

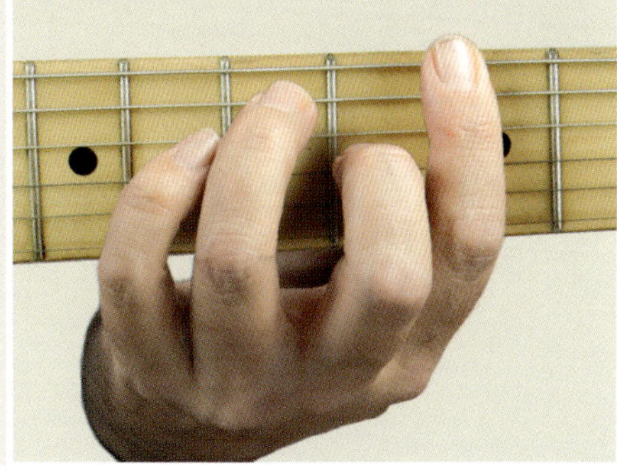

A♯/B♭

1 A♯/B♭-Dur

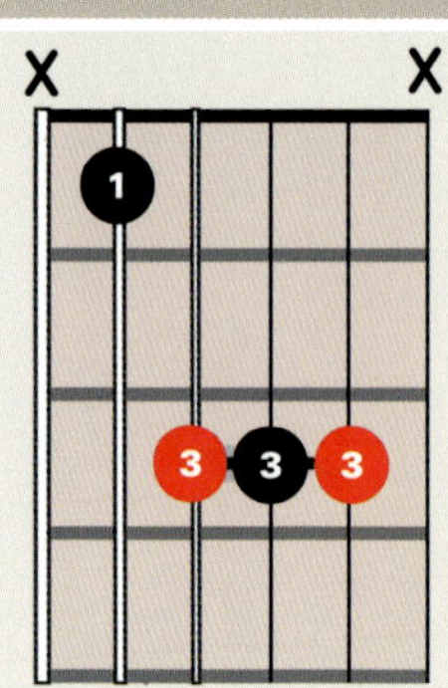

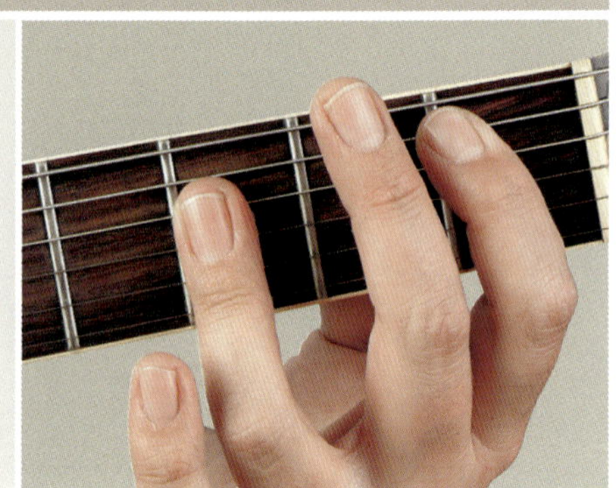

1 A♯/B♭-Moll

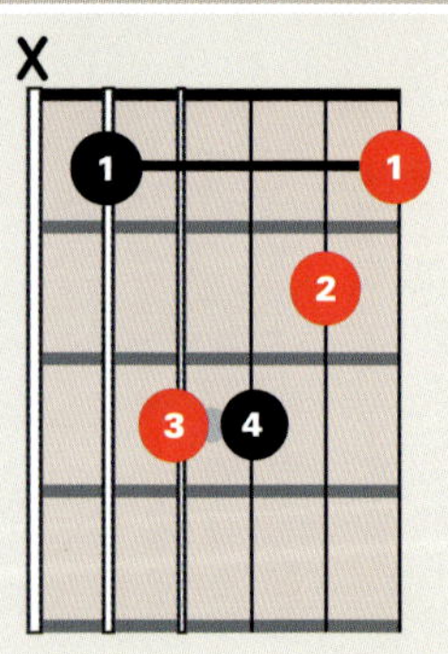

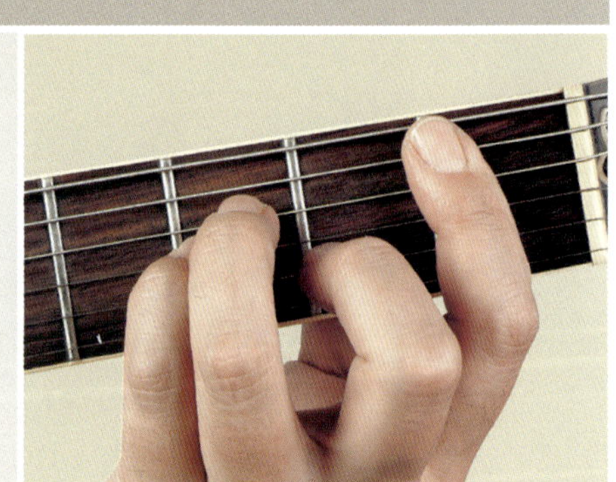

1 A♯7/B♭7

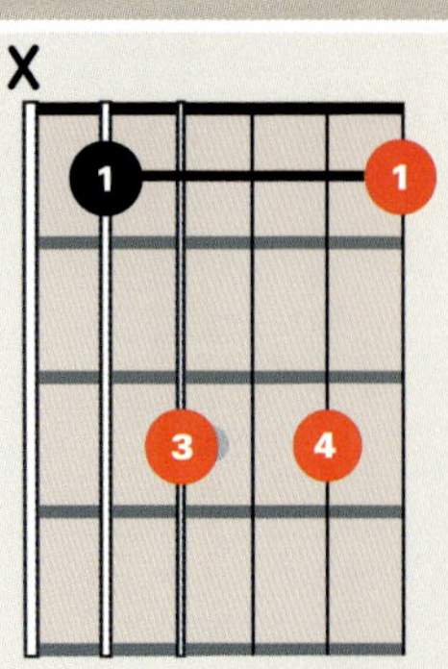

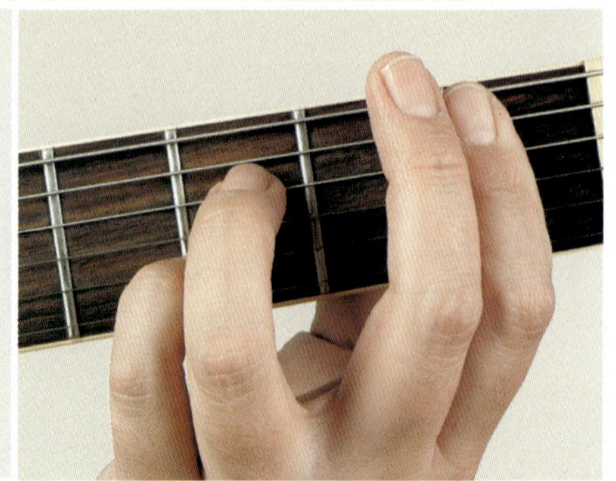

2 A♯/B♭-Dur

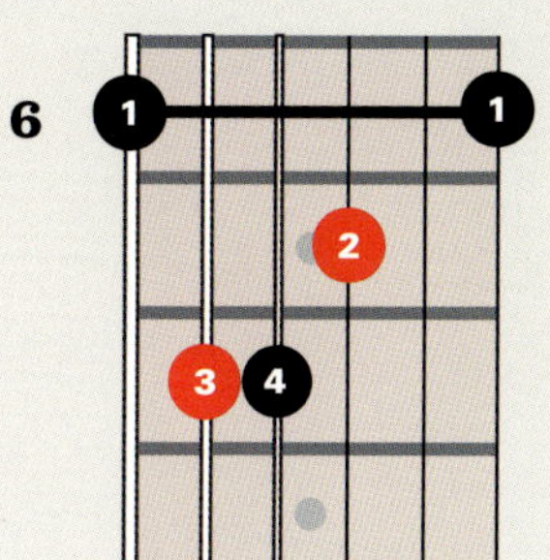

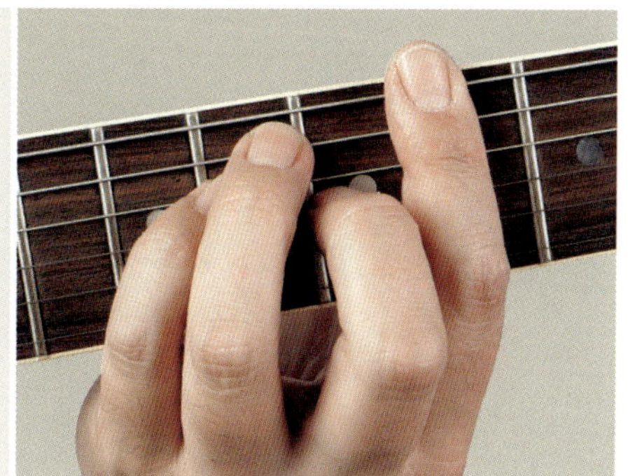

2 A♯/B♭-Moll

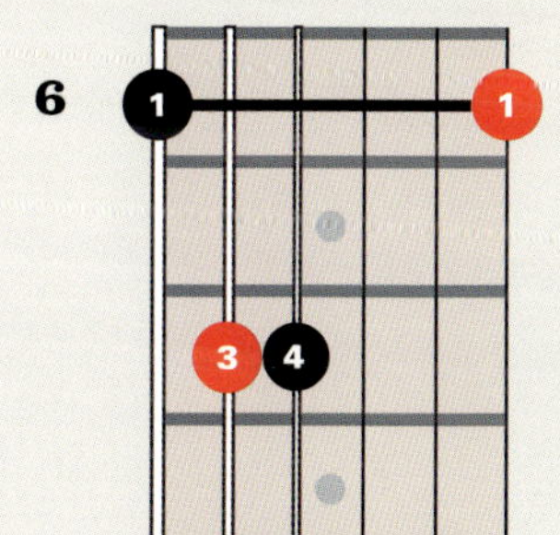

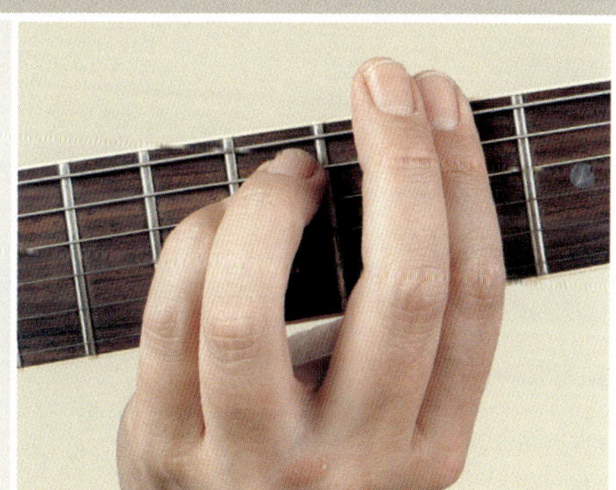

2 A♯7/B♭7

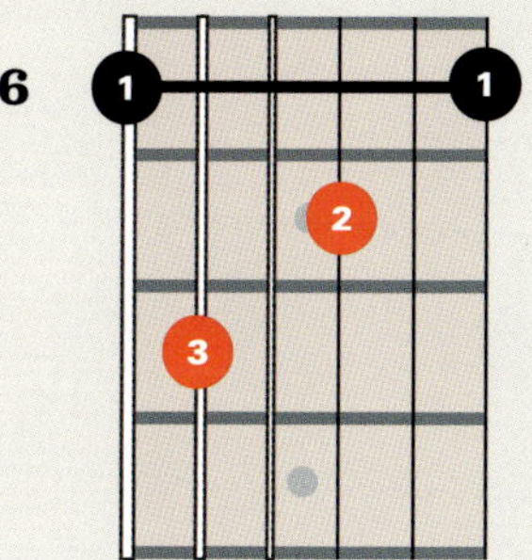

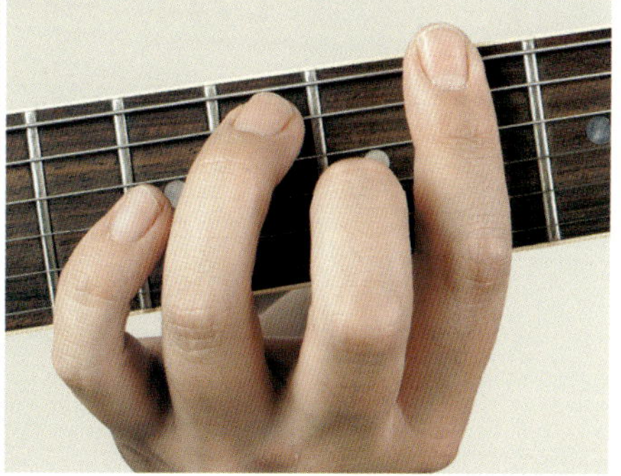

B

1 B-Dur

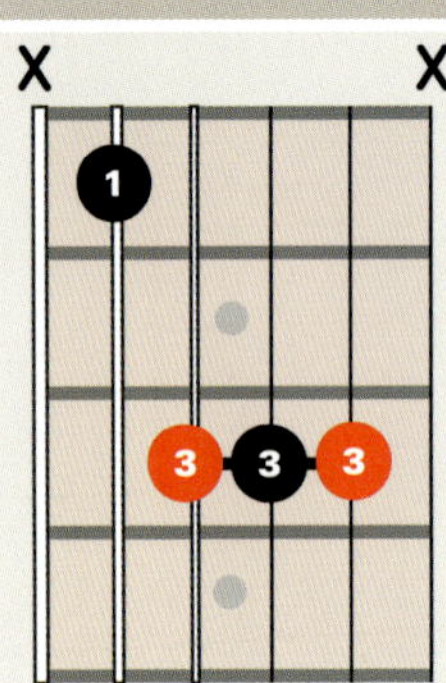

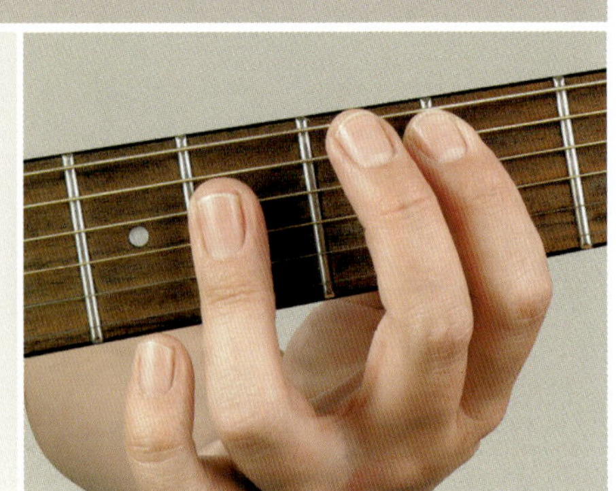

1 B-Moll

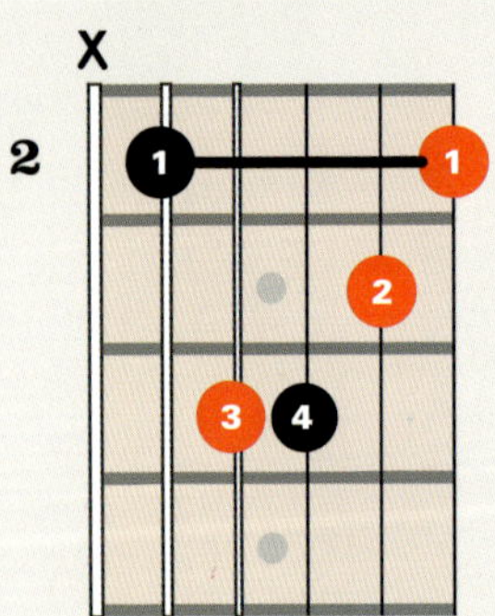

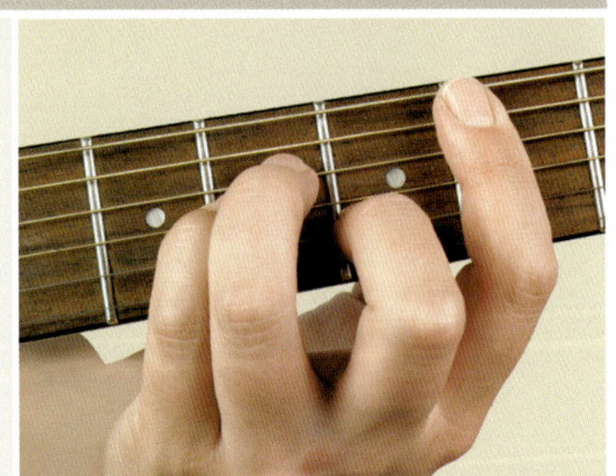

1 B7

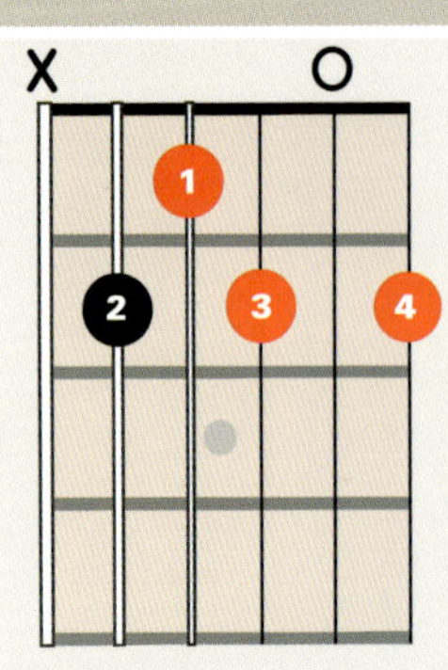

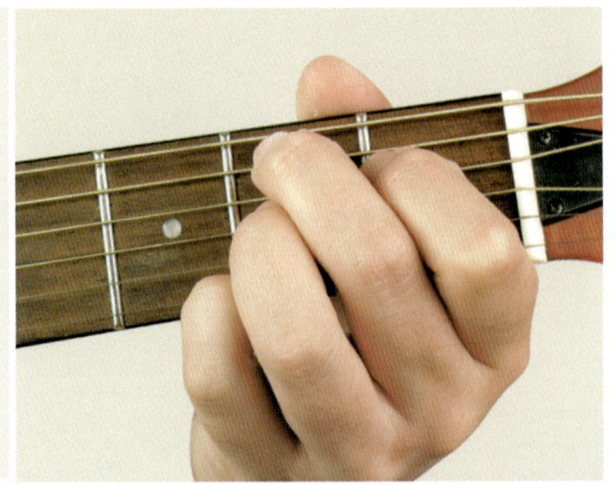

2 B-Dur

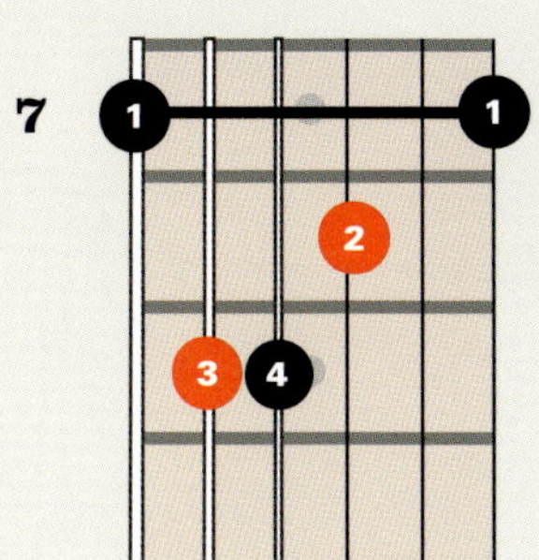

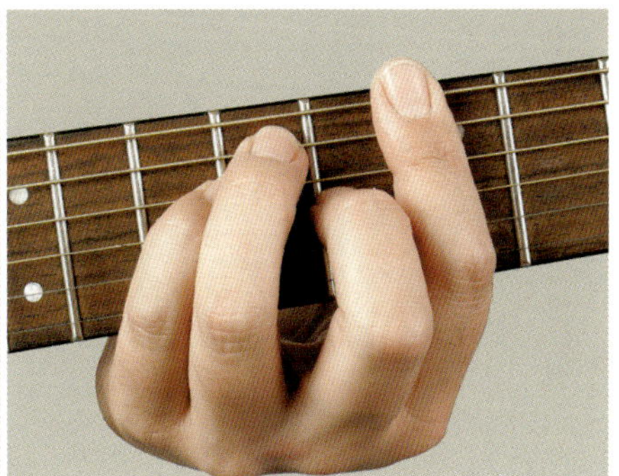

2 B-Moll

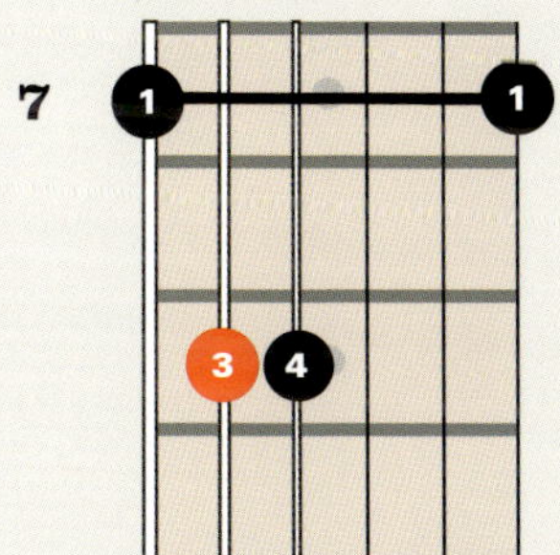

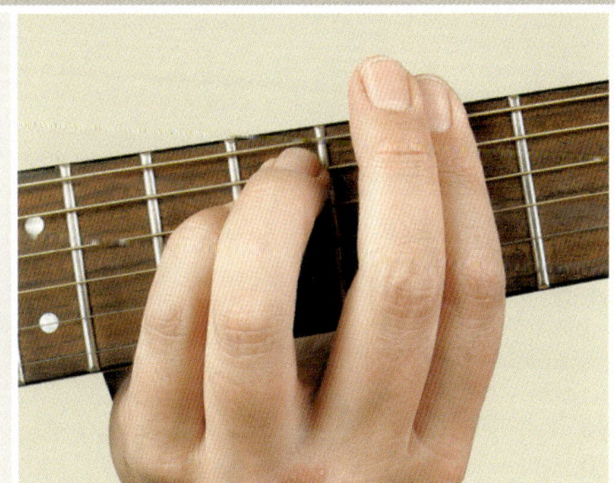

2 B7

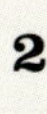

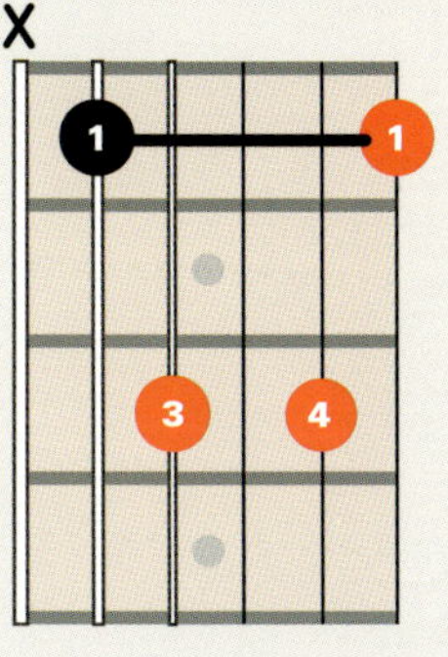

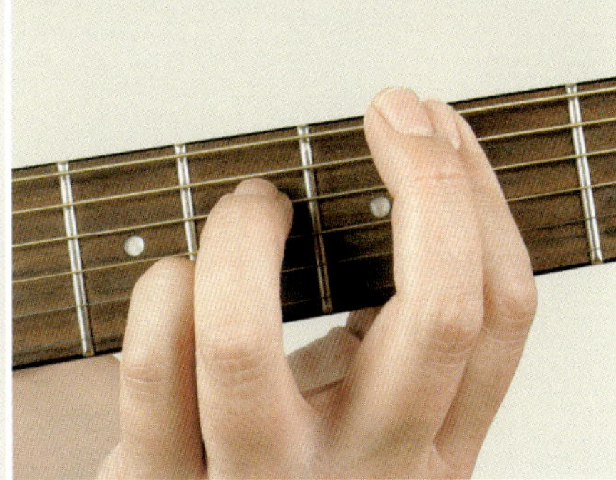

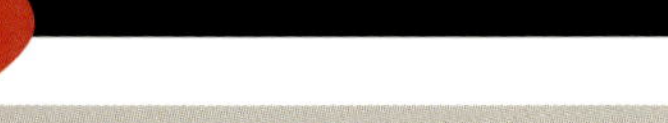

Power Chords

E5

Formen mit Leersaiten

O

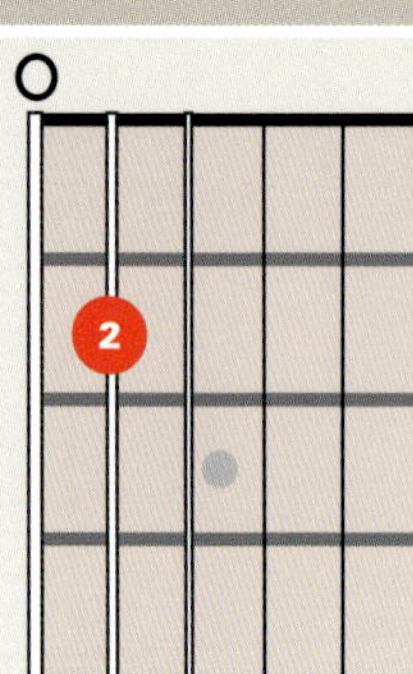

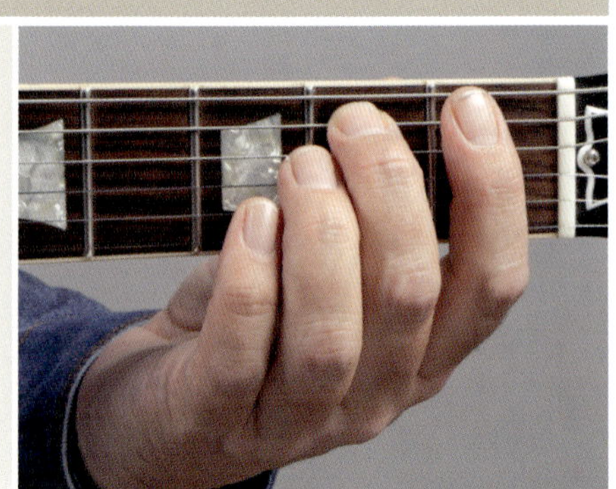

A5

O

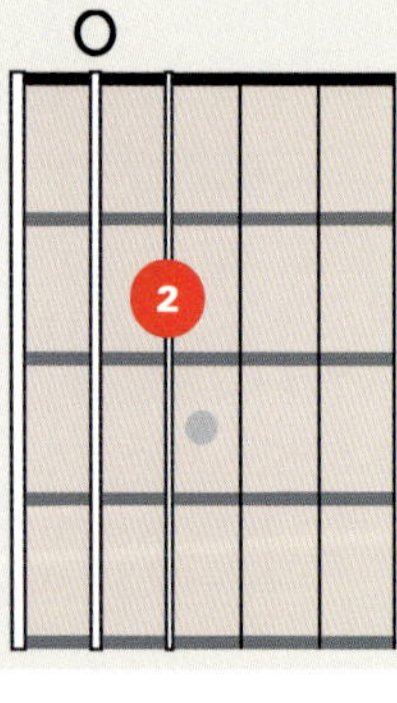

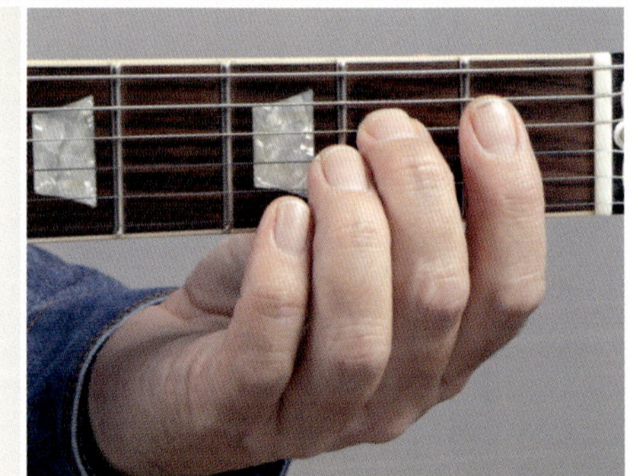

D5

O

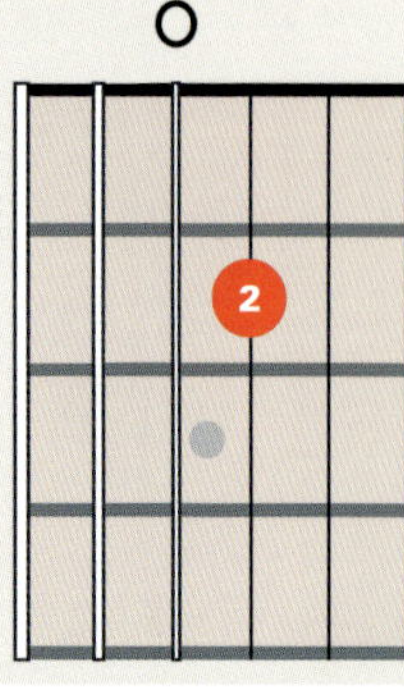

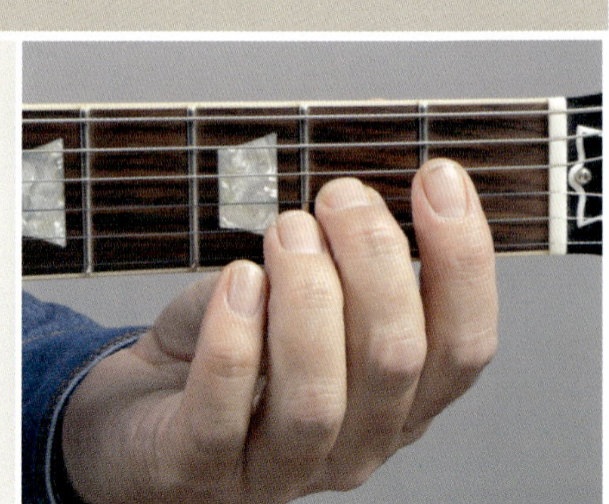

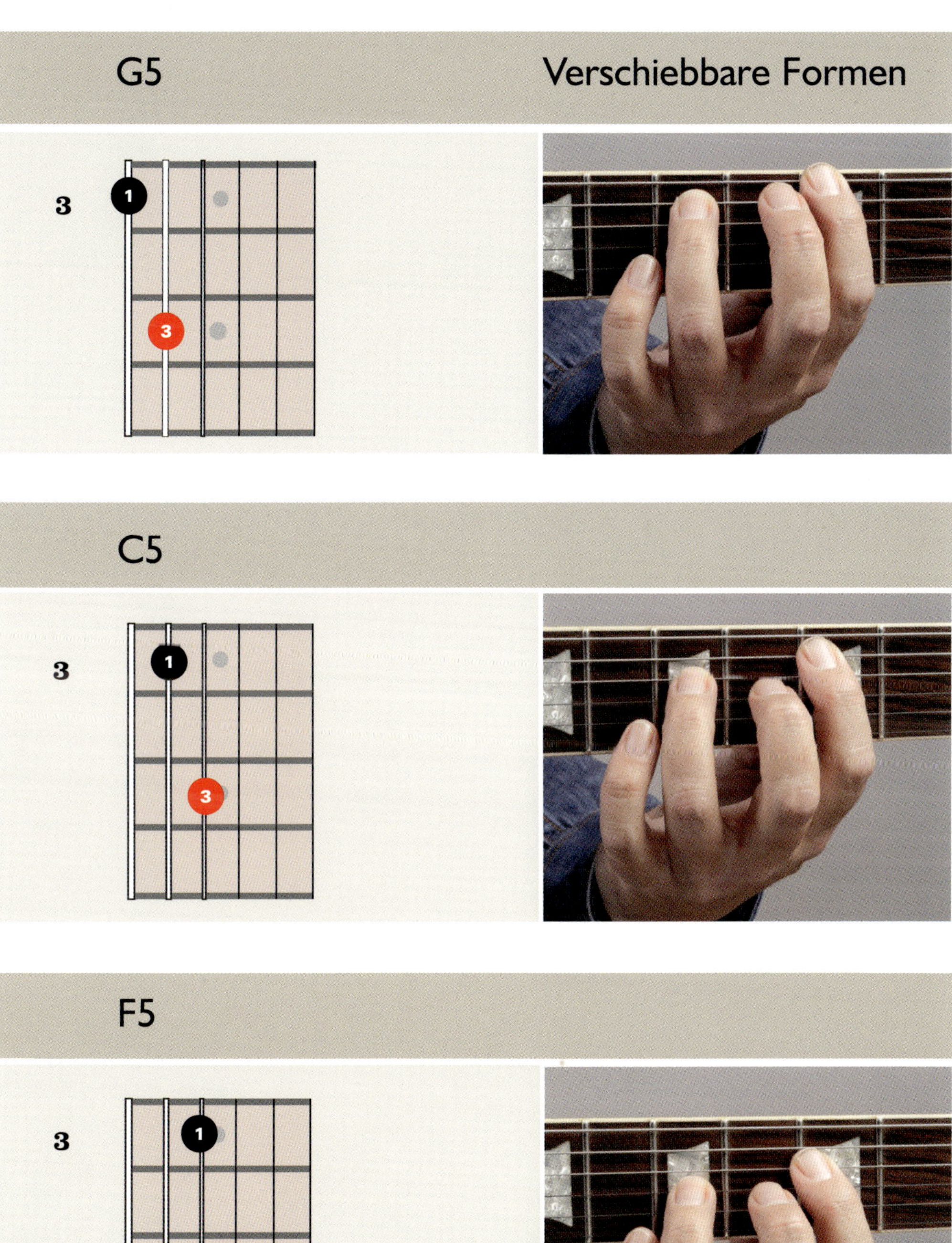
G5
3
1
3
C5
3
1
3
F5
3
1
3

Griff-tabelle

Dur-Septakkorde

C△ 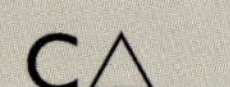

Formen mit Leersaiten

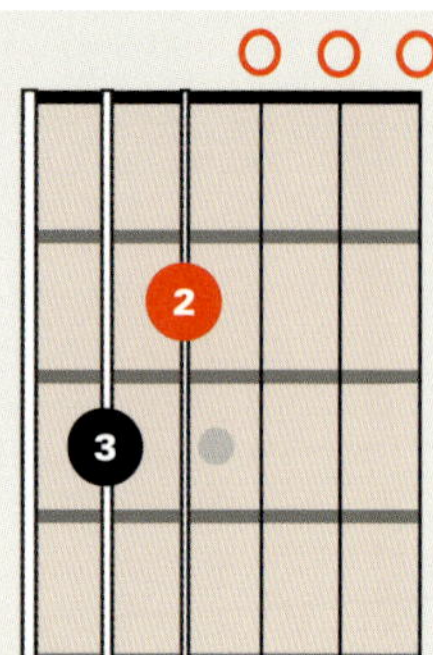

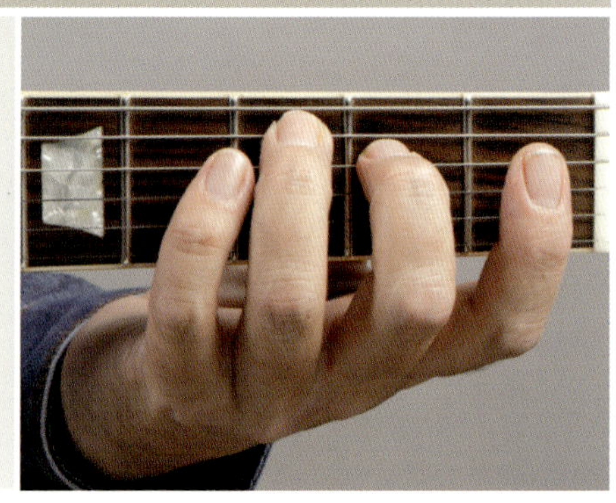

A△ 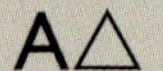

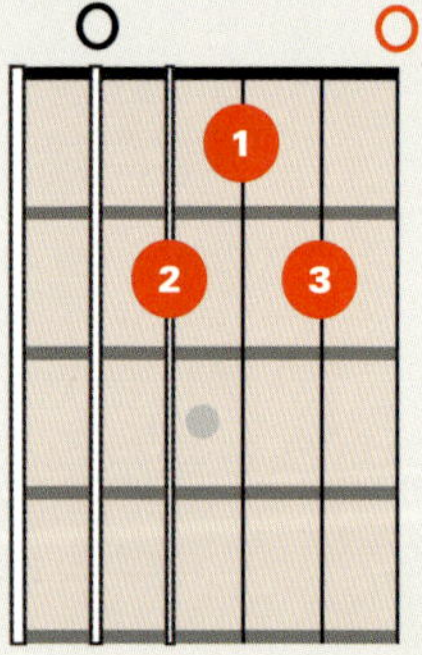

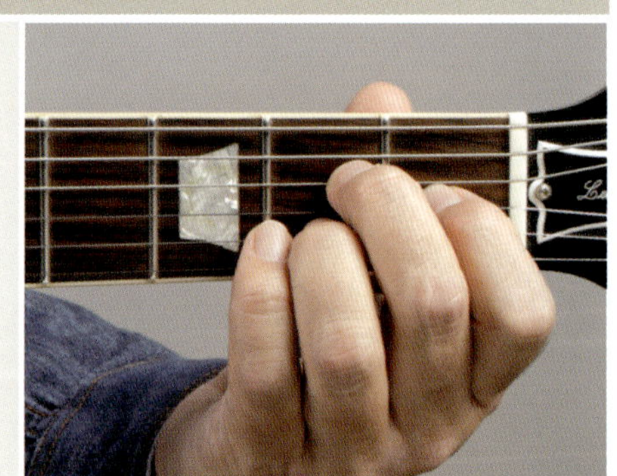

F△

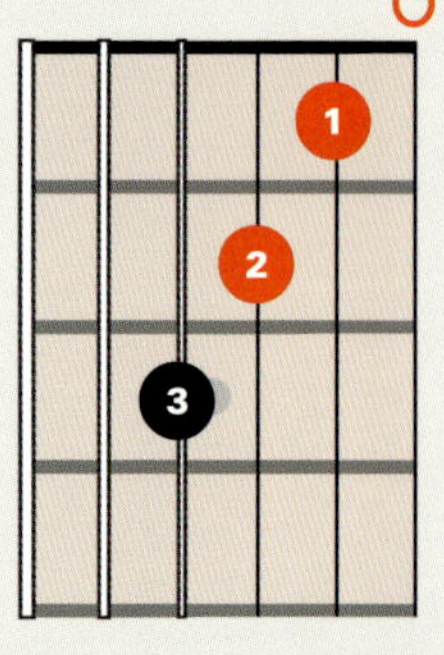

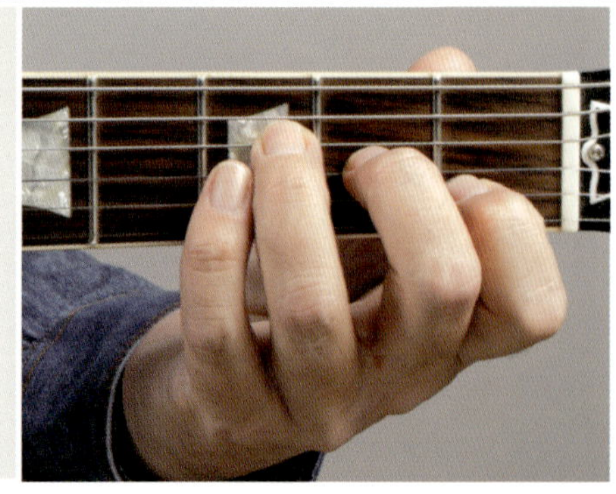

A△

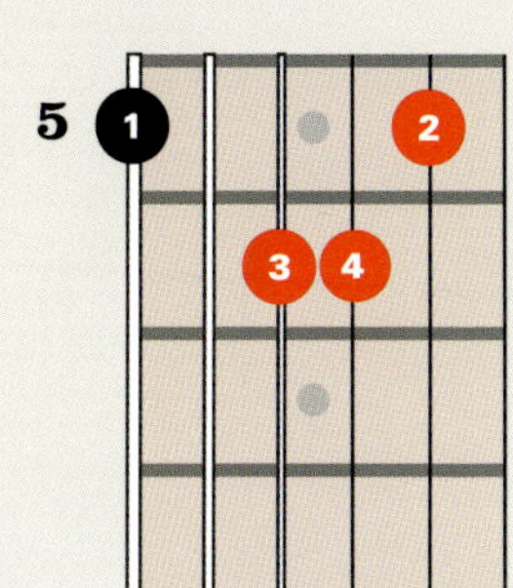

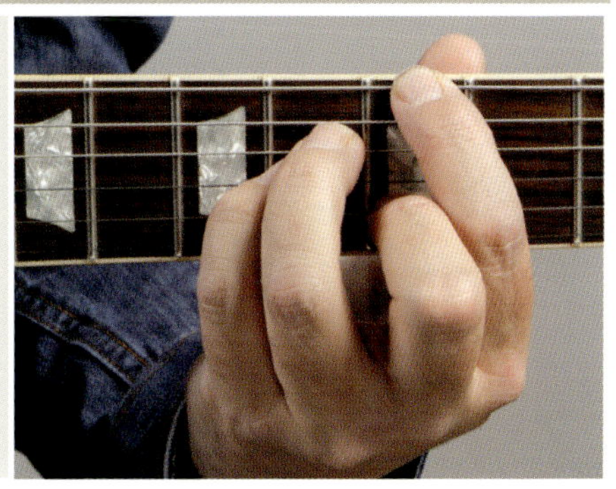

D△

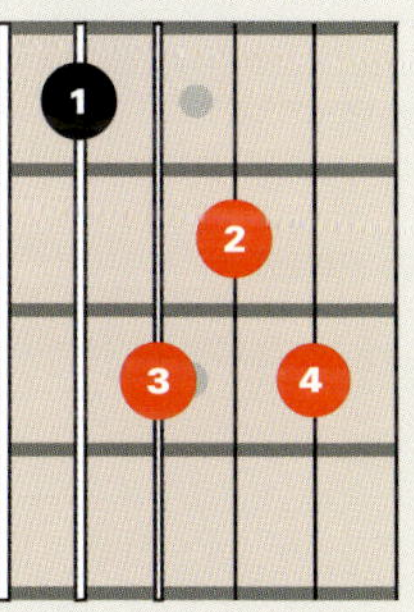

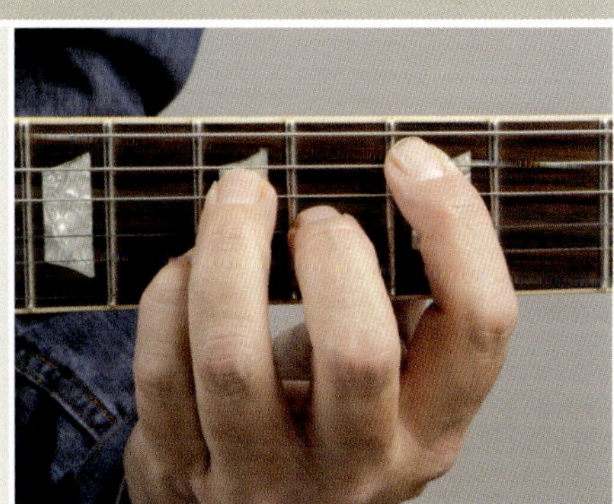

G△

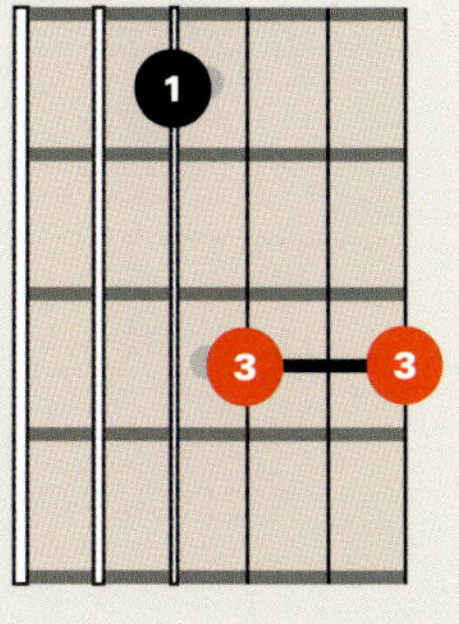

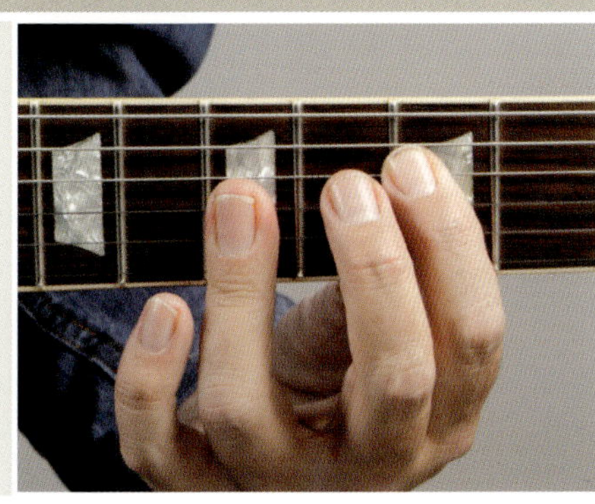

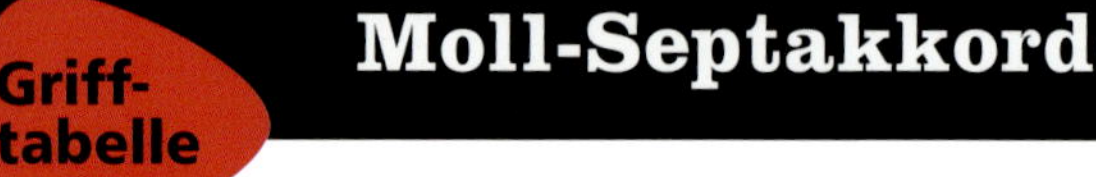

Moll-Septakkorde

Em7

Formen mit Leersaiten

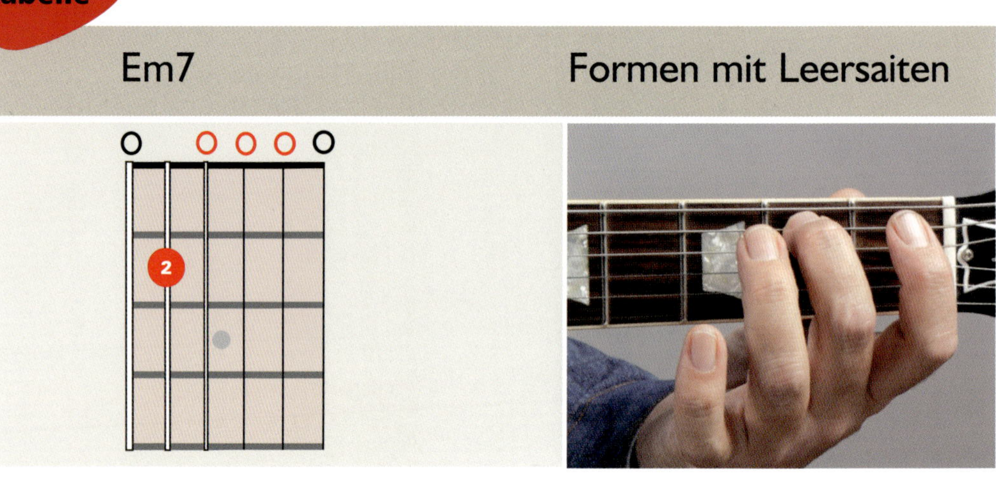

Am7

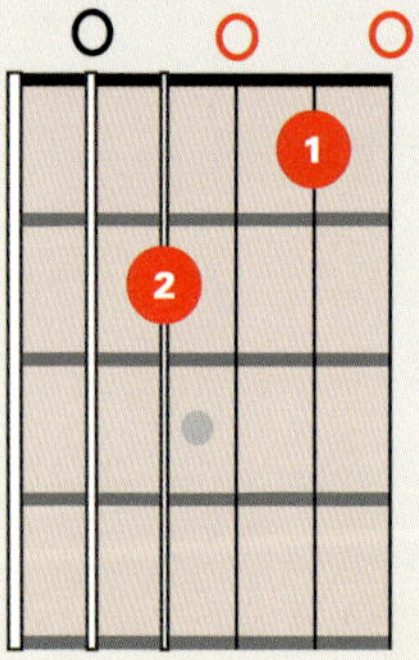

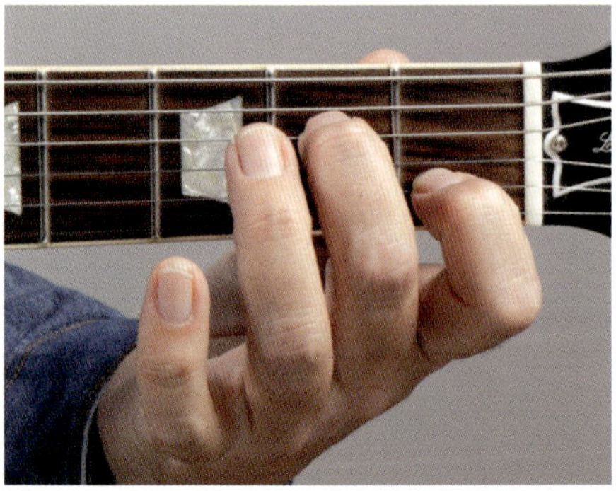

Dm7

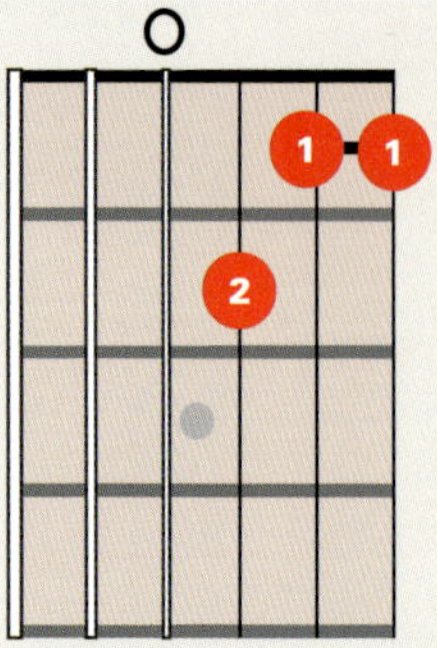

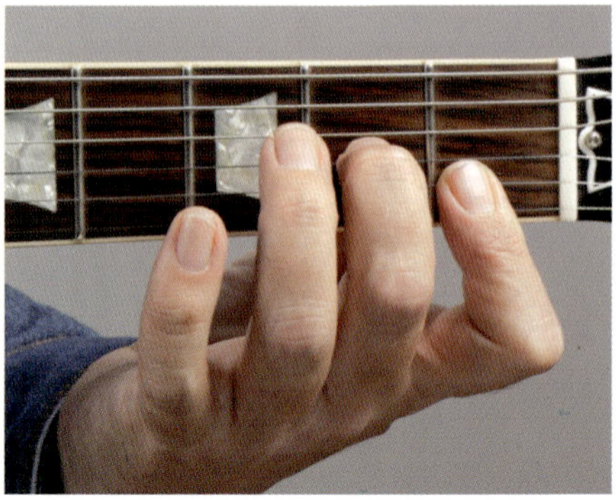

Am7

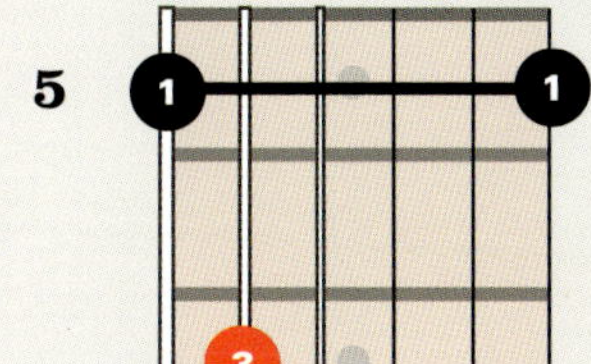

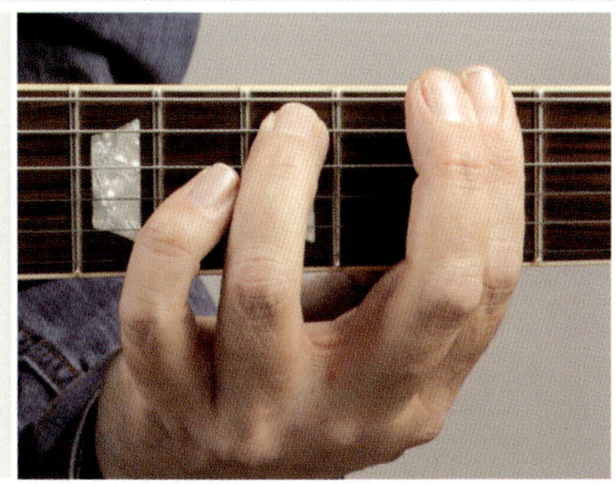

Dm7

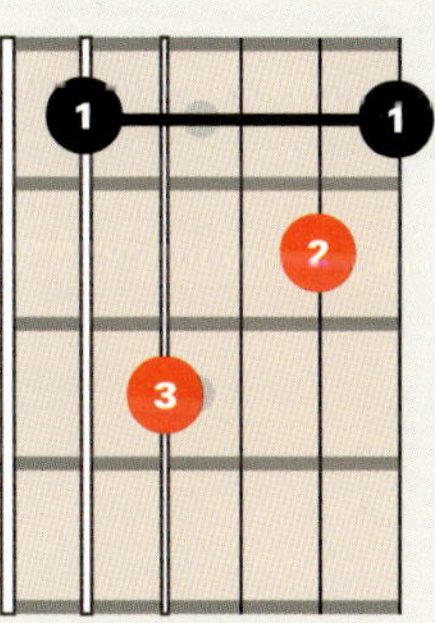

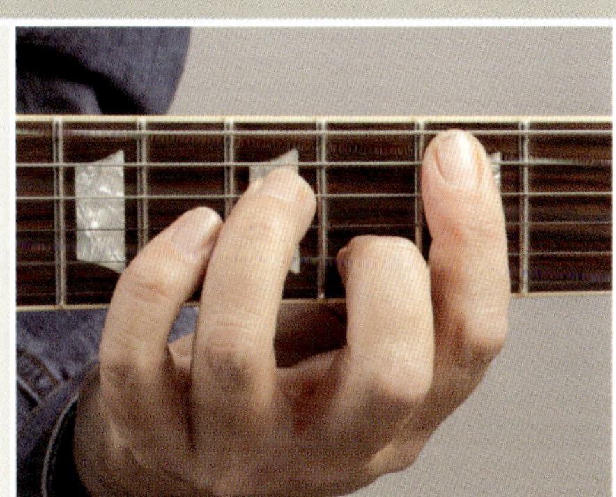

Gm7

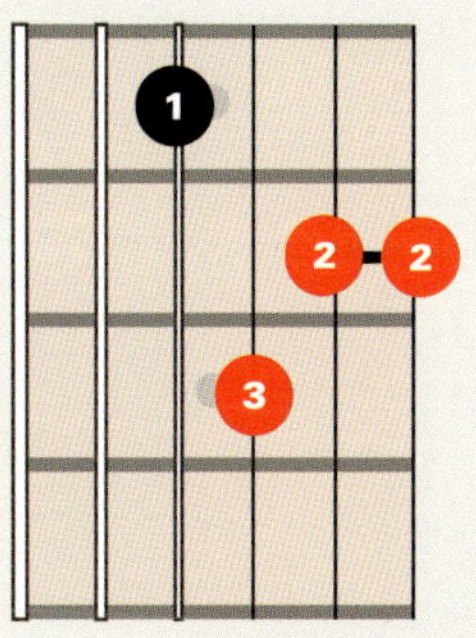

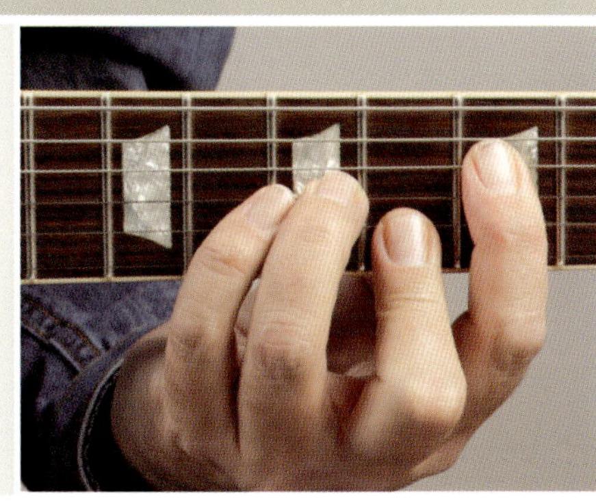

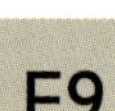

Dominant 9/11/13-Akkorde

E9

Verschiebbare Formen

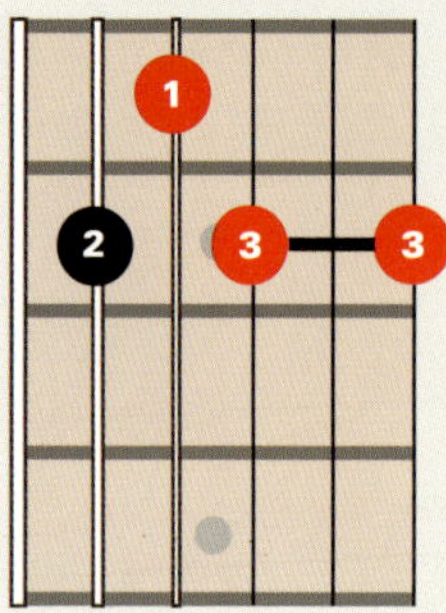

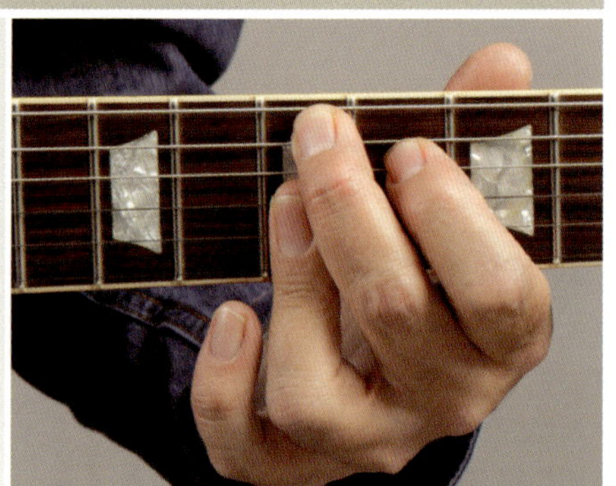

E7♯9

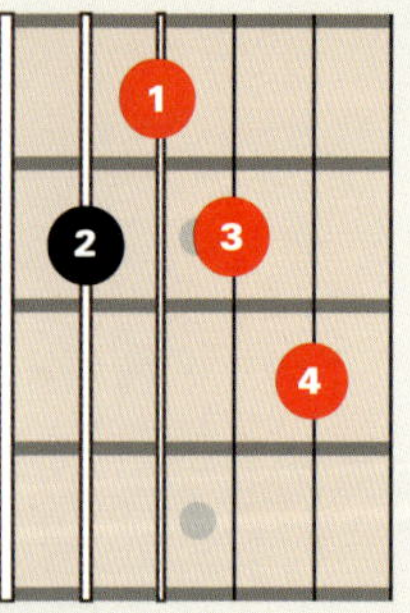

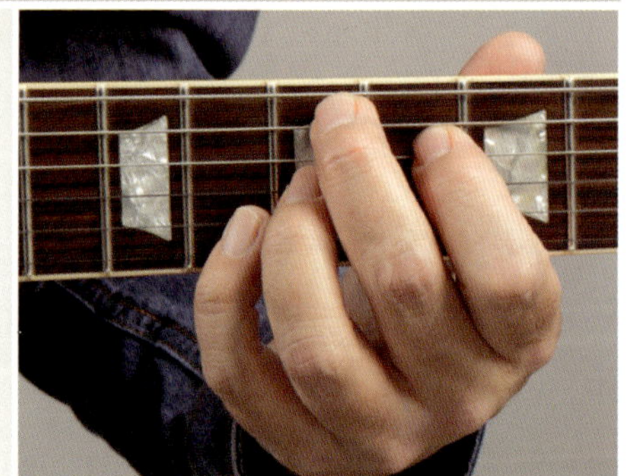

E7♭9

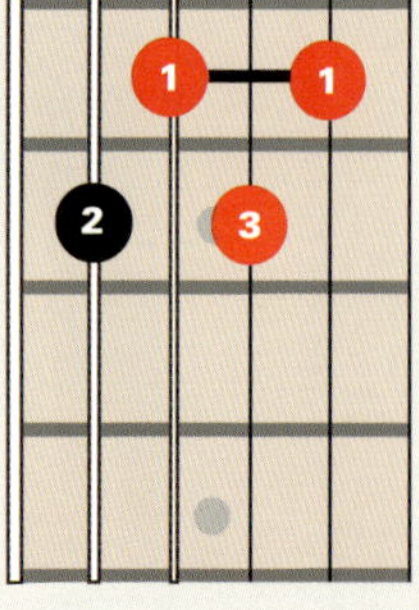

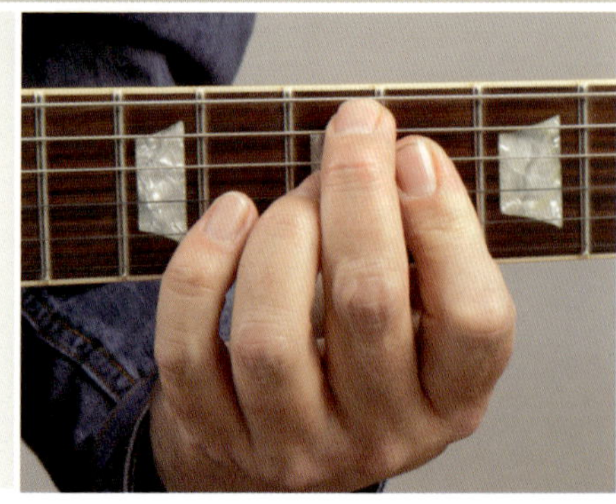

A11

3

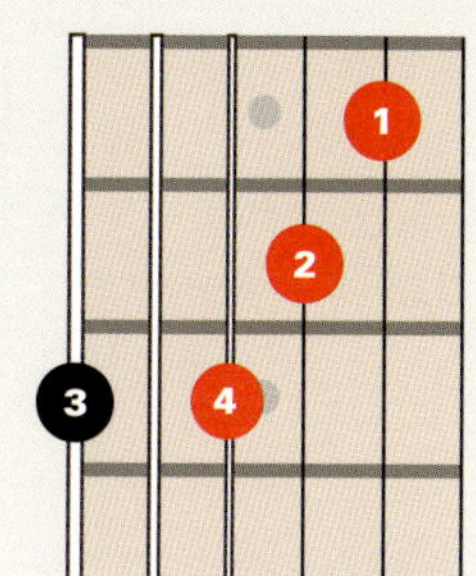

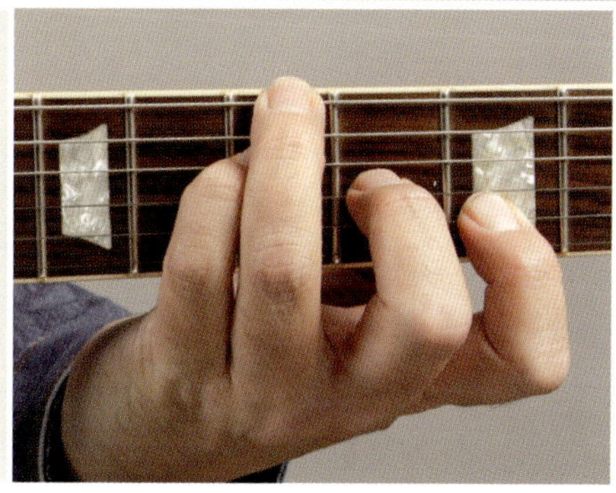

D11

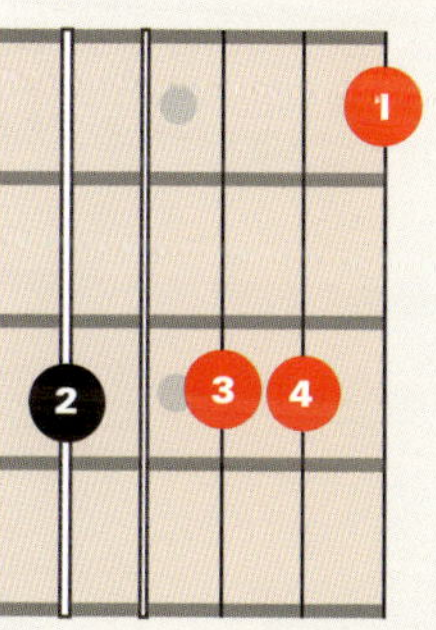

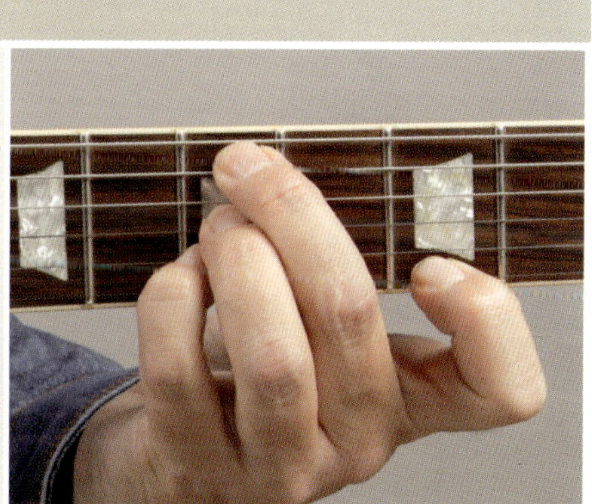

A13

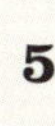

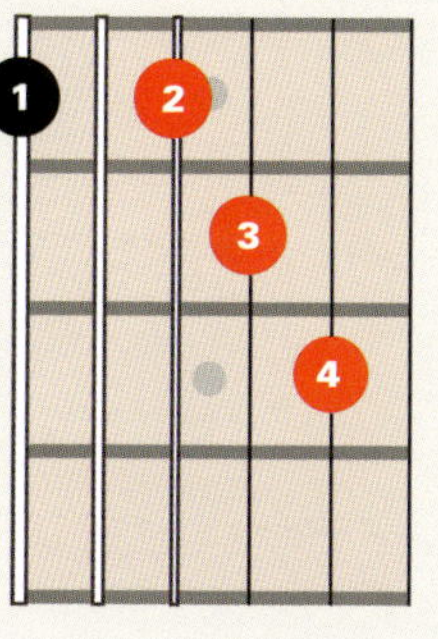

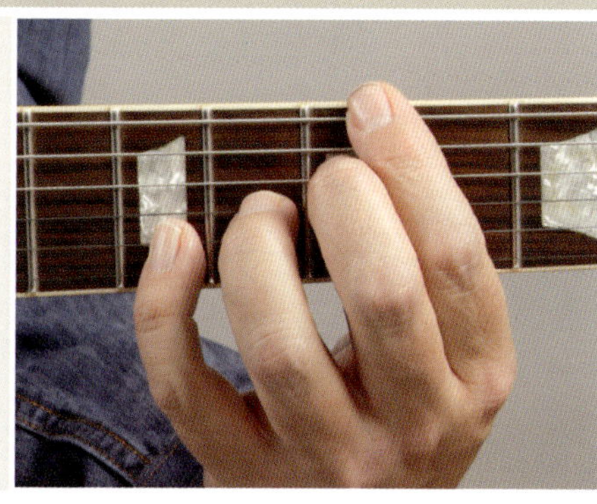

Verminderte Akkorde

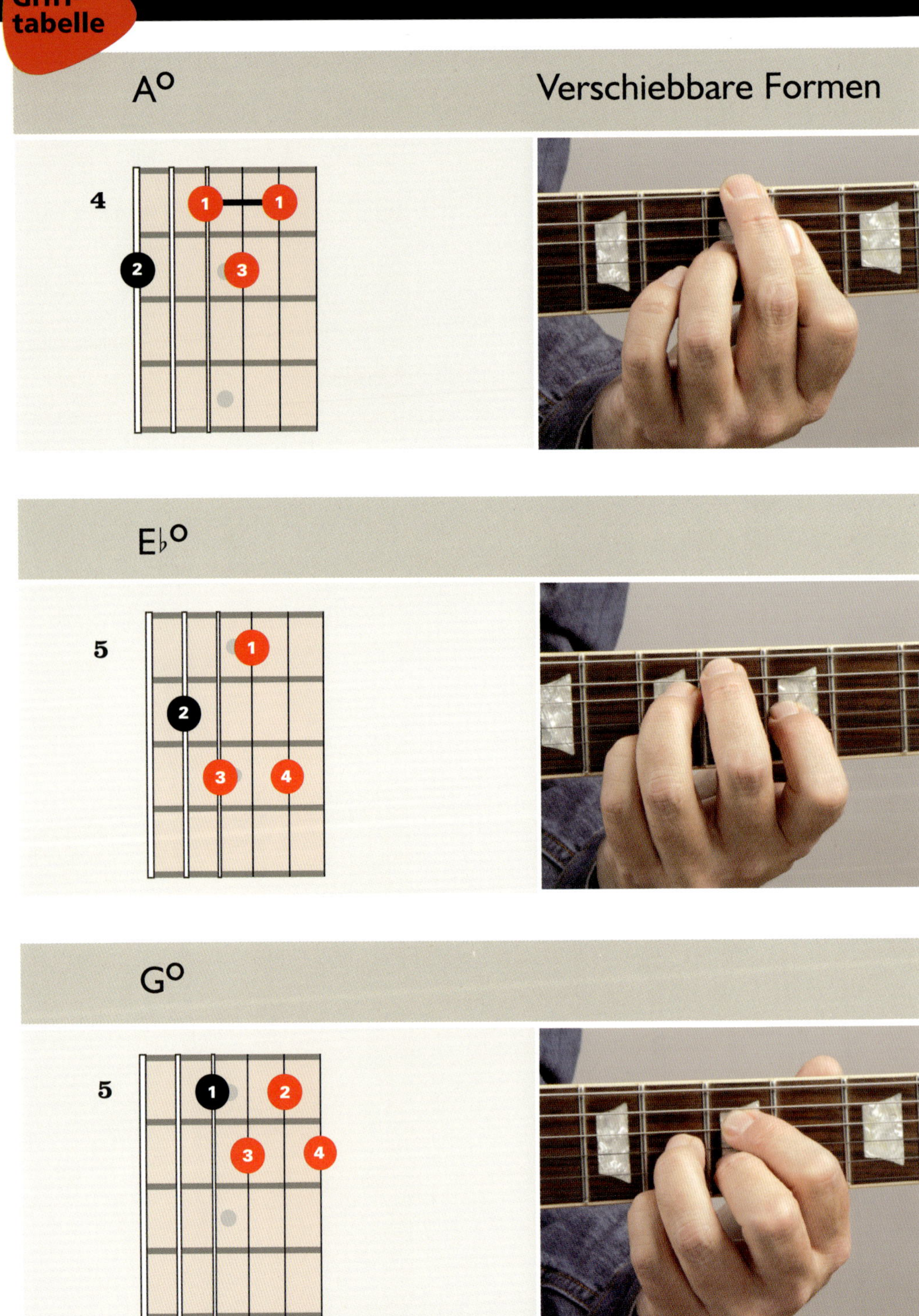

Halbverminderte Akkorde

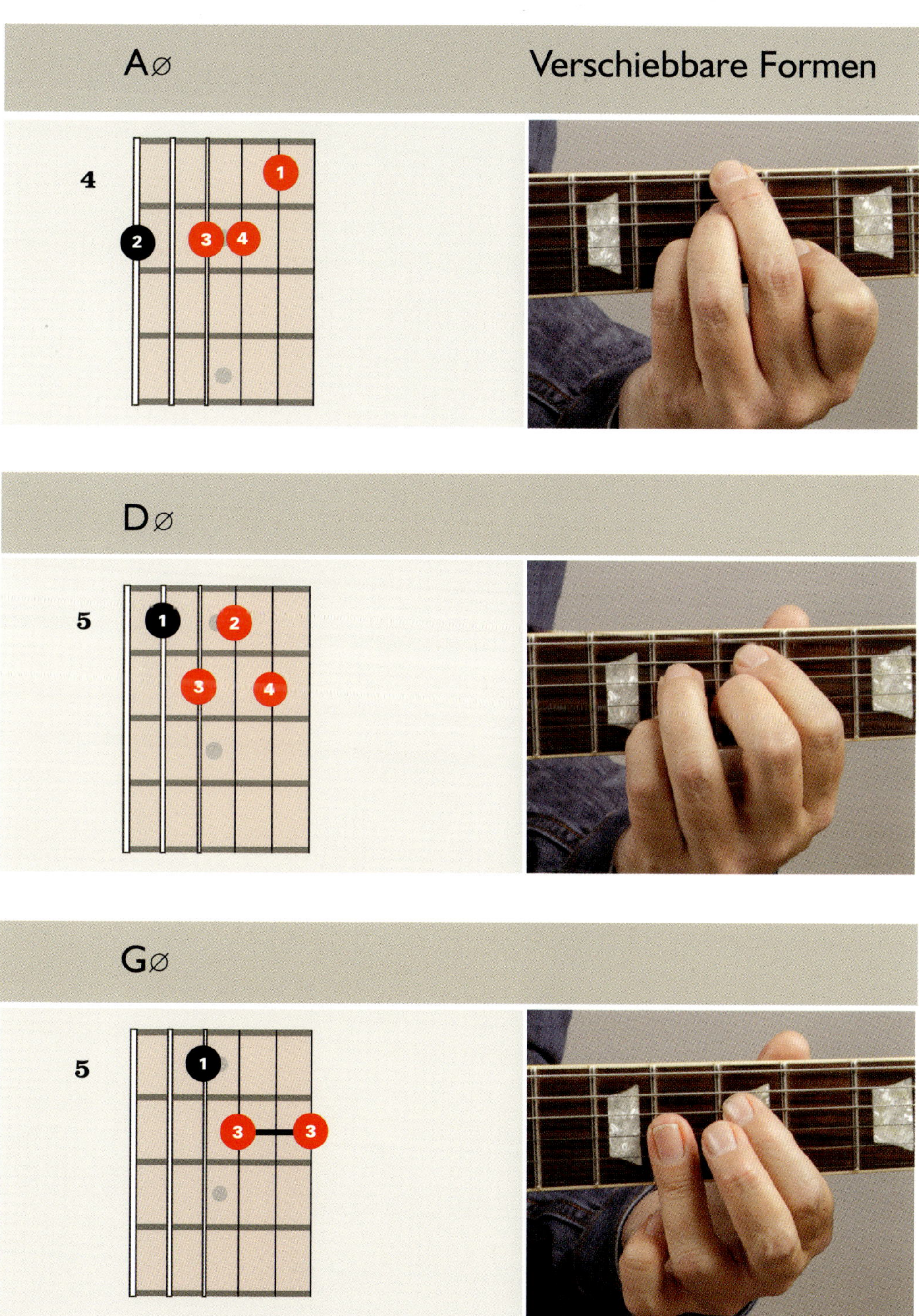

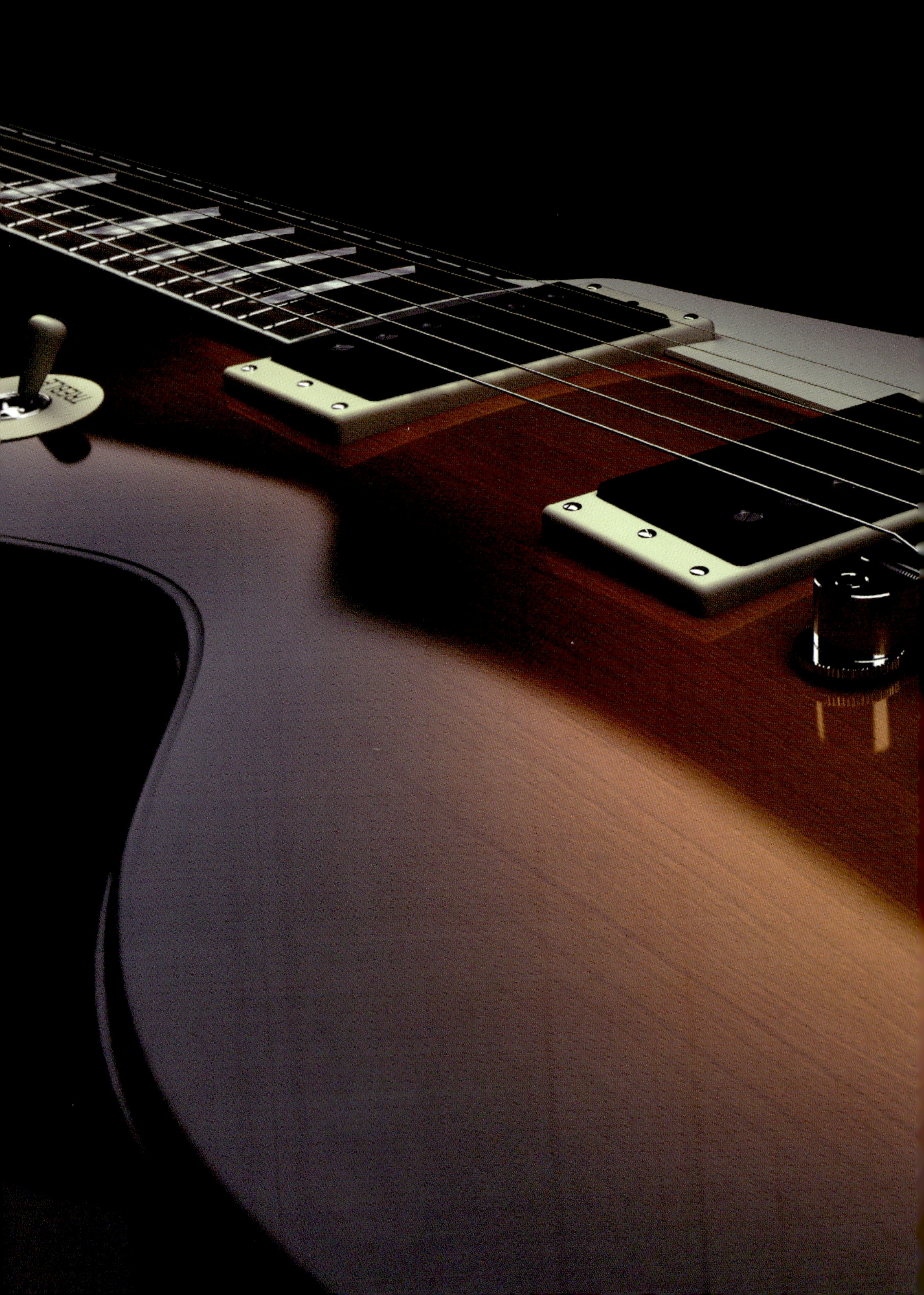

Kapitel 4

Tonleitern

Diese Tonleiter erzeugt diesen Modus	Dur-Form 1	Dur-Form 2	Dur-Form 3	Dur-Form 4	Dur-Form 5	Harmonisch Moll-Form 4
Dorisch		(tiefster Ton wird neuer Grundton)				
Phrygisch			(tiefster Ton wird neuer Grundton)			
Lydisch			(zweiter Ton wird neuer Grundton)			
Mixolydisch				(tiefster Ton wird neuer Grundton)		
Aeolisch					(tiefster Ton wird neuer Grundton)	
Locrisch	(tiefster Ton wird neuer Grundton)					
Phrygisch Dominant						(tiefster Ton wird neuer Grundton)

Beispiel: Um den dorischen Modus zu spielen, spiele Dur-Form 2 (der tiefste Ton von Form 2 wird dabei der neue Grundton). Hinweis: In dieser Übersicht ist von jedem Modus nur Form 1 angegeben.

Notations-Erklärung

Pattern im 1. Bund (mit Leersaiten):

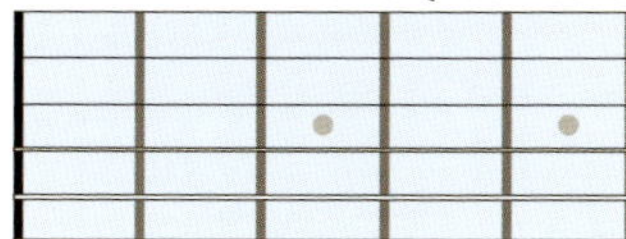

Pattern im 7. Bund:

× Leersaite, nicht gespielt
○ Leersaite (Grundton), gespielt
○ Leersaite (Akkordton), gespielt
● Grundton
● Tonleiterton

Hinweis: Die Zahlen geben den korrekten Fingersatz an.

A-Moll-Pentatonik

FORM 1

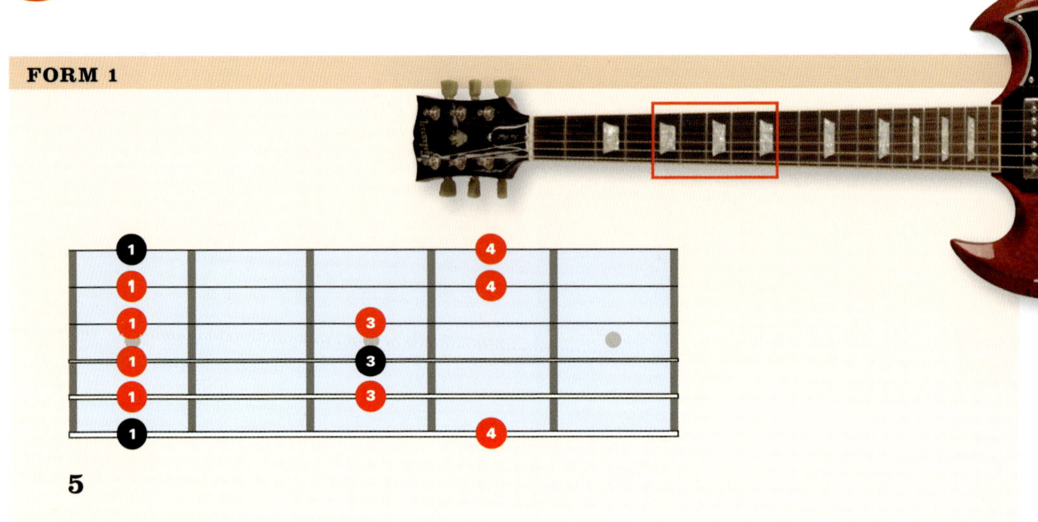

FORM 2

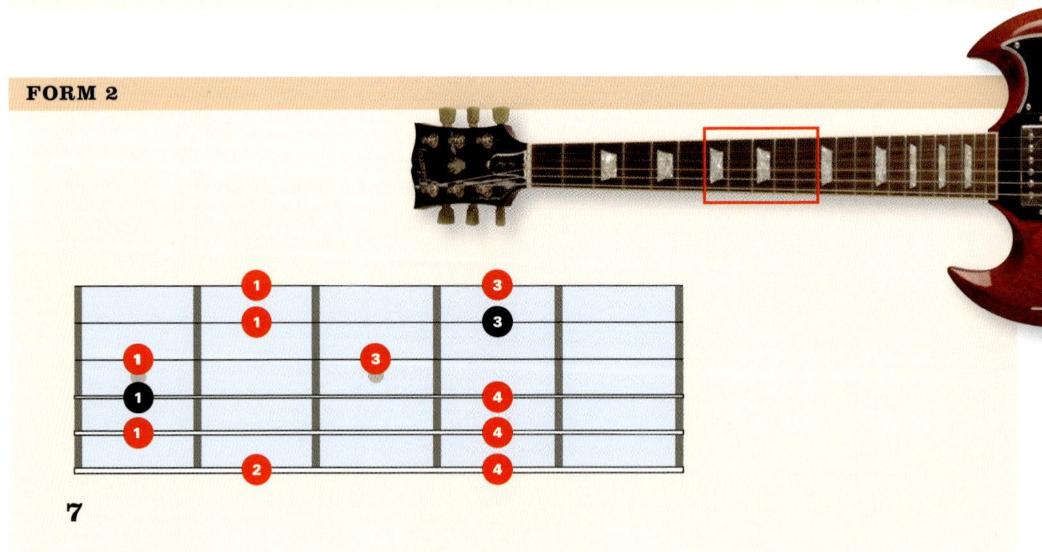

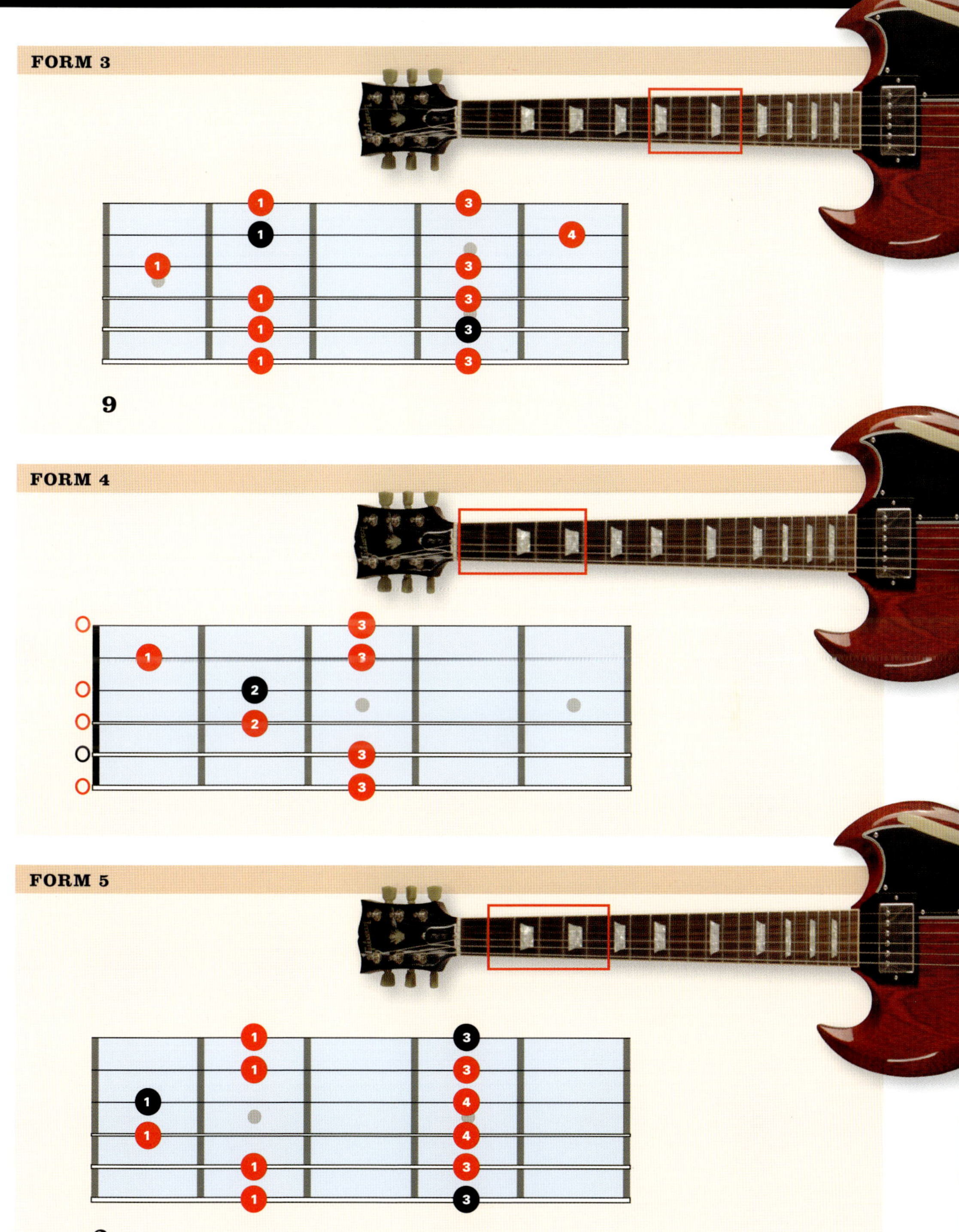
FORM 3
9
FORM 4
FORM 5
2

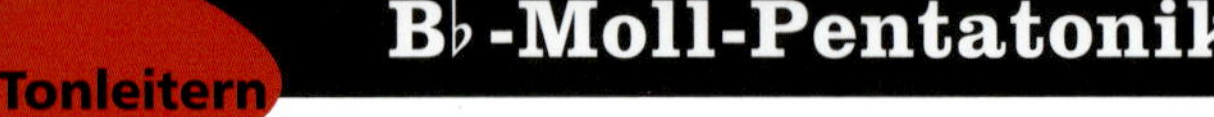

B♭-Moll-Pentatonik

FORM 1

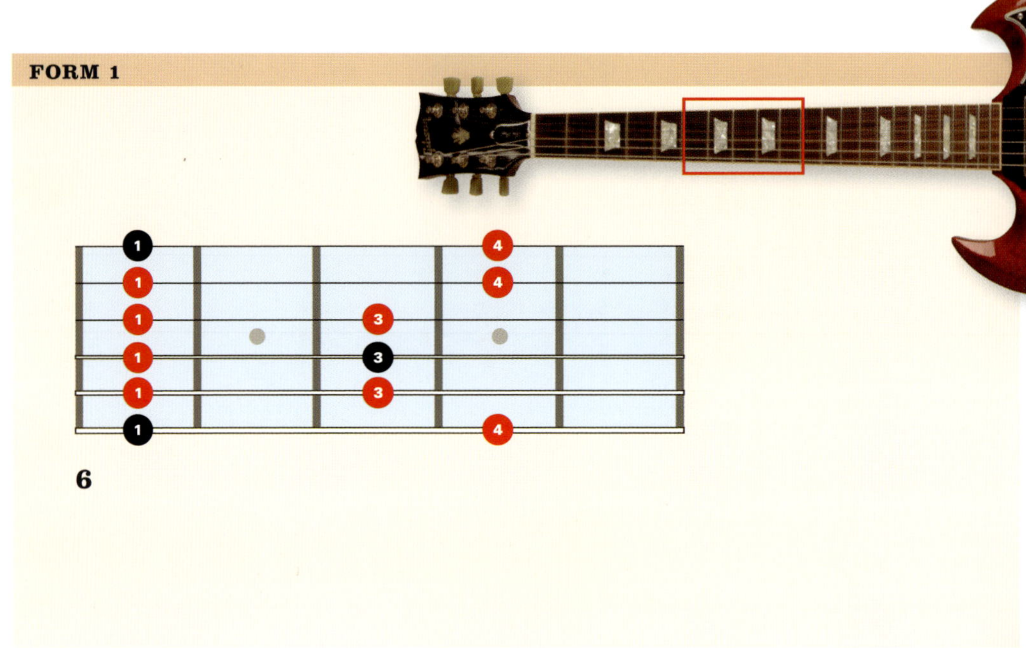

FORM 2

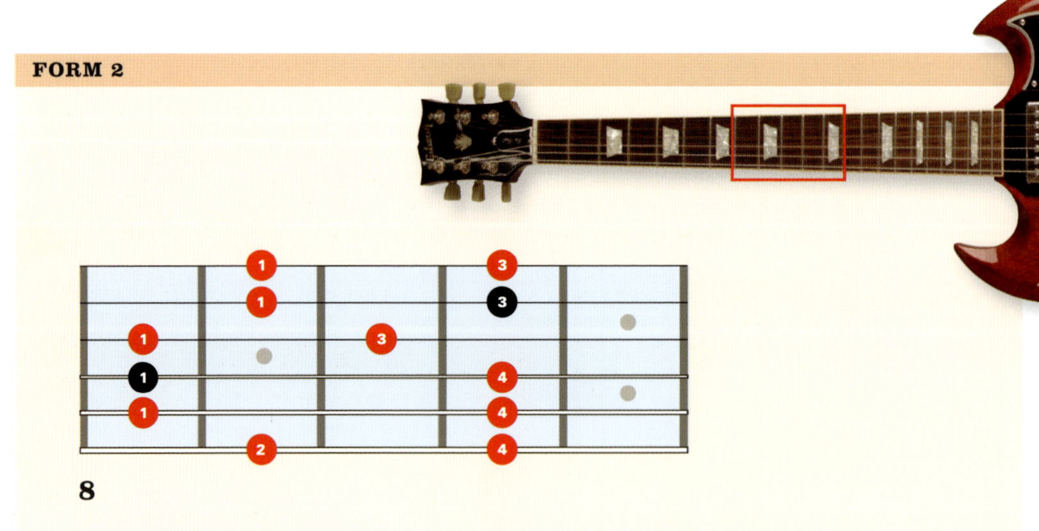

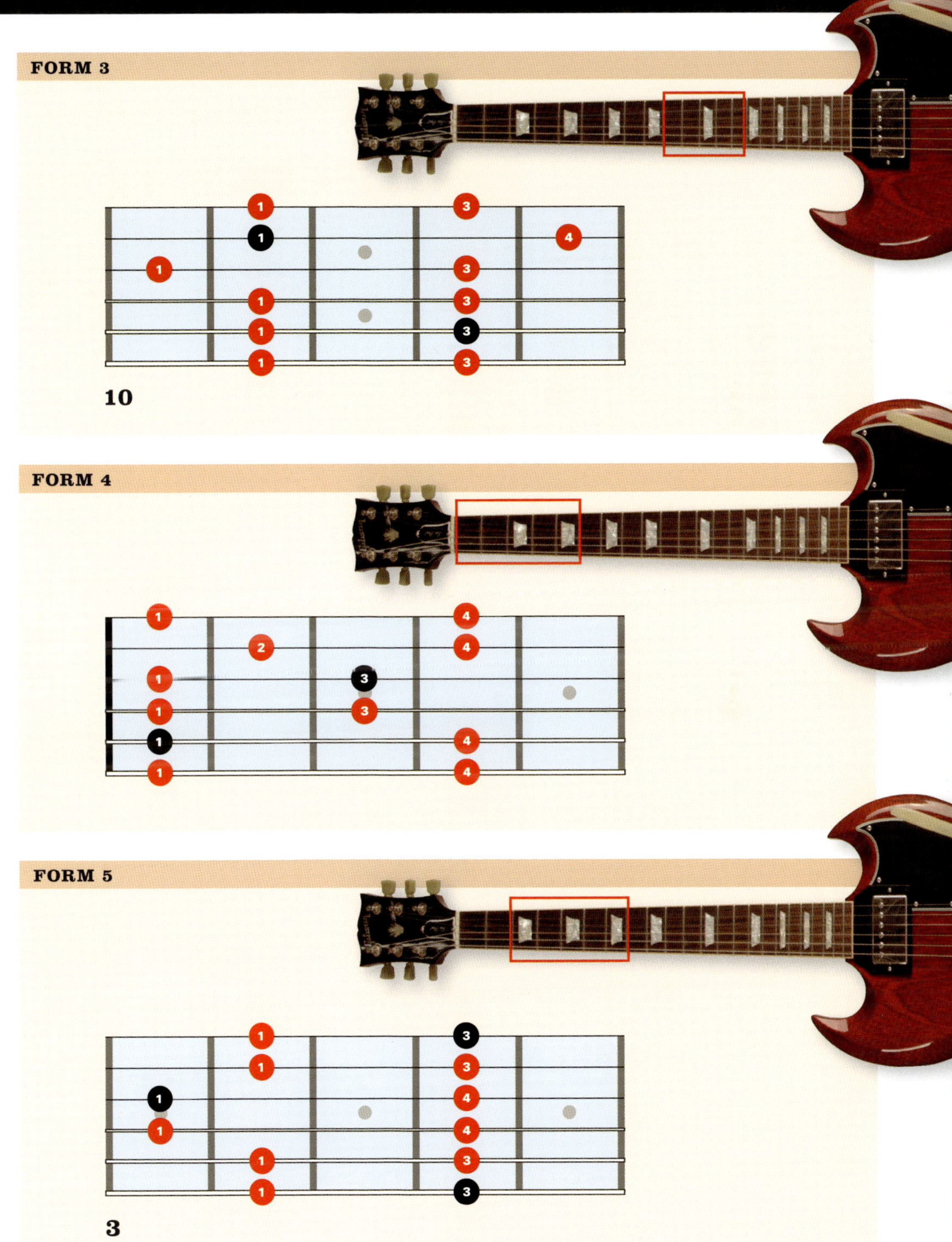
FORM 3
10
FORM 4
FORM 5
3

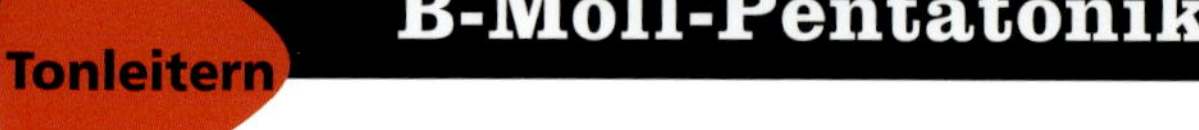

B-Moll-Pentatonik

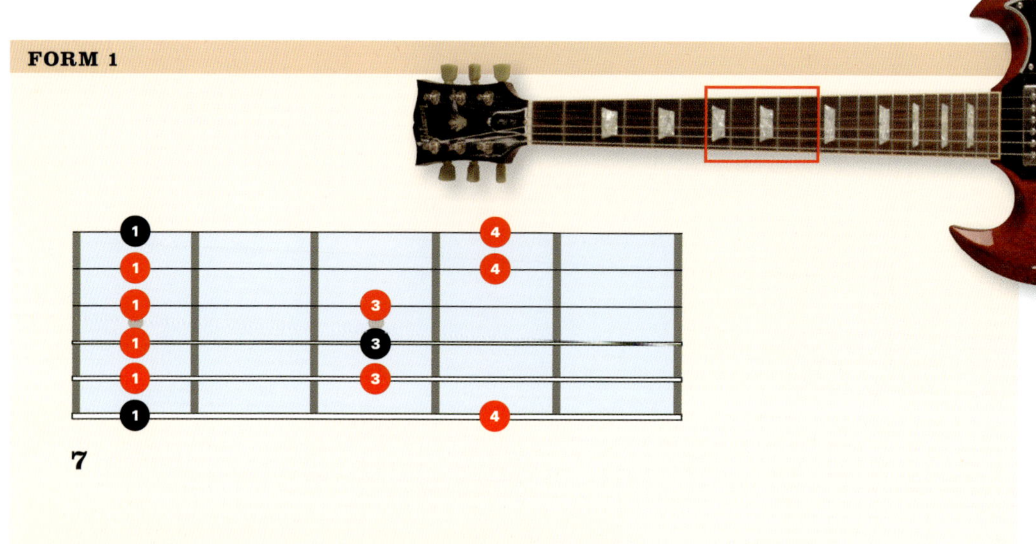

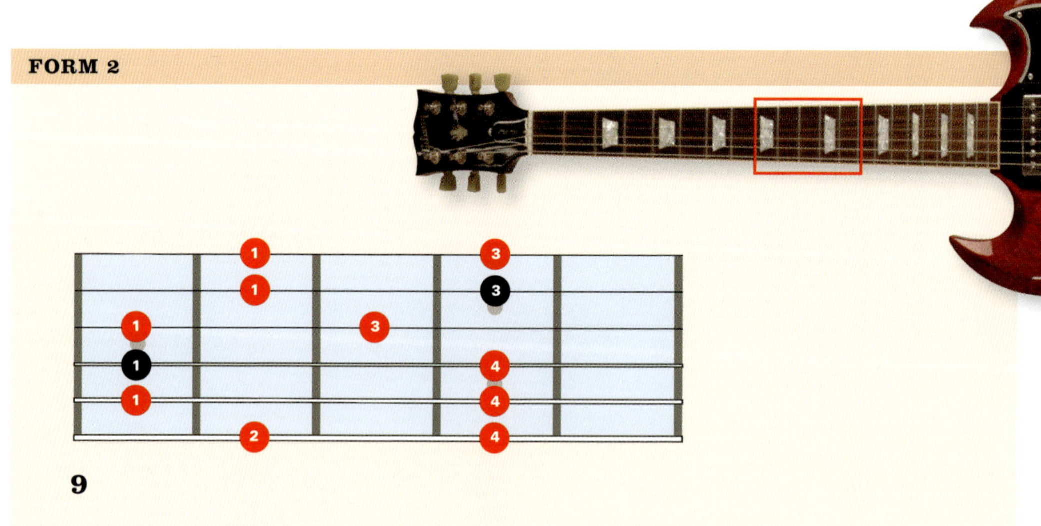

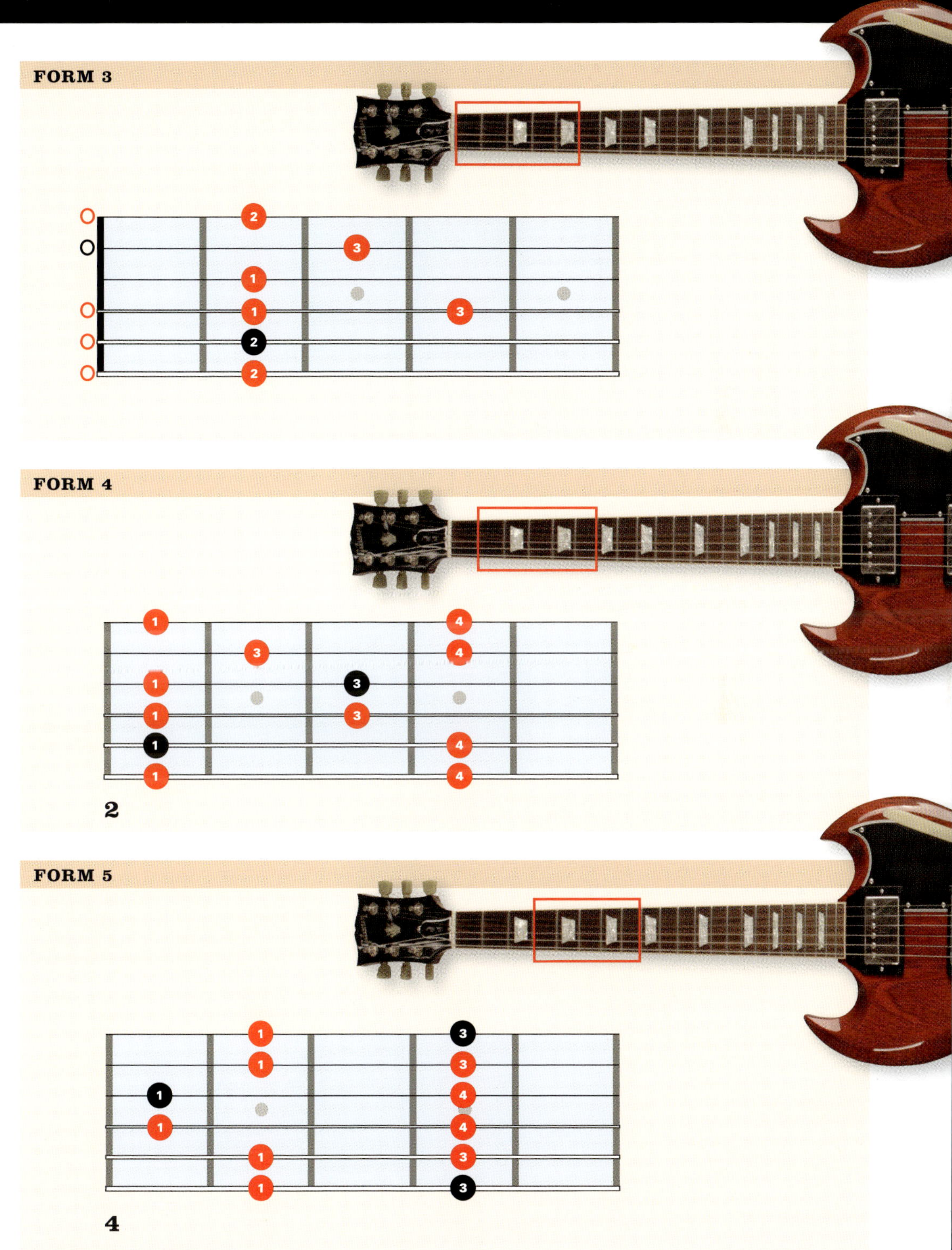
FORM 3
2
3
1
1
3
2
2
FORM 4
1
4
3
4
1
3
1
3
1
4
1
4
2
FORM 5
1
3
1
3
1
4
1
4
1
3
1
3
4

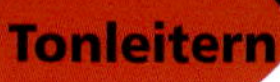

C-Moll-Pentatonik

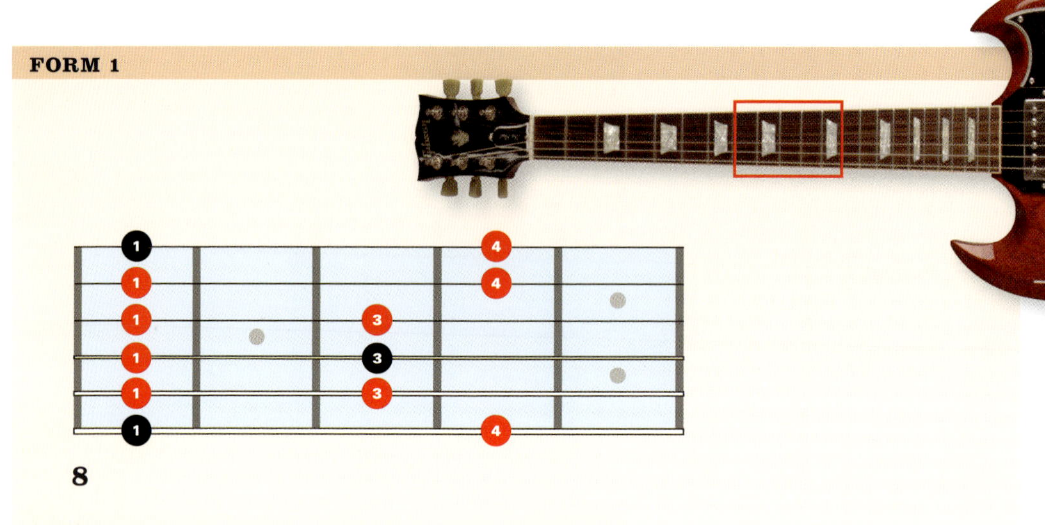

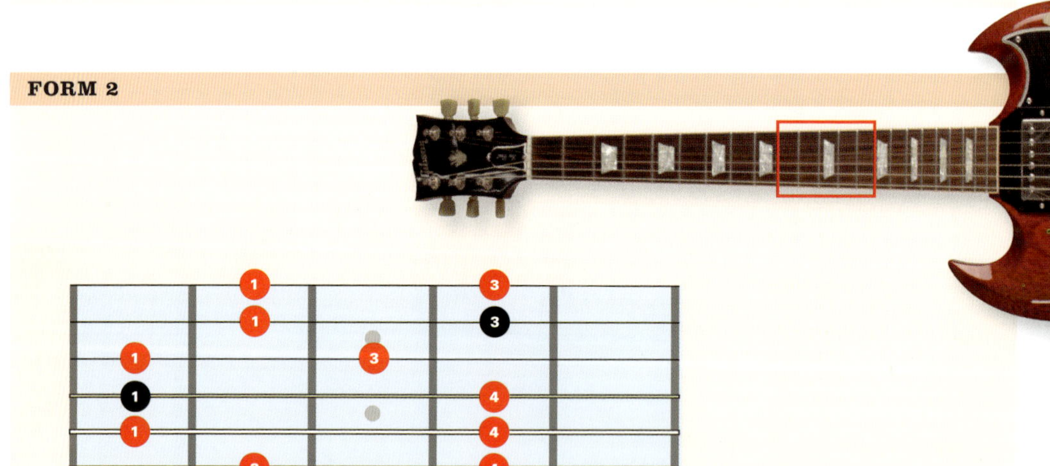

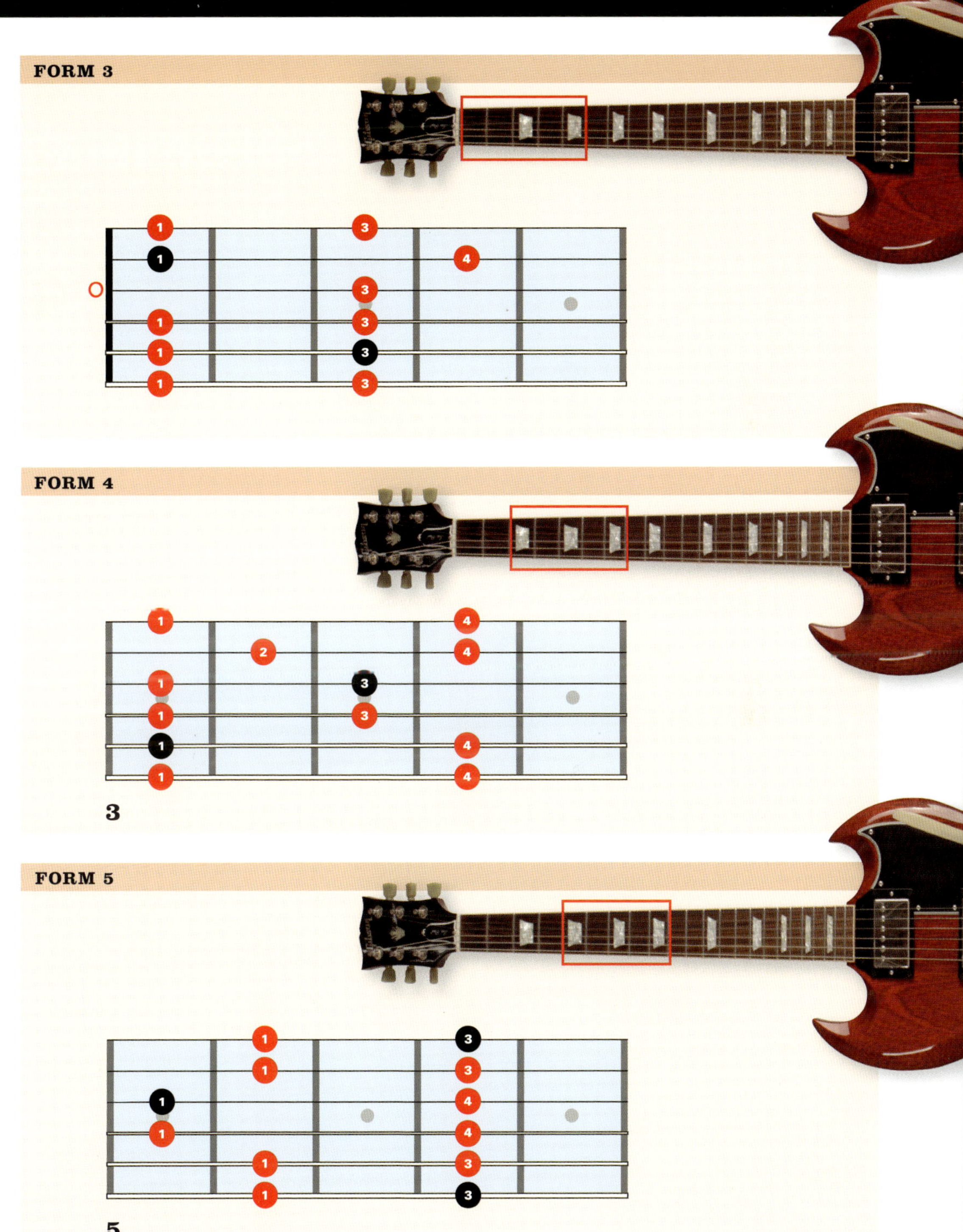
FORM 3
FORM 4
3
FORM 5
5

C♯-Moll-Pentatonik

FORM 1

FORM 2

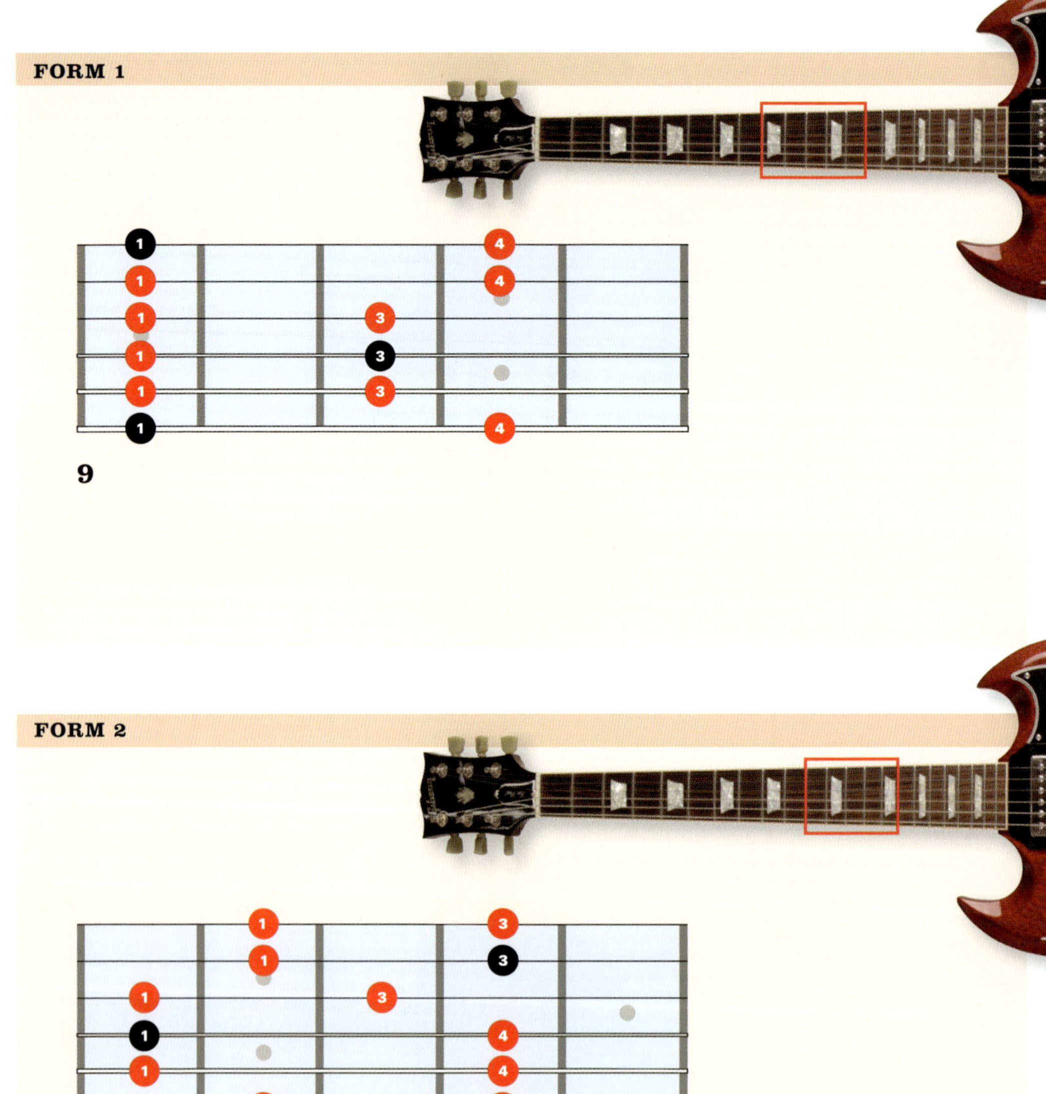

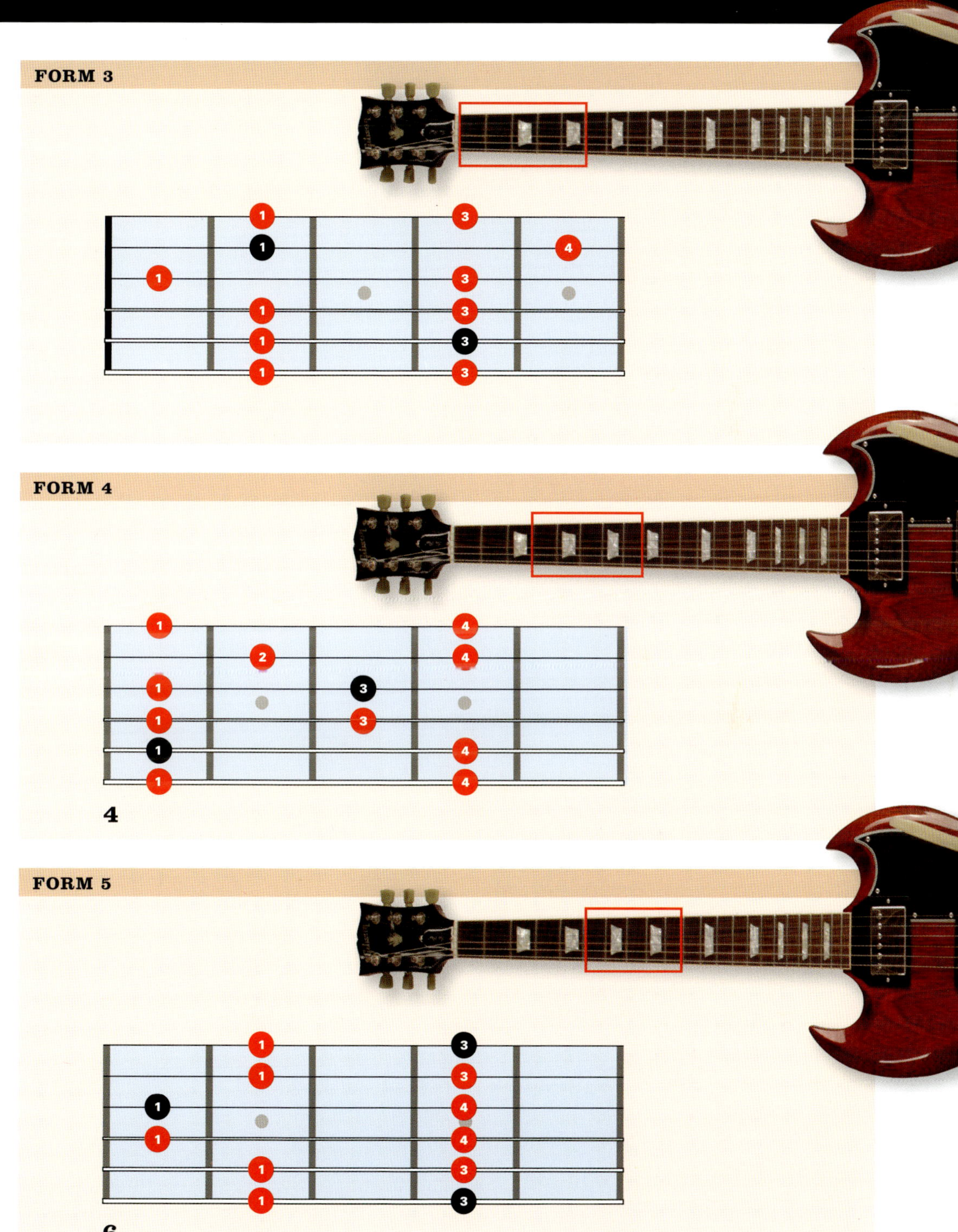
FORM 3
1
3
1
4
1
3
1
3
1
3
1
3
FORM 4
1
4
2
4
1
3
1
3
1
4
1
4
4
FORM 5
1
3
1
3
1
4
1
4
1
3
1
3
6

D-Moll-Pentatonik

FORM 1

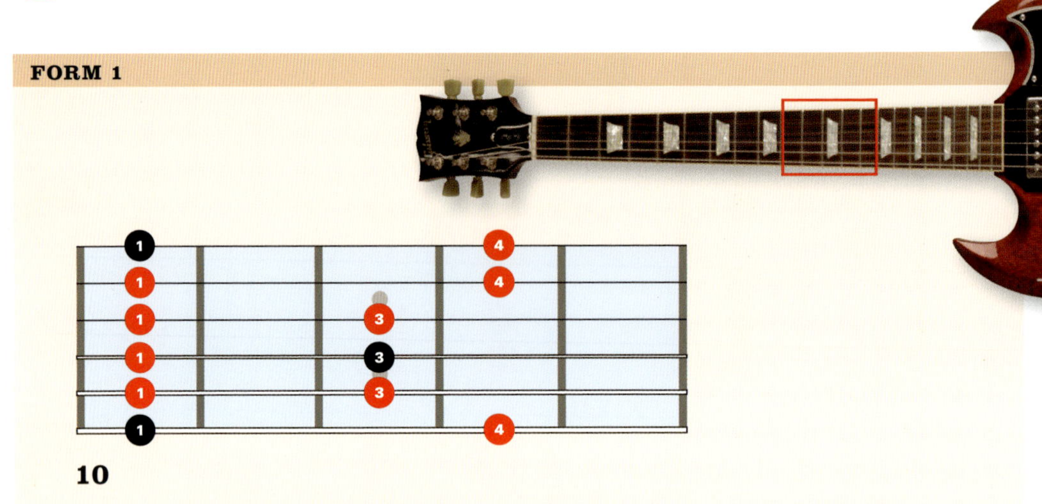

FORM 2

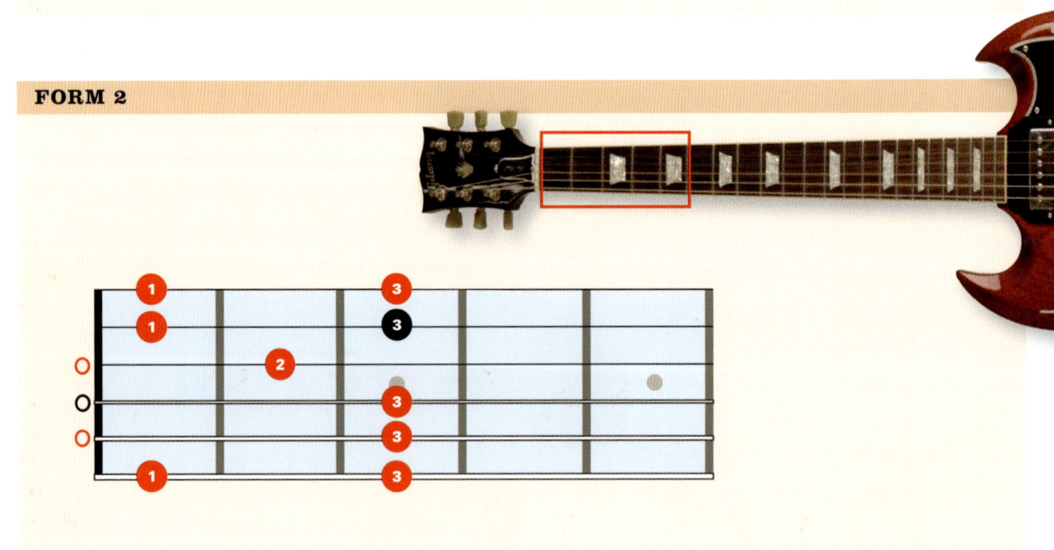

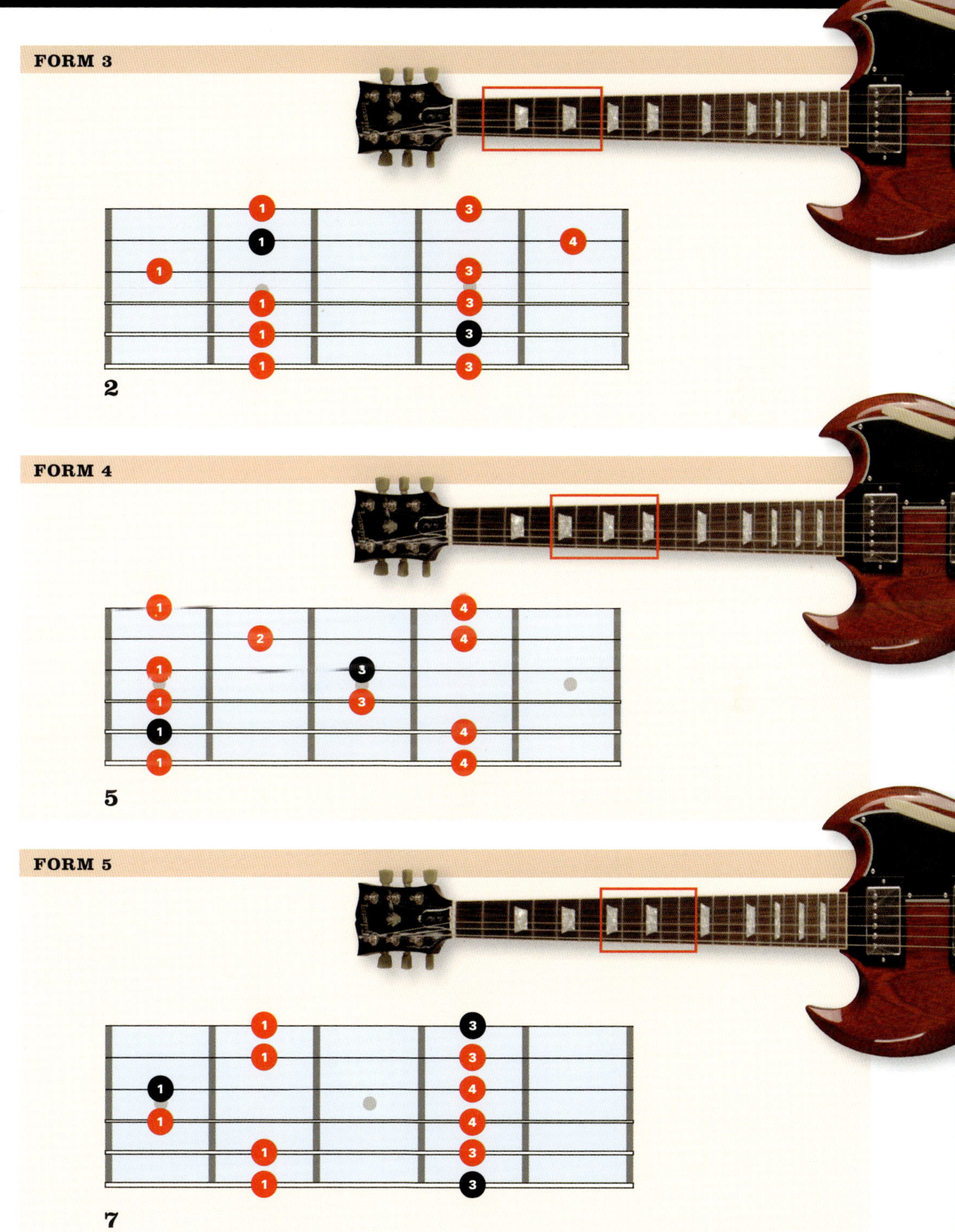
FORM 3
2
FORM 4
5
FORM 5
7

E♭-Moll-Pentatonik

FORM 1

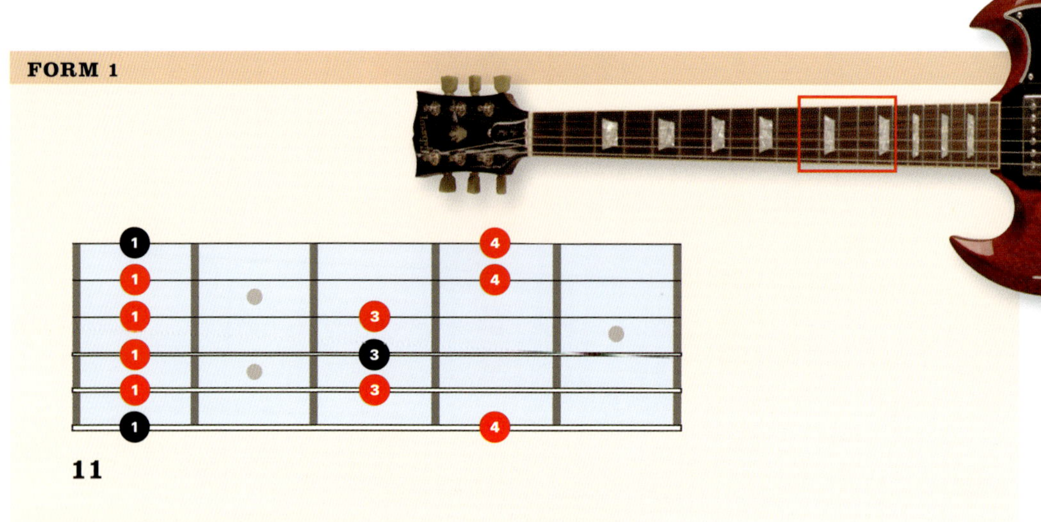

FORM 2

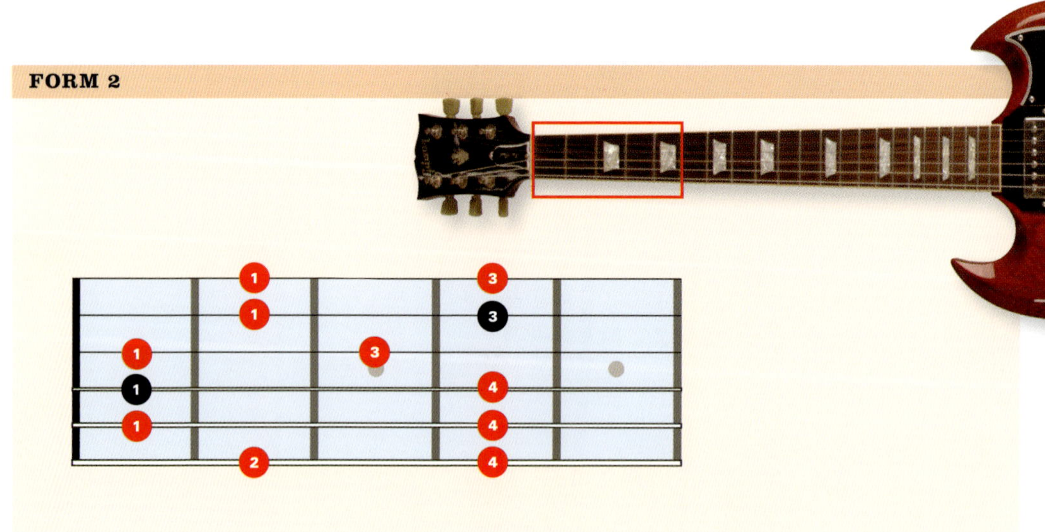

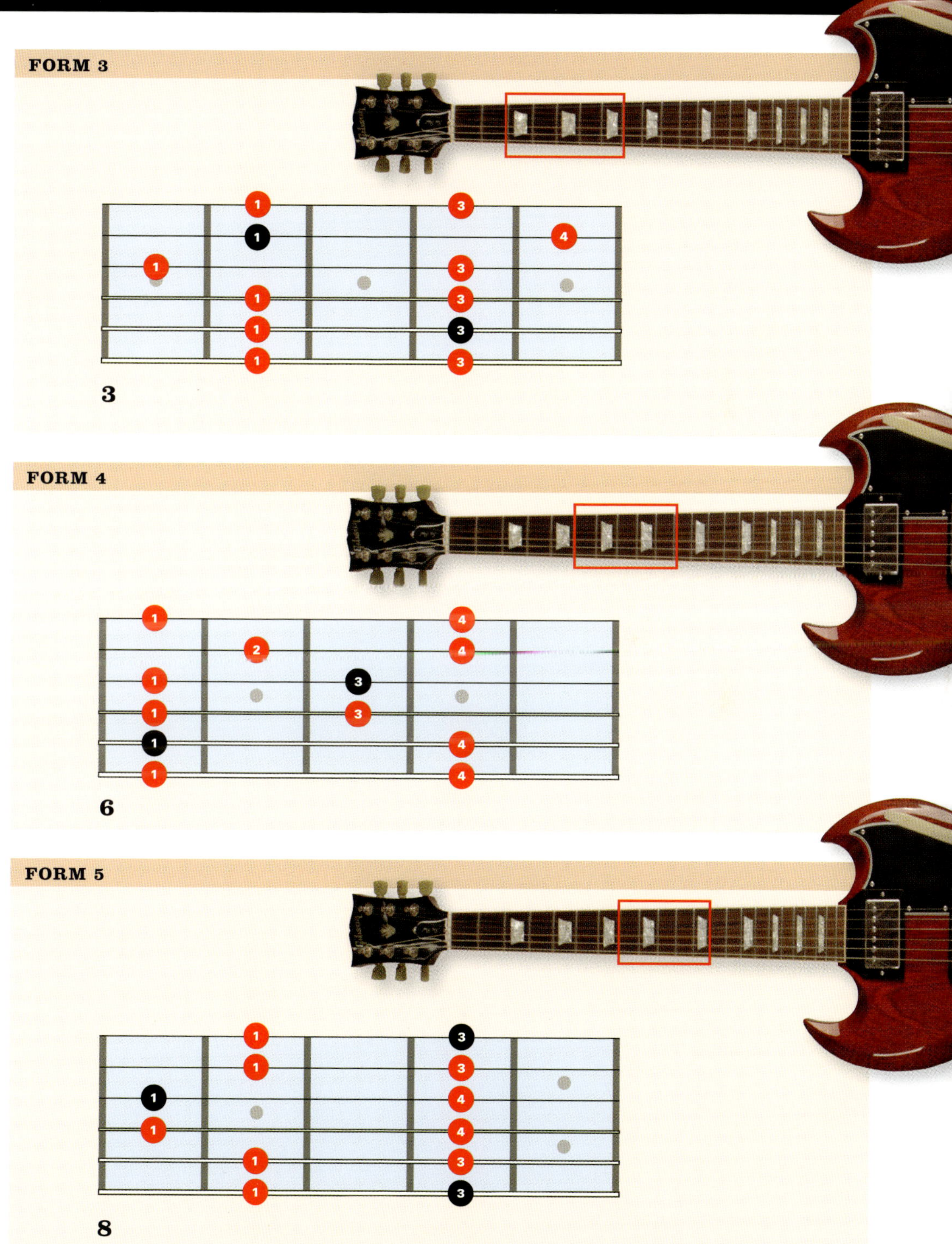
FORM 3
1
3
1
4
1
3
1
3
1
3
1
3
3
FORM 4
1
4
2
4
1
3
1
3
1
4
1
4
6
FORM 5
1
3
1
3
1
4
1
4
1
3
1
3
8

E-Moll-Pentatonik

FORM 1

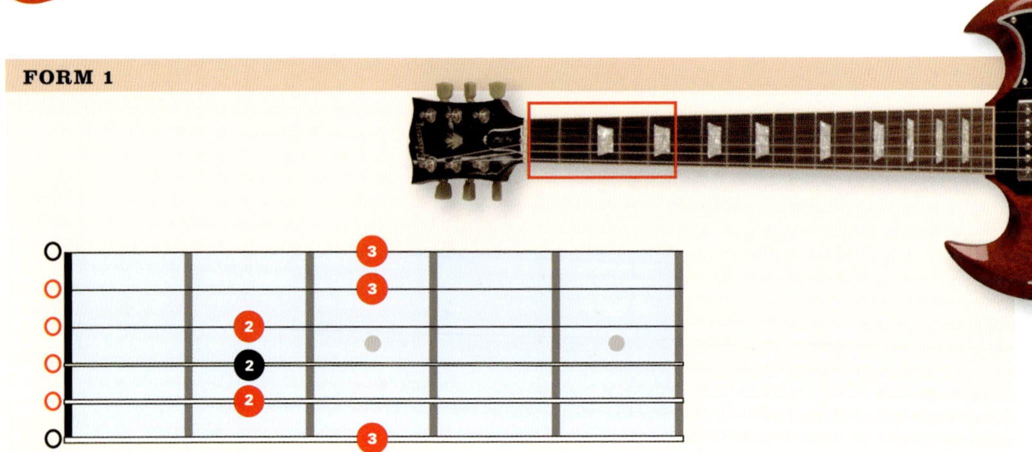

FORM 2

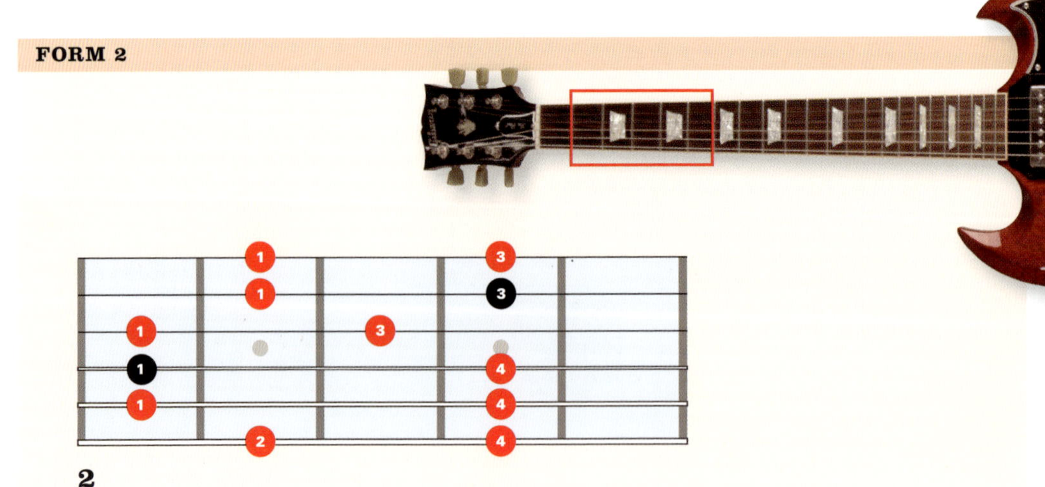

2

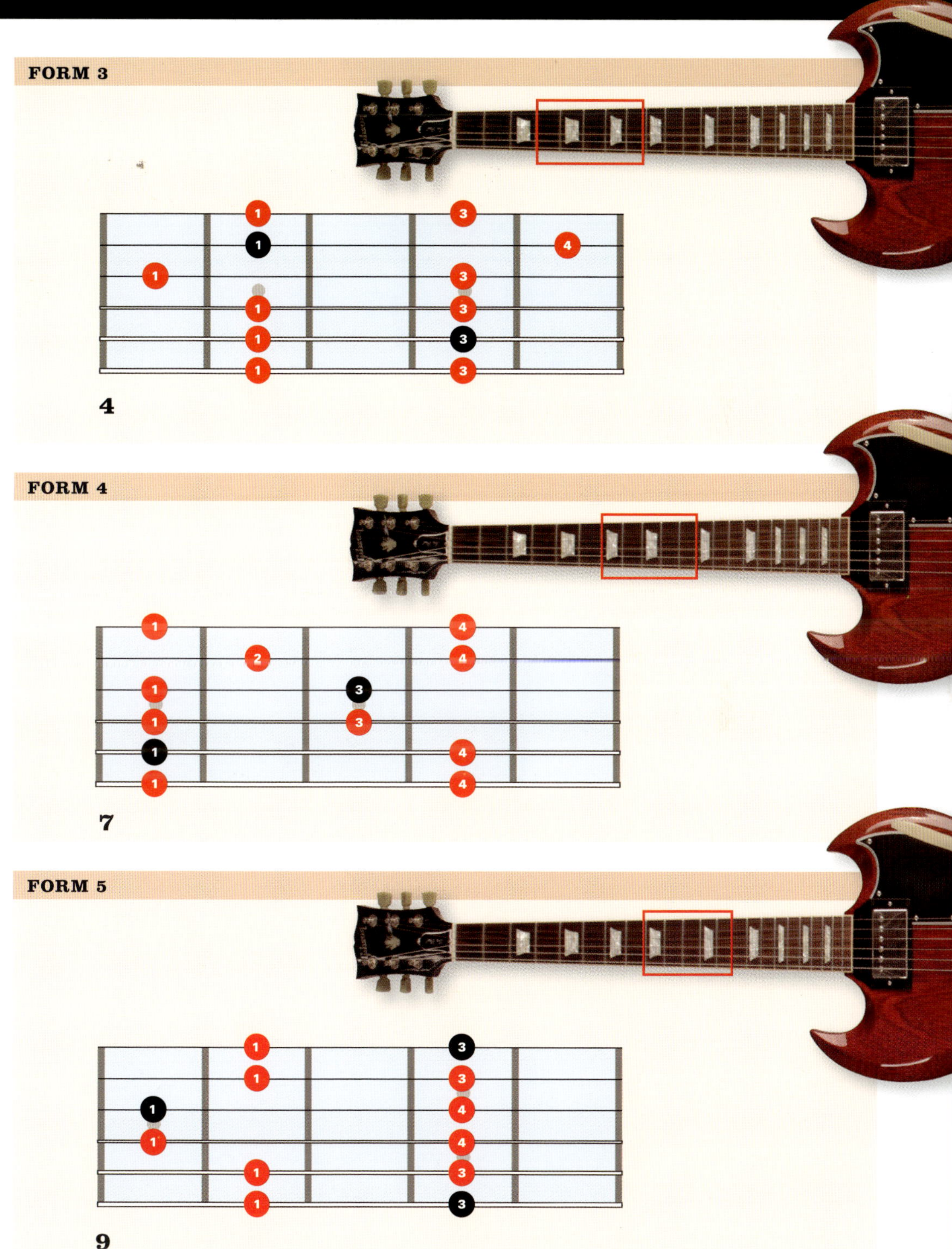
FORM 3
1
3
1
4
1
3
1
3
1
3
1
3
4
FORM 4
1
4
2
4
1
3
1
3
1
4
1
4
7
FORM 5
1
3
1
3
1
4
1
4
1
3
1
3
9

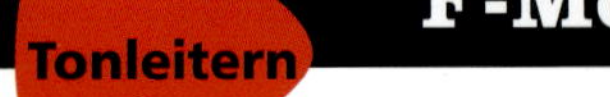

F-Moll-Pentatonik

FORM 1

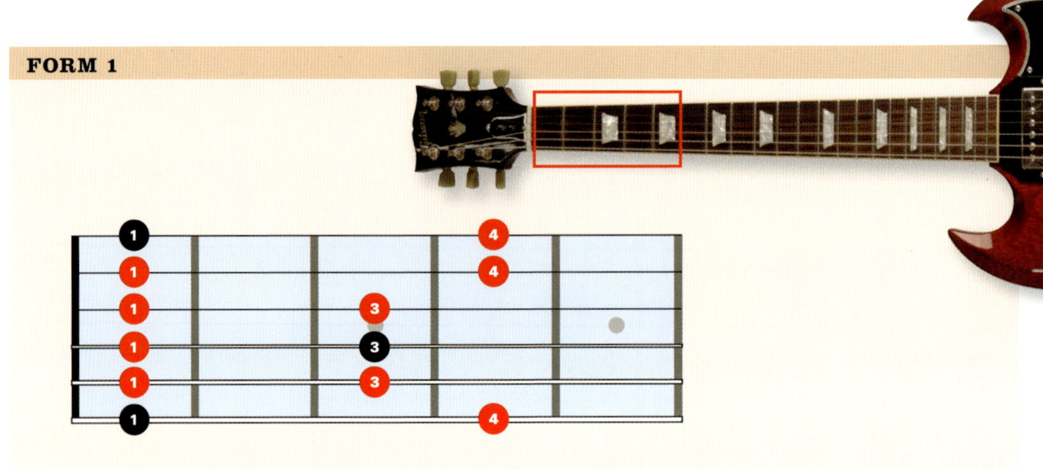

FORM 2

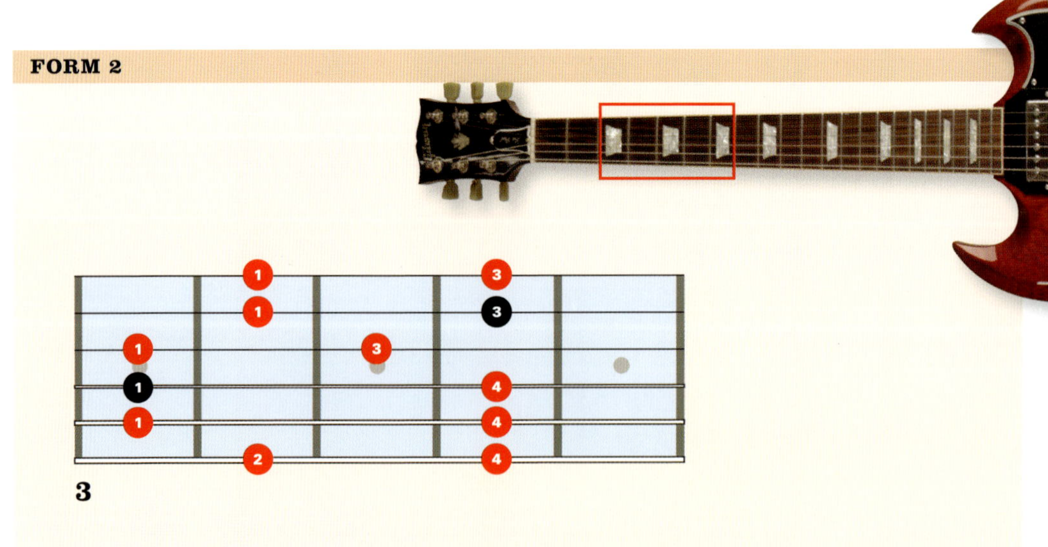

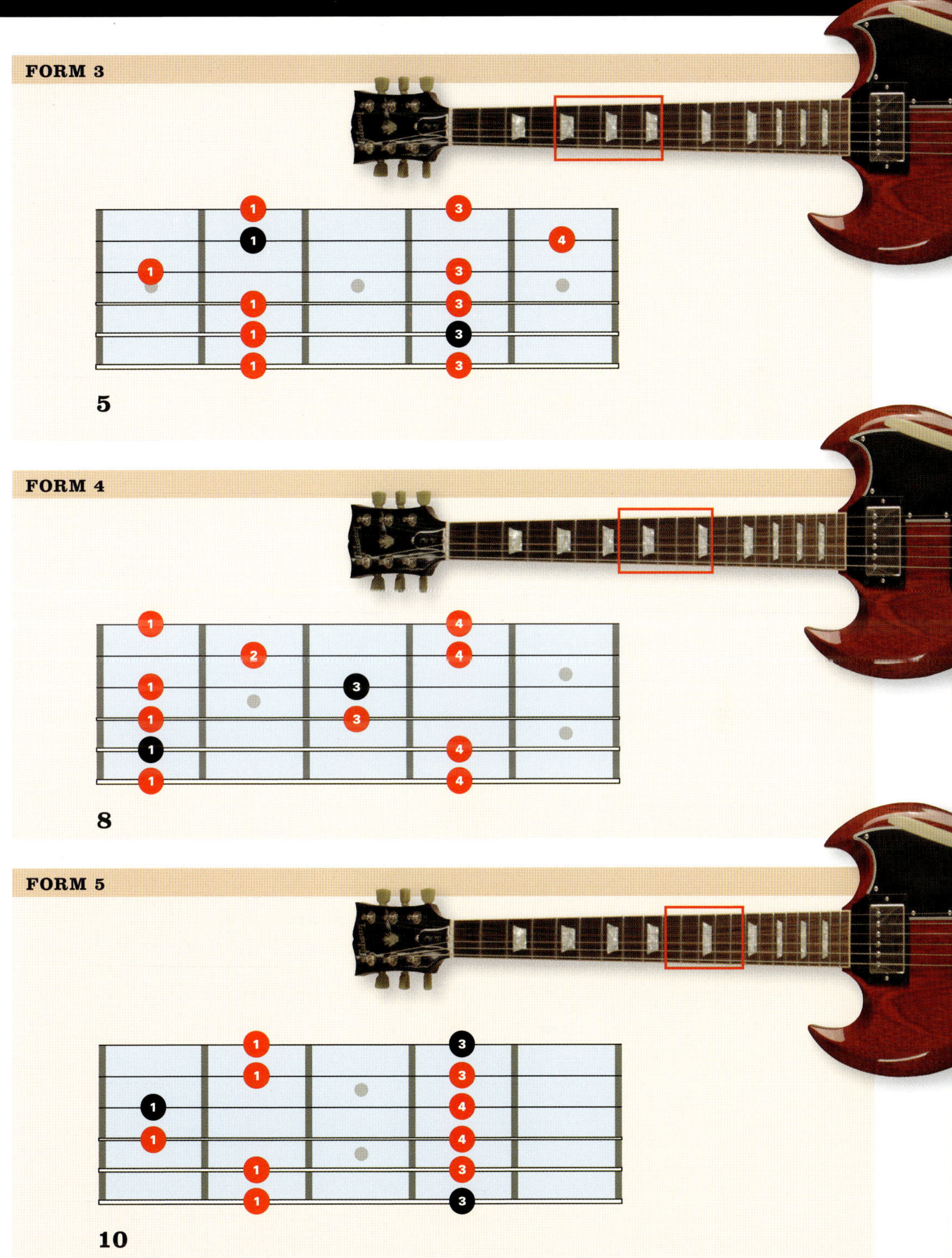
FORM 3
1
3
1
4
1
3
1
3
1
3
1
3
5
FORM 4
1
4
2
4
1
3
1
3
1
4
1
4
8
FORM 5
1
3
1
3
1
4
1
4
1
3
1
3
10

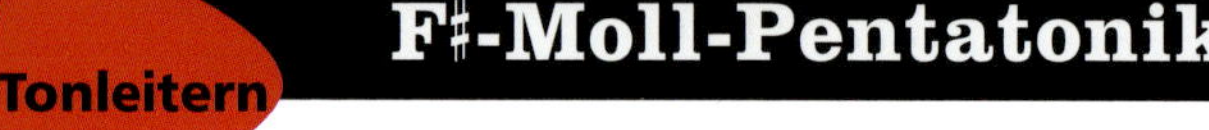

F♯-Moll-Pentatonik

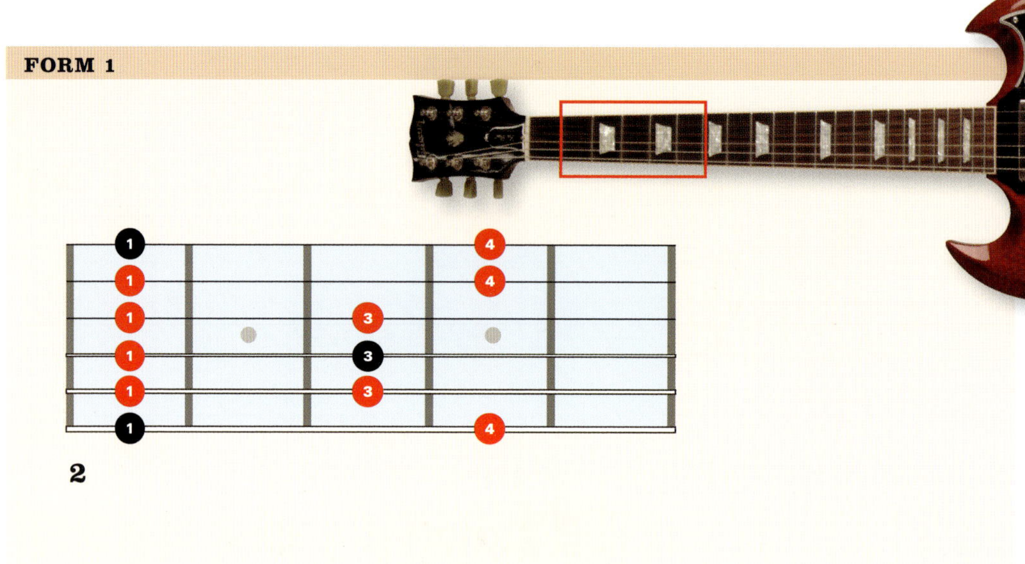

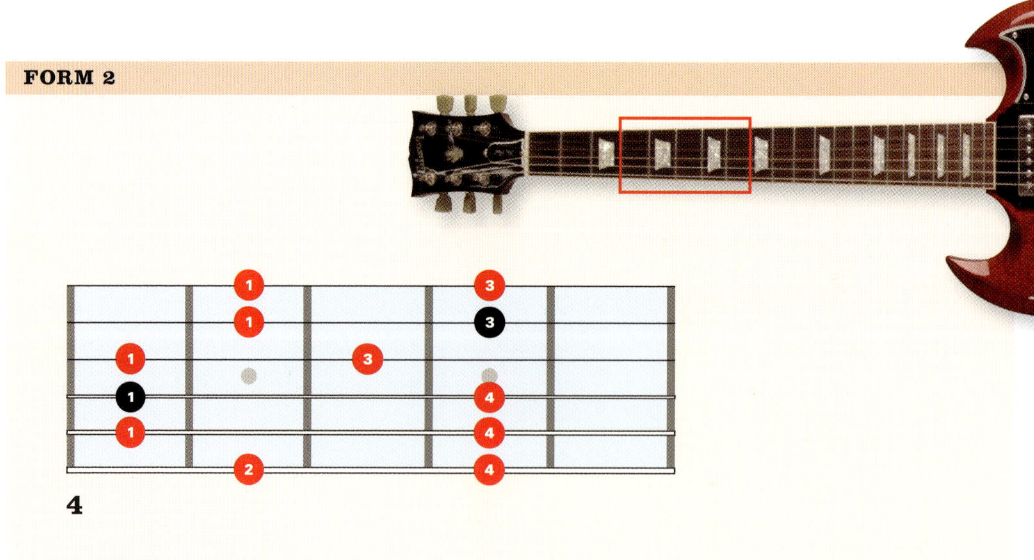

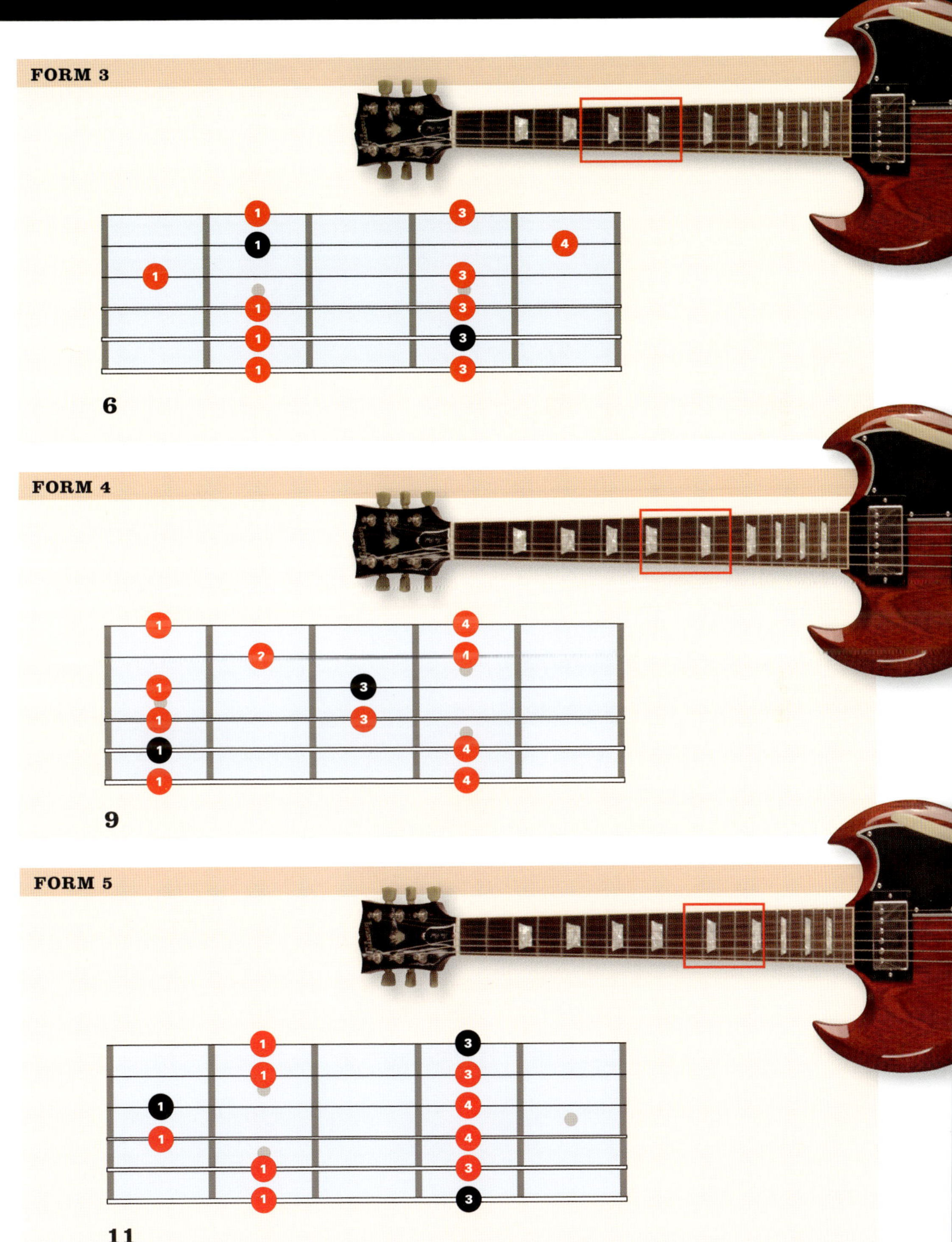
FORM 3
6
FORM 4
9
FORM 5
11

G-Moll-Pentatonik

FORM 1

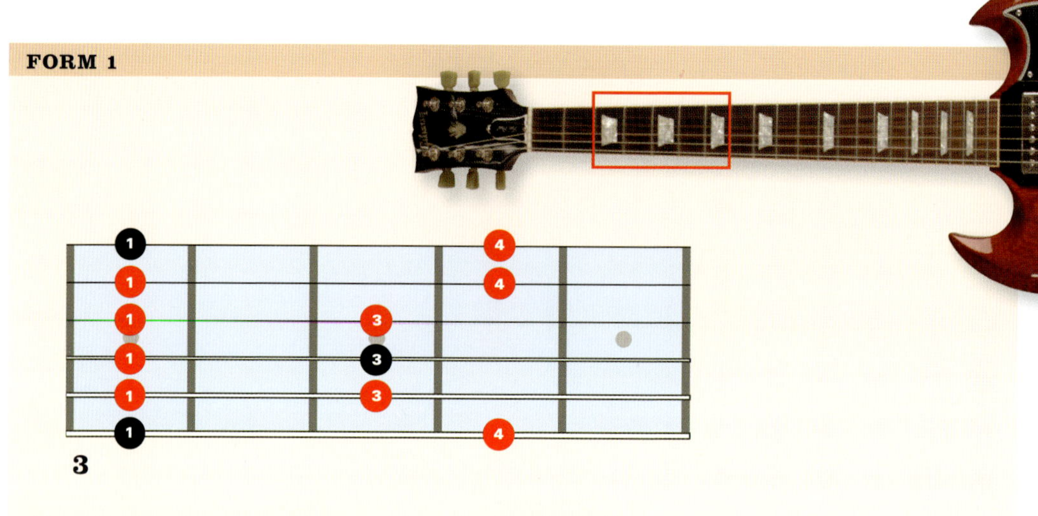

FORM 2

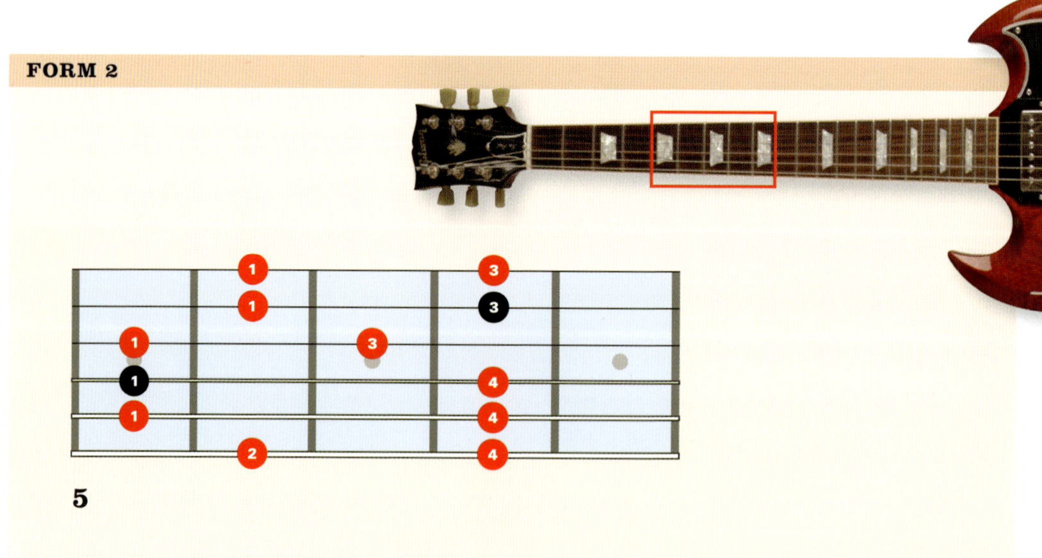

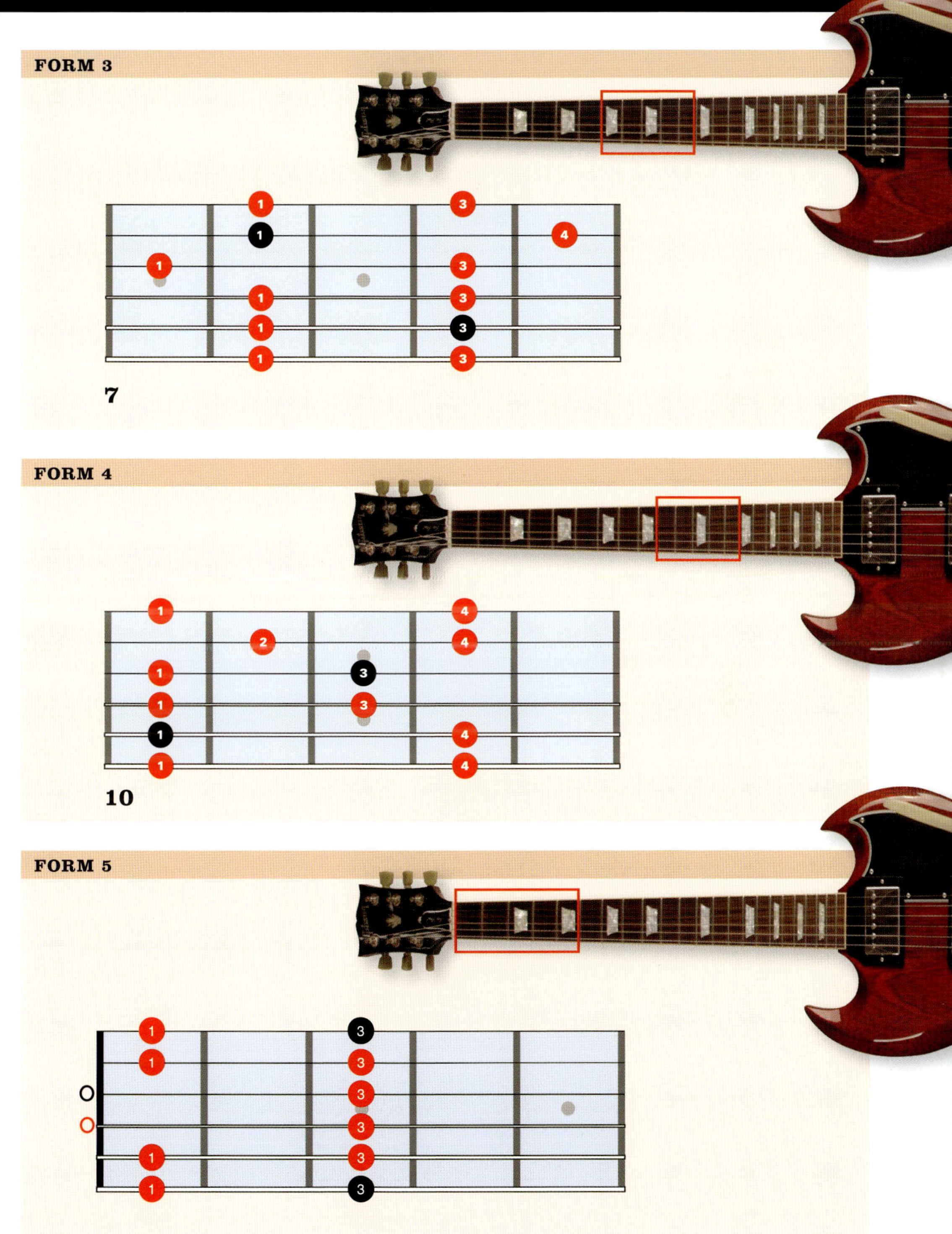
FORM 3
7
FORM 4
10
FORM 5

G♯-Moll-Pentatonik

FORM 1

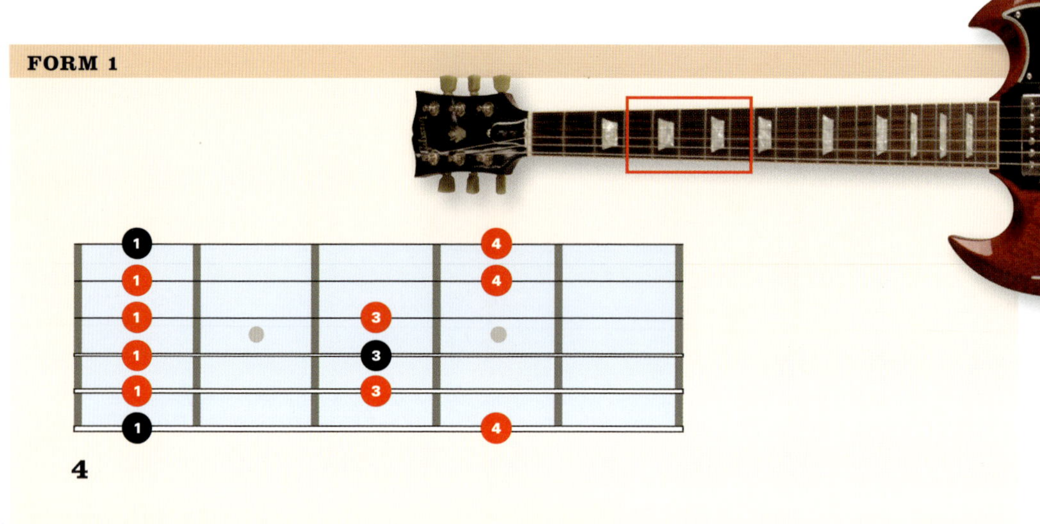

FORM 2

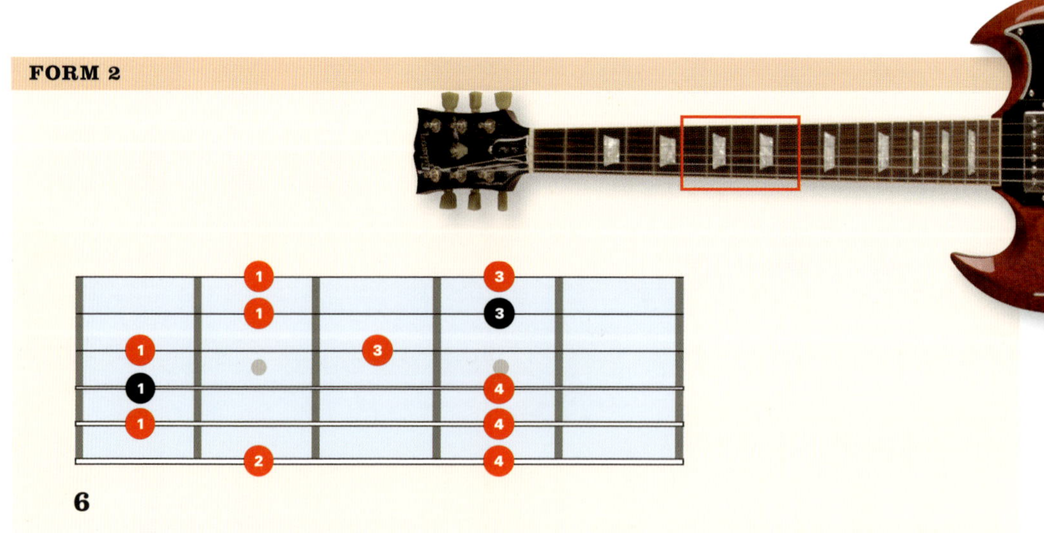

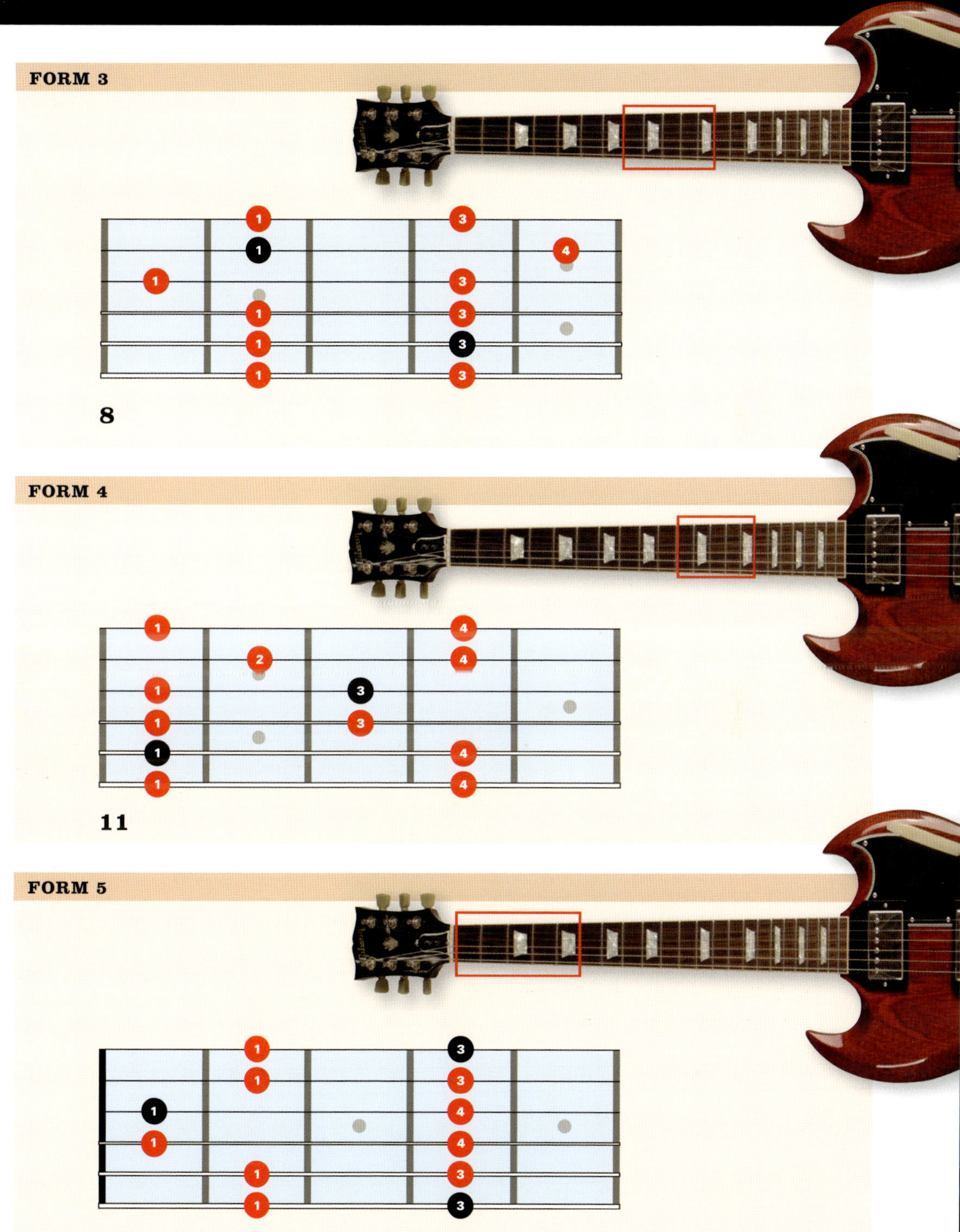
FORM 3
8
FORM 4
11
FORM 5

C-Dur

FORM 1

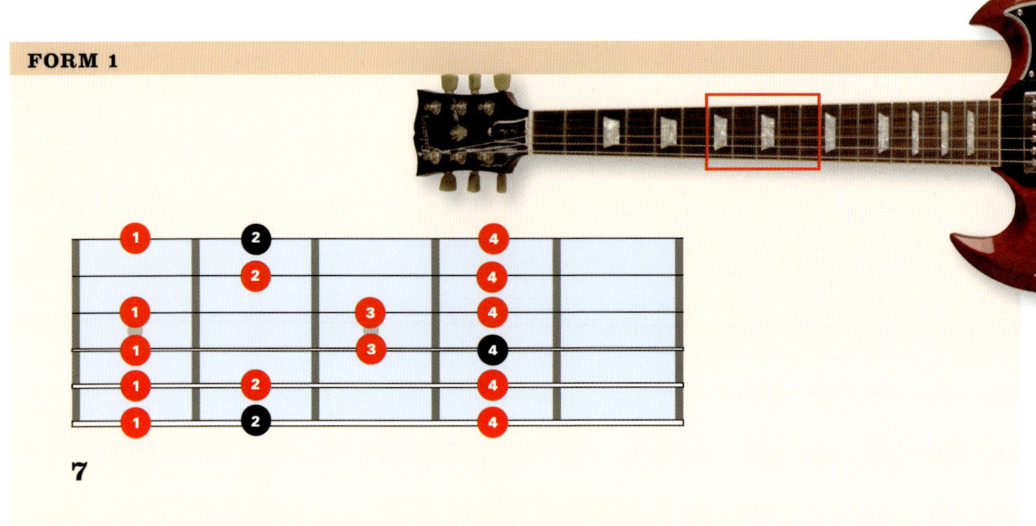

FORM 2

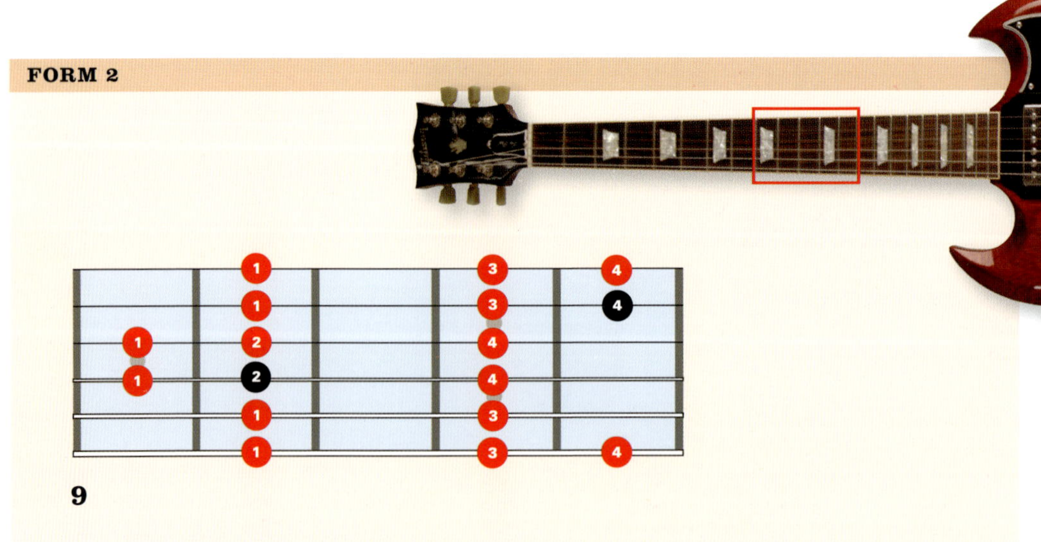

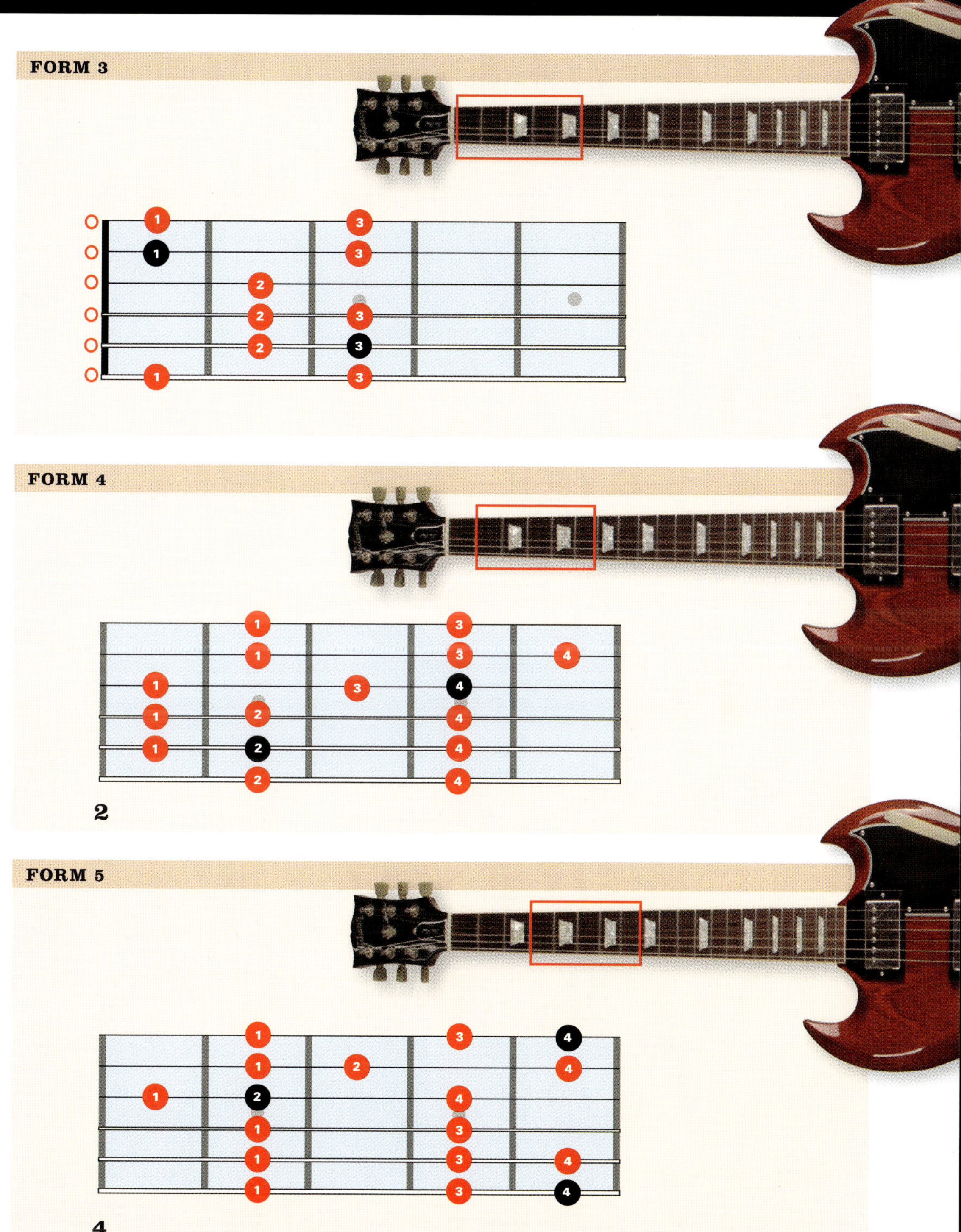
FORM 3
1
3
1
3
2
2
3
2
3
1
3
FORM 4
1
3
1
3
4
1
3
4
1
2
4
1
2
4
2
4
2
FORM 5
1
3
4
1
2
4
1
2
4
1
3
1
3
4
1
3
4
4

C♯/D♭-Dur

FORM 1

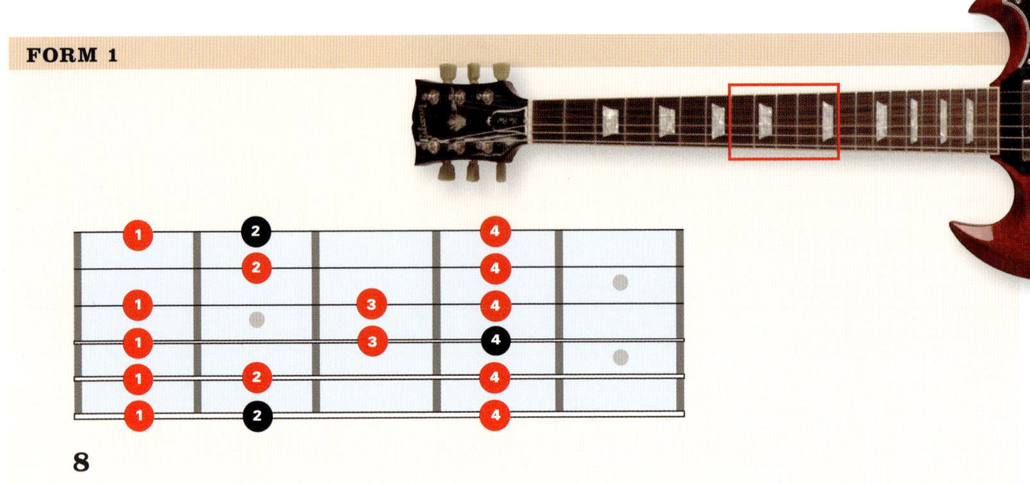

FORM 2

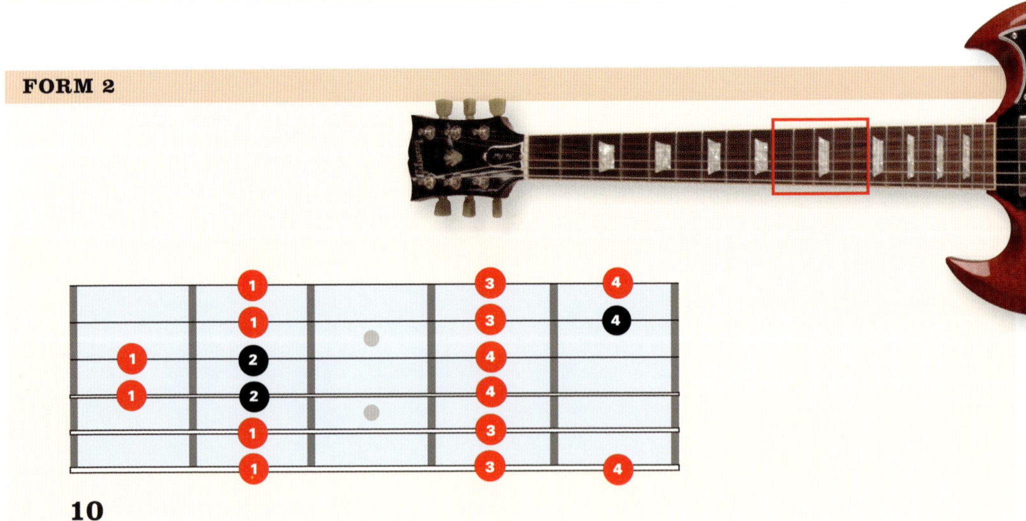

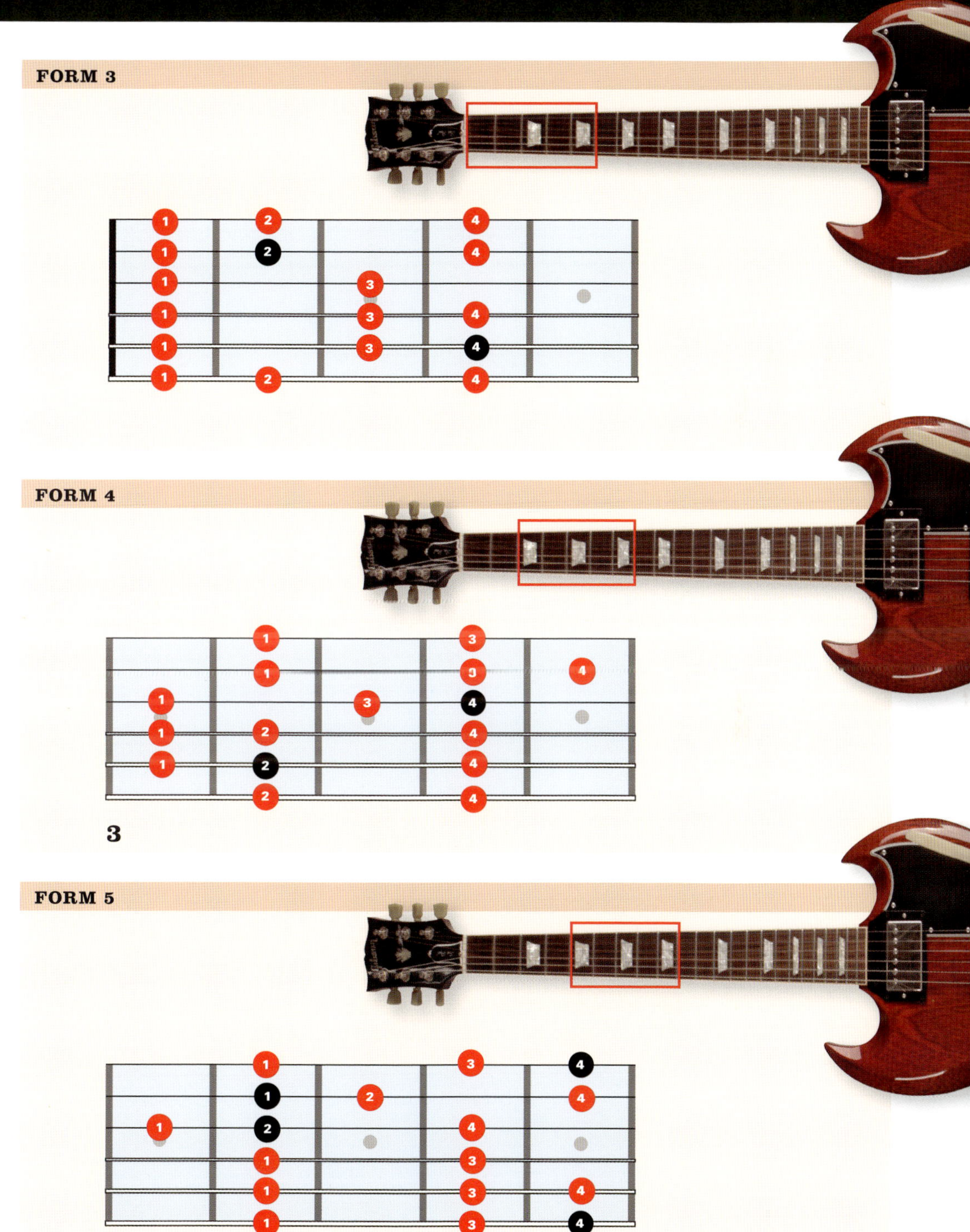
FORM 3
FORM 4
3
FORM 5
5

D-Dur

FORM 1

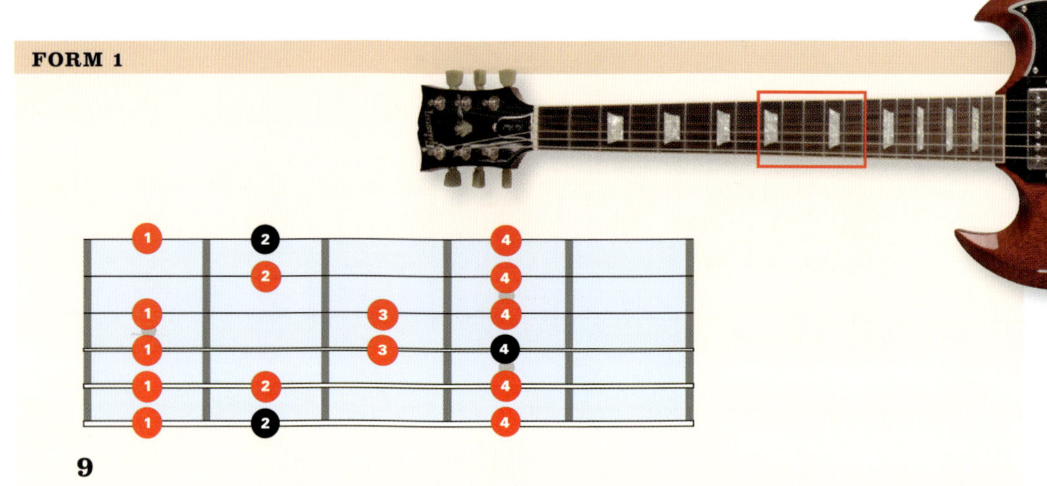

FORM 2

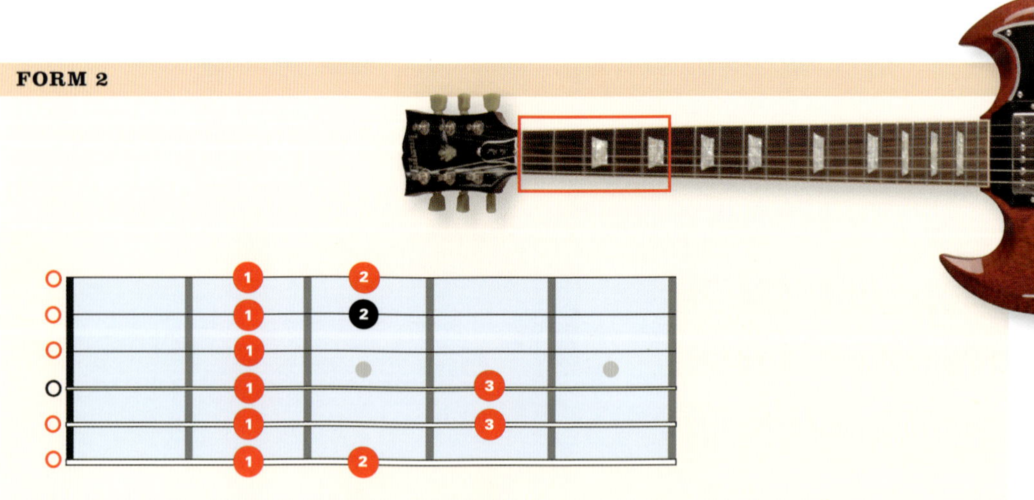

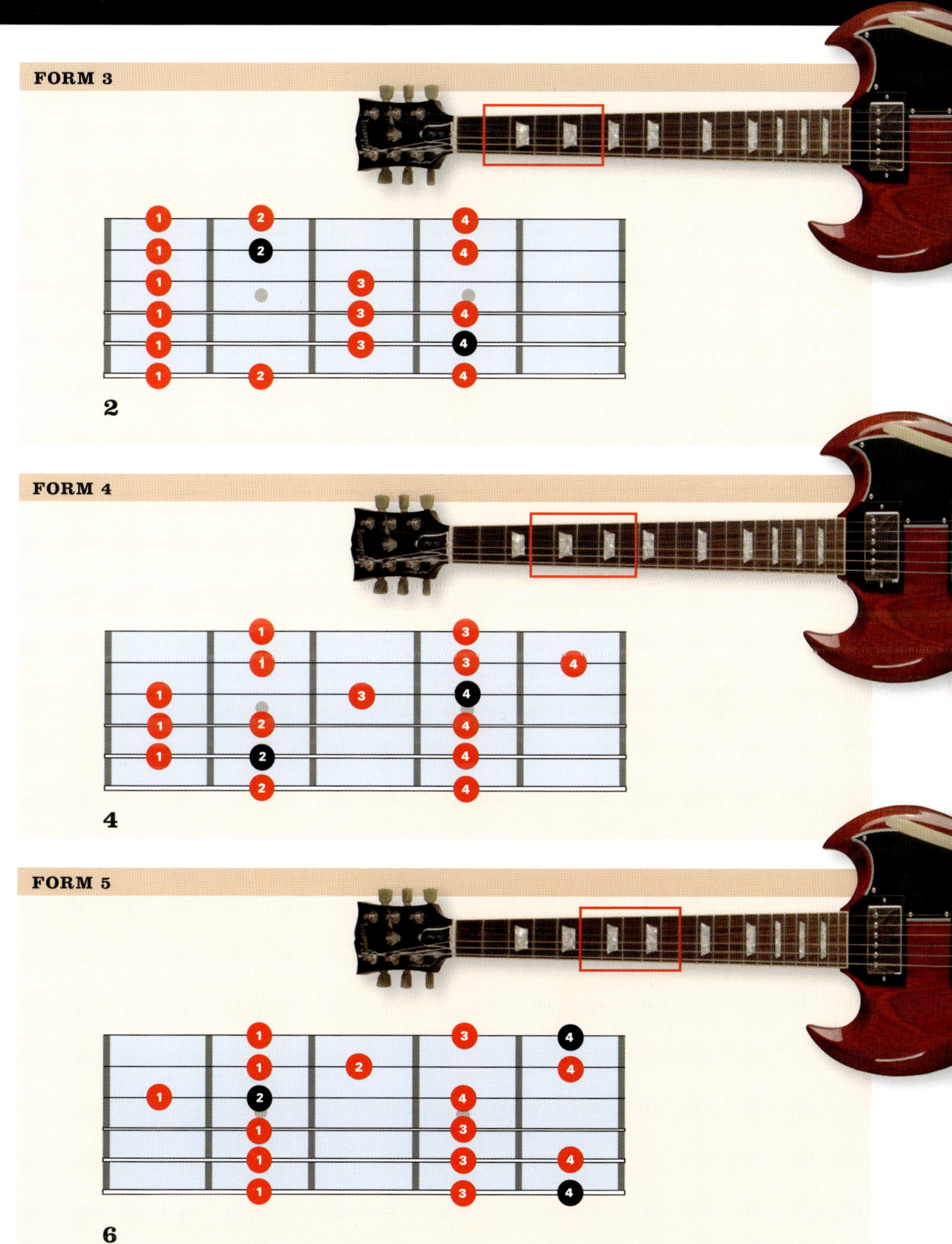
FORM 3
1 2 4
1 2 4
1 3
1 3 4
1 3 4
1 2 4
2
FORM 4
1 3
1 3 4
1 3 4
1 2 4
1 2 4
2 4
4
FORM 5
1 3 4
1 2 4
1 2 4
1 3
1 3 4
1 3 4
6

D♯/E♭-Dur

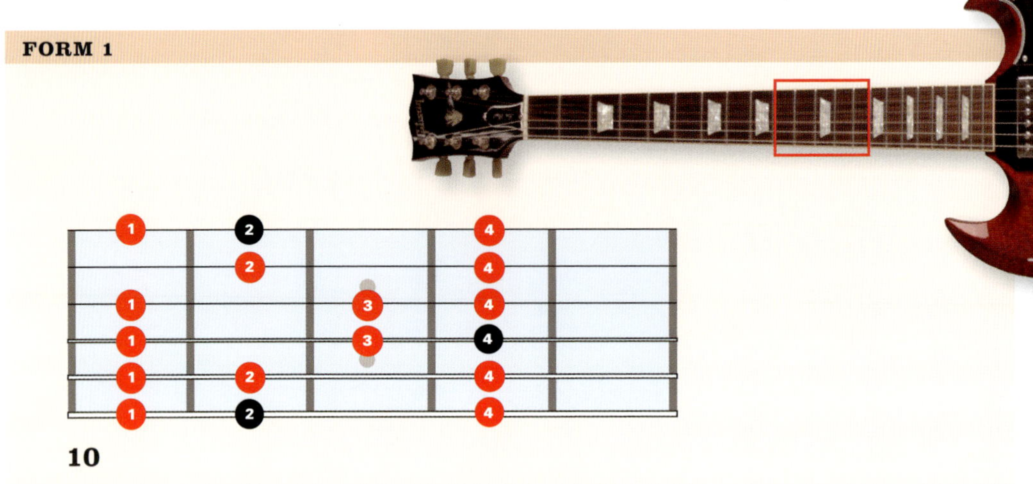

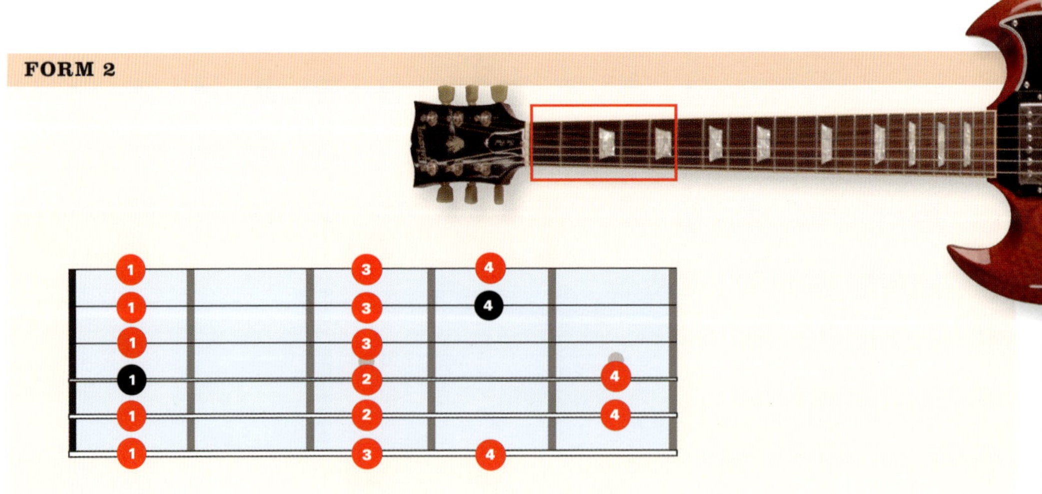

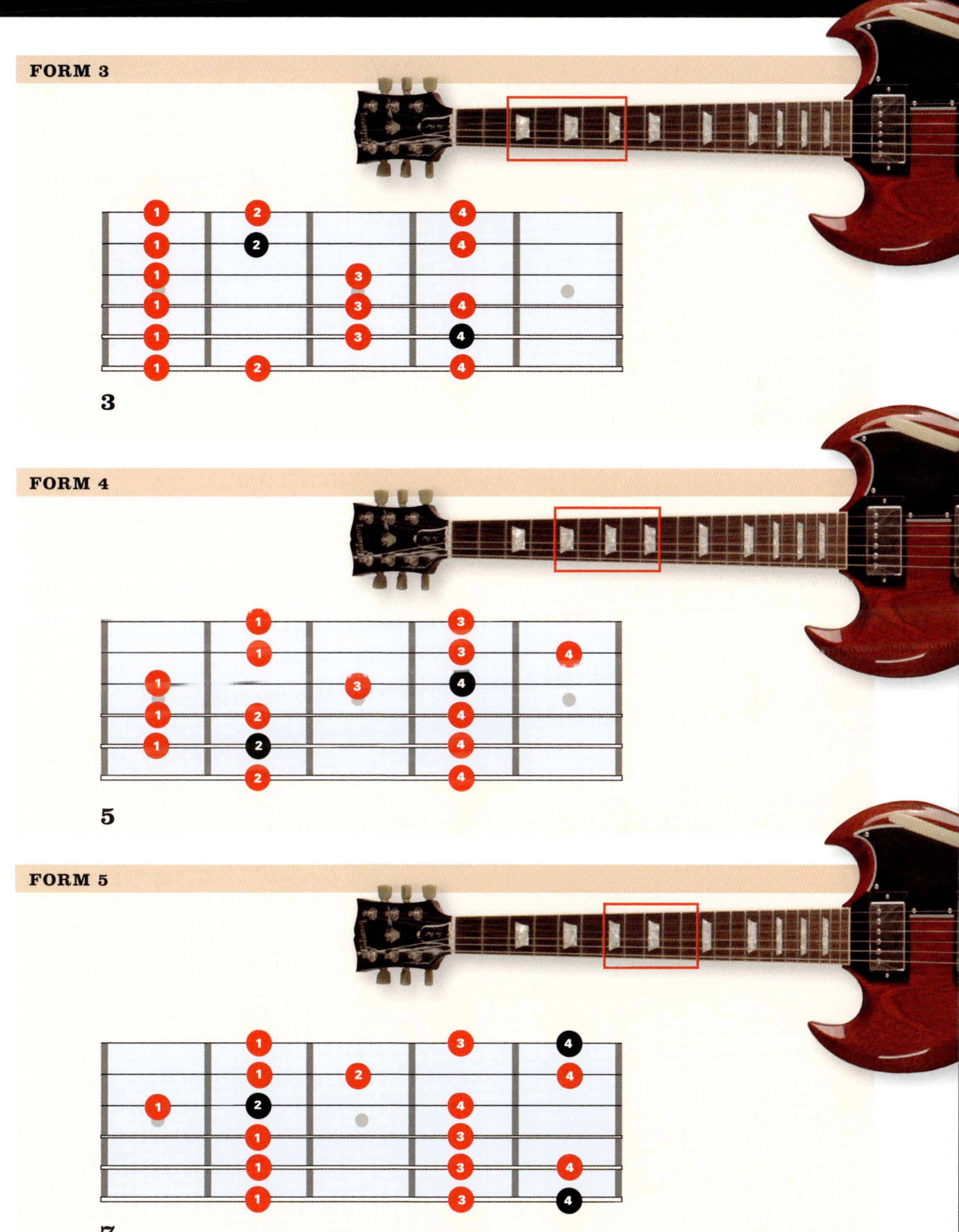
FORM 3
1
2
4
1
2
4
1
3
1
3
4
1
3
4
1
2
4
3
FORM 4
1
3
1
3
4
1
3
4
1
2
4
1
2
4
2
4
5
FORM 5
1
3
4
1
2
4
1
2
4
1
3
1
3
4
1
3
4
7

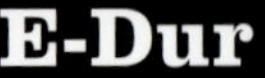

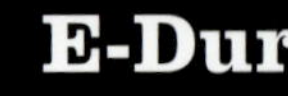

E-Dur

FORM 1

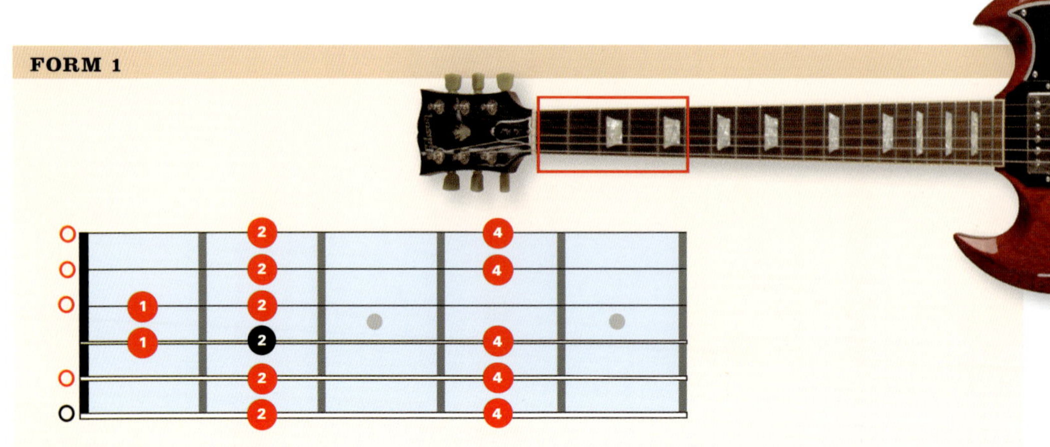

FORM 2

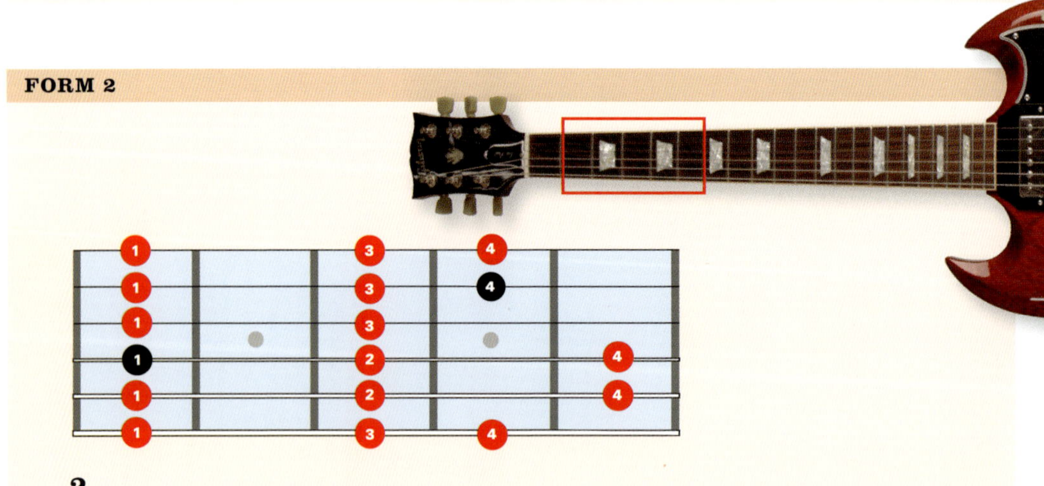

2

FORM 3

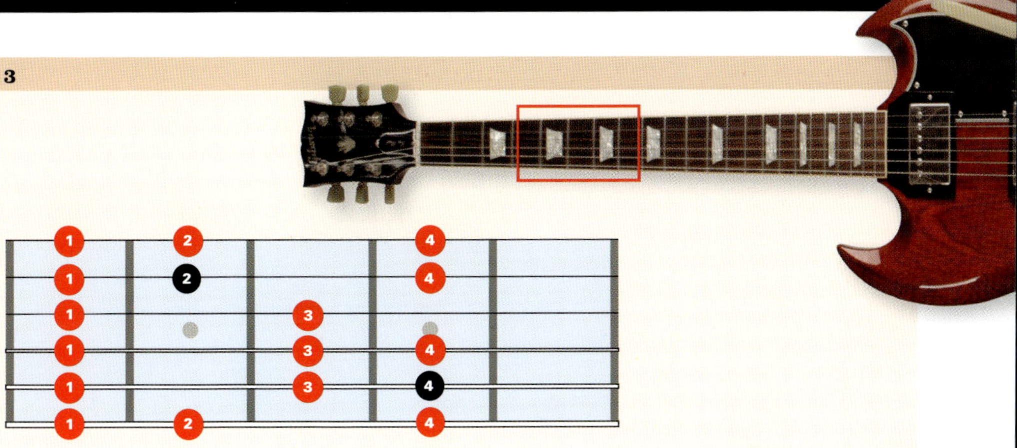

4

FORM 4

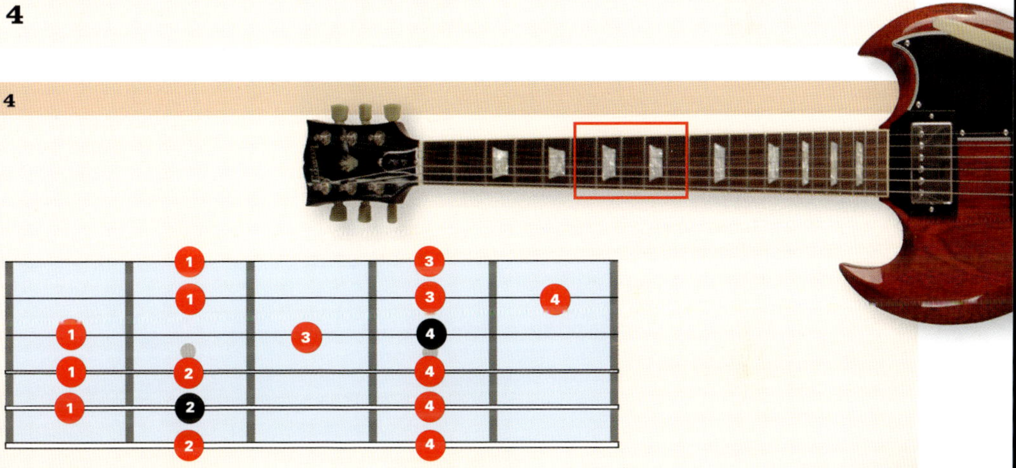

6

FORM 5

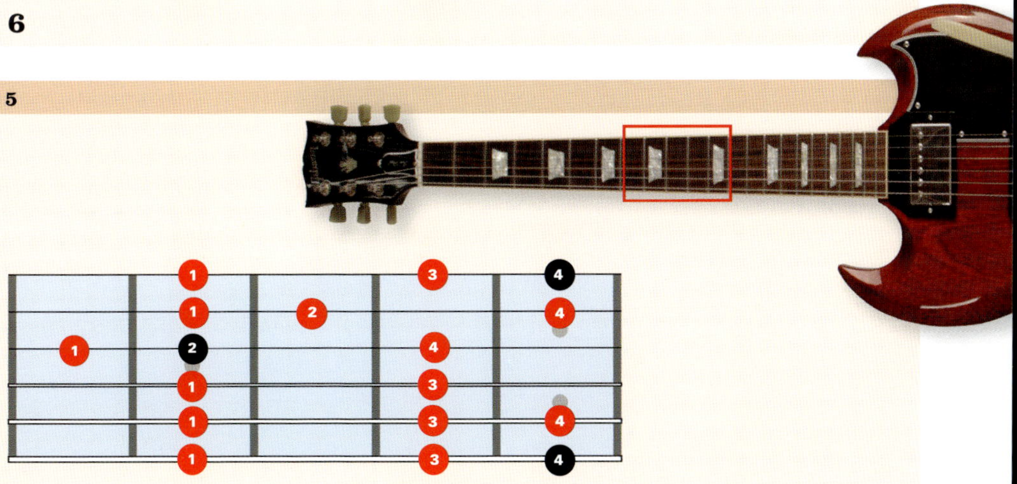

8

F-Dur

FORM 1

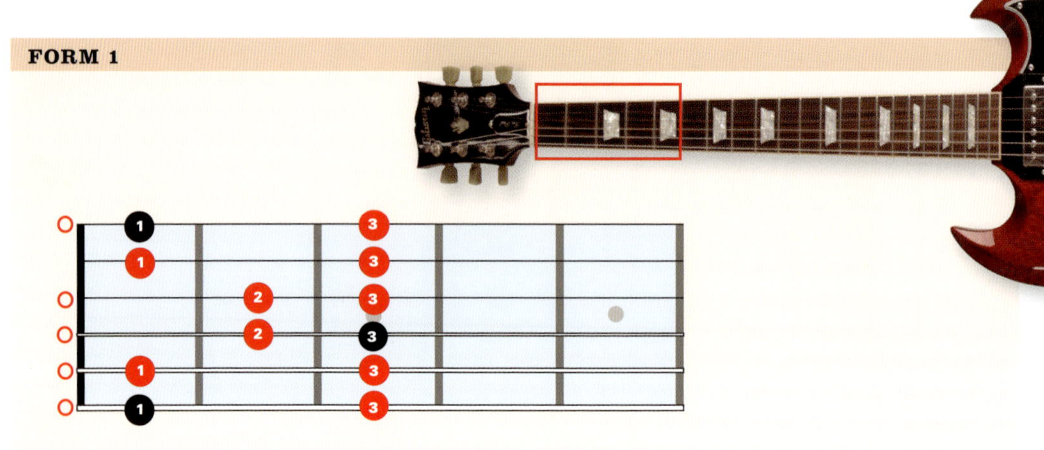

FORM 2

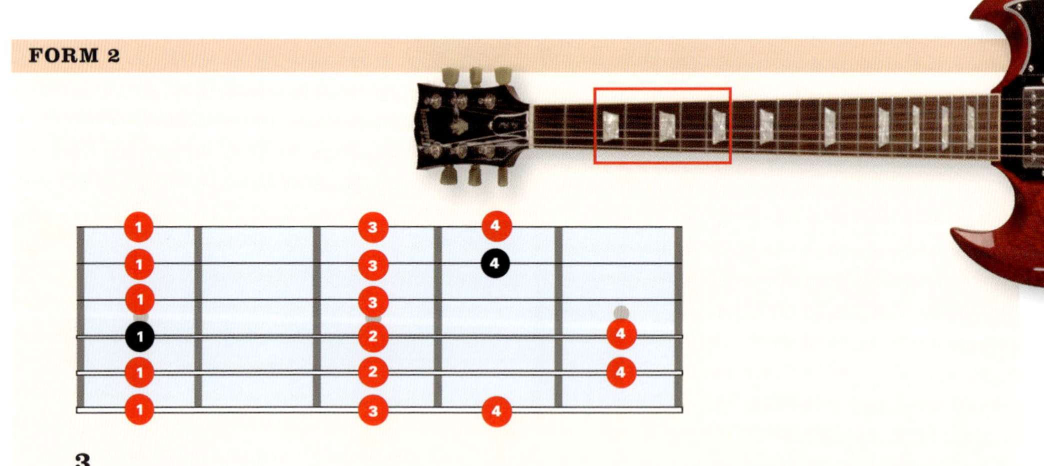

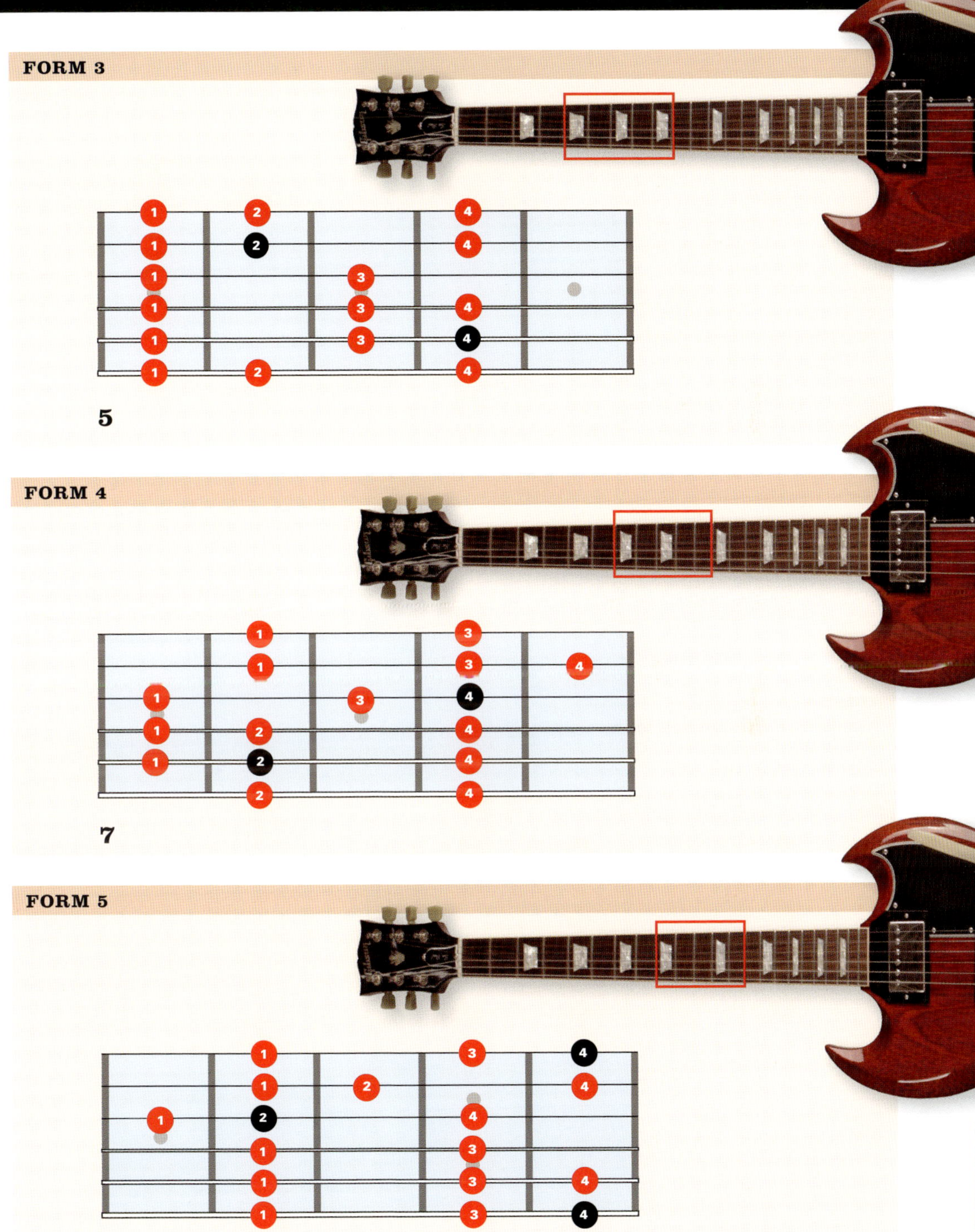
FORM 3
1
2
4
1
2
4
1
3
1
3
4
1
3
4
1
2
4
5
FORM 4
1
3
1
3
4
1
3
4
1
2
4
1
2
4
2
4
7
FORM 5
1
3
4
1
2
4
1
2
4
1
3
1
3
4
1
3
4
9

F♯/G♭-Dur

FORM 1

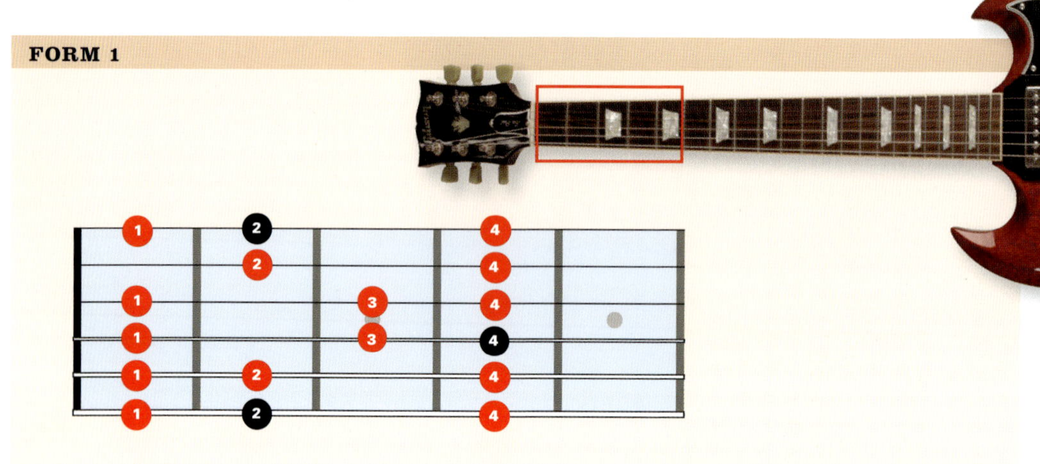

FORM 2

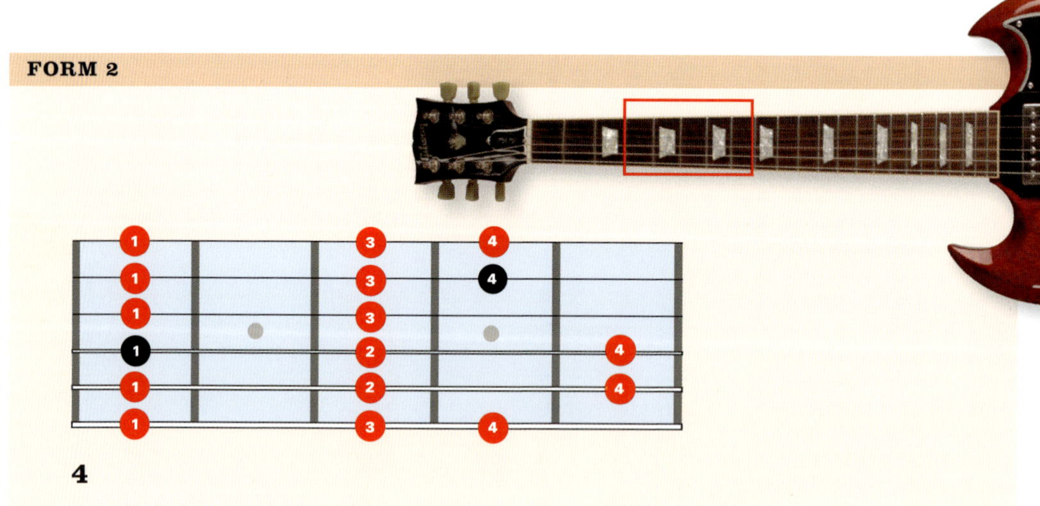

4

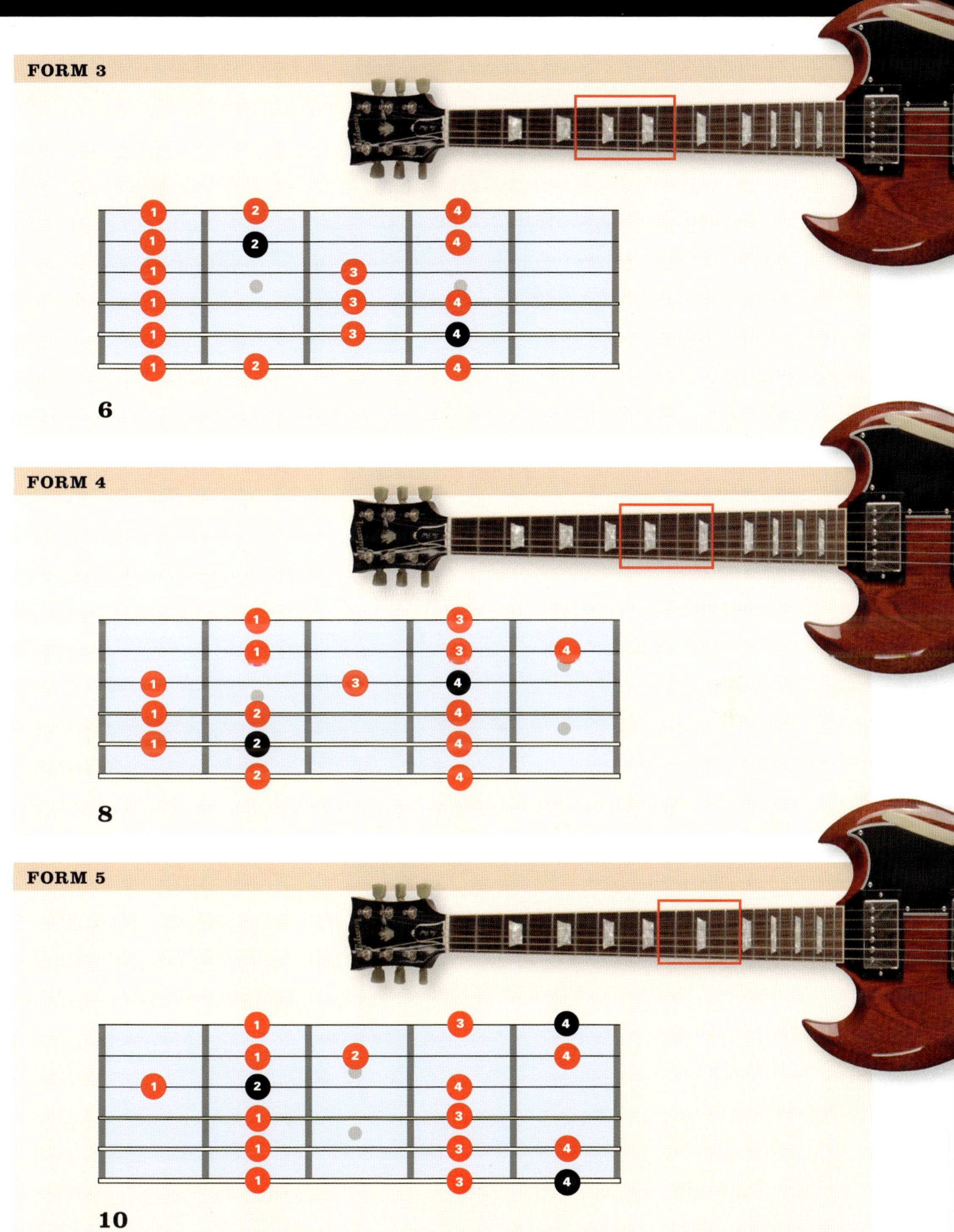
FORM 3
6
FORM 4
8
FORM 5
10

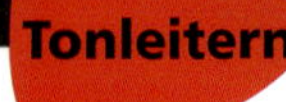

G-Dur

FORM 1

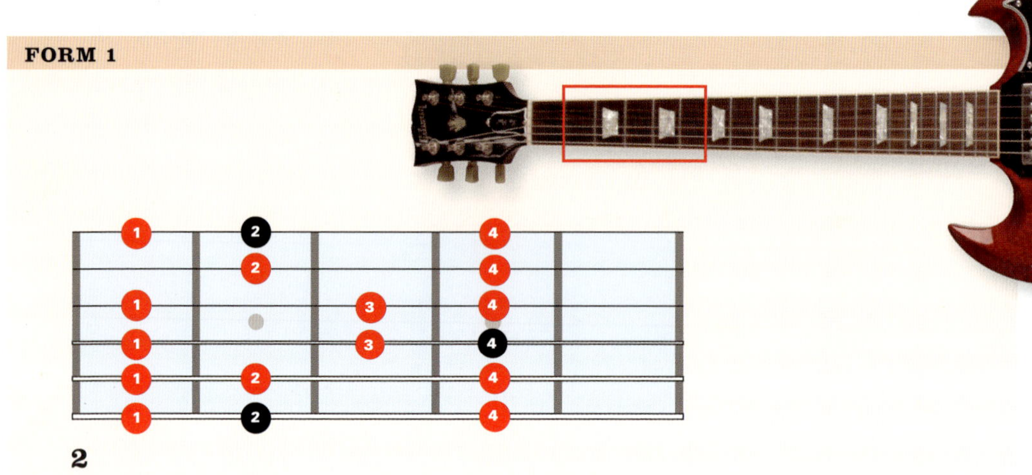

FORM 2

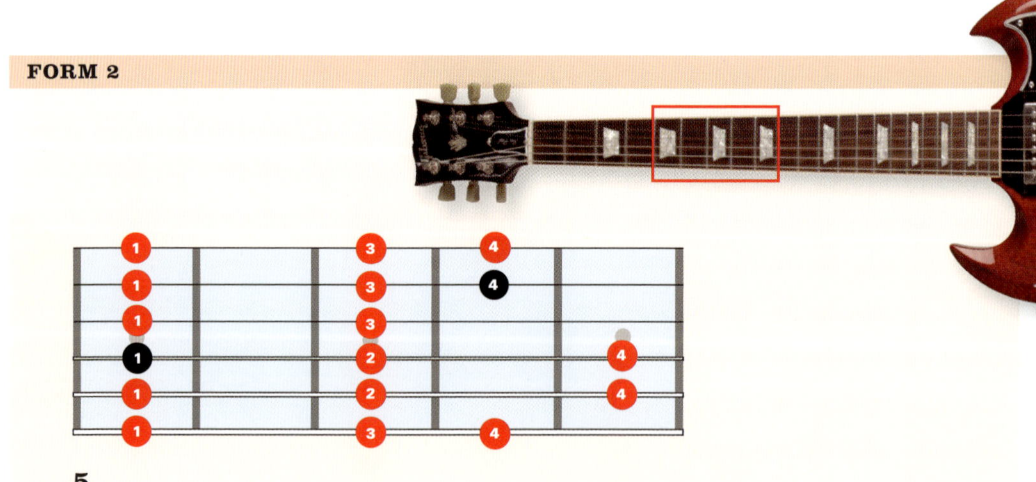

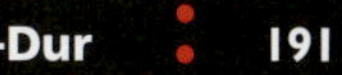

FORM 3

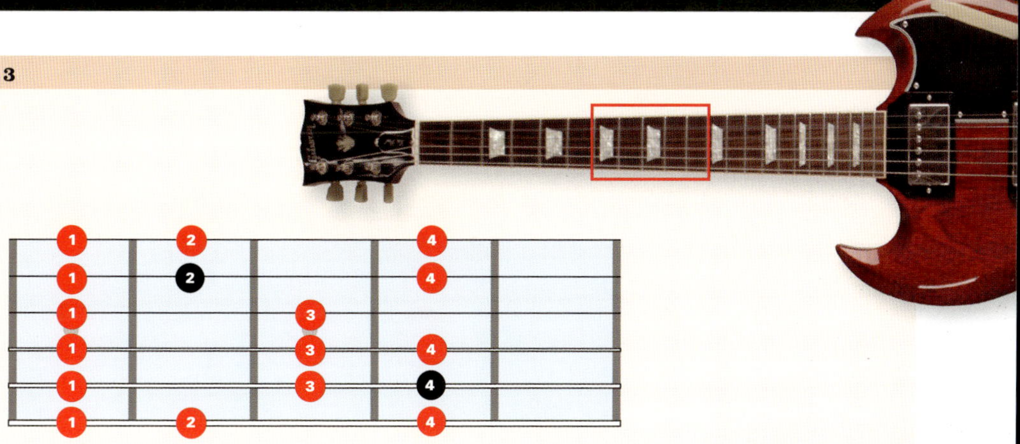

7

FORM 4

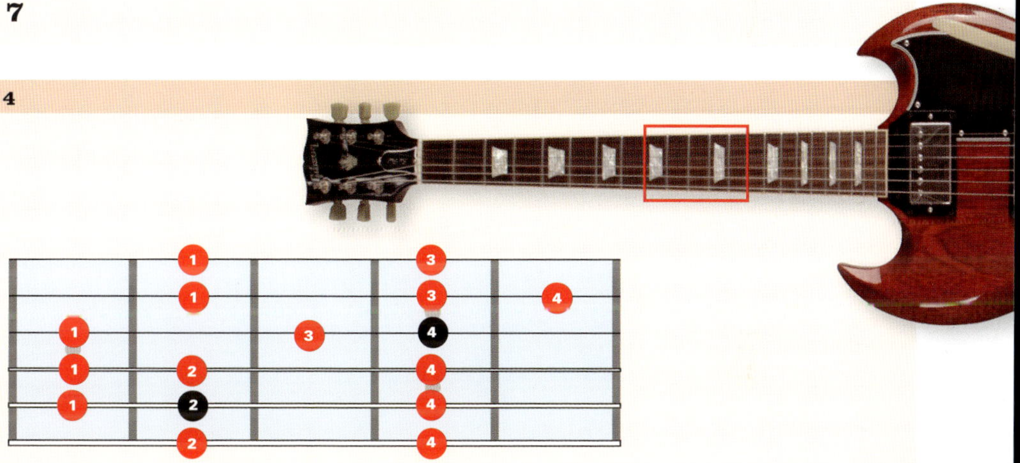

9

FORM 5

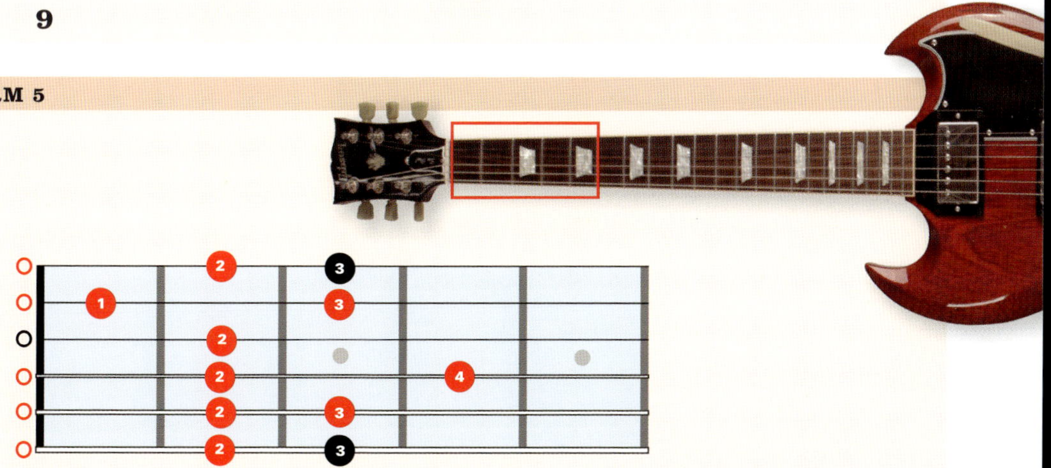

G♯/A♭-Dur

FORM 1

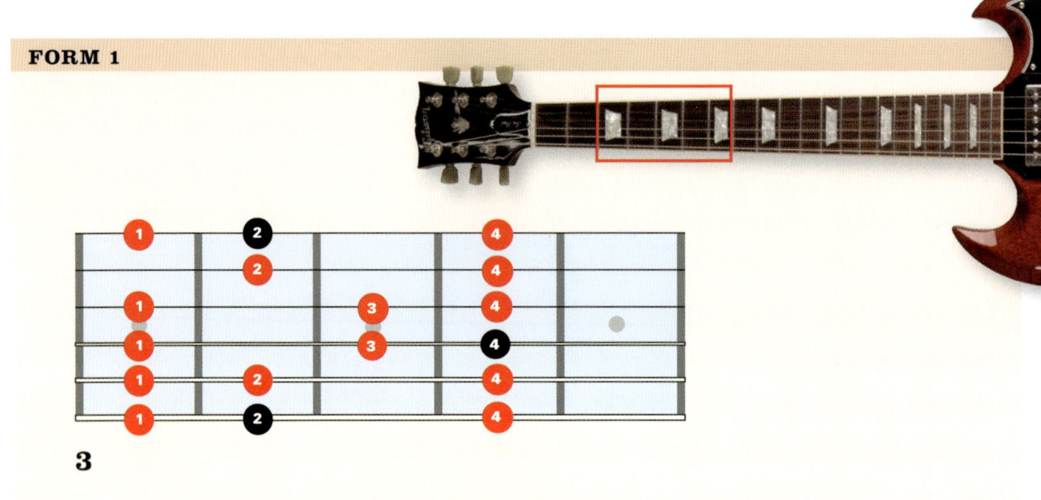

FORM 2

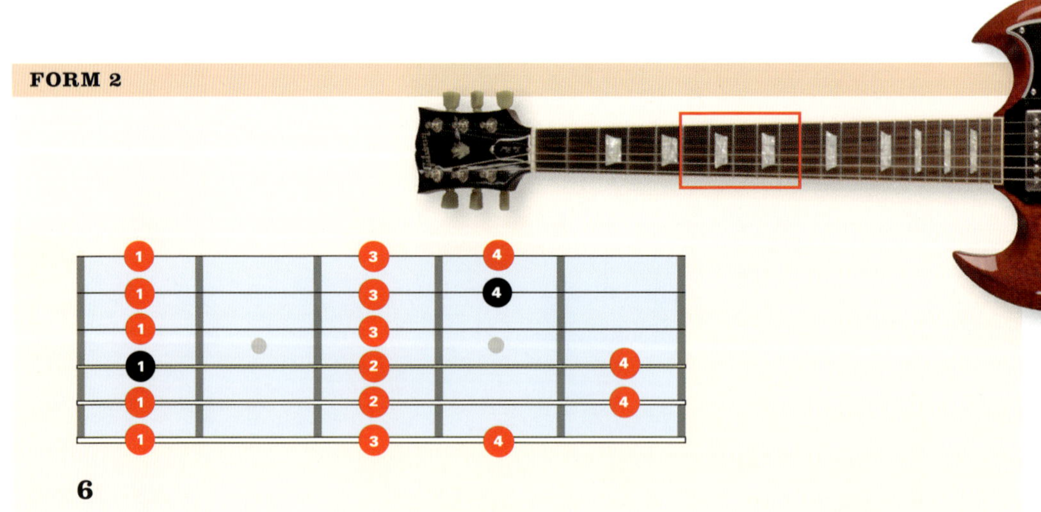

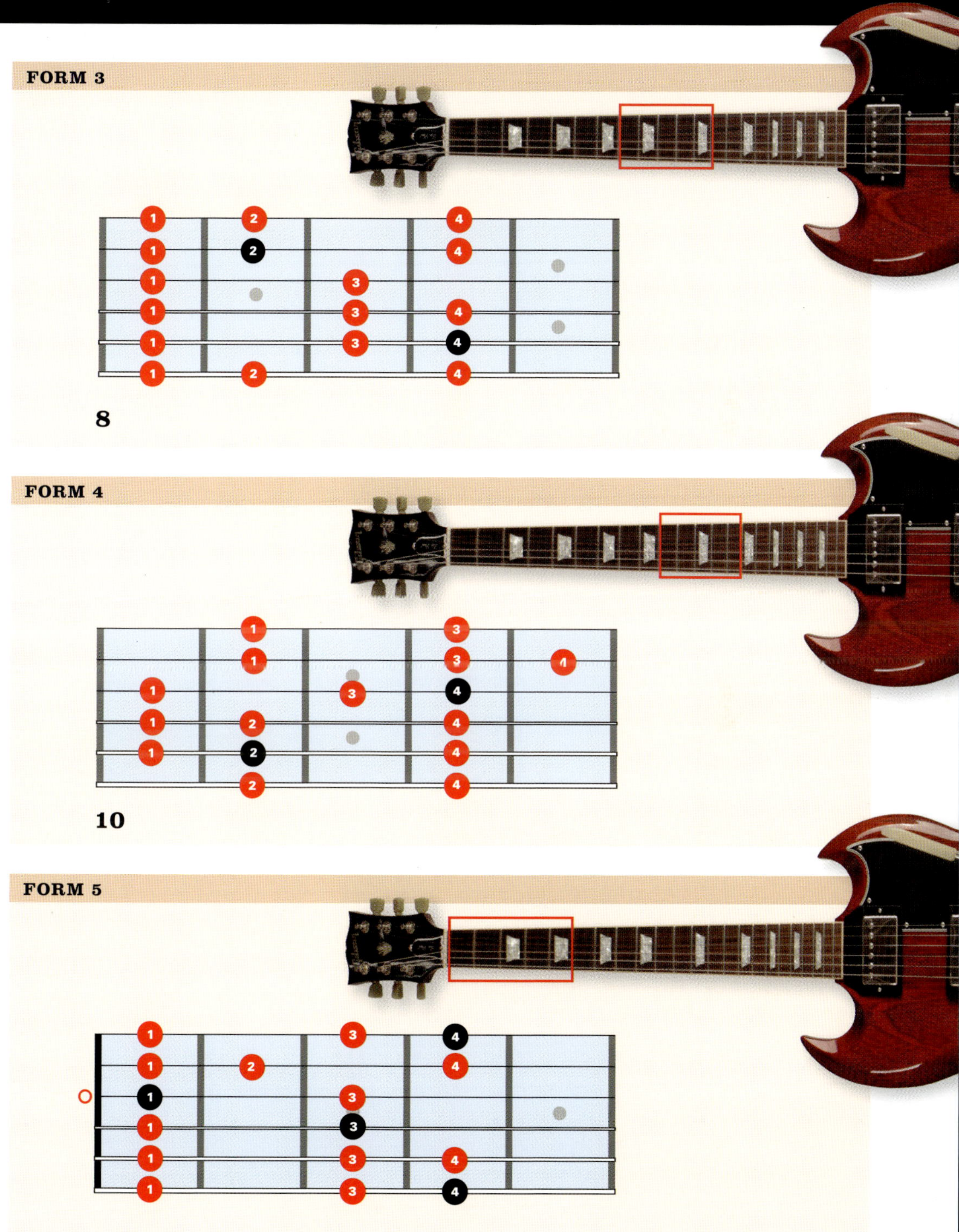
FORM 3
8
FORM 4
10
FORM 5

A-Dur

FORM 1

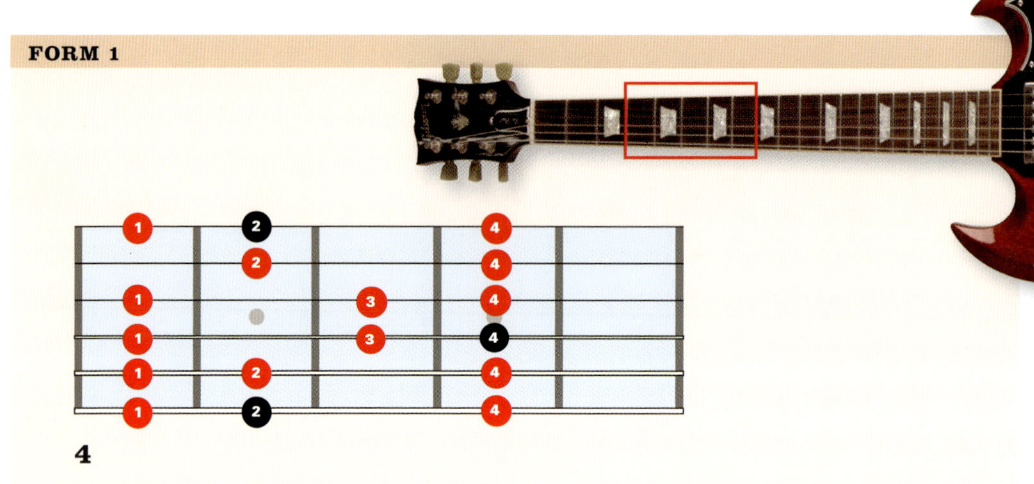

FORM 2

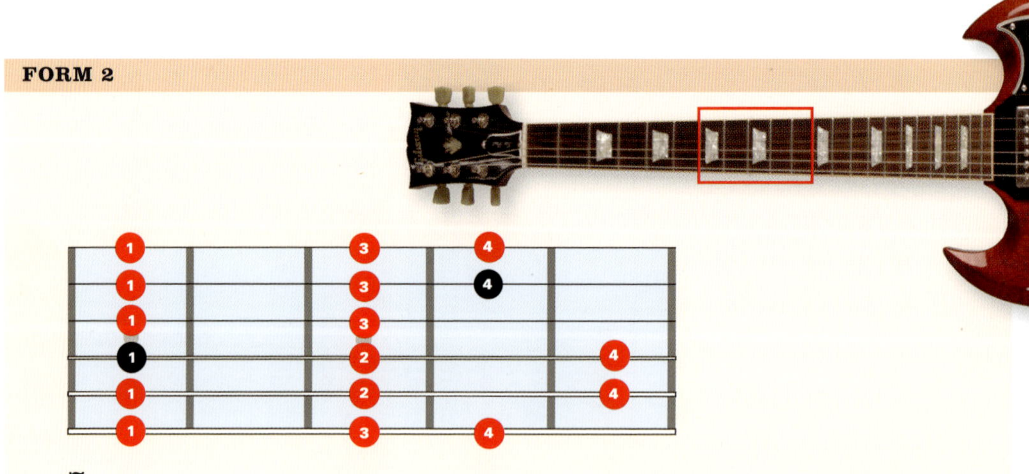

FORM 3

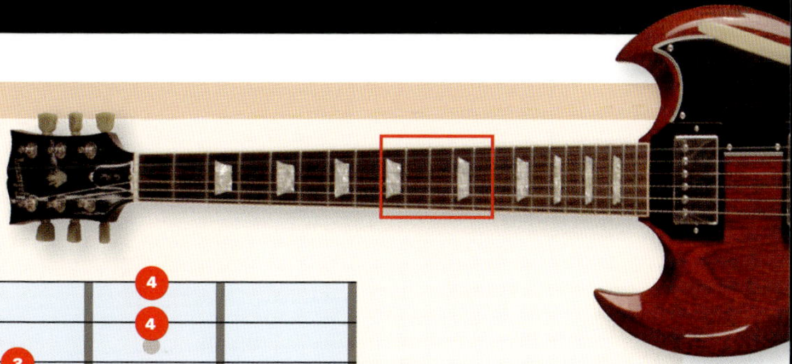

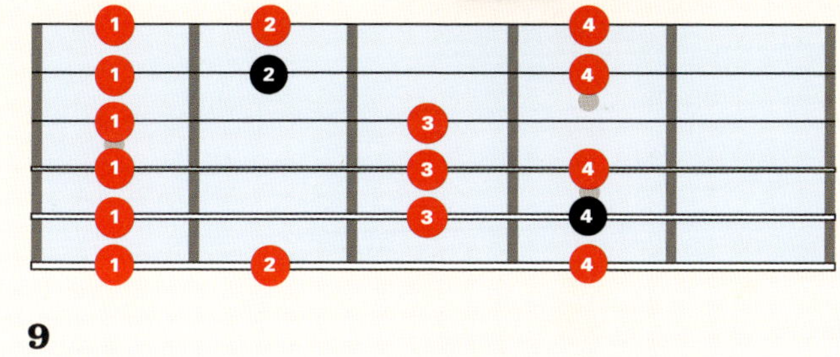

9

FORM 4

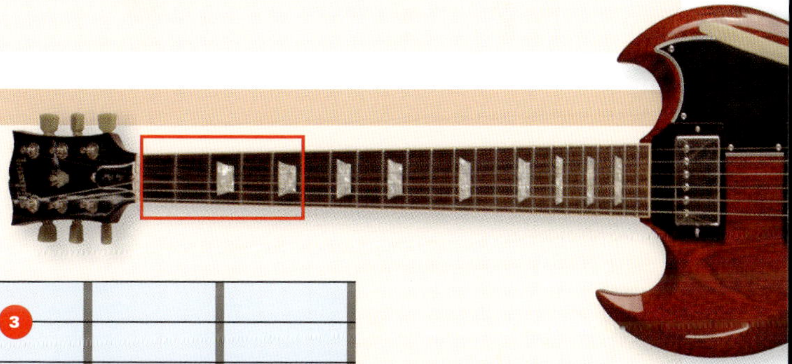

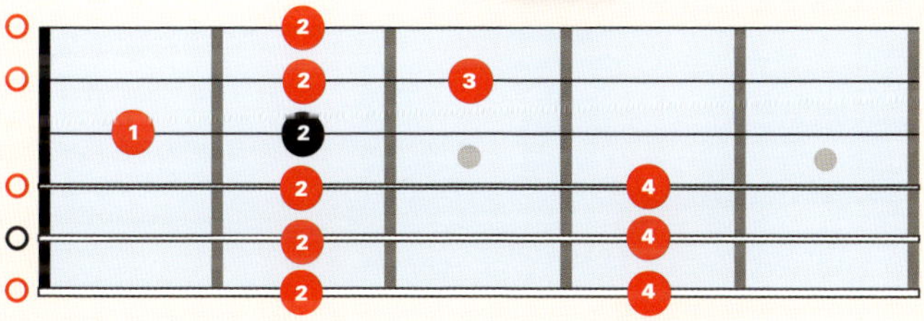

FORM 5

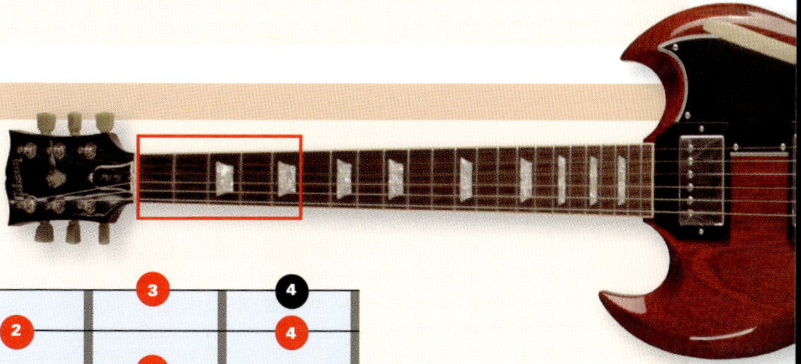

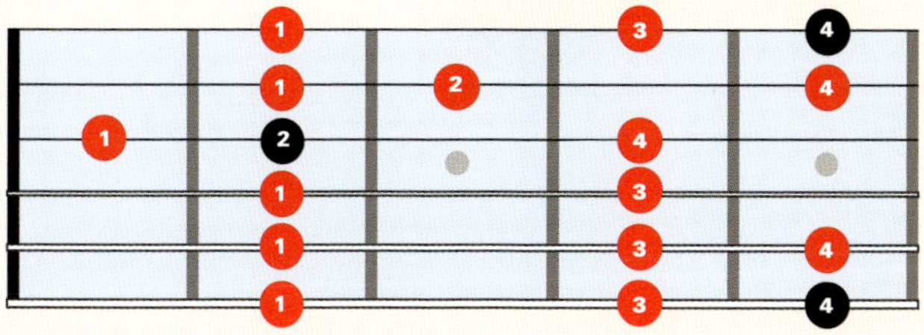

A♯/B♭-Dur

FORM 1

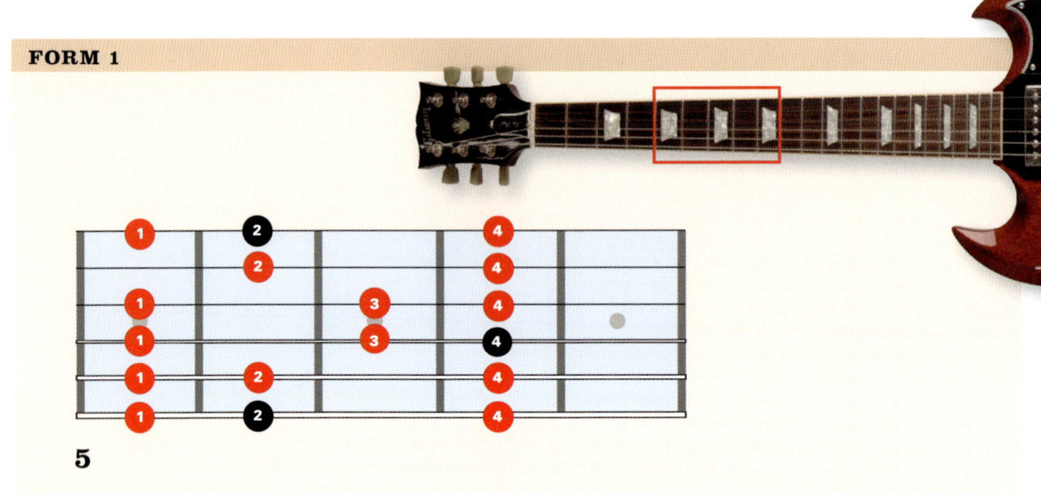

FORM 2

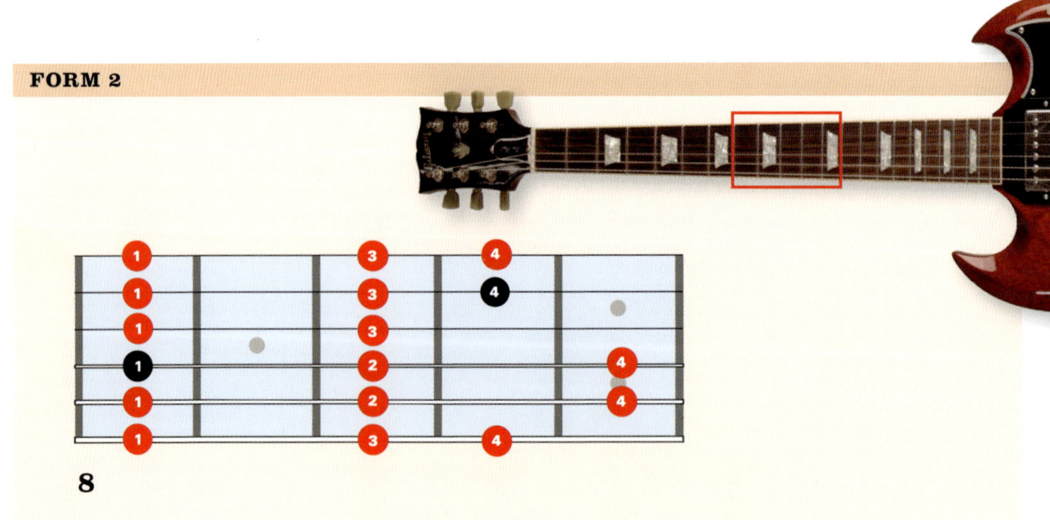

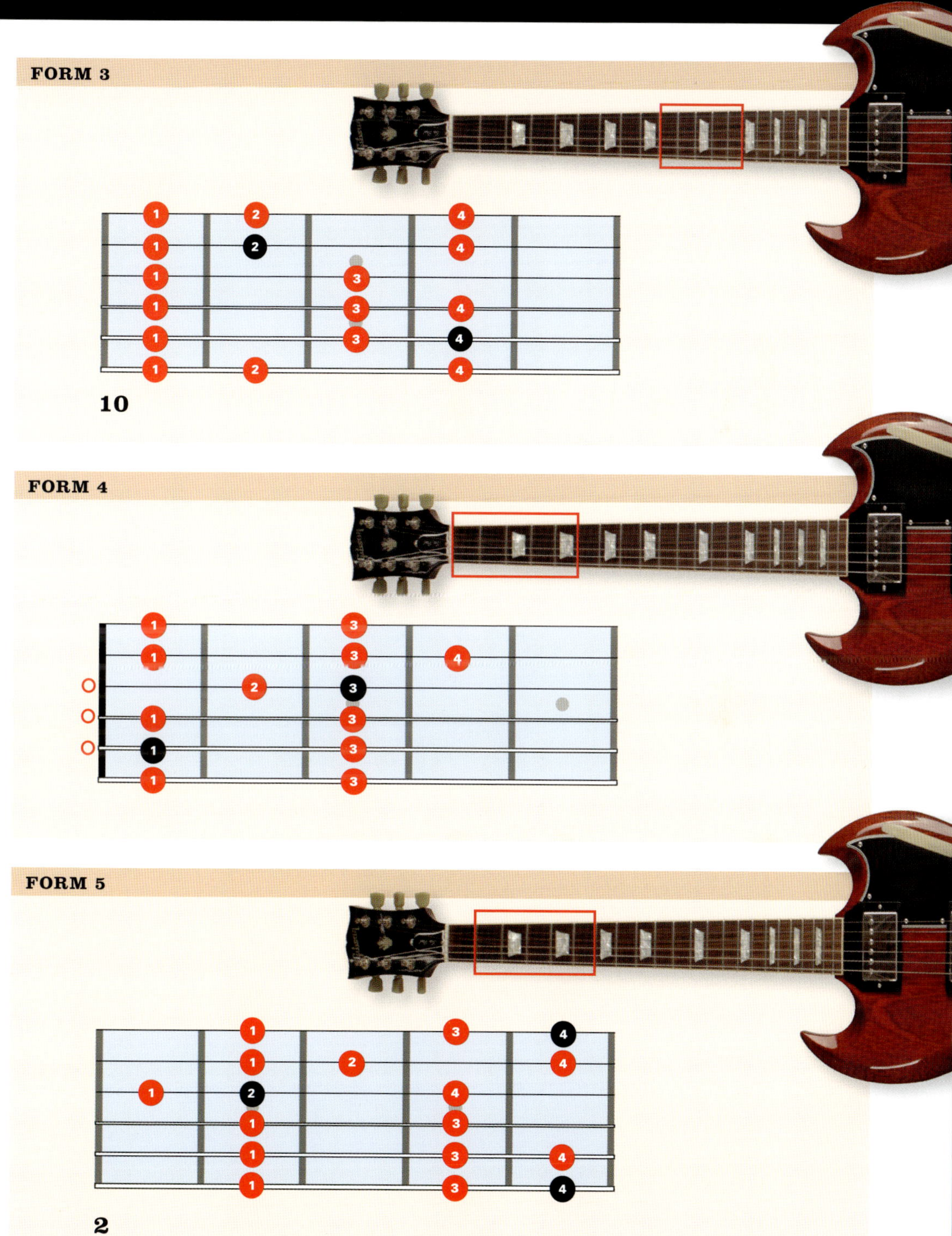
FORM 3
1
2
4
1
2
4
1
3
1
3
4
1
3
4
1
2
4
10
FORM 4
1
3
1
3
4
2
3
1
3
1
3
1
3
FORM 5
1
3
4
1
2
4
1
2
4
1
3
1
3
4
1
3
4
2

B-Dur

FORM 1

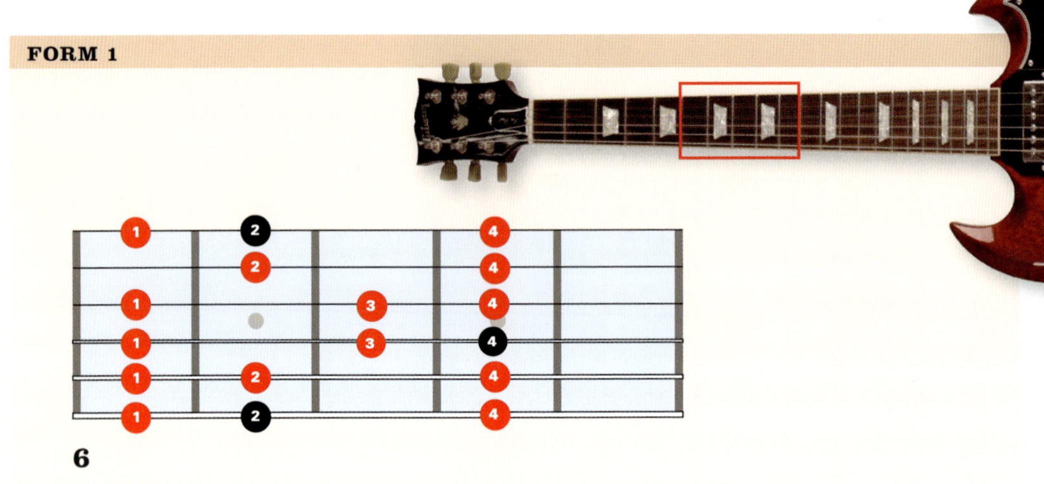

FORM 2

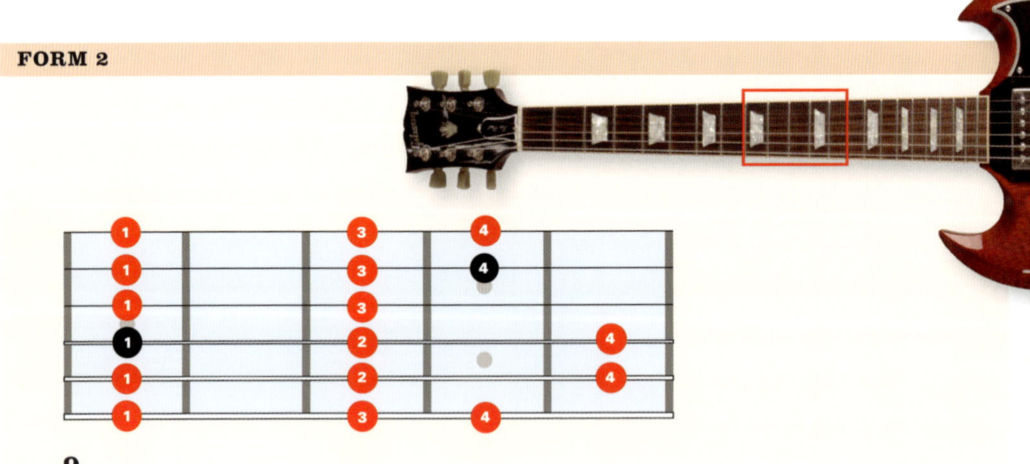

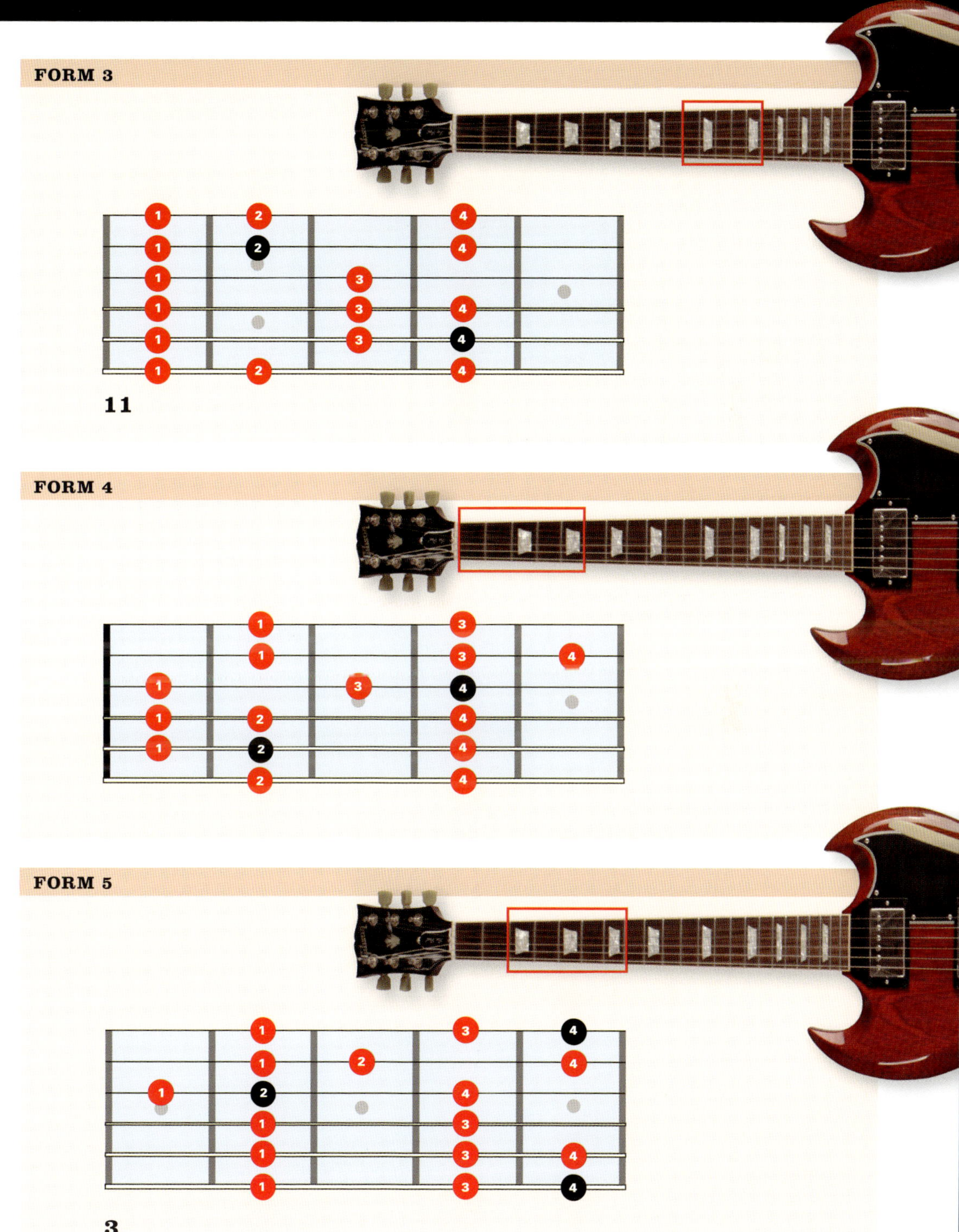
FORM 3
11
FORM 4
FORM 5
3

A-Harmonisch-Moll

FORM 1

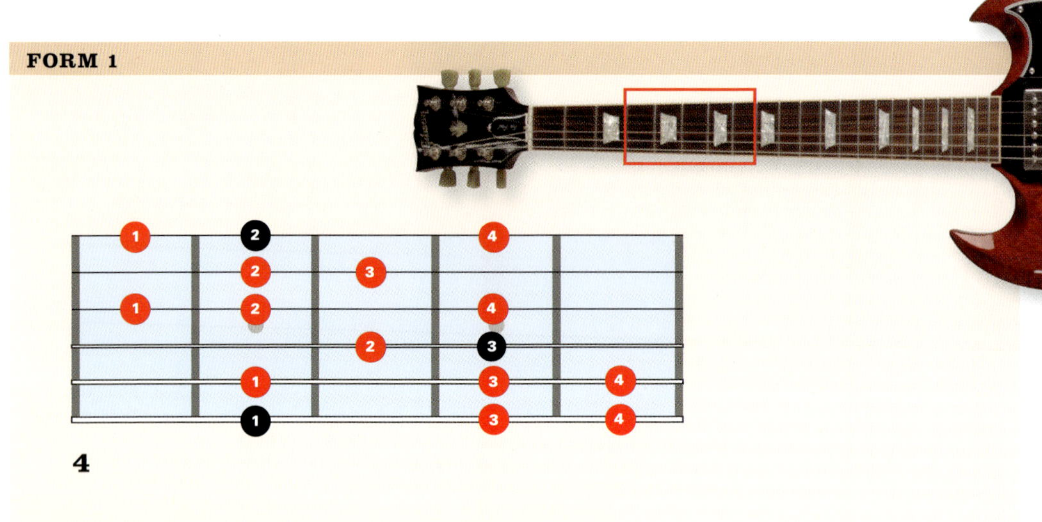

FORM 2

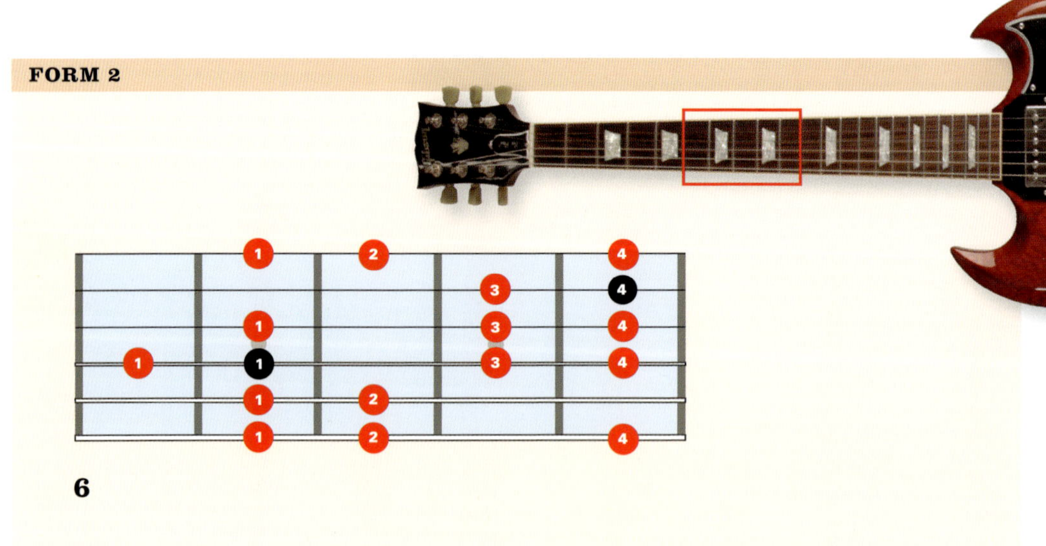

FORM 3

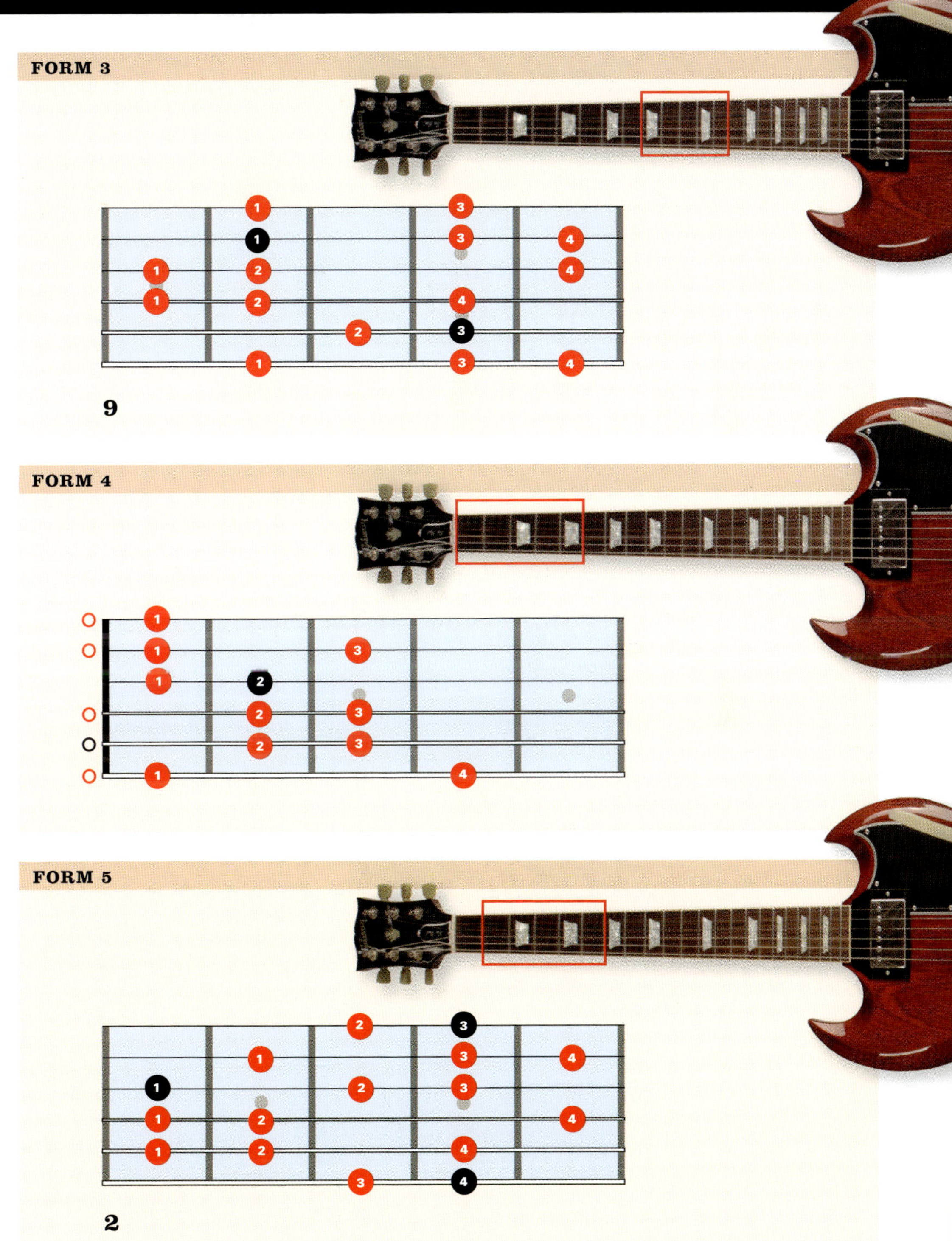

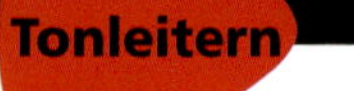

A♯/B♭-Harmonisch-Moll

FORM 1

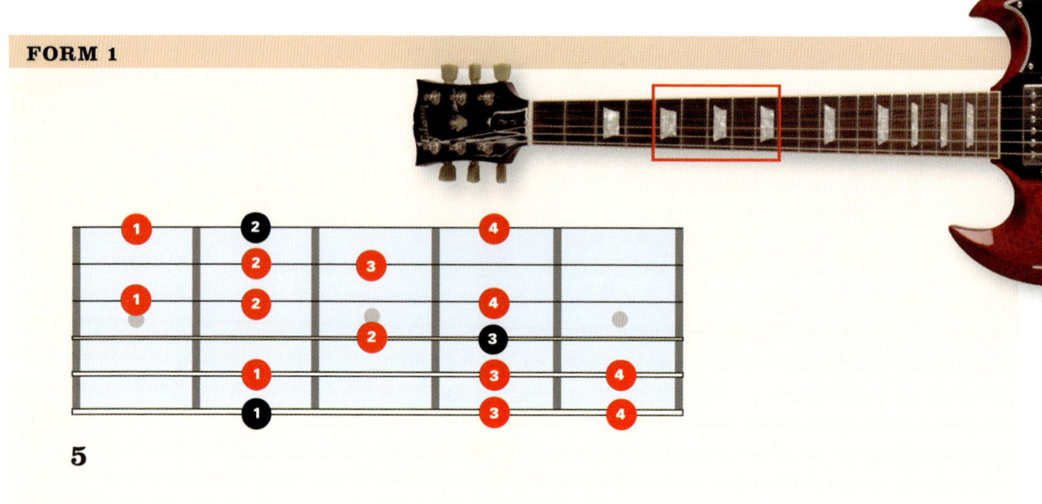

FORM 2

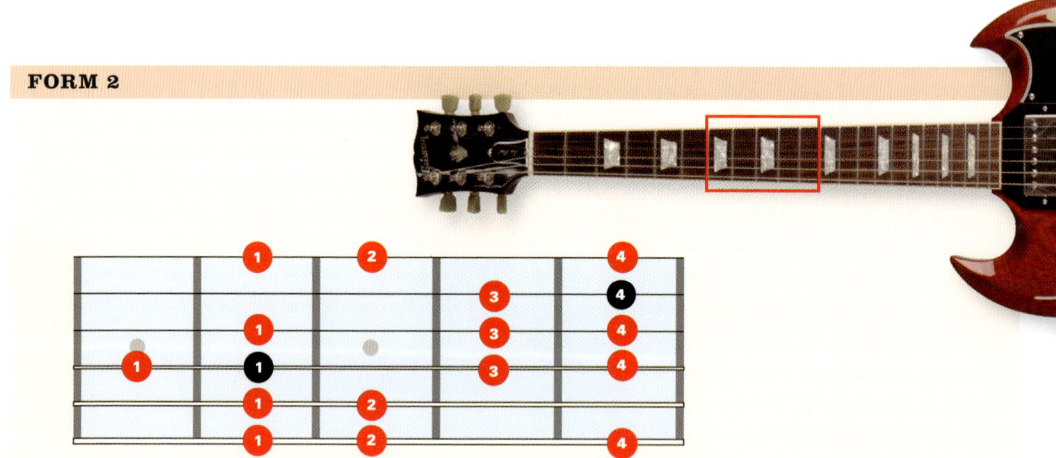

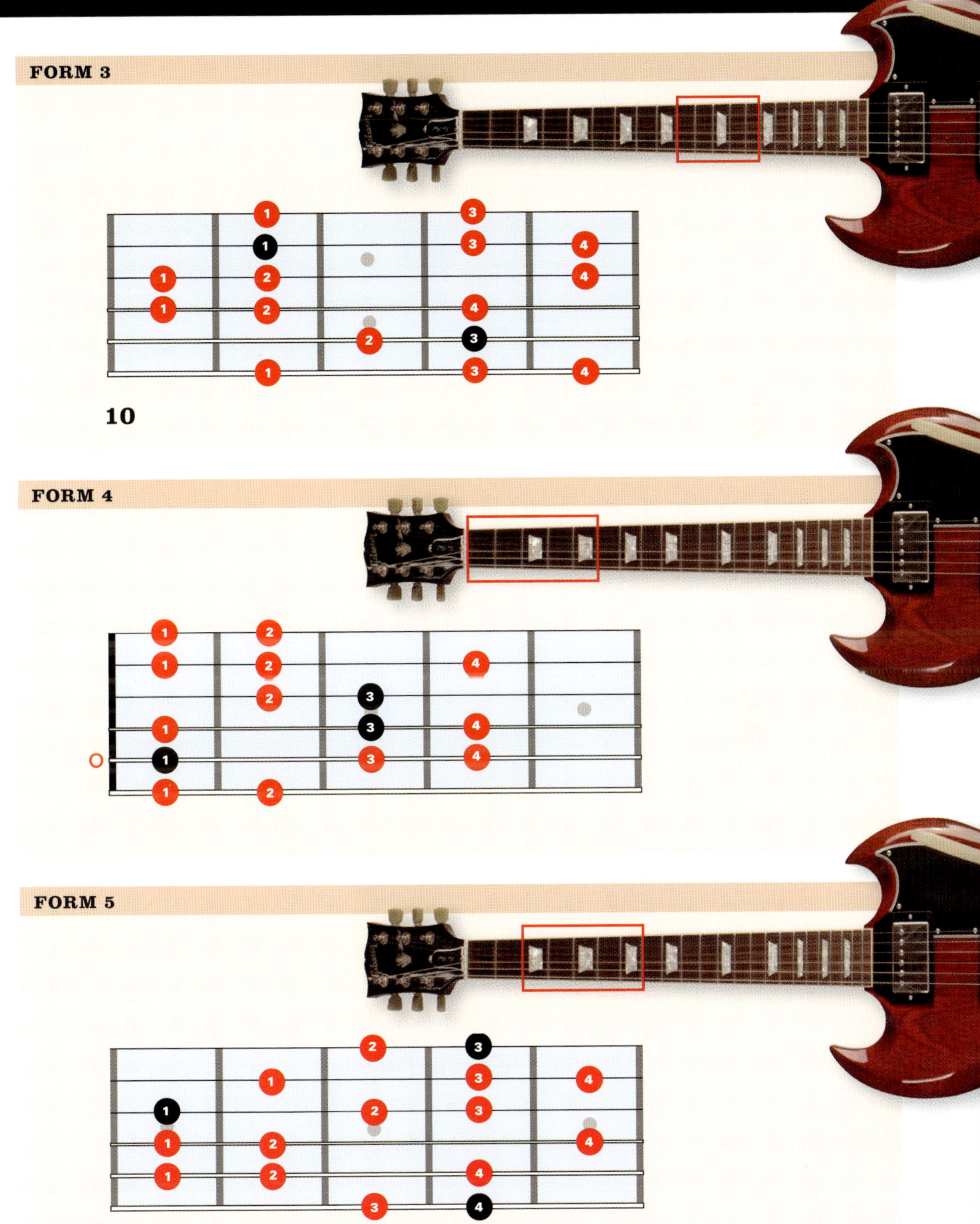
FORM 3
10
FORM 4
FORM 5
3

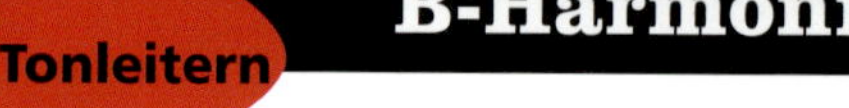

B-Harmonisch-Moll

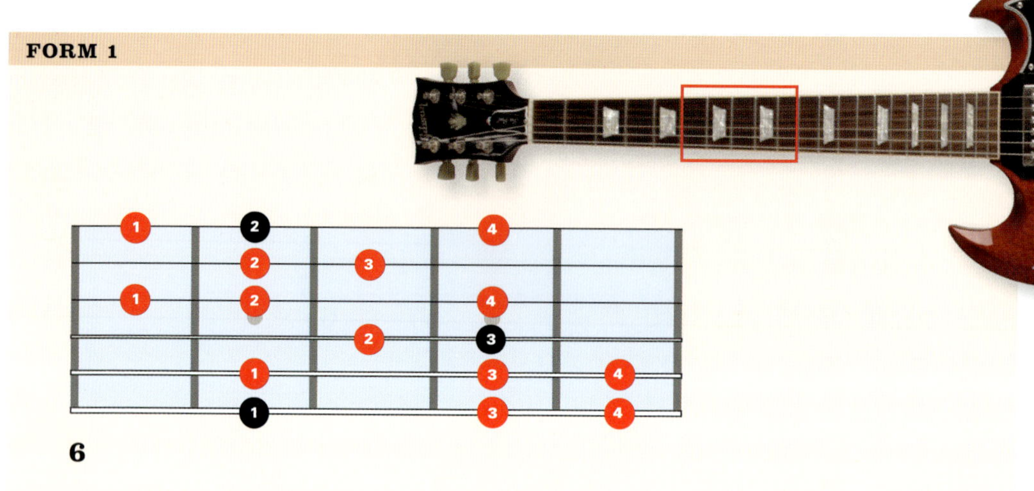

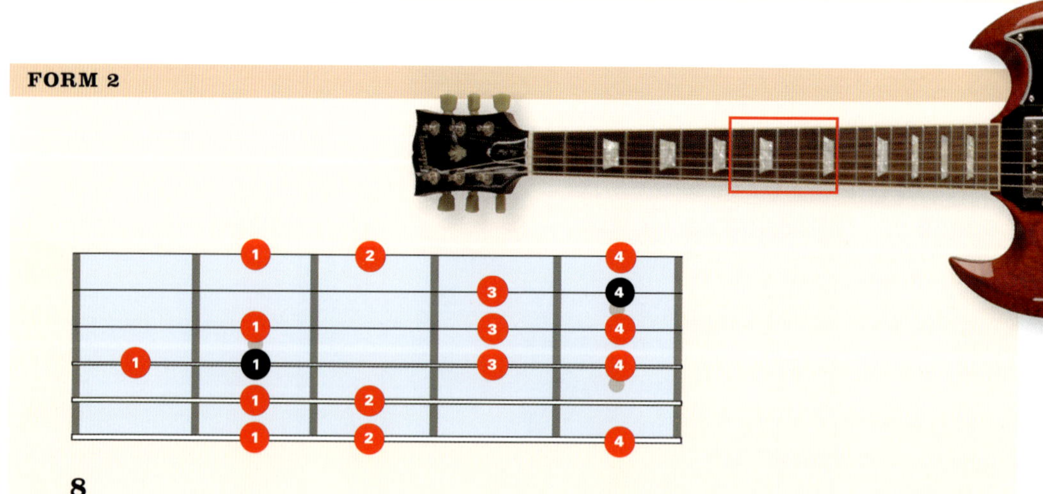

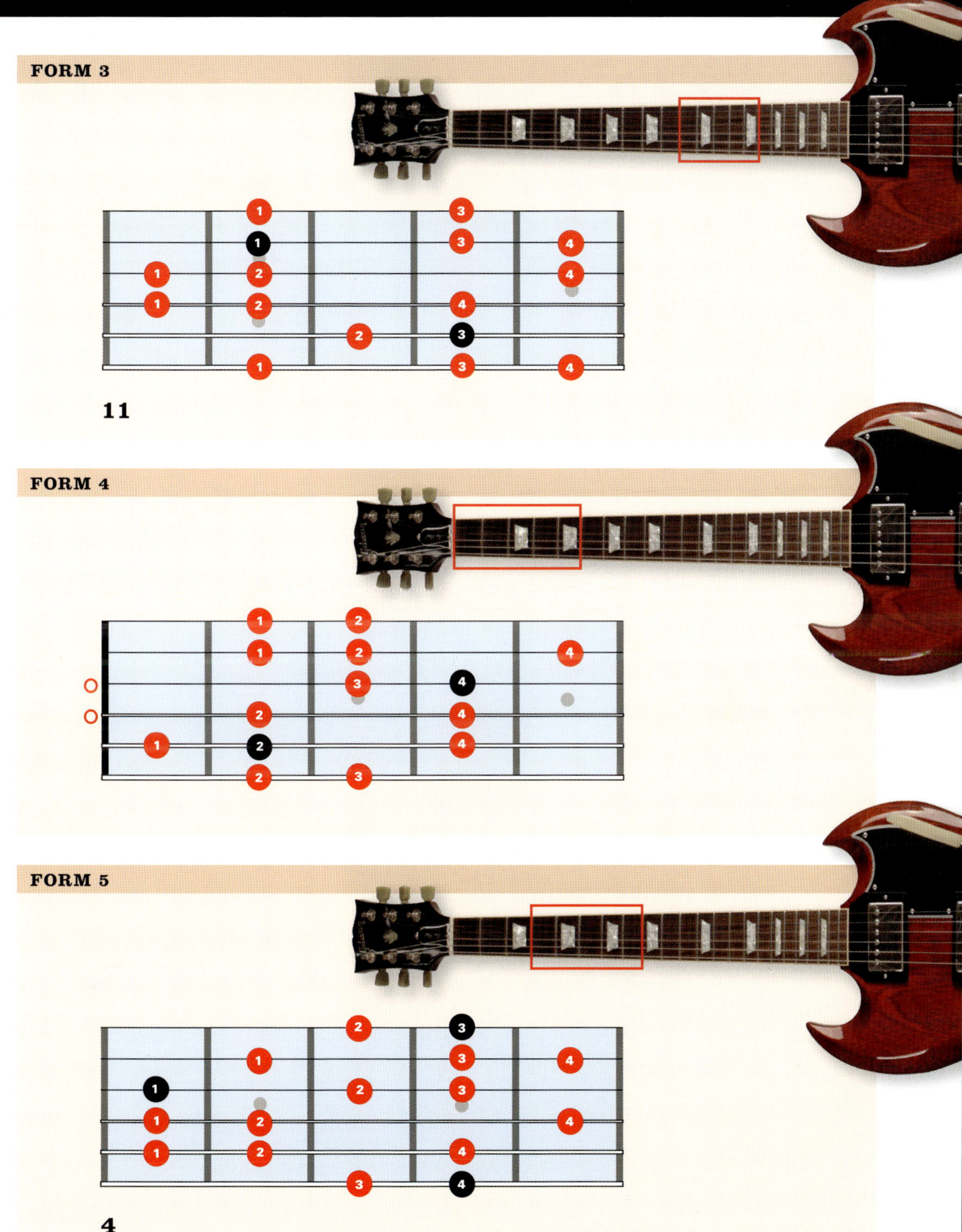
FORM 3
11
FORM 4
FORM 5
4

C-Harmonisch-Moll

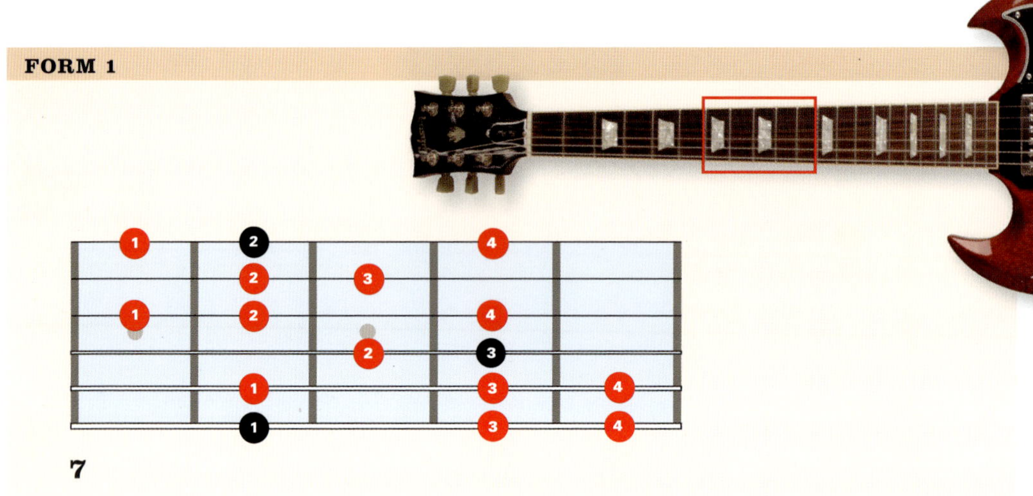

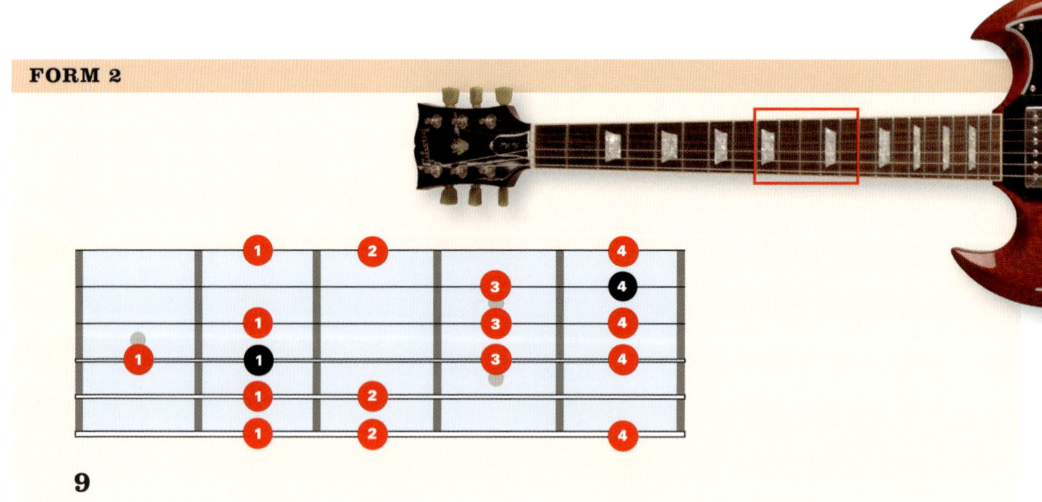

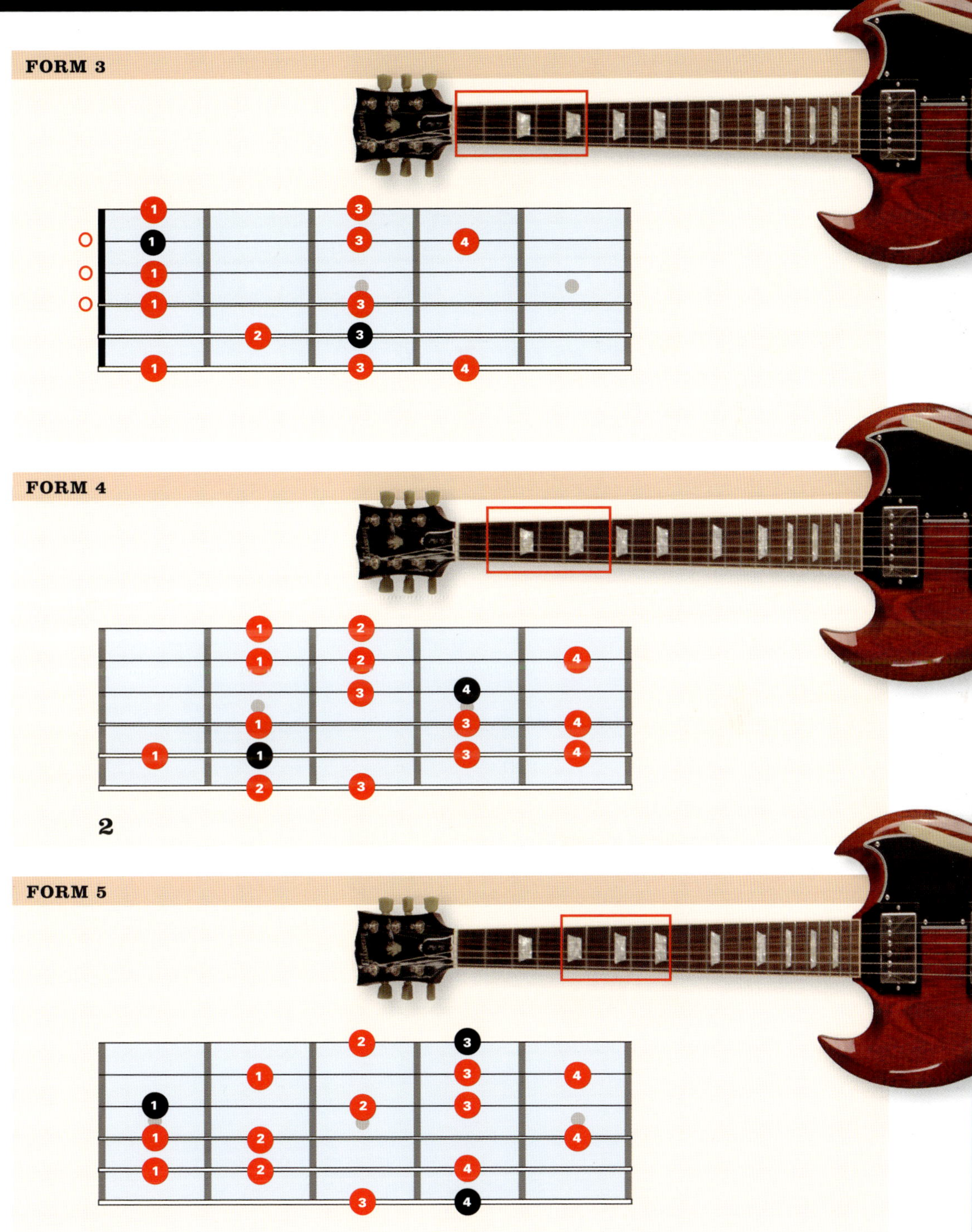
FORM 3
FORM 4
2
FORM 5
5

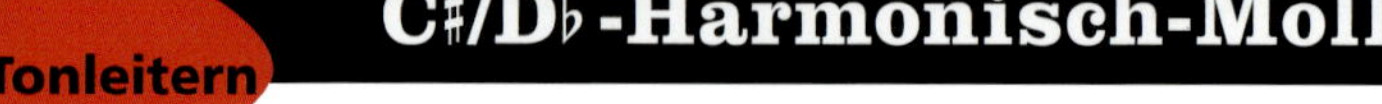

C♯/D♭-Harmonisch-Moll

FORM 1

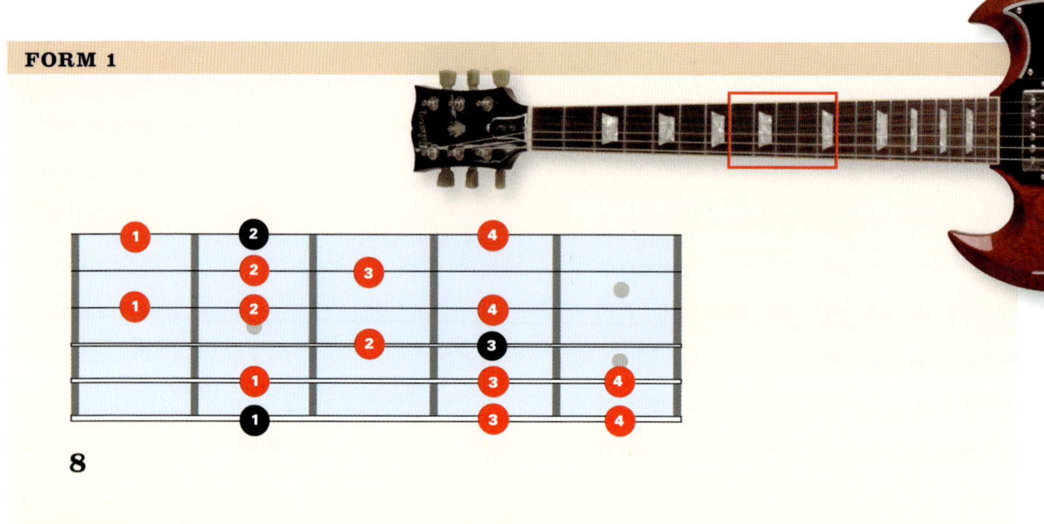

FORM 2

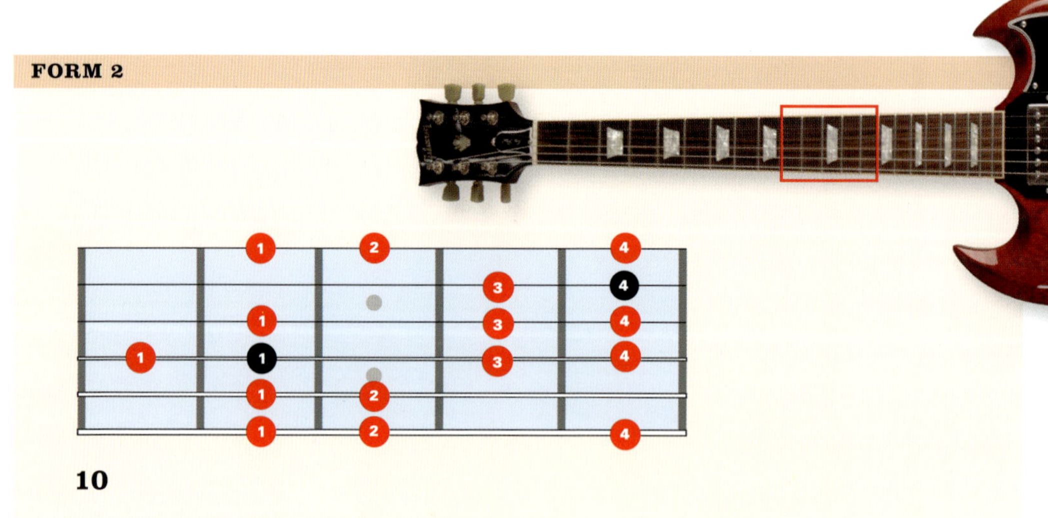

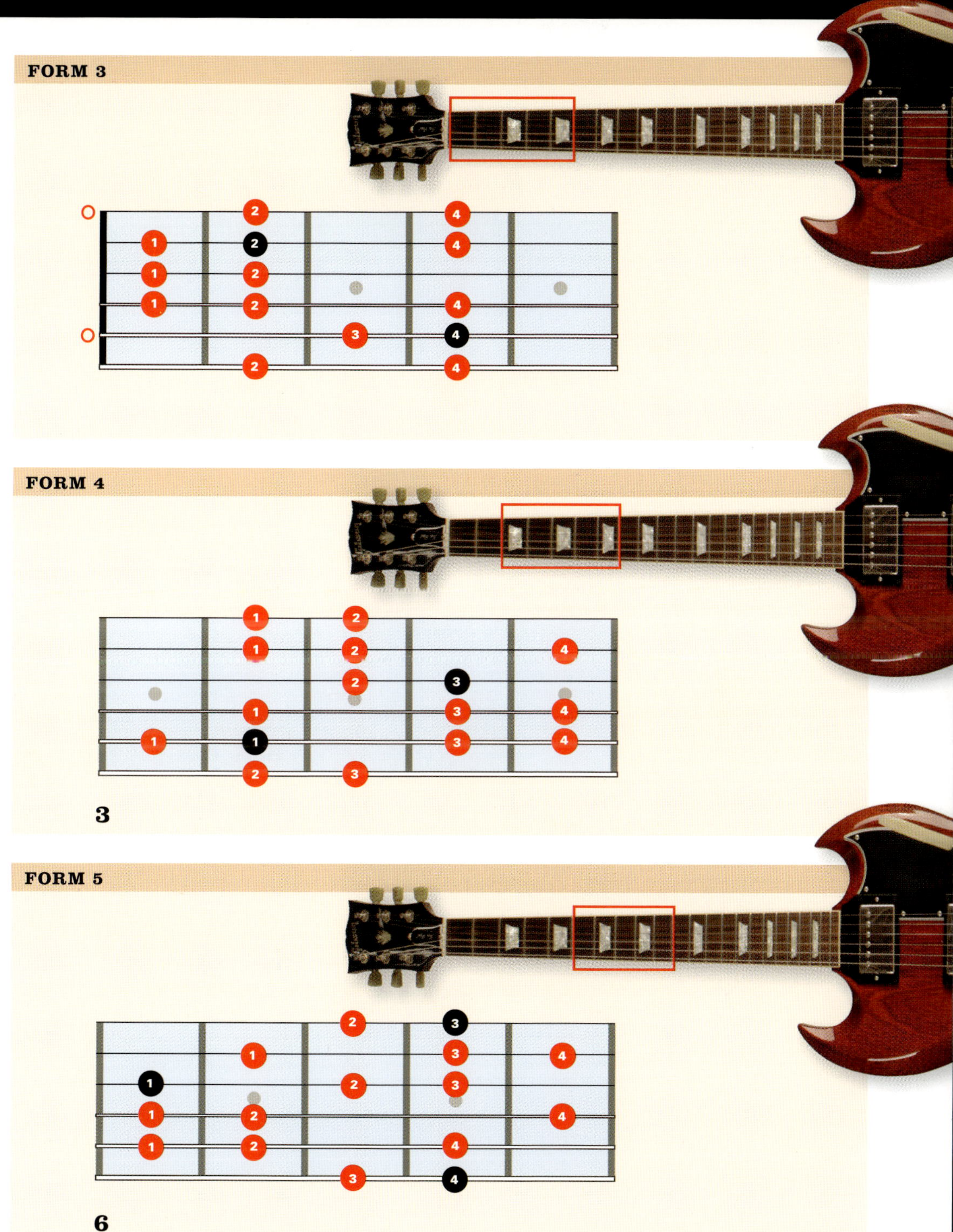
FORM 3
FORM 4
3
FORM 5
6

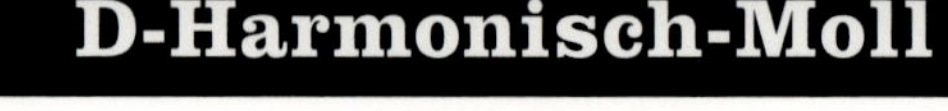

D-Harmonisch-Moll

FORM 1

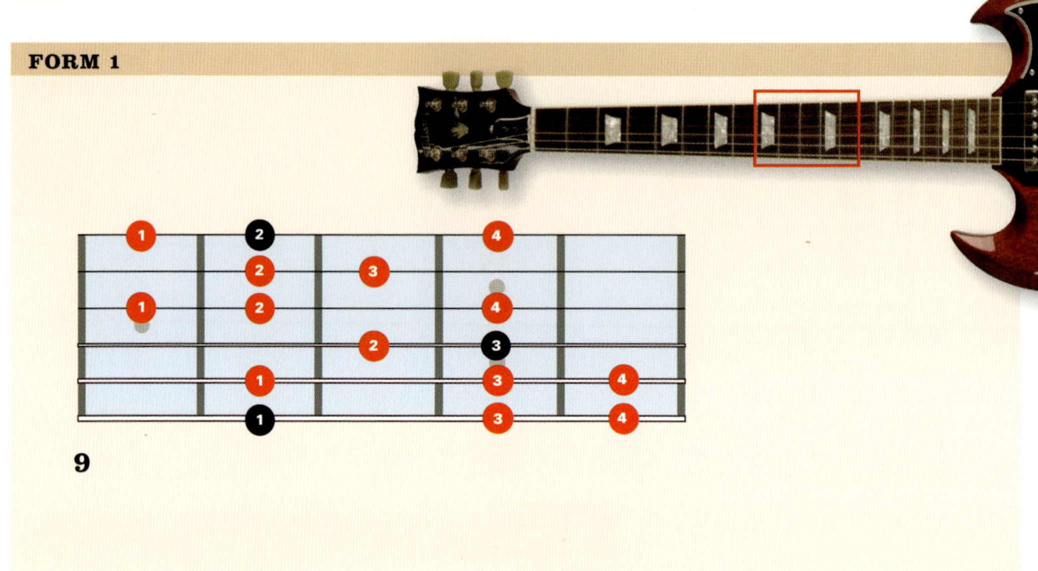

FORM 2

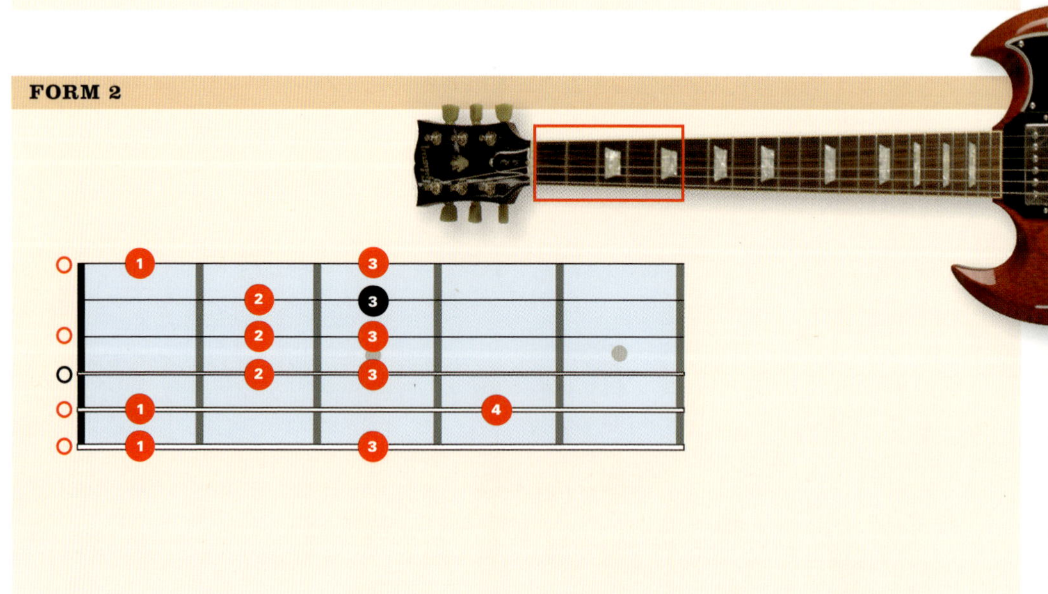

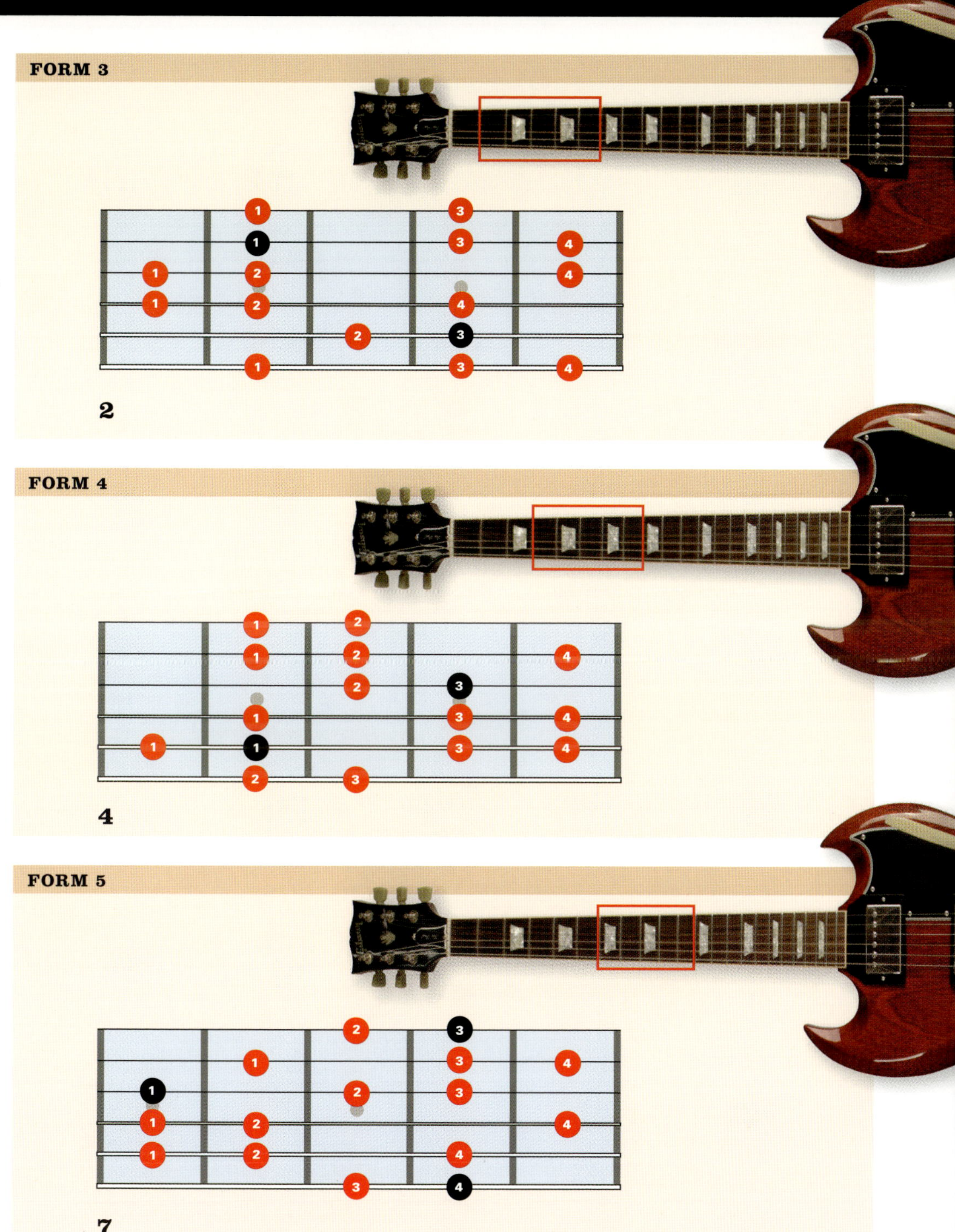
FORM 3
2
FORM 4
4
FORM 5
7

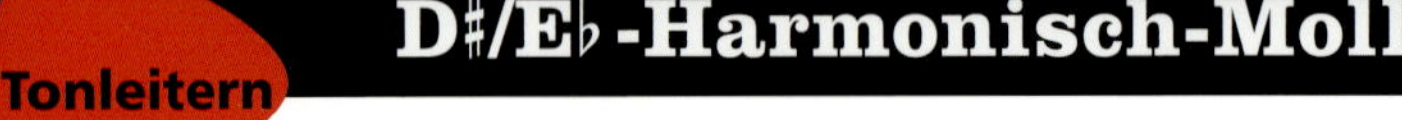

D♯/E♭-Harmonisch-Moll

FORM 1

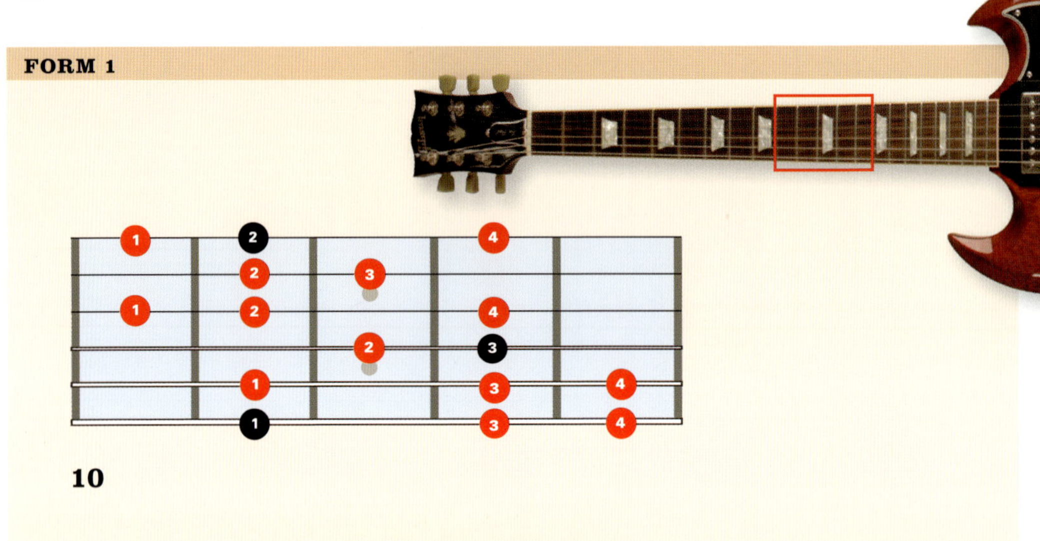

FORM 2

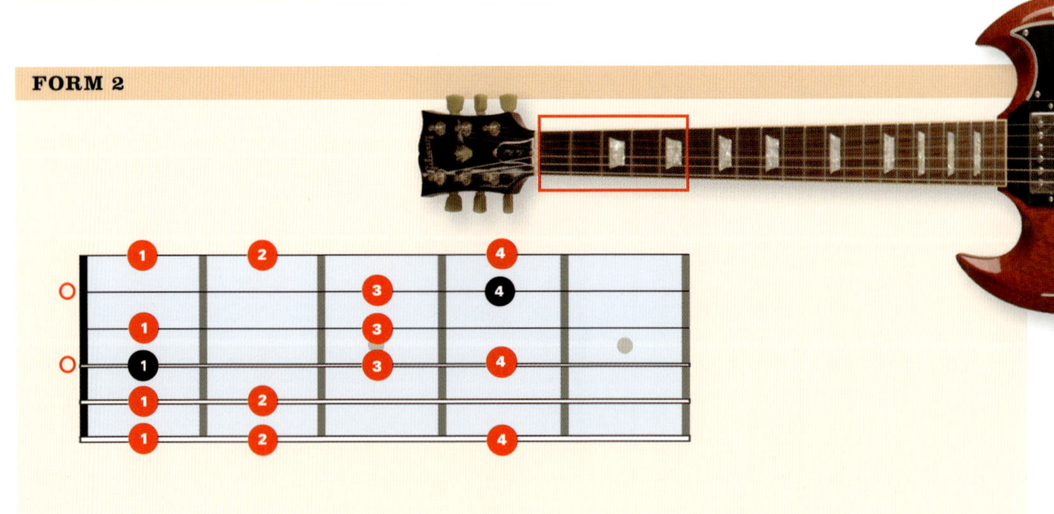

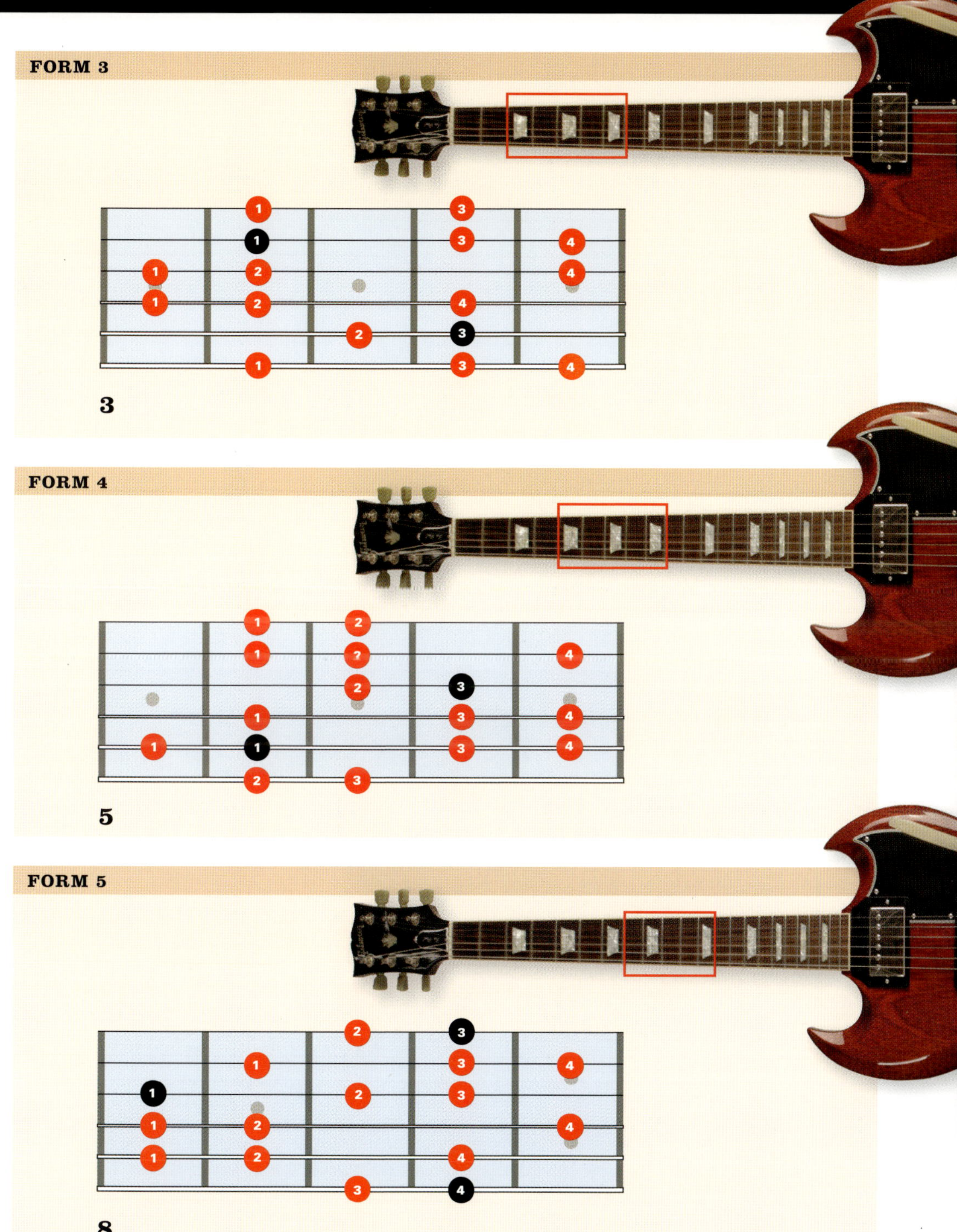

FORM 3
1
3
1
3
4
1
2
4
1
2
4
2
3
1
3
4
3
FORM 4
1
2
1
2
4
2
3
1
3
4
1
1
3
4
2
3
5
FORM 5
2
3
1
3
4
1
2
3
1
2
4
1
2
4
3
4
8

E-Harmonisch-Moll

FORM 1

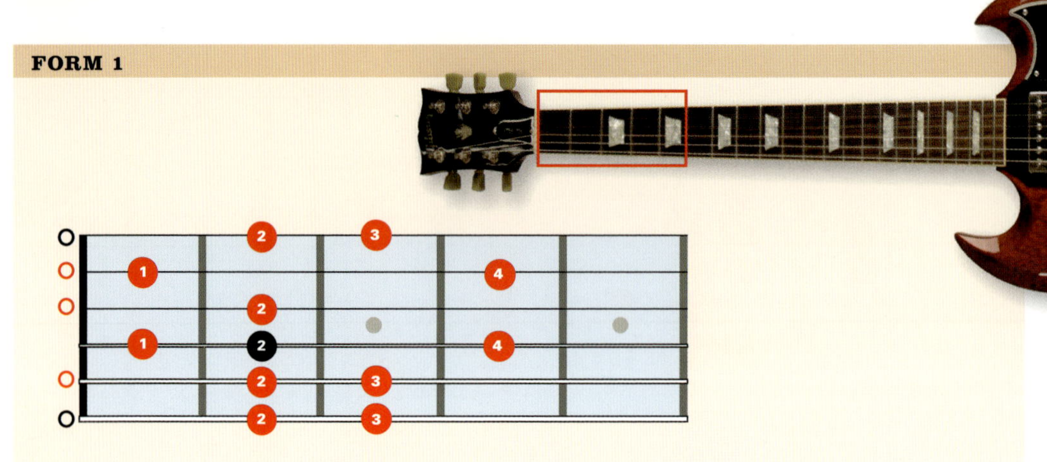

FORM 2

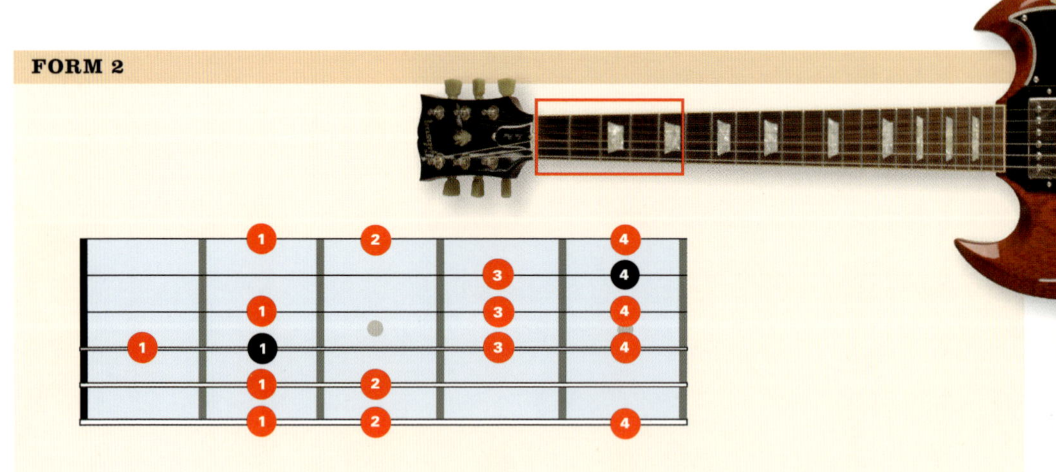

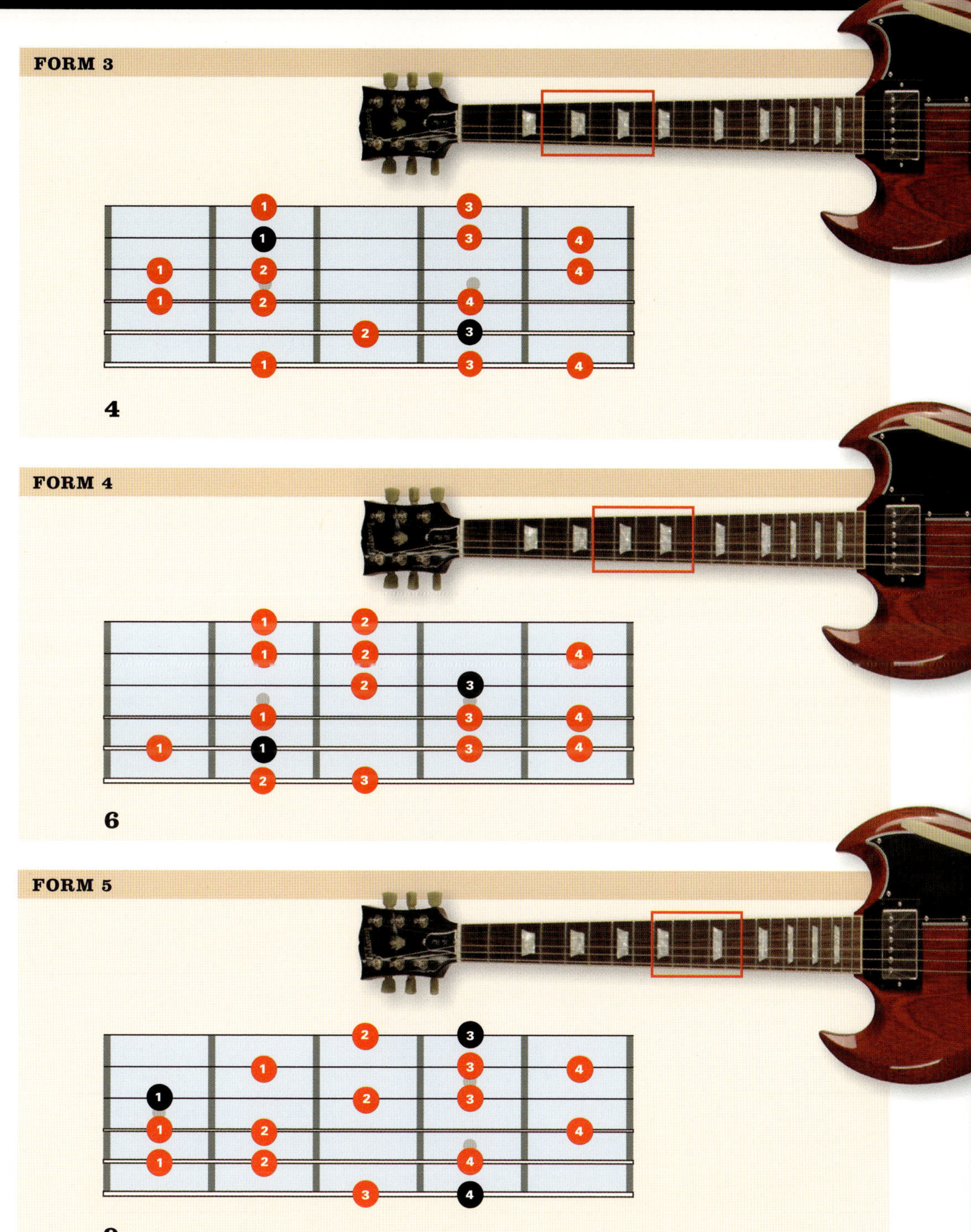
FORM 3
4
FORM 4
6
FORM 5
9

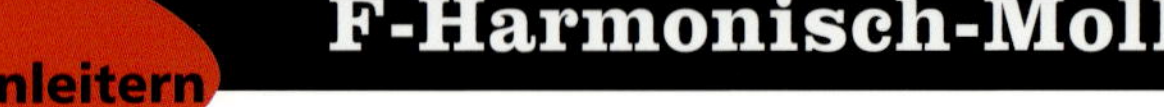

F-Harmonisch-Moll

FORM 1

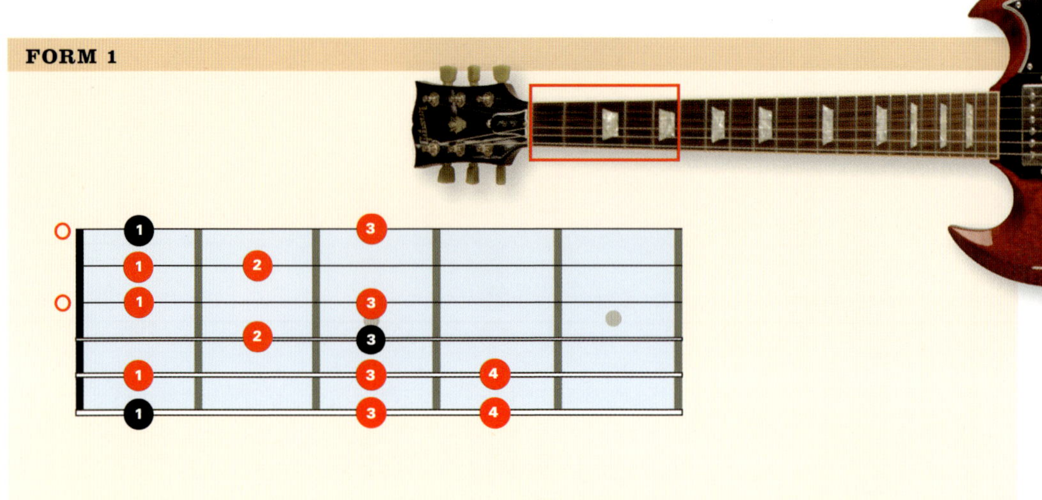

FORM 2

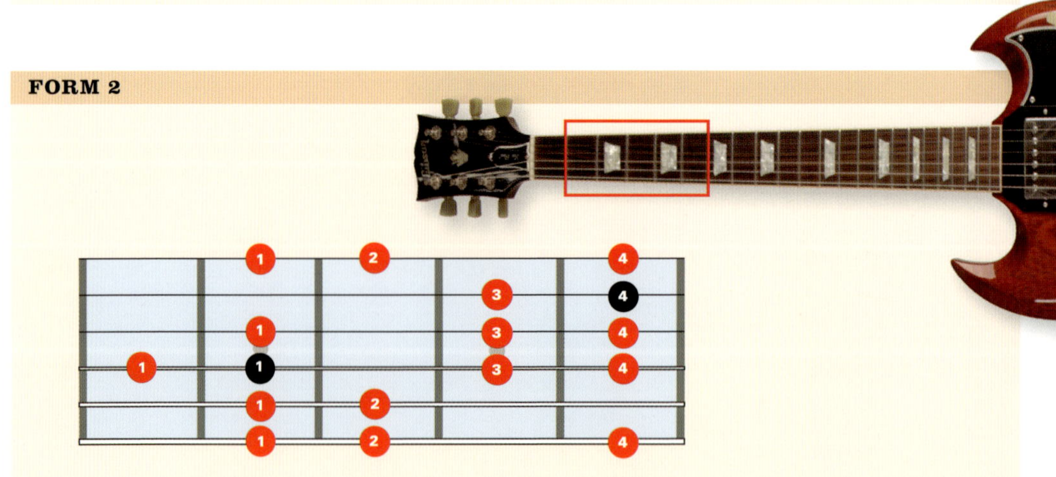

2

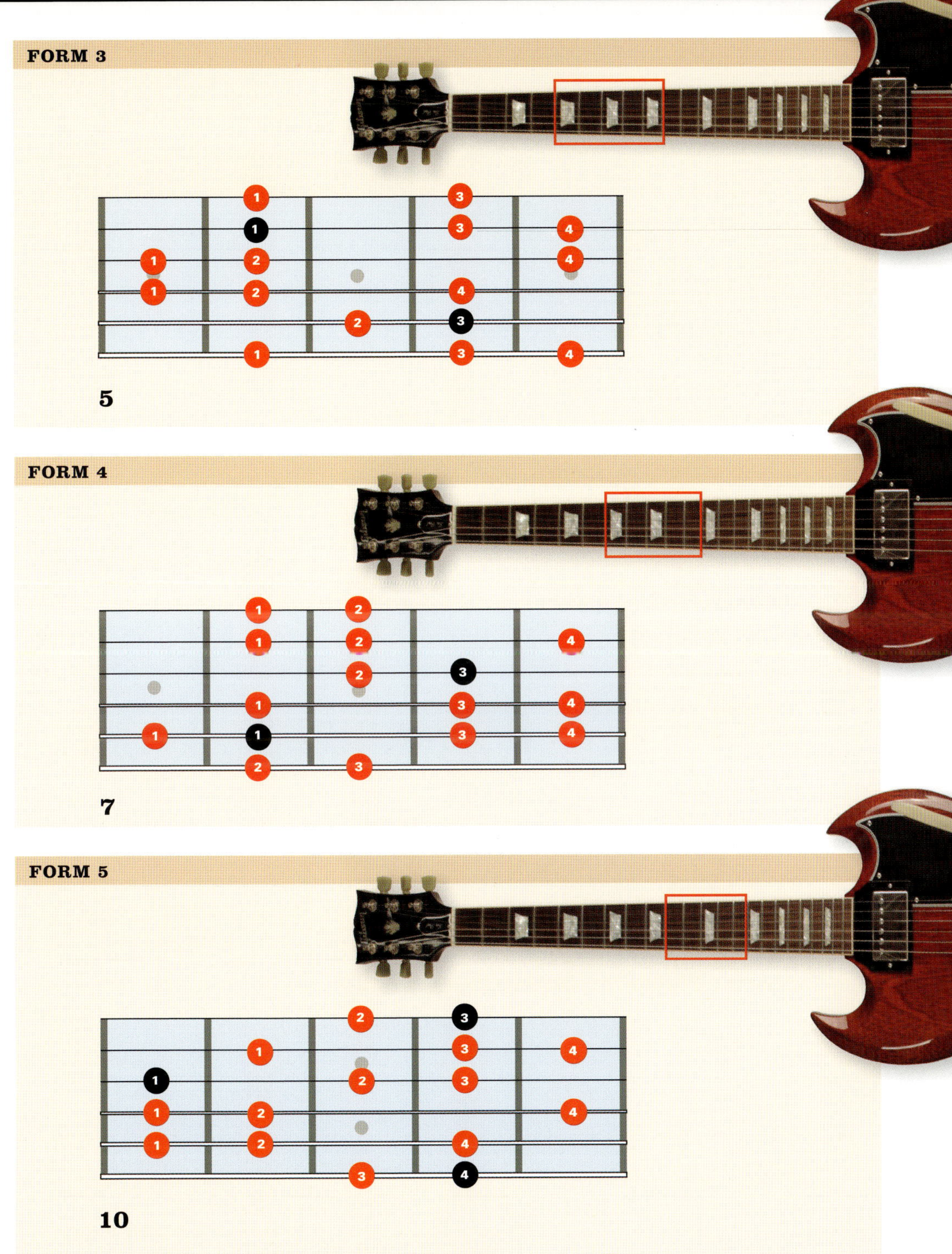
FORM 3
5
FORM 4
7
FORM 5
10

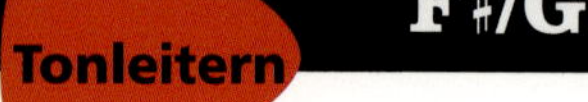

F♯/G♭-Harmonisch-Moll

FORM 1

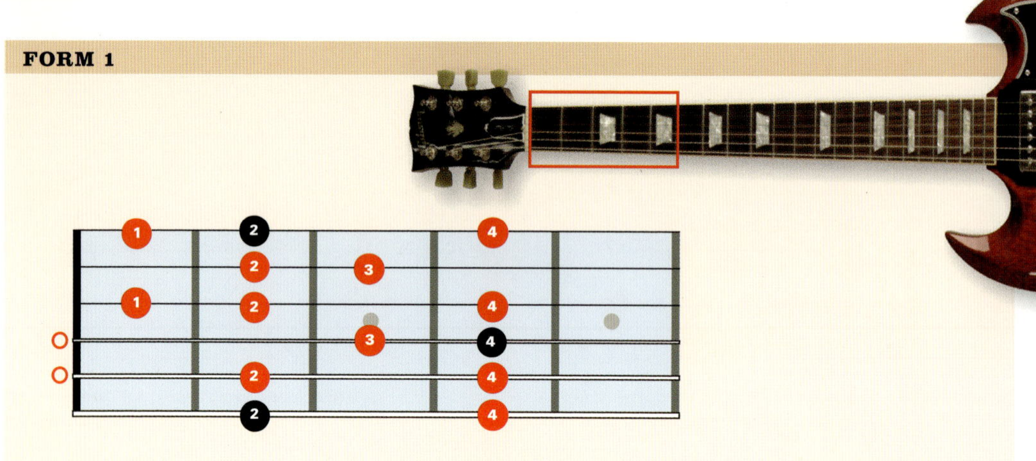

FORM 2

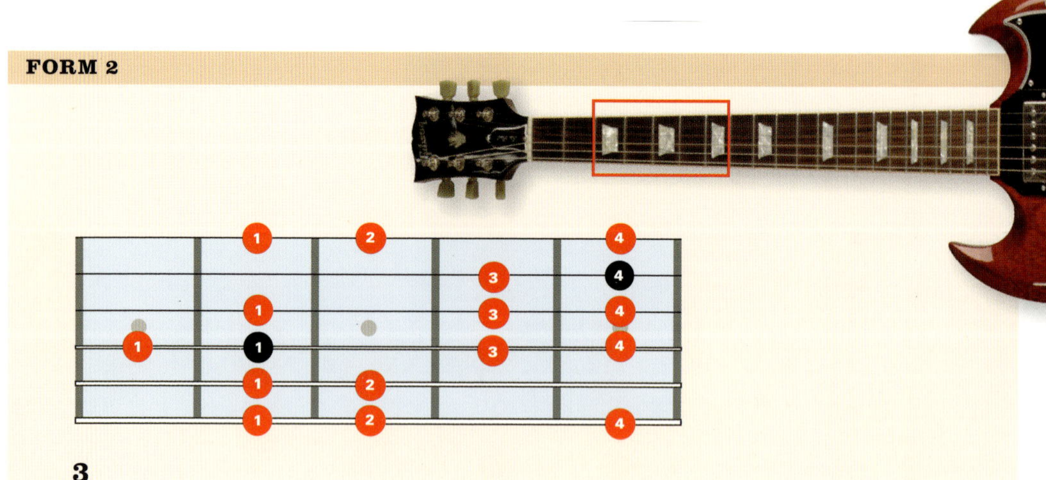

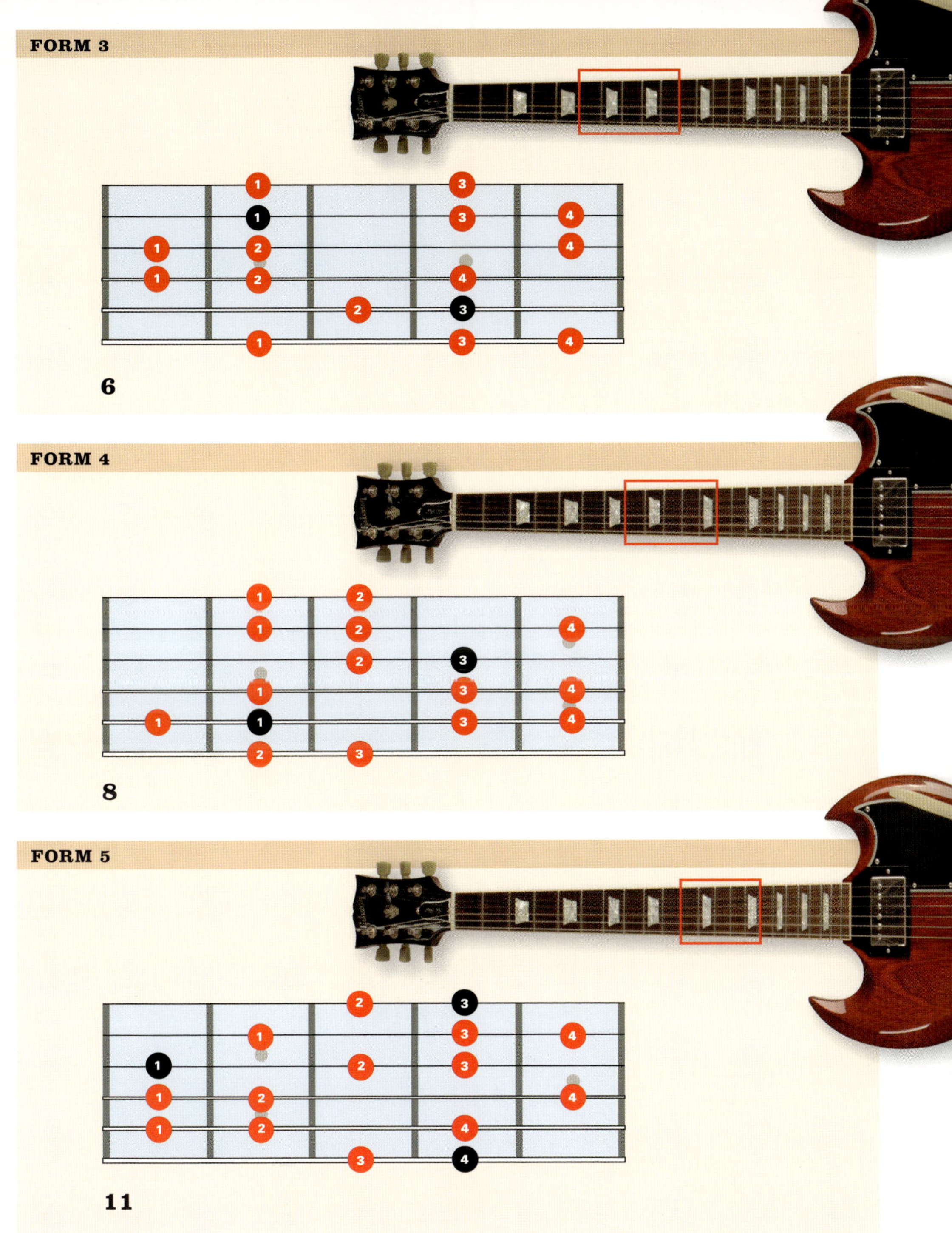
FORM 3
6
FORM 4
8
FORM 5
11

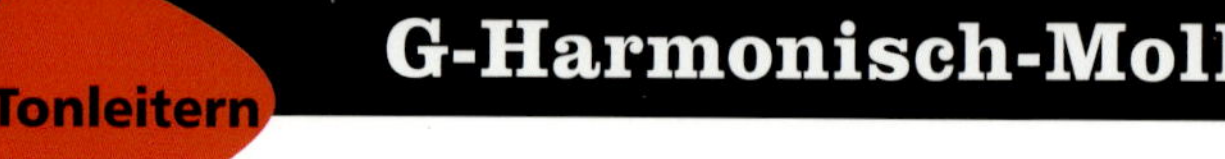

G-Harmonisch-Moll

FORM 1

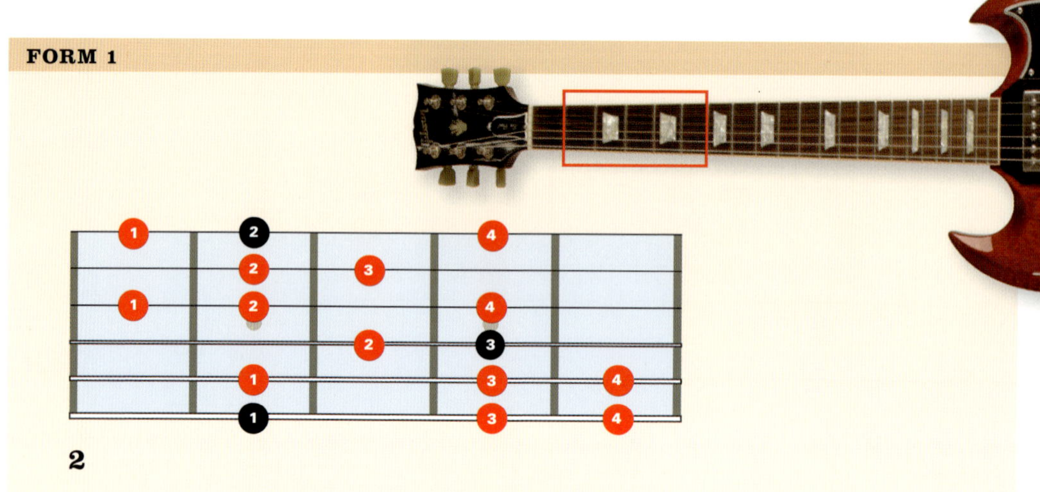

FORM 2

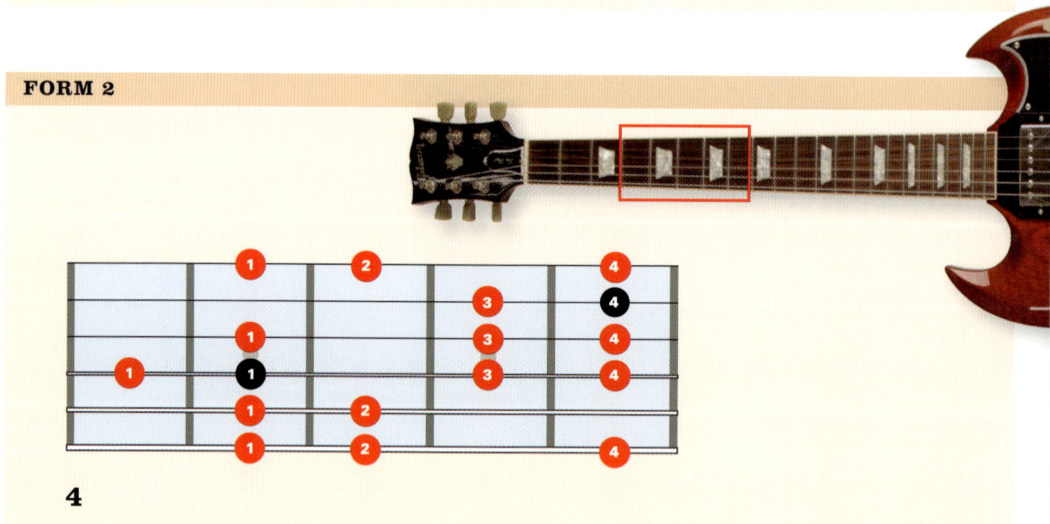

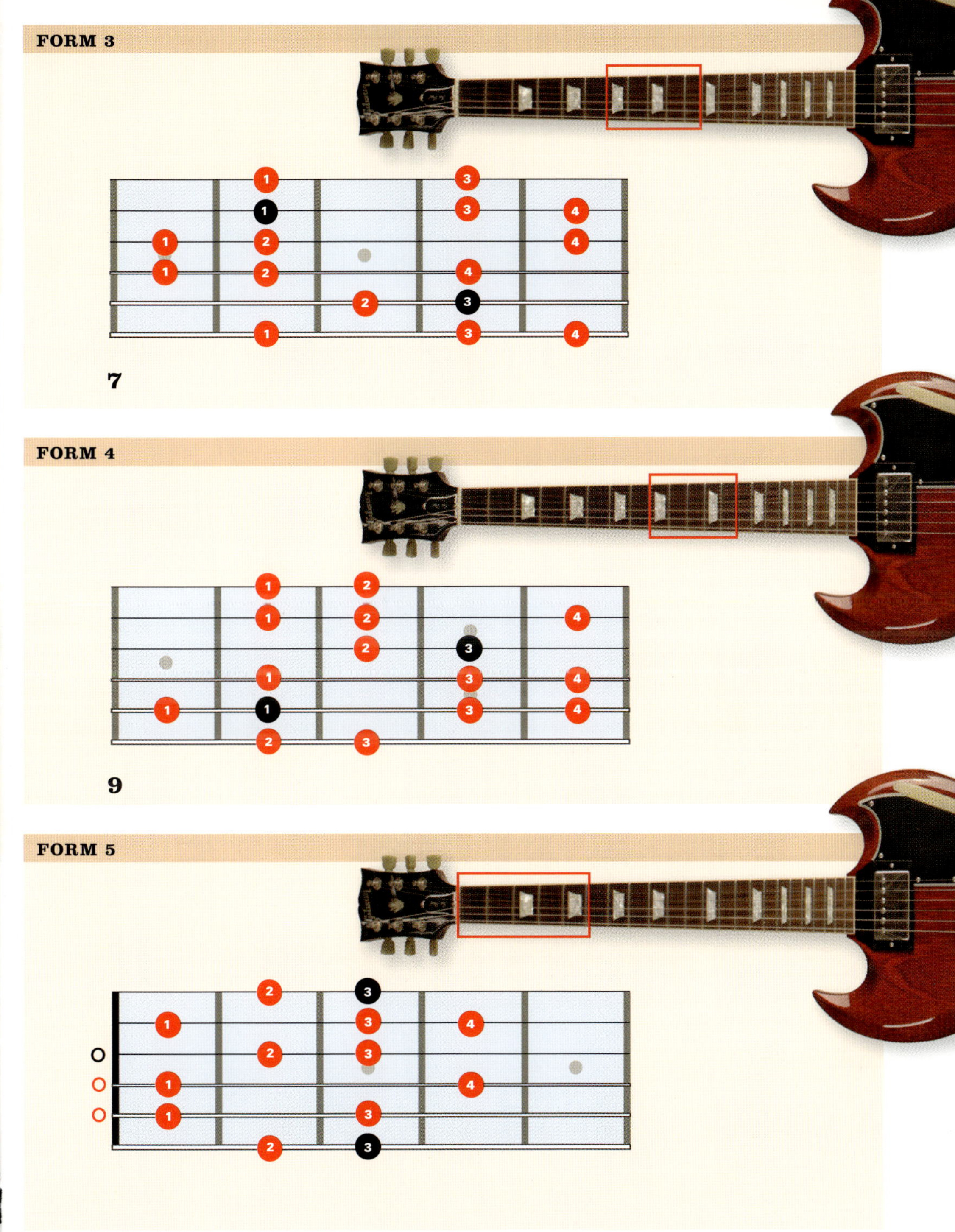
FORM 3
1
3
1
3
4
1
2
4
1
2
4
2
3
1
3
4
7
FORM 4
1
2
1
2
4
2
3
1
3
4
1
1
3
4
2
3
9
FORM 5
2
3
1
3
4
2
3
1
4
1
3
2
3

G♯/A♭-Harmonisch-Moll

FORM 1

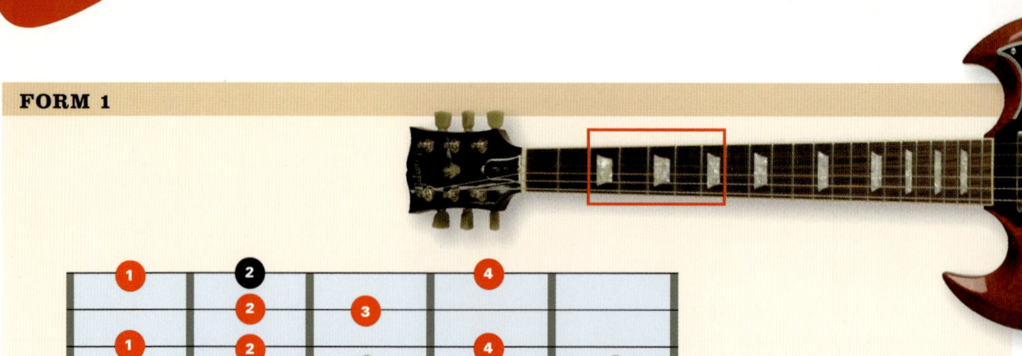

3

FORM 2

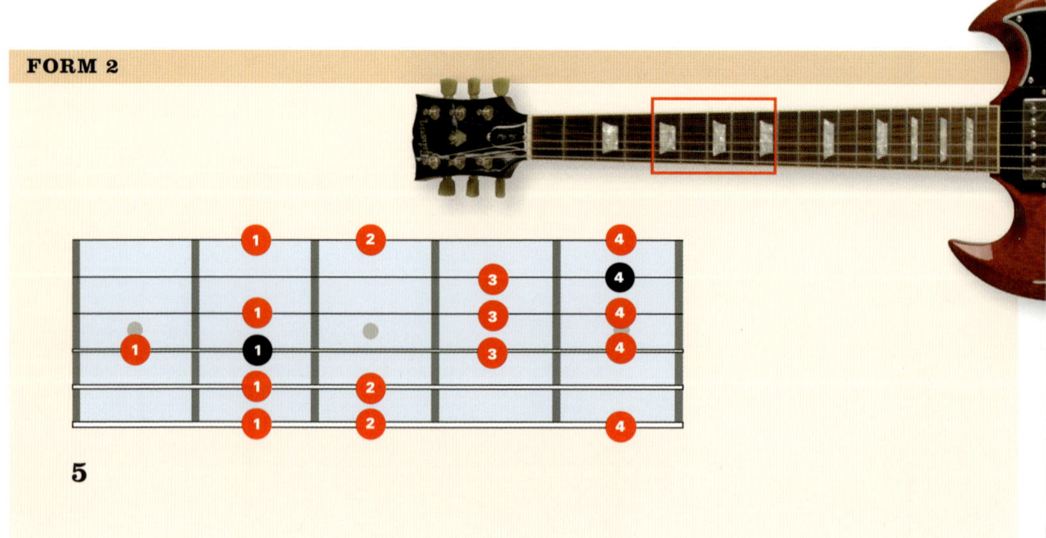

5

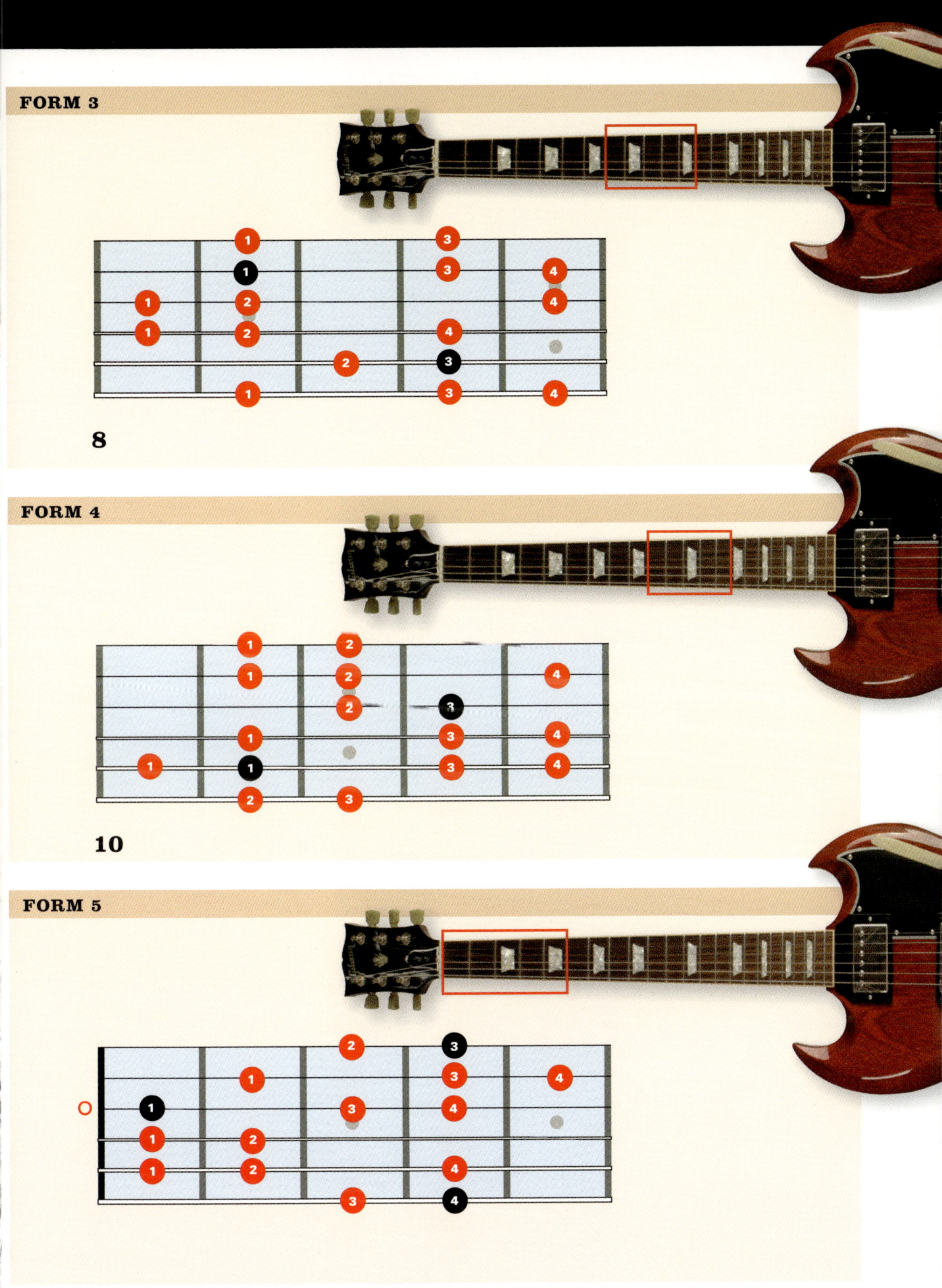
FORM 3
1
3
1
3
4
1
2
4
1
2
4
2
3
1
3
4
8
FORM 4
1
2
1
2
4
2
3
1
3
4
1
1
3
4
2
3
10
FORM 5
2
3
1
3
4
1
3
4
1
2
1
2
4
3
4

Index

Dank

Quarto Publishing bedankt sich bei den folgenden Agenturen und Herstellern für die Überlassung von Bildern für dieses Buch:

Keawchookul, Warin, Shutterstock.com, S.2
Digital Storm, Shutterstock.com, S.4-5, 10
Barbol, Shutterstock.com, S.1
Hunton, Philip, Shutterstock.com, S.88
Elnur, Shutterstock.com, S.115

Mehr über den Autor
auf seiner Webseite: **philcapone.com**